Eberhard Zeller

Oberst Claus Graf Stauffenberg

Eberhard Zeller

Oberst Claus Graf STAUFFENBERG

Ein Lebensbild

Mit einer Einführung von Peter Steinbach

Ferdinand Schöningh
Paderborn · München · Wien · Zürich

Umschlagabbildung:

Claus Graf Stauffenberg (Aufnahme undatiert, ca. 1938-1944).
Photo: Bundesarchiv Koblenz (Bildsign. 0716-0046-001)

Bibliografische Information der Deutschen Nationalbibliothek

Die Deutsche Nationalbibliothek verzeichnet diese Publikation in der Deutschen Nationalbibliografie; detaillierte bibliografische Daten sind im Internet über http://dnb.d-nb.de abrufbar.

Nachdruck der 2. Auflage 1994, mit einer neuen Einführung
von Peter Steinbach

(Verlag Ferdinand Schöningh GmbH & Co. KG, Jühenplatz 1,
D-33098 Paderborn)

Internet: www.schoeningh.de

Umschlaggestaltung: Evelyn Ziegler, München
Printed in Germany.
Herstellung: Ferdinand Schöningh GmbH & Co. KG, Paderborn

ISBN 978-3-506-76561-1

INHALT

ENTSTEHUNG UND BEWERTUNG DES STAUFFENBERG-BILDES NACH 1945

Von Peter Steinbach

Claus Schenk Graf von Stauffenberg war seit dem Tag seiner Tat, die ihn zu einer großen Persönlichkeit der Zeitgeschichte machte, immer umstritten. Die Nationalsozialisten hatten ihn als „Verräter" diffamiert, viele seiner Kameraden ihn als „Eidbrüchigen" bezeichnet. Die Alliierten verkannten den moralischen Antrieb seines Handelns und deuteten den Anschlag als Ausdruck eines Konflikts innerhalb der nationalsozialistischen Führungsgruppe; Churchill sprach unmittelbar nach dem Anschlag von einer Militärkaste, die kein Entgegenkommen verdiene.

Im Nachkriegsdeutschland wurde an den Stammtischen verbreitet, Stauffenberg habe im letzten Moment seine Haut retten wollen und noch dazu seinen Anschlag dilettantisch vorbereitet. Die deutschen Nachkriegsgesellschaften in West und Ost brauchten lange, um ihm als einem der entschiedensten Gegner des NS-Regimes jene Anerkennung zu zollen, aus der schließlich Verehrung erwachsen konnte.

Unübersehbar wurde die Erinnerung an Stauffenberg schließlich instrumentalisiert. Die Bundeswehr sah in ihm einen wichtigen Bezugspunkt ihrer Traditionsbildung – neben der Erinnerung an die Befreiungskriege und schließlich der Geschichte der Bundeswehr selbst. Deshalb finden seit einigen Jahren Vereidigungen von Wehrpflichtigen am Jahrestag des Attentats statt.

Das öffentliche Interesse an Stauffenberg nahm im Laufe der Jahre kontinuierlich zu. Hatten es die Deutschen in den frühen fünfziger Jahren noch mehrheitlich abgelehnt, Straßen oder öffentliche Gebäude wie etwa Schulen nach Stauffenberg zu benennen, so fanden Spiel- und Dokumentarfilme seit den fünfziger Jahren wachsende Anerkennung. Stauffenberg fasziniert seitdem offensichtlich in zunehmendem Maße die Öffentlichkeit, die immer wieder über die Grenzen von Befehl und Gehorsam, von Distanz und Engagement, von Kooperation und Opposition, von Verstrickung und Willensfreiheit nachdenken will. Moralische Überhöhungen haben dabei allerdings ihre Tücken. Denn gegen die These, der militärische Widerstand habe die Menschenrechte verteidigen wollen und sei als Ausdruck einer „sauberen Wehrmacht“ zu verstehen, machte sich auch Widerspruch breit.

Stauffenberg wurde nun zunehmend kritischer gesehen. Dabei wurden häufig Einwände, die sich gegen andere Angehörige des bürgerlich-militärischen Widerstands richteten, gleichsam im Zuge eines Analogieschlusses auf ihn übertragen. Unbestritten ist, dass es Stauffenberg am Mittag des 20. Juli 1944 fast gelungen wäre, Hitler als die Personifizierung des Bösen in der Geschichte schlechthin auszuschalten. Nicht zu bezweifeln ist auch, dass er durch diese Tat dem Verlauf der deutschen Geschichte einen völlig anderen Verlauf gegeben hätte. Das Attentat vom 20. Juli 1944 war die wichtigste Voraussetzung für eine sofortige Beendigung des Krieges, den Hitler seit 1936 langfristig vorbereitet und 1939 bewusst entfesselt hatte. Zwar hatten sich die Alliierten darauf verständigt, die Kampfhandlungen erst einzustellen, wenn die deutsche Wehrmacht bedingungslos kapituliert hätte – das bedeutet aber nicht, dass die Regimegegner durch diese Festlegung jegliche Initiative verloren hätten, aus eigener Kraft die Waffen zum Schweigen zu bringen. Gerade dies aber hätte die entscheidende Konsequenz eines gelungenen Umsturzes nach dem Anschlag auf Hitler sein können.

Die Hälfte aller Kriegstoten, die der Zweite Weltkrieg in Europa insgesamt forderte, wären bei einem Waffenstillstand im Sommer 1944 mit dem Leben davon gekommen: Das ungarische Judentum war im Juli 1944 noch nicht ausgerottet; kein Soldat der allliierten Armeen, die sich ab Spätsommer 1944 anschickten, in das Zentrum des Deutschen Reiches vorzustoßen, hatte zu diesem Zeitpunkt die Reichsgrenzen überschritten. Und unzählige Deutsche hätten nicht ihr Leben verloren: Die Verluste an deutschen Soldaten und Zivilisten, die sich in der Endphase des Krieges als höher erweisen sollten als in den ganzen Jahren seit Kriegsbeginn zusammen, wären so nicht eingetreten, ganze Städte, die im letzten Kriegsjahr in Schutt und Asche sanken, hätten erhalten werden können.

Weshalb aber war es nach Kriegsende so schwer, die Regimegegner angemessen zu würdigen, ihren Mut und ihre Entschlossenheit zur Tat anzuerkennen und abzusehen von den Denk- und Wertvorstellungen, die sie mit vielen Zeitgenossen teilten? Die Würdigung Stauffenbergs als Widerstandskämpfer war dabei besonders schwer. Er konnte sich auf keine Tradition des Widerstands berufen. Stattdessen hat er eine neue begründet.

Denn der Widerstand gegen den Nationalsozialismus machte deutlich, dass zukünftig jeder Staat Zwecke und Ziele zu achten hatte, die sich auf die Würde des Menschen im Sinne von Helmuth James Graf von Moltke, dem „Herz der Kreisauer“, gründen sollten: „Die letzte Bestimmung des Staates ist es daher“, so hatte er 1940 in einem Brief an seinen Freund Peter Graf Yorck von Wartenburg formuliert, „der Hüter der Freiheit des Einzelmenschen zu sein". Nur ein Gemeinwesen, das sich so legitimierte, sei „ein gerechter Staat".

Stauffenberg wollte durch seine Tat den Krieg beenden, die NS-Führung stürzen und endgültig einen Unrechtsstaat beseitigen, der die Deutschen mit einer schweren historischen Hypothek belastete. Er ist deshalb nicht nur eine Person der deutschen, sondern zugleich der europäischen Geschichte. Seine Tat hätte Europa vor der Schlusskatastrophe eines bis zum bitteren Ende geführten Krieges bewahrt, der Europa weithin verwüstete und schließlich für vierzig Jahre teilte. Stauffenbergs Persönlichkeit muss deshalb immer auch in den Zusammenhang der deutschen und zugleich der europäischen Geschichte gerückt werden.

Das hat sehr früh, 1952, in essayistischer Form einer seiner Freunde versucht. Eberhard Zeller beschwor bereits in den frühen fünfziger Jahren den „Geist der Freiheit"[1], indem er über den deutschen Widerstand schrieb, und nahm etwas von dem Feuer auf, das ein Politiker wie Theodor Heuss, ein Schriftsteller wie Reinhold Schneider, ein Überlebender wie Ernst Weisenborn oder eine Hinterbliebene wie Annedore Leber früh beschworen hatten. Erst viel später wurde Zellers einfühlsame Stauffenberg-Biographie veröffentlich, fünfzig Jahre nach der Ermordung Stauffenbergs.[2]

Wer sich gründlich mit der Lebensgeschichte Stauffenbergs beschäftigen will, kann inzwischen auf viele tausend Seiten seiner Biographen zurückgreifen, die viele Zeugnisse sammelten. Zeller belastete sich nicht durch den Versuch, die Literatur zu verarbeiten, denn sein Stauffenberg-Bild resultierte aus unmittelbarer, geradezu kongenialer Begegnung. Ebenso wie die Brüder Stauffenberg[3] – Berthold, Alexander und Claus – war Zeller durch die Weltsicht und das Weltbild von Stefan George[4] geprägt. So spürt der Leser in Zellers Biographie so etwas wie den Gleichklang zweier Seelen. Erschlossen hatte Zeller das Weltverständnis des Attentäters über den überlebenden Bruder, den Münchener Althistoriker Alexander Schenk Graf von Stauffenberg, dem der Marburger Althistoriker Karl Christ unmittelbar vor seinem Tod noch ein Denkmal gesetzt hat[5].

---

[1] Eberhard Zeller, Geist der Freiheit: Der Zwanzigste Juli, 5., nochmals durchges. Aufl. München 1965. 2004 erschien ein Nachdruck.

[2] Eberhard Zeller, Oberst Claus Graf Stauffenberg: Ein Lebensbild, Paderborn 1994.

[3] Peter Hoffmann, Claus Schenk Graf von Stauffenberg und seine Brüder, Stuttgart 1992.

[4] Dazu jetzt Thomas Karlauf, Stefan George: Die Entdeckung des Charisma – Biographie, München 2007.

[5] Karl Christ, Der andere Stauffenberg: Der Historiker und Dichter Alexander von Stauffenberg, München 2008.

In dieser Einleitung zur Neuausgabe von Zellers bewegendem Lebensbild des Attentäters, das geradezu die Bedeutung einer Quelle hat, sollen nur wenige Akzente gesetzt werden. Denn Zellers Annäherung spricht für sich und darf nicht in ihrer Bedeutung geschmälert oder gar durch Kritik zerstört werden. Denn sie spiegelt etwas, was Historiker in ihren nicht selten mit tausenden von Anmerkungen versehenen Biographien nicht erreichen: Lebensnähe, Anschaulichkeit, gleichsam den Gleichklang der Seele von Beschreibendem und Beschriebenem.

Meine Bemerkungen können insbesondere nicht die für jeden Biographen zentrale Frage aufgreifen, weshalb ein hochbegabter Offizier, dem seine Vorgesetzten eine glänzende Karriere vorausgesagt hatten, sich angesichts der abzusehenden Niederlage zu einem Anschlag auf die Führung des Staates durchringen konnte. Die unmittelbare Überlieferung ist dürftig; viele Darstellungen gründen auf späteren Erinnerungen und nicht selten Bemerkungen, die häufig erst viel später auf gezieltes Nachfragen – nicht selten als Reaktion auf das im Entstehungsprozess sich immer wieder verändernde Bild von Stauffenberg – von Historikern festgehalten wurden, die sich geradezu als Protokollanten verstanden.

So viel aber steht fest: Stauffenbergs Tat, die bis dahin der Masse der Kameraden nicht vorstellbar war, war das Resultat seiner Empörung über eine verantwortungslose Führung. Stauffenberg war informiert über die nationalsozialistischen Gewaltverbrechen und er wusste, dass gegen die „Rechtsschänder", die die moralische Substanz der Nation zerstört hatten, nur das Fanal einer Auflehnung, die den Willen zur Selbstbefreiung von der NS-Herrschaft sichtbar machte, gesetzt werden konnte. Hitler war zu beseitigen; wie aus diesem Anschlag dann der Umsturz hervorgehen konnte, war Ergebnis der weiteren Entscheidungen der Kameraden, die aus dem Zentrum der Macht heraus die deutschen Dinge wenden konnten. Und wie schließlich eine politische Neuordnung in Angriff zu nehmen war, hing von den Vertrauensleuten aus dem breiten politischen Umfeld ab, unter ihnen Sozialdemokraten, Zentrumsanhänger, Liberale und Gewerkschafter, für die Stauffenberg handelte.

Zellers Lebensbild will nicht nur die lebensgeschichtlichen Weichenstellungen im Lebens Stauffenbergs, sondern die Persönlichkeit selbst sichtbar machen. Er will erklären, warum Stauffenberg sich für das Attentat entschied, welche Traditionen er verkörperte, wie wichtig Freunde und Vorbilder für ihn waren, was ihm Musik und Literatur bedeuteten. Er lädt seine Leser ein, sofern sie sich auf die prinzipielle Frage nach den Voraussetzungen von Stauffenbergs Weltsicht einlassen, das Selbstverständnis Stauffenbergs nachzuempfinden. In der Tat erklären sich die Grundentscheidungen von Stauffenbergs Leben aus seinen Traditionsbezügen und Wertvorstellungen, also aus seinem Gefühl von „Verantwortung für die deutschen Dinge".

Dass sein Einsatz gegen die Regierung Hitlers aus Verantwortung für den Staat und die Menschen erfolgte, ist heute nicht mehr zu bezweifeln. Dass seine Entscheidung dabei den ganzen Einsatz seines Lebens bedeutete, gibt seiner Tat exemplarische Bedeutung. Dies hat sein Bruder Alexander später, im Jahre 1954, ausgedrückt, als er davon sprach, dass Stauffenbergs Leben schließlich „ganz Tat" geworden sei. Ihm folgt auch Zeller, ohne zu heroisieren.

Wir wissen heute, dass Widerstand nicht voraussetzungslos möglich war. Die Klärung dieser in der Regel sehr vielschichtigen Voraussetzungen bleibt prinzipiell wichtig, denn die Auseinandersetzung mit der historischen, politischen und geistigen Realität der durchlebten und zugleich durchlittenen Zeit, die Empörung über begangenes Unrecht und die daraus abgeleitete Einsicht in eine verbrecherische Politik musste verantwortliches, ethisch reflektiertes politisches Handeln nach sich ziehen. Voraussetzung dieses Handelns war die Bereitschaft, aus der Einsicht in eine Politik, die die moralische Substanz der Nation zerstört hatte, letzte Konsequenzen zu ziehen.

Debattiert wurde über Stauffenberg nach dem Anschlag auf Hitler in der deutschen Öffentlichkeit immer wieder. Die Nationalsozialisten zunächst bezeichneten ihn als „Landes- und Hochverräter", die meisten Zeitgenossen kritisierten seine Handlungsweise, gewiss auch, um im Nachhinein von ihrem eigenen Fehlverhalten, von Anpassung und Folgebereitschaft bis zum Untergang, abzulenken.

Oft und gern unterstellte man Stauffenberg, er sei selbst in das NS-System verstrickt und von den nationalsozialistischen Erfolgen und Versprechungen geblendet gewesen. Er habe 1933 Hitlers Herrschaft begrüßt und sich später nicht offen dagegen ausgesprochen, als das Unrecht, das der NS-Staat verübte, bereits offen vor aller Augen lag. Letztlich sei er lange ein williges Rad im Getriebe der deutschen Wehrmacht gewesen. Oft genug beschuldigten ihn Stammtische, er habe den Anschlag unzulänglich vorbereitet und dilettantisch durchgeführt, überdies habe er nicht den Mut besessen, sich zugleich mit seinem Opfer in die Luft zu sprengen.

Offensichtlich sind diese Urteile nur schwer zu korrigieren. Das zeigte auch die jüngste Debatte über die Verstrickung einzelner Regimegegner in den Vernichtungskrieg im Osten[6]. Sie warf wieder einmal die Frage

---

6 Vgl. Christian Jostmann, Waren sie wirklich Helden? Tagung zum 20. Juli 1944 im Bonner Haus der Geschichte, in: Süddeutsche Zeitung v. 27.2.2008; Timo Frasch, Wie wird der Widerstand aktenkundig: Die drei dunklen Monate im Leben Henning

auf, ob Widerstandskreise in die verbrecherische Praxis des NS-Staates einbezogen waren. Es handelt sich um eine Debatte der Nachgeborenen, die Paraphen auf Dokumenten zum Rußlandkrieg entdeckt haben und sich nicht vorstellen können, dass auch Regimegegner natürlich in das Herrschaftssystem eingebunden waren und deshalb auch an den Handlungen des NS-Staates beteiligt. Deshalb gerade fühlten sie sich verantwortlich und schuldig, empfanden sich – wie Reinhold Schneider einmal formulierte – als „Zeugen im Feuer“[7], oder sie litten, wie Moltke einmal sinngemäß schrieb, unter der Schuld an der Schuld der Verbrecher[8].

Niemals geht es also allein um die Frage, ob sich Stauffenbergs Leben, seine Motivation und Entscheidung eindimensional, gleichsam als gerader Lebensweg, darstellen lassen[9]. Jede Fachkontroverse über den Widerstand weitet sich deshalb rasch und geradezu unausweichlich zu einer grundsätzlichen Bewertung des militärischen Widerstands aus, dem in der Person Stauffenbergs seine Funktion als traditionsstiftendes Vorbild immer wieder abgesprochen werden soll.

Gerade deshalb ist Zellers Lebensbild unverzichtbar. Denn es kann bewusst machen, wie Stauffenberg politische Vorstellungen, die er am Ende der Weimarer Republik und in den ersten Jahren der sich festigenden nationalsozialistischen Diktatur mit den Machthabern des Sys-

---

von Tresckows – ein Methodenstreit unter Historikern in Bonn, in: FAZ 26.2.2008.

7 „Gehen Sie mitten hinein! Retten werden Sie nichts, Denn der Herr rettet, nicht die Menschen. Werden Sie zum Zeugen, mitten im Feuer! Aber Sie müssen wissen, wofür Sie einstehen sollen.“ Reinhold Schneider, Vor dem Grauen, in: ders., Zeugen im Feuer – Erzählungen. (Gesammelte Werke 4), Frankfurt/M. 1979, S.478.

8 Moltke an seine Frau Freya, 6.11.1941: „Die ganze Frage des körperlichen Muts – ist nichts als Tarnung. Sicher ist es bequemer, sich nur für einige Leute verantwortlich zu fühlen und zugleich mit Scheuklappen nicht zu sehen oder vielmehr nicht sehen zu wollen, was für Unheil durch die Art angerichtet wird, in der man sich dieser Verantwortung entledigt, nicht sehen zu wollen, dass man Mord und Raub verteidigt. In Wirklichkeit sind diese Menschen die Crux und das Übel, nicht die Verbrecher. Verbrecher gibt es überall und hat es überall gegeben; aber es ist die unabweisbare Aufgabe aller Rechtschaffenen, die Verbrechen klein zu halten und wer sich dieser Aufgabe entzieht, der ist mehr Schuld an den Verbrechen als der Verbrecher selbst.“ Beate Ruhm von Oppen, Hg., Helmuth James Graf von Moltke, Briefe an Freya 1939 1945, München 1988, S.312.

9 Dazu erschöpfend Peter Hoffmann, Claus Schenk Graf von Stauffenberg. Die Biographie, vollständig überarb. u. erw. Aufl. der Ausgabe von 1992, München 2007; weiterhin wichtig Christian Müller, Oberst i. G. Stauffenberg: Eine Biographie, Düsseldorf 1970; als essayistische Annäherung Peter Steinbach, Claus von Stauffenberg: Zeuge im Feuer, Karlsruhe 2007.

tem geteilt hatte, überwand und persönliche Konsequenzen zog – dies ohne jede Rücksichtnahme auf sich und seine Familie.

Aus einer traditionsbewussten Offiziersfamilie stammend, rang sich Stauffenberg nämlich zu einer Tat durch, die ohne Vorbild war: Mitten im Krieg, an dem er als Soldat beteiligt war, zu versuchen, eine verbrecherische Regierung zu stürzen, weil er sein Land liebte. Er sah eine nationale Katastrophe voraus und wusste, dass sich die deutsche Nation durch die verbrecherische nationalsozialistische Politik selbst aus dem Kreis der zivilisierten Nationen entfernt hatte. Die Erfolgsaussichten seiner Tat bewertete Stauffenberg selbst skeptisch. Sie sollte nicht zuletzt deutlich machen, dass es in Deutschland Reste moralischen Anstands und ethischer Verantwortung gab, die sich in der gerade in seiner Auflehnung zeigen sollten.

Der Blick des Lesers wird von Zeller deshalb auf moralische und ethische Handlungsdimensionen Stauffenbergs gelenkt, die ihm, dem Leser, die Freiheit der Entscheidung lassen – und aufbürden. Keineswegs wollte Zeller versuchen, die Geschichte des Widerstands in seiner Breite, Vielfalt, zeitlichen Differenzierung und graduellen Steigerung zu skizzieren. Deshalb wandte er sich in seinen letzten Jahren (er verstarb 2003) dezidiert und für manche seiner Leser geradezu irritierend gegen die angeblich „linksliberalen" Historiker des Widerstands.[10] Er wollte den Leser vielmehr zur Zeitgenossenschaft einladen, indem er seine ganz persönliche Annäherung spürbar machte.

Dass Stauffenberg als einer der bedeutenden deutschen „geistigen Brückenmenschen" zu gelten hat, der zwischen Gruppen, Klassen und Milieus eine Verbindung im Widerstand herstellte, konnte ich im Vorspann[11] zur Erstausgabe von Zellers Biographie deutlich machen. Sie ist die wohl lebendigste Lebensbeschreibung Stauffenbergs geblieben. Deshalb konnte Nina Gräfin Stauffenberg, die vor wenigen Jahren in hohem Alter verstorben ist, von ihr sagen: „Das Bild meines Mannes ist mir aus anderen Veröffentlichung fast hinter einer Wand verschwunden. Bei Zeller fand ich ihn wieder."

Dieses Zitat macht die Spannung eines Handelns sichtbar, das täglich den schmalen Grat bewältigen musste, der zwischen alltäglicher Kooperation mit den Machthabern und immer neu riskierter Opposition zum System des NS-Staates lag. „Sind wir noch brauchbar?" – diese ganz

---

10 „Kampf für Deutschland". Eberhard Zeller über den 20. Juli, die Gebrüder Stauffenberg und die Entnationalisierung des deutschen Widerstandes, in: Junge Freiheit vom 19.7.2002.

11 Peter Steinbach, Einführung, in: Eberhard Zeller, Oberst Claus Graf Stauffenberg: Ein Lebensbild, Paderborn 1994, S. VII-XVII.

radikal von Dietrich Bonhoeffer aufgeworfene Frage stellte die Nagelprobe wohl jeder Biographie eines Regimegegners im Dritten Reich dar. Sie konnte von den Beteiligten, an die sich diese Frage richtete, nur dann beantwortet werden, wenn sie sich ihrer selbst ganz sicher waren. Das bedeutete auch, dass ein Regimegegner sein eigenes Verhalten im alltäglichen Oszillieren zwischen Normalität und persönlichem Ausnahmezustand kritisch reflektieren konnte.

In der Tat gibt es historische Ereignisse, die sich nicht als Endpunkt einer zusammenhängenden Entwicklung darstellen lassen. Immer wieder gibt es in der Widerstandsgeschichte neue Verknüpfungen, Wendepunkte und Weichenstellungen, die völlig Neues bewirken, gleichsam einen Bruch mit der Vergangenheit darstellen. Umorientierungen, die sich aus der Orientierung an tradierten Wertvorstellungen erklären und zugleich alles in Frage stellen, was Konvention ist, in Lebensbeschreibungen deutlich zu machen, stellt nicht nur eine große Herausforderung, sondern eine besondere Kunst dar.

Auch die Geschichte des militärischen Widerstands ist durch viele Neuanfänge charakterisiert. Immer wieder mussten Rückschläge ausgeglichen werden, die die nationalsozialistischen Verfolger ihren Gegnern zufügen konnten. Die Geschichte der Regimegegnerschaft lässt sich deshalb nicht als Kontinuum darstellen, sondern muss durch ständig neue Anfänge charakterisiert werden, durch Widersprüche, durch immer neues Scheitern und durch die mühsame Wiederaufnahme liegengebliebener Handlungsfäden.

In der Widerstandsgeschichte geht es deshalb zunehmend weniger um die Rekonstruktion historischer Fakten als um die Bewertung oftmals längst bekannter Tatsachen im Lichte einer moralisierenden Deutung. Wenn nicht zweifelhaft ist, dass der Zweite Weltkrieg von deutscher Seite kein Verteidigungs-, sondern ein Angriffskrieg und immer auch ein Weltanschauungs- und Rassenkrieg war, dann wird jeder, der an der deutschen Kriegführung beteiligt war, Mitverantwortung für die Verwirklichung rassenideologischer Ziele tragen. Insofern ist es müßig, durch neue Aktenfunde die Angehörigen des militärischen Widerstands der Mitwirkung an nationalsozialistischen Kriegs- und Gewaltverbrechen überführen zu wollen.

Das Grundgefühl vieler Zeitgenossen war deshalb, „mitten drin zu stehen“. Eine mögliche Entscheidung für den Widerstand rechtfertigte nicht, sondern isolierte, machte einsam, wirkte sich quälend für das Gewissen aus, denn sie gefährdete Angehörige, Freunde, Kameraden, schließlich Unbeteiligte. Dabei ging es niemals nur um metaphysische Schuld, sondern auch um Beteiligung an manifesten Verbrechen. So ist nicht zu bestreiten, dass selbst der Leiter einer Einsatzgruppe wie Arthur

Nebe, Generalleutnant der Polizei und SS-Gruppenführer, den Tod von annähernd 50000 Juden zu verantworten hatte, bevor er im Rahmen des Umsturzversuches vom Sommer 1944 als Chef der deutschen Kriminalpolizei eine wichtige Funktion übernehmen sollte, ebenso wie der Berliner Polizeipräsident Wolf Heinrich Graf von Helldorf, der seit 1933 den Berliner Polizeiapparat befehligte.

Wie das Attentat geplant wurde, ist ebenso gut erforscht wie die vielfältigen, keineswegs nur politischen, sondern auch geistigen Neuordnungsvorstellungen des Widerstands. Die neuen Fragestellungen zielen vor allem auf den Versuch, die Distanzierung der Regimegegner von den Sogströmungen ihrer Zeit zu begreifen. Deshalb rücken die Einschätzung der Motive, der individuellen Dispositionen zum Widerstand, die Lebensumstände nach 1933, schließlich die Möglichkeit einer Überwindung von Restriktionen des Handelns, die individuelle Entscheidung und Haltung lähmen können, in den Mittelpunkt eines zeitgeschichtlichen Interesses. Es verknüpft die Quellenanalyse mit prinzipiellen politischen, ethischen und philosophischen Fragen.

Unbestreitbar hatten viele Regimegegner, vor allem aus dem Bürgertum und aus militärischen Kreisen, in den Jahren der sich konsolidierenden NS-Herrschaft vor allem im Bereich der Außenpolitik manche Ziele der Nationalsozialisten geteilt. Sie hatten die Machtergreifung begrüßt, sie zumindest sehr positiv beurteilt. Sie erlagen nicht selten der Faszination nationalsozialistischer Herrschaft, begrüßten die „Heimkehr" des Saarlandes, die Remilitarisierung des Rheinlandes, den „Anschluss" Österreichs, schließlich die Eingliederung des Sudetenlandes und die „Zerschlagung der Rest-Tschechei".

Über die Diffamierung von Intellektuellen im Zuge einer kulturellen Gleichschaltung, die Verfolgung von politischen Gegnern, die Polemik gegen „entartete" Künstler oder gar die Entrechtung der Juden erregten sie sich weniger als über die Gleichschaltung des deutschen Protestantismus, gegen die sich die „Bekennende Kirche" mit dem „Pfarrernotbund" zur Wehr setzte. Allmählich befreiten sich Regimegegner von den lähmenden Auswirkungen sie faszinierender außenpolitischer und militärischer Erfolge. Sie mussten auch in der Folgezeit immer wieder Positionen überwinden, die sie ursprünglich mehr oder weniger („partiell") mit den Nationalsozialisten geteilt hatten.

Manche Regimegegner verstärkten ihre Dissidenz und besannen sich auf Traditionen und überkommene Wertvorstellungen, die mit dem weltanschaulichen Führungsanspruch der Nationalsozialisten kollidierten. Sie entwickelten eine Haltung der „Nonkonformität" und bekannten sich zur Autonomie von Religion und Kunst, bezogen sich auf Prinzipien der Aufklärung und des Humanismus oder fundierten die

Bereitschaft, stellvertretend für andere zu handeln, indem sie naturrechtliche Maßstäbe beschworen. Manche dieser Wertvorstellungen entsprangen den Lebensverhältnissen und den überkommenen Milieus, die Weltsicht und Weltverständnis bestimmten. Andere entwickelten sich aus bewusster politischer Distanz gegenüber ganz konkret wahrgenommenen Übergriffen der Nationalsozialisten, die nicht mehr als politische Maßnahmen hingenommen, sondern als Herausforderung des Gerechtigkeitsgefühls begriffen wurden.

Stufenweise konnte sich die Empörung über das Unrecht, das verübt wurde, steigern. An die Stelle der Folgebereitschaft trat die Verweigerung, das abweichende Verhalten. Dies galt dem Regime in der Regel als strafwürdig; darin zeigte sich, dass seine Gegner ganz persönliche Konsequenzen zu ziehen bereit waren. Sie sprangen Verfolgten bei, bemühten sich aktiv um Distanzierung vom System und entwickelten eine nonkonformistische Grundhaltung, die sie schließlich zu Trägern oppositioneller Strömungen werden ließ. Die ursprüngliche Distanz konnte sich steigern. Was häufig als eine Art innerer Opposition oder geistiger Emigration begann, mündete in eine zunehmende Distanzierung und schließlich im Protest, in offen demonstriertem abweichendem Verhalten oder gar in der aktiven Konspiration, die auf die Vorbereitung eines Umsturzes zielte und „keine Deckung" kannte, wie Eberhard Bethge in seiner großartigen Biographie Dietrich Bonhoeffers schrieb.[12]

Stauffenbergs Weg vom regimetreuen Offizier, dem eine große Karriere prophezeit worden war, zum Attentäter lässt sich so nur exemplarisch sichtbar machen. Geistig verlief seine Entwicklung ohne Zweifel anders als bei Regimegegnern, die schon seit 1933 das Regime bekämpften oder bedingungslos ablehnten. Er war nicht eingebunden in den Kirchenkampf oder in die Auseinandersetzung mit regimefreundlicheren Vertretern der Kirche. Er bewahrte seine Distanz von den Zeitströmungen durch den Rekurs auf Texte von Stefan George; Gespräche mit seinen Brüdern waren ebenso wichtig wie Begegnungen mit seinen Kameraden. Er suchte und fand Gesinnungsfreunde, die sich zu kleinen verschworenen Gemeinschaften fanden, er verlor Gleichgesinnte niemals aus den Augen und knüpfte dabei an familiäre, freundschaftliche oder kameradschaftliche Verbindungen an.

Erst spät – ab 1942/43 – kam Stauffenberg eine besondere Bedeutung bei dem Versuch der „deutschen Opposition" zu, nicht nur unterschiedliche Strömungen des Widerstands gegen das Regime Hitlers zusammenzuführen, sondern auch Verbindungen zwischen verschiedenen

---

[12] Eberhard Bethge, Dietrich Bonhoeffer: Theologe, Christ, Zeitgenosse, 3. Aufl. München 1970

Funktionsträgern und Generationen zu schlagen. Er wurde allerdings nicht allein zur bedeutendsten Persönlichkeit im militärischen und bürgerlichen Widerstand, weil er im Juli 1944 die entscheidende Tat wagte und so dem Ziel, Hitler auszuschalten, denkbar nahe kam, so nah wie zuvor nur der Schreiner Johann Georg Elser. Sondern er wurde auch deshalb als besonders wichtig wahrgenommen, weil sich in seiner Person viele Verbindungen der gesamten Widerstandsgeschichte überschnitten hatten. Er war ein Brückenbauer zwischen Gruppen und über Weltanschauungen hinweg, drängte zur Tat und stellte sich der wohl schwierigsten Aufgabe, Hitler zu töten und den Umsturz in Berlin selbst entscheidend zu koordinieren.

Dies wurde umso mehr anerkannt, je größer der Zeitraum zwischen Attentat und Erinnerung an diese Tat wurde. Erst seit den fünfziger Jahren wird der 20. Juli als ein Erinnerungstag an den gesamten Widerstand begangen, der sich gegen die NS-Herrschaft richtete. Stauffenbergs Kreis wird nun zu einer Gruppe, die nicht nur stellvertretend für andere handelte, die nicht aus dem engsten Kreis der Macht den Umsturz wagen konnten, sondern es wird deutlich, dass er versuchen musste, stellvertretend für den Gesamtwiderstand das Blatt zu wenden. Aus diesem Grunde fühlten sich nach dem Scheitern des Umsturzversuches vom 20. Juli viele widerständige Menschen aus höchst unterschiedlichen Gruppierungen als Gescheiterte und Geschlagene.

Diese späte Anerkennung darf nicht darüber hinwegtäuschen, dass kaum ein anderer Gegner des Nationalsozialismus über viele Jahre hinweg ähnlich umstritten gewesen ist wie dieser aus dem schwäbischen Lautlingen stammende Offizier. Wandlungen seines Bildes sind nicht zuletzt das Ergebnis wissenschaftlicher Forschung. Zunächst wurde sein Bild durch frühe Veröffentlichungen zum Widerstand geprägt. Vor allen anderen ist die Darstellung „Offiziere gegen Hitler“[13] von Fabian von Schlabrendorff zu nennen, der dem Widerstandskreis um Henning von Tresckow angehörte und dessen Entscheidung, Widerstand zu leisten und schließlich auch das Attentat zu wagen, auf eine bewegende Weise überlieferte.

Eberhard Zeller schuf mit seinem bereits erwähnten frühen Buch „Geist der Freiheit“, das 1952 erstmals erschien, eine entscheidende Grundlage einer Würdigung, die Lebensgeschichte und prinzipielle ethische Entscheidung vor das Auge rückte, Stauffenberg zugleich aber auch in die Gesamtgeschichte des Widerstands integrierte. Zellers Buch stand einer anderen wichtigen Veröffentlichung nicht nach, die den „lautlosen Aufstand“[14] in das Bewusstsein der Zeit hob und auf frühe

---

13 Fabian von Schlabrendorff, Offiziere gegen Hitler, Zürich 1946

14 Günther Weisenborn, Der lautlose Aufstand, Reinbek 1953.

Versuche von Ricarda Huch zurückging, Zeugnisse des Widerstands zu sammeln.

Eine neue Phase der Auseinandersetzung setzte Mitte der fünfziger Jahre ein. Stauffenberg wurde bis etwa 1955 zunächst nur höchst vereinzelt, dann aber häufiger durch Straßenbenennungen geehrt. Auch Biographien erschienen, unter ihnen die grundlegende, von Karl Dietrich Bracher betreute Dissertation von Joachim Kramarz.[15] Im Jahre 1964 erschien Stauffenbergs Porträt erstmals auf einer Sonderbriefmarke der Deutschen Bundespost. Etwa gleichzeitig wurde nach ihm ein Kasernenkomplex in Sigmaringen benannt. Allein in Baden-Württemberg erinnern heute zwei Gedenkstätten – im Alten Schloss in Stuttgart und in seinem Geburtsort Lautlingen – an Stauffenberg. Im Museum für Württembergische Geschichte befindet sich überdies eine Skulptur zur Erinnerung an Berthold, Alexander und Claus von Stauffenberg. Im Jahre 2004 strahlten die beiden großen öffentlich-rechtlichen Fernsehanstalten fast gleichzeitig abendfüllende dokumentarische Spielfilme aus und erreichten zusammen weit über 10 Millionen Zuschauer. Stauffenberg war, so schien es, damit endgültig im Bewusstsein der deutschen Gesellschaft verankert.

Alljährlich findet seit den sechziger Jahren im Innenhof des Bendlerblocks, am Hinrichtungsort Stauffenbergs, die zentrale Gedenkveranstaltung der Bundesrepublik Deutschland und des Berliner Senats statt. An diesem Ort wurde bereits 1952 durch den damaligen Berliner Regierenden Bürgermeister Ernst Reuter ein Denkmal eingeweiht, dem in den sechziger Jahren auch eine kleine Gedenkstätte folgte. Sie war von dem Zeithistoriker Friedrich Zipfel konzipiert worden und wurde den Ereignissen im Umfeld des Attentats vom 20. Juli gewidmet.

In den Achtzigern thematisch erheblich ausgeweitet, rückte sie die ganze Breite, Vielfalt, graduelle Steigerung und auch Widersprüchlichkeit des Widerstands vor Augen. In der Folgezeit gelang es, ein integrales Widerstandsverständnis zu entwickeln, also höchst unterschiedliche Gruppierungen und Menschen mit ihren jeweiligen ganz spezifischen Motivationen nebeneinander zu stellen. Hieß es in den siebziger Jahren: „Es gab nicht nur den 20. Juli", so war nun klar: es gab ihn auch, ohne diesen Tag würde sich kein angemessenes Bild des Gesamtwiderstands zeigen lassen. Stauffenbergs ehemaliges Dienstzimmer im Bendlerblock ist zum zentralen Teil dieser nationalen Gedenkstätte geworden.

Zunächst konzentrierte sich die Würdigung der Regimegegnerschaft auf den bürgerlichen Widerstand, der oftmals mit dem Attribut „nati-

---

[15] Joachim Kramarz, Claus Graf Stauffenberg 15. November 1907 – 20. Juli 1944. Das Leben eines Offiziers, Frankfurt/M. 1965.

onalkonservativ" charakterisiert werden sollte, auf Persönlichkeiten wie Carl Goerdeler, Ludwig Beck oder die Mitglieder des Kreisauer Kreises. Übersehen wurde dabei lange, dass fünf Jahre früher der ebenfalls aus Württemberg stammende Schreiner Johann Georg Elser seinem Ziele, Hitler zu töten, so nahe gekommen war wie nur Stauffenberg im Sommer 1944. Elser wurde vom November 1939 bis zum April 1945 als Gefangener der SS isoliert und am selben Tage wie Hans von Dohnanyi, Dietrich Bonhoeffer, Admiral Wilhelm Canaris und der höchste Heeresrichter Karl Sack unter bis heute nicht geklärten Umständen in Dachau ermordet.

Stauffenberg hingegen wurde noch in der Nacht zum 21. Juli 1944 im Innenhof des Bendlerblocks in Schöneberg, wo sich die Dienststelle des Befehlshabers des Ersatzheeres, Generaloberst Friedrich Fromm, und das Allgemeine Heeresamt unter General Friedrich Olbricht befanden, an der Seite seiner engsten Freunde und Mitverschworenen Olbricht, Oberst Albrecht Ritter Mertz von Quirnheim und Leutnant Werner von Haeften, Stauffenbergs Adjutant, auf Befehl von Fromm hingerichtet. Ludwig Beck war vorher gezwungen worden, Hand an sich zu legen.[16]

Stauffenbergs Anschlag auf das Leben Hitlers gilt deshalb bis heute als herausragendes Zeichen moralisch gerechtfertigter Auflehnung und ethisch reflektierter Verantwortung. Denn man weiß, dass aus diesem Anschlag der Umsturz und eine politische Neuordnung hervorgehen sollten. Von Nebenabsichten frei war die Erinnerung allerdings zu keiner Zeit, denn die Erinnerung an den deutschen Widerstand sollte zunächst die Rückkehr Deutschlands in der Kreis der zivilisierten Nationen erleichtern. Deshalb auch werden alljährlich am 20. Juli im Bendlerblock, dem Berliner Dienstsitz des Bundesverteidigungsministers, junge Rekruten der Bundeswehr vereidigt. Seit einigen Jahren sprechen bei dieser Gelegenheit befreundete europäische Politiker über die Bedeutung des deutschen Widerstands für unser Geschichtsbewusstsein und für die Maßstäbe neuer europäischer Politik.

So wurde auch die Nachwirkung der nationalsozialistischen Propaganda relativiert. Sie hat, wie erinnerlich, Stauffenberg noch am Abend seiner großen Tat als Kopf einer „kleinen ehrgeizigen und verbrecherischen Clique von Offizieren" diffamiert und damit suggeriert, ihm und seinen Mitverschwörern sei es vor allem um sich selbst, um die eigene privilegierte soziale Stellung gegangen.

---

[16] Zu Beck und Fromm vgl. die maßgeblichen Biographien von Klaus-Jürgen Müller, Generaloberst Ludwig Beck. Eine Biographie, 2., durchges. Aufl., Paderborn 2008, und Bernhard R. Kroener, „Der starke Mann im Heimatkriegsgebiet": Generaloberst Friedrich Fromm. Eine Biographie, Paderborn 2005.

Als „Verräter“ und „Eidbrüchige“ wurden sie beschimpft, und noch lange Zeit nach Kriegsende wurde allen Verschwörern große Verantwortung für die militärische Niederlage der deutschen Wehrmacht zugeschrieben. Dieses Argument lenkte vor allem von der Schwäche der Mitläufer ab, die willig bis in die letzten Kriegstage hinein den „Endsieg“- und Durchhalteparolen der Nationalsozialisten gefolgt waren und sich und anderen einredeten, ihre unbedingte Folgebereitschaft sei sogar eine Tugend gewesen, die man oftmals als Ausdruck der „Eidtreue“ bezeichnete.

Die unmittelbare Erinnerung an Stauffenberg war jedoch bei allen, die ihn unmittelbar erlebt hatten, durch derartige Verzeichnungen und Unterstellungen nicht zu erschüttern. Sein Bild blieb bei seinen Freunden und Kameraden vor allem geprägt durch die lebhafte Erinnerung an seine persönliche Ausstrahlung. Stauffenberg galt als ein mitreißender, besonders befähigter, kameradschaftlicher und mutiger Offizier, der sich niemals in den Mittelpunkt der Aufmerksamkeit zu drängen suchte, allerdings stets entschieden und als starke Persönlichkeit identifizierbar blieb, im Kameraden- und Freundeskreis auf Verlässlichkeit und Mut baute und dabei insbesondere die Grundsätze persönlicher Freundschaft beachtete.

Vor allem seine Jugendfreunde lenkten den Blick der Nachlebenden auf seine menschliche Ausstrahlung, seine Begeisterungsfähigkeit, seine Entschlossenheit, seine moralische Rigidität und seine Konsequenz. Ihr Bild wurde auch durch die nationalsozialistische Diffamierungskampagne nach dem Anschlag nicht zerstört.

Die anderen, darunter viele ehemalige Wehrmachtsangehörige, sahen in ihm einen typischen Generalstabsoffizier, der viel zu spät und überdies dilettantisch gehandelt hätte. An ihren Stammtischen war bis weit in die sechziger Jahre zu hören, Stauffenberg hätte sich mit Hitler in die Luft sprengen oder bei einem Pistolenattentat den eigenen Tod hinnehmen sollen. Sein Versuch, unmittelbar nach dem Anschlag auch noch in der Zentrale des Umsturzes, dem Berliner Bendlerblock, die Entwicklungen voranzutreiben, sei Ausdruck einer vermessenen Überschätzung gewesen.

Ungeachtet seiner schwäbischen Herkunft wurde Stauffenberg sogar als typischer Vertreter des alten preußischen Adels verzeichnet, dem er niemals angehört hatte. Man stigmatisierte ihn nicht selten als typischen Vertreter einer Militärkaste, die nur die eigene Haut retten wollte, und wurde nicht müde zu betonen, dass er eine große innere Übereinstimmung mit den Nationalsozialisten demonstriert hätte, dass er sogar deren Weltanschauung teilte. Diese angeblich entlarvende Feststellung mündete in die Kritik an den Zielen, für die er eingetreten war, an den

Vorstellungen, die ihn antrieben, an den Zielen, die er verwirklichen wollte. Rasch war man mit dem Urteil zur Hand, er sei kein Demokrat gewesen, hätte ein parlamentarisches System abgelehnt und könne so keineswegs als der Garant eines anderen Deutschland verstanden werden.

Dieses Bild des Widerstandskämpfers Stauffenbergs wandelte sich nur langsam in den frühen fünfziger Jahren. Bereits im Jahre 1952 hatte sich Theodor Heuss in einem offenen Brief an die ungenannt gebliebene Witwe eines Regimegegners gewandt, um seinen Respekt vor dem Widerstand auszudrücken. Der Braunschweiger Generalstaatsanwalt Fritz Bauer hatte hier angeknüpft, als er gegen Otto-Ernst Remer, einen führenden Funktionär der nationalsozialistischen Nachfolgepartei SRP (Sozialistische Reichspartei) einen Strafprozess durchführte, der zugleich als ein „politischer Prozess" das Bild des Widerstands in der deutschen Öffentlichkeit nachhaltig verändern sollte. „Ein verratenes Volk kann man nicht mehr verraten!", so lautete Bauers Credo. Der „wahre Verräter" der Deutschen sei Hitler gewesen. Verschiedene wichtige Gutachten von Historikern, Juristen und Theologen unterstützten diese prinzipielle Position. Remer, der als Major des Berliner Wachbataillons am frühen Abend des 20. Juli 1944 entscheidend an der Niederschlagung des Umsturzes beteiligt gewesen war, hatte in Wahlkampfreden Angehörige von Widerstandskämpfern bedroht; er wurde vom Oberlandesgericht in Braunschweig verurteilt.

Ein Jahr später bekannte sich Theodor Heuss vor Berliner Studenten zum deutschen Widerstand und leitete eine Entwicklung ein, die im Zusammenhang mit der Aufstellung der Bundeswehr seit der Mitte der fünfziger Jahre beschleunigt wurde. Denn die Wiederbewaffnung der Bundesrepublik verlangte eine neue historische Tradition. Wichtige Bücher, die das Bild des Widerstands prägten, entstanden, Buchtitel wurden zu geflügelten Worten: „Das Gewissen steht auf"[17], „Aufstand des Gewissens", „Das Gewissen entscheidet", schließlich „Vollmacht des Gewissens".

Hinzu kamen Veröffentlichungen, die unmittelbar nach dem Krieg aufgrund des Verbotes der Alliierten nicht in Deutschland publiziert werden konnten und deshalb in der Schweiz verlegt werden mussten – die Tagebücher des Diplomaten Ulrich von Hassell erschienen unter dem Titel „Vom andern Deutschland"[18], auch Fabian von Schlabrendorffs klassische Darstellung „Offiziere gegen Hitler" erlebte noch einmal meh-

---

[17] Annedore Leber, Das Gewissen steht auf; 9. Aufl. Berlin u.a. 1960.

[18] Ulrich von Hassell, Vom andern Deutschland. Aus den nachgelassenen Tagebüchern 1938-1944, Zürich 1946.

rere Auflagen und prägte das Bild des militärischen Widerstands nachhaltig.

Eine Biographie des Freiburger Historikers Gerhard Ritter über Carl Friedrich Goerdeler zeichnete ein Gesamtbild des militärisch-bürgerlichen Widerstands[19]. Der Sammelband von Günther Weisenborn „Der lautlose Aufstand" wurde nun ebenso in den Hintergrund gedrängt wie die von Reinhold Schneider mit verantwortete Sammlung „Du hast mich heimgesucht bei Nacht".

Entscheidend für die Würdigung des militärischen Widerstands wurde eine Verengung des Zugangs, die auf das höchste deutsche Gericht, den Karlsruher Bundesgerichtshof (BGH) zurückging: Widerstand sei der Versuch, aus dem Zentrum der Macht heraus den Umsturz des gesamten, als verbrecherisch erkannten Systems zu wagen. So wurde das Handeln einer politischen Führungsschicht – von höheren Verwaltungsbeamten und führenden Militärs – unterschieden vom Widerstand der vielzitierten „kleinen Leute" im Alltag. Ihr Eintreten für Verfolgte und Bedrängte, etwa für die entrechteten Juden, wurde bis dahin naturrechtlich gerechtfertigt und galt als Ausdruck praktizierter Grund- und Menschenrechte. Nun wurde der militärische Widerstand aufgewertet. Zugleich wurde die Auflehnung der Militärs um Ludwig Beck und Claus von Stauffenberg, der „Honoratioren" (Margret Boveri) um Goerdeler und den Kreisauer Kreis in die militärische Tradition integriert, mit immer breiterer Resonanz in der Bevölkerung und der Publizistik.

In den folgenden Jahrzehnten wurde zwar immer wieder von vor allem jüngeren Historikern versucht, den militärischen Widerstand wegen seiner Beteiligung an der Kriegführung, am Krieg gegen die Partisanen und auch am Rassenkrieg zu belasten. Eine unmittelbare Beteiligung an den nationalsozialistischen Gewaltverbrechen ist allerdings nur für den mit dem Widerstand kooperierenden Reichskriminaldirektor Arthur Nebe nachzuweisen. Er hat sogar eine Einsatzgruppe geführt, der für die Zeit, in der er sie befehligte, zweifelsfrei durch Ereignismeldungen aus der UdSSR belegt fast 50000 Morde angelastet werden müssen.

Andererseits wäre es völlig abwegig, die Regimegegner von jeglicher Mitverantwortung für den nationalsozialistischen Krieg freizusprechen. Das haben sie niemals beansprucht – im Gegenteil: Sie wollten das Blatt wenden, weil sie sich mitverantwortlich fühlten. Sie wussten, das es im Krieg, den die Nationalsozialisten befohlen hatten und dessen Charakter sie entscheidend bestimmten, Schuldlose nicht geben konnte. Da es sich im Kern für die NS-Führung um einen Rassen- und Weltanschauungs-

[19] Gerhard Ritter, Carl Goerdeler und die deutsche Widerstandsbewegung, 3. Aufl. Stuttgart 1956.

krieg handelte, war jeder, der am Krieg beteiligt war, mitverantwortlich und auch mitschuldig.

Wenn allerdings Historiker und Publizisten versuchen, über Nebe hinaus eine unmittelbare Beteiligung anderer Mitglieder des militärischen Widerstandes an nationalsozialistischen Gewaltverbrechen zu belegen, können sie sich in der Regel nur darauf stützen, dass auf Erlassen, Befehlen und Ereignismeldungen Namenskürzel von Verschwörern zu finden sind. Diese Signaturen belegen aber nur, dass sie über den Charakter des Krieges informiert waren. Zu unterstellen, die Verschwörer seien ursächlich an den nationalsozialistischen Gewaltverbrechen beteiligt, verfehlt die eigentliche Bedeutung dieser Lebensspuren: Weil die Regimegegner sehr zuverlässig und umfassend über die Tatsache und das Ausmaß der NS-Verbrechen informiert waren, litten sie an ihrer Mitverantwortung für eine verbrecherische Kriegführung, durch die sie die moralische Substanz der deutschen Nation, an die sie glaubten und die sie bewahren wollten, gefährdet sahen.

Mitte der fünfziger Jahre wurden auch die ersten – mehr oder minder stark dokumentarisch angehauchten – Spielfilme über den 20. Juli 1944 gedreht. 1989, wenige Monate vor dem Zusammenbruch der DDR, sendete auch das DDR-Fernsehen eine Dokumentation über Stauffenberg. Zum 60. Jahrestag wurden in beiden deutschen öffentlich-rechtlichen Fernsehanstalten dokumentarische Spielfilme gesendet. Jo Baiers Verfilmung der letzten Tage Stauffenbergs erregte besonderes Aufsehen.

Große Aufmerksamkeit in den Medien hat überdies seit dem Sommer des Jahres 2007 ein Hollywood-Projekt über die „Operation Walküre" gefunden. Der Film mit Tom Cruise als Stauffenberg soll, so ist derzeit zu hören, nach mehreren Verschiebungen Ende 2008 in den Filmtheatern anlaufen.

Erst spät wurde Stauffenberg in die Vorgeschichte des freiheitlichen Verfassungsstaates und des Grundgesetzes integriert. „Stauffenberg ist unser", verkündete Bundeskanzler Kohl 1994 am Jahrestag des Attentats, das die deutsche Katastrophe nicht nur verhindern sollte, sondern auch hätte ihre Folgen mildern können. Die Anerkennung, die Stauffenberg heute in Gedenkstätten, Filmen und Geschichtsbüchern gefunden hat, täuscht aber zu leicht darüber hinweg, wie lang dieser Weg zur Würdigung war.

Noch in den frühen fünfziger Jahren hatte nur eine Minderheit in einer demoskopischen Befragung der Frage zugestimmt, ob Straßen oder Schulen in der Bundesrepublik nach Stauffenberg benannt werden sollten. Angesichts dieser Unentschiedenheit „moralisch Indifferenter", wie sie von Theodor Heuss bezeichnet wurden, war es wichtig, dass sich einige öffentlich wirksame Persönlichkeiten für eine neue Würdigung des Widerstands gegen den Nationalsozialismus einsetzten.

Hier ist erneut der erste Bundespräsident zu nennen. Er hatte bereits 1945 im Stuttgarter Theater den Blick auf die ethische Verantwortung des Widerstands gelenkt. Auch Reinhold Schneider hatte früh Zeugnis ablegen wollen. Gewiss gab es Rückschläge bei der Würdigung des Widerstands. Unbestreitbar ist aber, dass seit den fünfziger Jahren mit den alljährlichen zentralen Feierlichkeiten am 20. Juli, zunächst in Bonn und in Berlin, seit der Vereinigung Deutschlands im Jahre 1990 dann im Berliner Bendlerblock und in der Hinrichtungsstätte Plötzensee, die Erinnerung an den Widerstand nicht nur gefestigt, sondern als Bezugspunkt des kollektiven Gedenkens geschaffen werden konnte. Als der damalige Bundesverteidigungsminister Rudolf Scharping 1999 auf Anregung seines Staatssekretärs Walther Stützle die Vereidigung junger Rekruten auf den Abend des 20. Juli legte und europäische Politiker einlud, über den Widerstand gegen den Nationalsozialismus zu sprechen, wurde endgültig deutlich, dass die Bundeswehr einen wesentlichen Bezugspunkt ihres Traditionsverständnisses im Widerstand erblickte. Zugleich wurde deutlich, dass jeder Befehl in Deutschland eine Grenze haben müsse, die sich aus Recht und Gesetz und den Wertvorstellungen der Verfassung ableitet. Dies bekräftigte Altbundeskanzler Helmut Schmidt ebenso wie Verteidigungsminister Franz Josef Jung im Jahre 2008 bei der ersten Vereidigung, die vor dem Berliner Reichstagsgebäude stattfand.

Die Deutung des Attentats vom 20. Juli 1944 durch die Nationalsozialisten warf allerdings einen langen Schatten. Ihnen hatte Stauffenberg als Landesverräter gegolten, als ein verantwortungsloser, „von Ehrgeiz zerfressener" Offizier, der durch einen treulosen Anschlag die Wehrkraft geschwächt, den Kriegsgegnern zugearbeitet und seinen Hitler gegebenen Treueid gebrochen hätte.

Viele Deutsche schienen im Fehlschlag des Attentats einen Hinweis auf die „Vorsehung" zu sehen, die Hitler besonders begünstigt hatte. Auch im deutschen Exil und bei den ausländischen Regierungen tat man sich mit seiner Anerkennung schwer. Als die Nachricht vom Anschlag auf Hitler im Ausland bekannt wurde, fragte keiner der Verantwortlichen nach Stauffenbergs Motiven.

Nach dem Ende des Krieges konzentrierten sich viele Erklärungen der Überlebenden darauf, eigene Motive und Verhaltensmuster zu erklären, die nun so belastend waren. Man verwies auf Repression, Denunziation, Misstrauen und Terror, um die Bereitschaft der Mitläufer zu erklären, die den Parolen des Regimes willig gefolgt waren, bis die bedingungslose Kapitulation der deutschen Wehrmacht Europa von der

Furcht erlöste, die die nationalsozialistische Besatzungsherrschaft in ganz Europa verbreitet hatte.

Stauffenbergs Entscheidung, mit der Tötung Hitlers Deutschland von seiner verbrecherischen Führung zu befreien, ist ganz unmittelbar zu verstehen und nachzuvollziehen, wenn der Unrechtscharakter des NS-Regimes anerkannt wird. Dennoch war sie ungewöhnlich, denn ein Offizier hat in der Regel die Verpflichtung, loyal und gehorsam Befehle auszuführen. Stauffenberg fühlte sich einer höheren Instanz verantwortlich. Er folgte einer Gewissensentscheidung und nahm die Folgen seiner Tat auf sich, die rückblickend als Ausdruck einer besonderen Verantwortung erscheint.

Zellers Buch ist nicht nur Ausdruck seiner Bewunderung, die er für Stauffenberg empfand. Es ist auch ein Versuch, die Denkhaltung der drei Brüder Stauffenberg vor das Auge der Nachlebenden zu rücken. Denkweise und Sprache Zellers sind beeinflusst durch die lebenslange Auseinandersetzung mit dem Werk von Stefan George. Tat und Wort sind nach George nicht zu trennen. Das gilt auch für jede Annäherung der Nachlebenden an Claus von Stauffenberg, der alle Begrenzungen überschritt, die bis zum 20. Juli 1944 das Leben und Wirken eines Offiziers bestimmt haben. Er durchschaute eine verbrecherische Führung und besann sich – im Sinne von Fritz Bauers Diktum – auf seinen Eid. Er fühlte sich nicht nur verraten, sondern er wusste: Hitler ist das deutsche Verhängnis. Er wollte die bedingungslose Kapitulation verhindern, aber er wusste auch: Deutschlands Niederlage ist die Voraussetzung für die Befreiung von der nationalsozialistischen Herrschaft. Weil die Regimegegner ihre Land liebten, deshalb sehnten sie die Niederlage herbei und wollten den Weg zum Waffenstillstand abkürzen. Hier scheint eine Dimension historischer Größe auf, die nicht an den Machthabern, sondern an den moralisch Gerechtfertigten haftet.

Mannheim, im Sommer 2008 Peter Steinbach

Ausgewählte Literatur

Wolfgang Benz /Walter H.Pehle, Hg., Lexikon des deutschen Widerstandes, Frankfurt/M. 1994

Joachim C. Fest, Staatsstreich, Berlin 1994

Kurt Finker, Stauffenberg und der 20. Juli 1944, Berlin/DDR 1972

Hermann Graml, Hg., Widerstand im Dritten Reich, Frankfurt/M. 1994

Peter Hoffmann, Widerstand, Staatsstreich, Attentat. Der Kampf der Opposition gegen Hitler, 3.erw.Aufl., München 1979

Ders., Claus Schenk Graf von Stauffenberg und seine Brüder, Stuttgart 1992. Überarbeitete und erweiterte Neuauflage unter dem Titel: Claus Schenk Graf von Stauffenberg. Die Biographie, München 2007

Hans-Adolf Jacobsen, Hg.,„Spiegelbild einer Verschwörung": Die Opposition gegen Hitler und der Staatsstreich vom 20. Juli 1944 in der SD-Berichterstattung. Geheime Dokumente aus dem ehemaligen Reichssicherheitshauptamt, 2 Bde., erweiterte Aufl. Stuttgart 1984

Joachim Kramarz, Claus Graf Stauffenberg 15. November 1907 – 20. Juli 1944: Das Leben eines Offiziers, Frankfurt/M. 1965

Bernhard R. Kroener, „Der starke Mann im Heimatkriegsgebiet": Generaloberst Friedrich Fromm. Eine Biographie, Paderborn 2005

Christian Müller, Oberst i. G. Stauffenberg: Eine Biographie, Düsseldorf 1970

Klaus-Jürgen Müller, Hg., Der deutsche Widerstand 1933-1945, 2. Aufl. Paderborn 1986

Ders., Generaloberst Ludwig Beck: Eine Biographie, 2., durchgesehene Aufl. Paderborn 2008

Militärgeschichtliches Forschungsamt, Hg., Aufstand des Gewissens: Militärischer Widerstand gegen Hitler und das NS-Regime 1933-1945, 4.,durchges. u. erweiterte Aufl. Berlin, Bonn, Herford 1994

Gerhard Ritter, Carl Goerdeler und die deutsche Widerstandsbewegung, 4.Aufl. Stuttgart 1984

Hans Rothfels, Die deutsche Opposition gegen Hitler: Eine Würdigung, neue erw. Ausg. eingeleitet v. Hermann Graml, Frankfurt/M. 1986

Bodo Scheurig, Henning von Tresckow: Eine Biographie, Oldenburg u. Hamburg 1973

Jürgen Schmädeke/Peter Steinbach, Hg., Der Widerstand gegen den Nationalsozialismus und die deutsche Gesellschaft, 3.Aufl. München 1994

Peter Steinbach, Widerstand im Widerstreit, 2., wesentlich erweiterte Aufl. Paderborn 2001

Ders., Claus von Stauffenberg: Zeuge im Feuer, Karlsruhe 2007

Peter Steinbach/Johannes Tuchel, Hg., Widerstand in Deutschland 1933-1945: Ein Lesebuch, München 1994

Dies., Hg., Widerstand gegen den Nationalsozialismus, Berlin 1994

Dies., Hg., Lexikon des Widerstands, 2., überarb. u. erweiterte Aufl. München 1998

Diess., Hg., Widerstand gegen die nationalsozialistische Diktatur 1933-1945, Berlin 2004
Gerd R. Ueberschär, Hg., Der 20. Juli 1944: Das „andere Deutschland“ in der Vergangenheitspolitik, Berlin 1998
Eberhard Zeller, Geist der Freiheit: Der 20. Juli, 5., durchges. Aufl. München 1965

EIN VORWORT

Wenn zur 50jährigen Wiederkehr des 20. Juli 1944 in Gedenkreden der Regierenden und in den Medien mit Anerkennung oder gar Rühmung von Oberst Graf Stauffenberg gesprochen wird, so werden sich viele unter den jüngeren Deutschen, die schon der ersten oder der zweiten Generation nach jener Zeit angehören, keine Vorstellung von ihm machen können, werden aber doch mit Zustimmung aufnehmen, daß es ihm und seiner Tat und den mit ihm Verbündeten zu verdanken ist, daß Deutschland nicht mehr eine verachtete Stellung in der Welt einnimmt und wieder in die Völkerfamilie aufgenommen worden ist. Dabei wird immer wieder gefragt werden, wie es dahin gekommen ist, wie jener Oberst Graf Stauffenberg war, aus welcher Verantwortung heraus er sich als Stabsoffizier zur Konspiration zum Sturze Hitlers gefordert sah, durch welche Kraft seines Gewissens er sich den schwersten Entscheidungen, zuletzt auch der Übernahme des Attentats hat stellen können.

Läßt man sich leiten von der „Ehrfurcht vor dem geheimen Kern jedes individuellen Daseins", wie man sie früher einmal beim Literarhistoriker Gundolf gefordert und nach seiner Deutung beim Geschichtsschreiber Ranke erfüllt findet, so begegnet man beim Versuch einer Stauffenberg-Biographie einer besonderen Schwierigkeit, weil er sich über seine Intentionen auch Eigenen gegenüber vielfach ausgeschwiegen und auch in Briefen darüber zu nächsten Freunden nur in Verschlüsselungen gesprochen hat und weil er, der so Gesprächsfreudige, in größerem Kreis, um herauszufordern und zugleich um sich zu tarnen, gern eine Form der Ironie pflegte, die ihn das Gegenteil des von ihm Gutgeheißenen vertreten ließ. Daraus erklärt sich, daß manche der späteren Biographen ihre Schwierigkeiten damit hatten, Stauffenbergs Lebenswerk vom inneren Wesenscharakter her zu begreifen, weil sie auf Zeugnisse zweiter und dritter Hand angewiesen blieben, über deren Stellenwert und ‚Wahrheitsgehalt' sie nicht urteilen konnten.

Der Verfasser hat die Anregung zu seinem biographischen Versuch 1987 nach einer Besichtigung der Gedenkstätte Deutscher Widerstand durch deren Leiter Professor Dr. Peter Steinbach erhalten, dem er einige Vorschläge zur Änderung bzw. Ergänzung des Stauffenberg-

Programmes gemacht und dabei die Mitwirkung von Professor Rudolf Fahrner in Aussicht gestellt hatte, der damals als der letzte Überlebende aus dem Nah-Umgang mit Stauffenberg in den Julitagen 1944 gelten konnte. Aus der Ermutigung durch Professor Steinbach, begleitet von der bis ins Jahr 1988 fortgesetzten Mitarbeit von Professor Fahrner, erwuchs die vorliegende Darstellung. Der Verfasser nimmt das ihm aus der Zeitgeschichte-Forschung Bekanntgewordene mit der Wiedergabe vieler originaler Quellen dankbar auf und fügt dazu, was er aus persönlichen Erfahrungen mit einzelnen im Werk Genannten beizutragen hat. Neben Fahrner ist es vor allem Frank Mehnert, der wohl als geliebtester Freund Claus Stauffenberg am nächsten war, und zugleich der lebhafteste Ermutiger für ihn auf dem Weg, den er später gegangen ist. Die Meldung seines Todes auf dem Schlachtfeld traf Stauffenberg, als er als Schwerstverwundeter ins Lazarett nach München kam. Der Verfasser ist durch seine Beteiligung an Werken des Delfinverlages mit Frank Mehnert freundschaftlich verbunden gewesen.

Mit Rudolf Fahrner verband ihn seit den Jahren 1929–1931, in denen er, von der Medizin kommend, als Gasthörer an dessen germanistischen Vorlesungen in Marburg teilnehmen konnte, eine langdauernde Freundschaft, die sich auch durch jahrelange Trennungen durch Beruf und Kriegsdienst lebendig erhalten hat. In den Jahren 1942/1944 war er Mitarbeiter an dem von Professor Fahrner geleiteten Deutschen Wissenschaftlichen Institut in Athen, das als Einrichtung der Kulturpolitik dem Auswärtigen Amt in Berlin unterstand. Er war mit Fahrner zusammen im Oktober 1943 in Berlin zur Vorsprache bei verschiedenen Ämtern, wohnte mit ihm im gleichen Privatquartier und erlebte dabei eine geheimnisvolle Papierverbrennung, nach deren Grund er nicht zu fragen wagte (es waren Konzepte der mit Stauffenberg erarbeiteten Aufrufe). Am 29. Juni 1944 hatte er Fahrner mit dem Wagen des Instituts in Athen zum Flug nach Berlin zu bringen: nicht die geringste Bewegung verriet bei diesem, welchem Unternehmen er entgegenging. Als am 21. Juli der Name des Grafen Stauffenberg aus den Lautsprechern tönte, löste sich das so lang von Fahrner gewahrte Geheimnis und er mußte für verloren gelten. Durch unerwartete Fügungen hat Fahrner überlebt und hat seine Berufsarbeit mit verschiedenen Auslandsprofessuren und der Rückkehr an seine Karlsruher Universität bis in das Pensionsalter weitergeführt. Er hat nie die Publizität für seine eigene Person und für seine Beteiligung am 20. Juli gesucht und hat seine eigenen Aufzeichnungen dazu wohl nur zu Teilen bekannt werden lassen. Er ist bei einem Gebirgsaufenthalt in Österreich, bei dem er sich noch aus des Verfassers Arbeit über Stauffenberg vorlesen ließ, 1988 gestorben.

Professor Peter Steinbach habe ich sehr zu danken für die Einführung, die er, von mir unerwartet, zu meiner Arbeit schrieb. Er erfreute mich damit, wie er meiner Art der Lebensschilderung, die den Menschen Stauffenberg zur Erscheinung bringen will, ihren eigenen Raum gibt neben der Zahl der akribischen und verdienstvollen Arbeiten der wissenschaftlichen Geschichtsschreibung.

Bei dem für das Fach der Geschichte zuständigen Lektor des Schöningh-Verlages Michael Werner begegnete ich einer Aufgeschlossenheit und inneren Mitbeteiligung, die mir das Zusammenwirken mit ihm stets erfreulich machten und mich die Hingabe bewundern ließen, mit der er alle Mühen im geforderten Geschwindschritt der Herstellung des Buches überwand. Seine ausgezeichnete fachliche Kenntnis kam dem Werk zustatten. Ich hoffe, daß ihm ein auch in seinen Augen gelungener Stauffenberg-Band seines Lektorats meine Dankbarkeit ausdrücken wird.

Der Name eines mir freundschaftlich verbundenen Helfers, der, in allen Sätteln gerecht, erfahrungsreich und unermüdet tätig an diesem Buch mitgewirkt hat, soll mit besonderem Dank genannt werden: Heinrich Nullmeyer.

Im April 1994 Eberhard Zeller

I

HERKUNFT UND JUGENDALTER

Claus Graf Schenk von Stauffenberg wird am 15. November 1907 in Jettingen im Donauland zwischen Ulm und Augsburg geboren. Er kommt aus Schwaben – für ihn das Schwaben der Staufer, wie er es einmal auf dem Hohentwiel stehend seinen Offiziers-Kameraden vom Bereiterlehrgang der Heereskavallerieschule als Mitte des „Reiches“, des *sacrum imperium*, vorwies und erklärte.

Die Familie – der Vater Oberhofmarschall des württembergischen Königs, die Mutter Hofdame und Freundin der Königin – wohnte im Alten Schloß der Herzöge in Stuttgart, bis die Monarchie im November 1918 fiel und die Republik ausgerufen wurde. Daß der König, ohne sich zu wehren, Staat und Herrschaft verließ und im Wagen von seinem Wilhelmspalais davonfuhr, wollte ihm der 11jährige Claus, der lebhaft an den Wirren der Stadt teilnahm, nicht für gut halten: „Um meine Person soll kein Blut fließen“ – was sollte das? Es ging ja nicht um ihn, den König, sondern um das Königtum.

Ein Vorfahr des Geschlechts der Schenken von Stauffenberg, das seit alters her der Reichsritterschaft angehörte, hatte zu Ausgang der Stauferzeit das Schenkenamt beim Grafen von Zollern inne, gab es aber mit Stolz und Trotz auf – man erzählte sich sein Wort, der von Zollern sei nicht wert, ihm, dem Stauffenberg, die Säue zu hüten. Das Geschlecht der Schenken wurde 1698 in den Reichsfreiherrnstand erhoben. Es verteilte sich in vier Linien über den schwäbischen und fränkischen Raum. Nur die zweite dieser Linien mit dem Stammsitz in Amerdingen hatte Bestand. Ein Zweig der Familie, der ausstarb, wurde Ende des 18. Jahrhunderts in den Reichsgrafenstand erhoben. Freiherr Franz Ludwig Schenk von Stauffenberg wurde 1874 von Ludwig II., König von Bayern, in den erblichen Grafenstand aufgenommen. Sein Enkel Alfred Graf Schenk von Stauffenberg, der Vater des Claus Stauffenberg, begann 1880 als Fahnenjunker beim württembergischen Ulanenregiment, wurde 1899 Kammerherr und Stallmeister bei König Wilhelm II. und von 1908 ab als Major Oberhofmarschall. Er zog aus dem Marstall, wo 1905 seine beiden ersten Söhne als Zwillinge geboren wurden, in das Alte Schloß, die Burg der Grafen und Herzöge von Württemberg, das für die Söhne die eigentliche Heimat wurde.

„Hier auf den weiten Galerien, auf der großen Reittreppe, in geheimnisvollen Winkeln und Gemächern trieben sie ihre Räuber- und Kriegsspiele, durchfuhren die Korridore mit ihrem Holländer und machten mit ihrem Treiben auch vor dem Salon der Gräfin nicht halt; hier hat der sechsjährige Claus dem unbeweglich vor der Wohnung postierten Lakaien die Frackschöße mit einer großen Schere abgeschnitten".[1]

Graf Alfred hatte das Schloß Lautlingen mit den dazugehörigen Außengütern aus Familienbesitz zu eigen. Sein älterer Bruder Berthold, Majoratsherr aller Stauffenbergschen Besitzungen, war auf Schloß Greifenstein bei Bamberg ansässig. Er zog als Major in den Ersten Weltkrieg, wurde 1916 Oberstleutnant und befehligte als Kommandeur das bayrische 1. schwere Reiterregiment 1917 im Rußlandkrieg. Claus Stauffenberg hatte für ihn höchste Verehrung.

Alfred Graf Stauffenberg, der den König in sein Exil nach Bebenhausen begleitet hatte, blieb in seinem Dienst als Verwalter seines Privatgutes, und die Familie erhielt eine geräumige Wohnung in der Herzoglichen Rentkammer in der Stuttgarter Jägerstraße mit einem schönen Garten, der auf Weinbergterrassen des Kriegsbergs auslief. Von hier hatten die Söhne einen kurzen Weg zum Eberhard-Ludwigs-Gymnasium, das damals in den Nachkriegsjahren durch einige wohlgelittene Lehrer neben den Sprach-, Geschichts- und Naturkundefächern auch dem musischen Begehren lebendig entgegenkam und die dafür Begabten besonders an sich zog.

Claus war zwei Klassen unter seinen beiden als Zwillingen 1905 geborenen Brüdern Berthold und Alexander. Durch seine gute Verbindung mit ihnen und ihren Klassengenossen wurde er vielfach in deren besondere Aktivitäten mit aufgenommen (Aufführungen, Dichterlesungen, Arbeitsgemeinschaften für bildende Kunst). Szenen des Hölderlinschen „Empedokles", Hofmannsthals „Tod des Tizian" wurden, ohne Kostüme und Kulissen auf dem schmalen Podium des Festsaals gespielt, „für Mitspieler und Zuschauer besondere Erlebnisse". Im Winter 1922 vor Abgang der Zwillingsbrüder war es, auf großer Bühne der Turnhalle mit Kostümen gespielt, Schillers „Braut von Messina": das rhythmische Chorsprechen, zuvor nie so gehört, ist einem, der dabei war, nach mehr als sechzig Jahren noch im Sinn. Die Chöre waren von den älteren Stauffenbergbrüdern geführt. Claus trat als aufrührerischer Stauffacher im „Wilhelm Tell" hervor. Alle drei Stauffenberge hörte man bei Schulfesten im Kammerspiel: Berthold am Klavier, Alexander mit der Violine, Claus mit dem Cello.

Denkwürdig und fast wie schicksalsträchtig ist in der Familie die Erinnerung an eine Aufführung geblieben, in der die drei Brüder den 4. Akt von Shakespeares „Julius Caesar" in der Wohnung an der Jägerstraße spielten, mit dem todsinnenden Brutus – es war Alexander –, mit dem Geist Caesars, der das Schicksalswort „Philippi" raunt – es war Berthold –, und mit Lucius, des Brutus Knappen, der über dem Lautenspiel einschläft – Claus.

Die Mutter der drei fühlte sich außer in der Goetheschen in der Shakespeareschen Welt wohl. Dem Schönen zugeneigt, in praktischen Dingen eher ungewandt, blieb sie die von der Jugend Verehrte und Geliebte. Auf sie muß die Empfänglichkeit der Söhne für Dichtung und Kunst zurückgehen. Man liest von ihrer Durchhaltekraft:

> „Als sie nach dem 20. Juli 1944 viele Monate in streng bewachter Gefängniszelle festgehalten wurde, hat sie sich aus dem Gedächtnis weite Stellen Goethescher Lyrik, Hamlet- oder Faustmonologe vorgesprochen".[2]

Sie war eine Gräfin Uexküll-Gyllenband und über ihren Großvater Karl Graf Hohenthal eine Urenkelin Neidhardt von Gneisenaus. Es sind mehrere Briefe erhalten, die ihr Rainer Maria Rilke in den Jahren 1918/19 schrieb. Sie hatte einem ihrer Briefe an ihn ein Foto beigelegt, das ihre drei Söhne mit dem Springer-Spaniel auf der Terrasse des Alten Schlosses zeigt. Rilke erwiderte darauf in einem Brief vom 15. Februar 1919:

> „...ich verstehe jetzt die Sorge, die Sie in ihrem vorletzten Brief als Mutter von drei Söhnen aussprachen, aber ich erkenne in der liebevollen Gruppe doch auch wieder das große überwiegende Glück, das Ihnen mit den drei Söhnen und schon im jetzigen Augenblick so vielfach künftigen Knaben geschenkt worden ist..."[3]

Außer den Pflichten, die ihr Amt und Stellung des Gatten aufluden, war die Gräfin ganz die Mutter ihrer Söhne, deren Wachstum sie mit Blick und Sorgfalt begleitete. Es heißt von ihr, sie sei als Protestantin „der religiösen Erziehung ihrer katholischen Kinder voll tiefen Vertrauens zugetan" gewesen.

Nach der Begegnung der Söhne mit Stefan George lag ihr viel daran, sich selber ein Bild vom Dichter zu machen. Sie suchte ihn in Heidelberg auf und kam in ihrem Vertrauen bestärkt zurück.

Noch ist nicht genannt, welchen Einfluß die Jugendbewegung im Durchgang durch die erregten Nachkriegsjahre am Eberhard-Ludwigs-Gymnasium auch für die Brüder Stauffenberg, zumal die zwei älteren, gehabt hat. Wir wissen davon aus Berichten zweier Klassengenossen. Es gab vielerlei Jugendbünde, die aus verschiedensten Herkünften, konfessionellen, politischen Alt-Wandervogelreminiszenzen, neustaatlichen Idealismen um Jugend warben und ihr in der Verworrenheit der

Zeit Halt zu geben versuchten. Am Eberhard-Ludwigs-Gymnasium fand man sich durch Initiative, die aus der Klasse der Stauffenbergbrüder kam, zu einem „Jugendring" zusammen. Er sollte eine Einigung über allen gespaltenen Sondergruppen herstellen, in neu empfundener Gemeinschaft die wieder erstarkende „Spießerei" verachten helfen und zu einem Leben in Selbstverantwortung mit Achtung vor den geistigen Führern ermutigen.

„Wandervögel, christliche Pfadfinder, die Quickbornjugend, Neupfadfinder, Köngener, jüdische Pfadfinder" seien dabei gewesen, schreibt ein Beteiligter und er schildert die sich neu versuchende, nach geistiger Wegleitung ausgreifende Jugend, die ein freieres Lebensgefühl nah der Natur in den Bergen und Wäldern der Heimat suchte, Landsknechtslieder sang, Speere warf, abends am Feuer vor den Zelten die hergebrachten Feste nach eigener Art feierte: so Weihnachten, wo sie unter dem Lichterbaum „neben den Worten des Korintherbriefs von der Hoffnung, dem Glauben und der Liebe Verse Hölderlins und Georges lasen".[4]

Der „Schulring" gewann zuletzt noch überzeugende Gestalt, als in die Prima der älteren Stauffenbergbrüder ein ihnen Gleichaltriger eintrat, der auf einem alten Waffenrock des Krieges „an der Stelle des Herzens"[5] die silberne Lilie der Neupfadfinder trug, Edgar Zeller. Mit ihm sah man auch die Stauffenbergbrüder Berthold und Claus in der Tracht der Neupfadfinder. Mit Bewunderung sprechen davon später geschriebene Erinnerungen. Edgar Zeller vermittelte in ihren Kreis die Hefte „Der Weiße Ritter". Mit ihnen schloß sich bewußt die neue Pfadfinderjugend an die frühere an, für die Dichterverse bei ihrem Einrücken in den Kampf 1914 viel bedeutet hatten. Stefan Georges Verse gaben jetzt für die Jüngeren entscheidenden Sinn. So wurden die 1922 erschienenen „Drei Gesänge" (An die Toten. Der Dichter in Zeiten der Wirren. Einem jungen Führer im ersten Weltkrieg) aufgenommen zu dem schon zuvor veröffentlichten, 1917 entstandenen großen Gesang „Der Krieg", in dem das neueste Geschehen als Ausdruck der geistigen Situation der beteiligten Völker schaubar gemacht, den Deutschen Verfehltes vorgehalten und eine Verheißung für sie nur bei grundtiefer Wandlung eröffnet war.

Aus der letzten Schulzeit berichtet ein Mitschüler der konfessionell gemischten Klasse. Der katholische Religionslehrer hatte Luther verunglimpft und damit lebhaften Widerspruch herausgefordert. Berthold Stauffenberg hatte dazu geschwiegen. In der Pause suchte er den Lehrer auf und sagte ihm, er fühle sich für die anderen verpflichtet, sich energisch gegen diese niedrige und unritterliche Art des Kampfes zu wehren. Sie würden seine Stunde nicht mehr besuchen, wenn Ähnliches noch einmal vorkommen sollte.[6]

Ein anderer Bericht sagt, Berthold habe bei einer in der Prima gestellten Aufgabe, jeder solle über den ihm wichtigsten Dichter referieren, Hölderlin gewählt. Er habe zur Philosophie des geschichtlichen Empedokles gesprochen und Hölderlinsche Empdedoklesverse in einem gleichmäßig verhaltenen undramatischen Tonfall rezitiert, der an gregorianische Gesänge erinnern konnte.[7] Hölderlins Schicksal wurde mit dem des Empedokles in eins gesehen, und es wurde ausgeführt, je mehr Hölderlin griechisches Wesen umfaßt habe, desto vaterländischer sei er geworden.

Im März 1923 verließen die älteren Brüder die Stuttgarter Schule und wandten sich zum Studium nach Heidelberg und Tübingen. Claus blieb in Stuttgart. In der Schule fand er offenbar wenig Erhebendes. Er schloß sich an Frank Mehnert an, der, eine Klasse unter ihm, Freund und Schützling seines Bruders Berthold war. Sie machten sich gegenseitig die Schule erträglich, erlebten miteinander die Ereignisse der Zeit und bestärkten sich, „in das geahnte reich der dichtung einzudringen", zu dem sie durch Berthold Stauffenberg hingeführt waren und das für sie eine verpflichtende Wirklichkeit gewann. Hölderlins „Hyperion", den sie zusammen im Januar 1924 lasen, hat sie durch Alabanda begeistert.

Die Mutter von Frank schreibt in der Sorge um ihren geliebten 15jährigen, den sie damals mit Todesgedanken umgehen weiß, am 4. Februar 1924:

> „Ein Glück, daß er C(laus) St(auffenberg) hat. Nur das Zusammensein mit ihm macht ihm die Schule erträglich",[8]

und von Frank Mehnert selbst liest man etwas später:

> „Heute hat wieder die schule angefangen ich nehme sie jetzt mit mehr gleichmut hin, da alles auflehnen ja nutzlos ist u. man doch tatsächlich eine ganze menge lernen kann. Man muß sich eben nur unabhängig von ihr zu machen suchen, u. es geht. Diesmal freute ich mich sogar beinahe auf sie da Claus wieder zurückkam".[9]

Seit dem Weggang der Brüder war durch die Ruhr- und Rheinlandbesetzung der Franzosen 1923 ein neuer nationaler Notstand geschaffen, kommunistische Aufstände drohten von Sachsen her. Beide meldeten sich von ihren Studienorten aus als Zeitfreiwillige bei der Reichswehr und standen, vom Cannstatter Kavallerieregiment eingekleidet, für kurze Zeit zur Aktion bereit. Claus Stauffenberg sehen wir zu dieser Zeit, als die Währung bis zu Billionen Mark zerfiel, an keiner der Gruppen beteiligt, die sich nun auch an der Schule in Streitgesprächen um das politische und nationale Desaster ereiferten. Der „Schulring" hatte mit dem Ausscheiden des Jahrgangs 1923 sein Ende gefunden.

Eine Abordnung der zur Universität gegangenen Neupfadfinder kam zu Claus Stauffenberg und forderte ihn auf, an ihm sei es jetzt, an der Schule die Führung zu übernehmen und „für den Jugendring und die Ideen des Neuen Lebens einzutreten". Er lehnte ab mit den Worten, die stets für seine Haltung bezeichnend geblieben sind: „Ich folge nicht Ideen, sondern Menschen".[10]

Abgelehnt hat er im November des Jahrs den Umsturzversuch der ersten Nationalsozialisten an der Münchener Feldherrnhalle, der an der Schule lebhaft besprochen worden ist. Es gab da linolgeschnittene Zwei- oder Dreifarbendrucke eines Hitler-Kopfes, die, von einem jungen Begeisterten hergestellt, unter der Hand zu haben waren. In Stuttgart trat das Vordringen der nationalen Welle bei der großen Parade der von Seecktschen Reichswehr auf dem Schloßplatz am 18. Januar 1924, dem verordneten Reichsgründungstag vor Augen: die schwarz-rot-goldene Reichsflagge mußte „sich fast verschämt neben den Farben Schwarz-Weiß-Rot verbergen".[11]

Wie der junge Claus in dieser Zeit politisch gesonnen war, ist nicht im einzelnen zu erkennen. Man darf Hinweise darauf in Äußerungen finden, die uns in Briefen Frank Mehnerts aus dem ersten Jahresviertel 1924 erhalten sind. Er spricht mit Zurückhaltung von der Jugendbewegung, gesteht sein emphatisches Mitgehen mit politischen Überzeugungen, nennt sich jetzt revolutionär und begründet seine Distanzierung vom vordergründigen Trubel rechts und links durch die Stimme, die er aus den Dichtungen Stefan Georges vernimmt. Er schreibt an einen älteren Freund der Familie:

> „...dann schreibst du viel über die Jugendbewegung...ich bin ziemlich von ihr abgekommen. Im Anfang zu Deiner Zeit mag sie Wert gehabt haben. Sie führte als erste den Kampf gegen das Spießertum. Da war sie etwas ganz Neues. Aber jetzt? Ich meine sie ist doch nur eine Vorbereitung, nicht das Letzte. Übrigens freue Dich ich werde revolutionär aber nicht Komm(unist). Dies ist, finde ich, das alleinige Vorrecht des Arbeiters. Er zerstört nur aber setzt nicht Neues an die Stelle des Alten. An dem ist auch Karl Moor gescheitert. Gruss Frank".[12]

In einem zweiten Brief einige Wochen danach – es ist die Zeit der Hyperionlektüre mit Claus Stauffenberg:

> „Ich muß dir auch noch etwas abbitten, obwohl ich glaube daß du es mir nicht übelnimmst: Ich wollte dich doch einmal zu schwarz-w[eiss]-rot be-

kehren, ich nehme es jetzt zurück indem ich dich um verzeihung bitte da ich glaube daß ich manchmal auch grob u. unverschämt wurde. Glaube aber ja nicht daß ich nur einen stellungswechsel von rechts nach links unternommen habe: ich bin dieses gemeinen parteigewäsches ordentlich zuwider geworden: die linken sind mir trotz aller ideale nicht viel lieber geworden. Aber ich fühle die zeit wird immer reifer für IHN von dem die meisterlichen gedichte voll sind.

Ein beispiel:

Zum abschluss des VII. Rings
Frage:
Der mehr denn fürst sich sondernd herrischen blickes traf
Die brüder u. ihr werk verwies zum kot -
Wer bist du Fremder? ‚Ich bin nur demütiger sklav
DES der da kommen wird im morgenrot.'

Du dachtest man müsse die Meisterlichen Werke nur rein gefühlsmässig in sich aufnehmen, dies stimmt gott sei dank nicht. Sonst wäre es ja nicht mehr als rythmisches (sic) plappern ohne einen sinn. Ich sage ‚gott sei dank' ist das nicht der fall: wenn dies wäre, wäre es ja nicht DER MEISTER.
Man muß ihn rein verstandesmässig begreifen erfassen, da alles was er sagt ganz reale nackte wirklichkeit ist. Vor allem muß man über seinen prophetischen blick staunen. Du mußt das folgende ziemlich lang vor dem krieg erschienene gedicht ganz real nehmen.

JAHRHUNDERTSPRUCH. SCHLACHT

Ich sah von fern getümmel einer schlacht
So wie sie bald in unsren ebnen kracht
Ich sah die kleine schar ums banner stehn
...Und alle andern haben nichts gesehn
gruss Frank".[13]

Jahre danach gibt Frank Mehnert in „Aufzeichnungen über Stefan George" noch einmal zu erkennen, mit welcher Hingabe sich seine Jugend damals zu George wandte,

> „der in der einen hand die gegenwart gewogen und zu leicht befunden hatte (–) und der eine welt geschaffen hatte außerhalb der gegenwart und doch so wirklich wie baum und haus: eine welt, in der alles große und erlauchte, was je gewesen war, neues leben gewonnen hatte, sich bewegte und atmete."

Er schreibt weiter:

> „Man fühlte, hier war eine dichtung, die man nicht bewunderte oder liebte, wie man auch anderes liebte und bewunderte, nein, sie ergriff einen mit der gewalt einer naturkraft..".[14]

Krankheiten bei der zarten, noch ungefestigten Konstitution des Claus erzwangen während der Schulzeit häufige, mehrmals auch längere Unterbrechungen. Er hat sie durch unendliches Lesen und schriftliches Einarbeiten in eigener Abgeschiedenheit zu füllen gewußt, aber auch durch das ihm vertraute handwerkliche und praktische Werken, eine Mitgift des darin sehr geschickten Vaters. Er arbeitete gern mit den Bauern. Das Mähen am Hang galt als seine besondere Stärke. Raum und Heimatgrund dafür gab das in die Schwäbische Alb zwischen ragenden Jurafelsen eingetiefte Tal von Lautlingen, wo die Familie Stauffenberg an der Stelle der verschwundenen Burg seit Anfang des 17. Jahrhunderts einen ihrer ländlichen Herrschaftssitze mit dem katholischen Kirchenpatronat des Ortes inne hatte. Claus schuf sich damals für seine Zeit in Lautlingen in einem der Türme der verbliebenen alten Burgmauer sein Eigenreich, in das nicht jeder eintreten durfte. Der im Umgang Menschenfroheste und Liebenswürdigste konnte ob seiner Heftigkeit Zeiten haben, da man ihn im Hause sänftigend „den Wü“, den Wüterich nannte. Sein Verwegenheit erlebten Freunde beim Skilauf auf der Alb, wenn er unerwartet ausbrach und zur Schußabfahrt am Steilhang ansetzte.

Einen Teil der Oberprima mußte er außerhalb der Schule mit Selbst- und Privatunterricht verbringen. Als Externer bestand er im Frühjahr 1926 die Reifeprüfung am Stuttgarter Gymnasium. Seine besten Noten waren in Geschichte, Mathematik und Französisch.

Sein Lesen und Studieren hatte persönliches Gepräge. Die Geschichts- und Sagenwelt der Antike, der Völkerwanderungszeit und der mittelalterlichen Kaiserepoche bedeuteten ihm nichts Fernes, Gewesenes, Abgeschlossenes, nicht bloßes Bildungsgut. Er entnahm ihr Vorbilder, an denen er sich selbst maß und die ihn drängten, auf ein großes Tun zuzugehen. Wie stark ihn ein solches Bewußtwerden seiner selbst erfüllte, noch ehe er in die Welt des Dichters Stefan George eingetreten war, lesen wir mit Erstaunen aus Dichtungen von ihm, die sich erhalten haben:

> „So ist in mir zu herrschen dunkles wissen
> Und jugend künftig kraft und größe ahnend.
>
> Unglaublich ist was mich bewegt
> Unfasslich ist was mich gezeugt.“[15]

Und an anderer Stelle:

> „Ich wühle gern in alter helden sagen
> Und fühle mich verwandt so hehrem tun
> Und ruhmgekröntem blute.

Ich könnte nicht die alten zeiten missen
Wo wäre denn, daß ich mein leben schaute
Wenn nicht in höchster sein?

..."[16]

Diese Verse sind dem Bruder Berthold gewidmet mit der Beischrift „An Phes November 1923". Sie sind aus dem Innersten des eben 16jährigen gesprochen: ein gefühltes Durchdrungensein mit einem Tatwillen, der noch um kein Eingreifen weiß. Das in ihm Veranlagte entfaltete sich durch die Lebensbegegnung mit Stefan George, der ihn 1923, als er noch Schüler war, zum erstenmal im Geleit seines Bruders Berthold in Heidelberg empfing und ihn bei allen späteren, oft nur kurzen Besuchen stets mit Freude sah. Claus Stauffenberg hat darüber nichts aufgezeichnet. Einige Briefe an den Dichter sind erhalten.

Alexander Stauffenberg hat in einer Gedenkrede in Berlin im Jahr 1958 über seine Erstbegegnung mit dem Dichter gesprochen und hat ausgeführt, welche Wirkung auf ihn und die Brüder von der Gestalt des 55jährigen George ausging, der damals auf der Höhe seines Ruhms in Deutschland stand:

„Wenn ich den Eindruck schildern soll, der von dem Dichter ausging, die Wirkung, die er ausstrahlte und die sich gleich geblieben ist vom ersten bis zum letzten Tag, so kann ich wohl sagen: nie wieder ist mir menschliche Größe begegnet in einer so unmittelbaren, so beinahe bestürzend dichten so unbezweifelbaren Weise, und ich würde wohl mit Shakespeare – nach menschlichem Ermessen – sagen können: Wir werden nimmer seinesgleichen sehn."[17]

Nie wieder hatten die Brüder den Dichter so gesund und so lebensvoll gesehen, wie in den ersten Jahren ihres Zusammenseins mit ihm. Es sei „in äusserster Schlichtheit" für jeden beglückend gewesen.

Dazu fällt einem das Wort ein, das man damals, als die Jungen über Nietzsche stritten, von George hörte und weitergab:

„Das Gekrisch nach dem Übermenschen fördert nur die Heraufkunft des Untermenschen. Ist es nicht besser, ganz bescheiden dafür zu sorgen, daß einmal der Mensch wieder dem höchsten Anspruch genügt?"[18]

Ein Besuch des 17jährigen Claus bei George ist dokumentiert durch eine Lichtbildaufnahme, die den Dichter – zum einzigen Mal – zusammen mit Claus und Berthold Stauffenberg zeigt. Claus war in den Herbstferien der Schule zum Besuch der beiden in Berlin studierenden Brüder gekommen und von Berthold zur Königsallee im Grunewald mitgenommen worden, wo George mit zwei Freunden im Pförtnerhaus einer Villa Wohnung genommen hatte. Das Bild zeigt vor einer blumigen Tapete Claus vor dem Bruder sitzen, den Kopf unter seinem Haarschopf vorreckend, liebevoll zum Dichter blickend, der den beiden abgewandt dasitzt – Eindruck geistig durchregten Raumes.

Die beiden Mitbewohner des Pförtnerhauses haben den jungen Stauffenberg in ihre Freundschaft aufgenommen. Sie hatten eben ihre Dissertationen abgeschlossen, der eine – Max Kommerell – über „Jean Paul und Rousseau", der andere – Hans Anton – über „Die Wandlungen des Napoleonbildes in den deutschen Biographien". Anton hatte, als Claus Stauffenberg nach Berlin kam, zum 10. Jahrestag des Weltkriegsbeginns eine Rhapsodie „Vaterland" verfaßt, die mit seinen Gedichten, von George gutgeheißen, später veröffentlicht worden ist. Spätere Briefe von Claus lassen erkennen, mit wie lebendiger Anteilnahme er ihrem Wirken im „Staat" Georges gefolgt ist.

Der Gedanke, einmal handelnd für Deutschland einzutreten, hat ihn früh bewegt. Bezeugt ist es auch durch das Erlebnis eines aus der Berthold-Klasse stammenden Kameraden, der als Student zu Besuch nach Lautlingen kam – Theodor Pfizer. Er erinnert sich, wie er

> „mit Claus in der kühlen Morgenfrühe aus dem schlafenden Schloß aufbrach zum Felsentor, seinem Lieblingsplatz, einem der hervortretenden, vom Grün der Buchenwälder umsäumten Albfelsen, von dem der Blick hinuntergeht auf die Täler der stillen Landschaft.
> Wir sprachen von der Zukunft, von dem schmerzensreichen Werden eines neuen Deutschland, von Aufgaben des Staates, den Möglichkeiten, in ihm zu wirken, von Berufswünschen und -hoffnungen. Weder er noch ich wußten damals, welches unser Weg sein würde. Claus stand ein Jahr vor dem Abitur."[19]

Ludwig Thormaehlen gibt eine Schilderung des 17jährigen, des damals Jüngsten in der Umgebung Georges. Wie er schreibt, war er für George, der sonst den Freunden gern eigene Namen gab, stets „der Claus". Mit dem Blick des Bildhauers beschreibt ihn Thormaehlen aus dem Winter 1924/25:

> „Das auch an diesem Stauffenberg Auffallende waren die Augen, sie gaben seine Heiterkeit und Großsinnigkeit, seine Gescheitheit und Wohlmeinendheit sogleich zu erkennen. Sie waren von metallisch dunklem Blau. Das Antlitz hatte eine wohlausgewogene Breite, ohne daß es voll gewirkt hätte. Das machten die festen Kuppen der kraftanzeigenden Jochbeine, das energische, an der Spitze leicht gekerbte Kinn und die feste, tatentschlossene Stirn mit den über den Brauen ein wenig vorwölbenden Buckeln, Zeugnis von Aufmerksamkeit, Schärfe der Beobachtung, des

Willens und der Beharrlichkeit. Hinzu kam die kühn gebogene Nase und ein wohlgeformter, in Bögen gezogener Mund. Nur die Wangen konnten empfindsam erscheinen. Sie trugen später die Zeichen soldatischer Anstrengung. Das Haar war dunkel, glänzend und leicht gewellt, er trug es anliegend.
Als Knabe und Heranwachsender von lebhafter, schalkhafter Jungenhaftigkeit entwickelte er sich schnell – sein Haupt zeigt es – zu früher Männlichkeit. Er war hochgewachsen und gelenkig, mit kräftigen, wohlgeschulten Gliedern. Später war an der leicht vorgeneigten Haltung und der Art des Schreitens der – übrigens vorzügliche – Reiter zu erkennen. Allen drei Brüdern eignete in gleichem Maße etwas, das selten geworden ist: Herz. Bei Claus lag das Herzhaben offen zutage, es kam in jeder seiner Haltungen und Handlungen zur Sichtbarkeit, nicht nur in der Form des Beipflichtens und des Mutes...

Wer Bildnisse kennt, wurde in den Zügen des Claus mit zunehmenden Jahren an seinen Ahn Neidhardt von Gneisenau erinnert, dem er je länger desto mehr glich."[20]

Auf den späteren Stauffenberg schauend wird man vielleicht auch diese Sätze Thormaehlens bedeutsam finden:

„Schon in so frühem Alter ging von ihm bei seiner alloffen den Dingen rundum zugewandten tatfrohen Heiterkeit der Eindruck unbedingter Verlässlichkeit aus. Sein Geist zeigte sich in der Art des Eingreifens – in loyal vorgetragenen Vorstössen, heiterem Tadel, wie in energischem Beipflichten und Verteidigen begründeter Ansprüche anderer. Eine wache Schlichtheit mit abwartender Zurückhaltung, zugleich einer Bereitschaft zu kräftigem Zupacken gepaart, dazu das Herzhafte seines Wesens nahm sogleich für ihn ein.."
„Seine Lebensfrohheit, sein Ja-sagen zu sich selbst und zu jedem Wert, wo er ihn traf, war so ansteckend, daß es jeden mitriss, ja Dasein und Zukunft leicht und voller Erwartung erscheinen liess. Lebenssorge, Skepsis, Skrupel – wenn sie irgendwo vorhanden gewesen wären – zerfielen in seiner Gegenwart in nichts."
„Der Umgang zwischen ihm und George war herzlich und schlicht, die Huldigungen unmittelbar und unverhohlen wie zu einem geliebten und verehrten Mitglied eigener Sippe. Seine Stellung zu den Freunden des Dichters war und blieb frei."[21]

Um George sprach man vom „Staat". „Staatsstützen" benannte George die, die als Zugehörige ihren Beitrag erbrachten. „Die Staatsstützen wechseln, aber der Staat besteht", soll George gesagt haben, dieser schied sich klar vom Öffentlichen. Die politische Stellungnahme blieb dem Einzelnen überlassen.[22] Auch unter dem neuen Regime hat der Dichter mit keinem pro oder contra ein den einzelnen bindendes Wort gegeben.[23]

In seinen „Erinnerungen an Stefan George" schrieb Hans Brasch am Ende des Ersten Weltkrieges, er

> „wünschte die Erhaltung seines geistigen Bundes, in dem sich für uns alle das echte Deutsche zu kristallisieren begann. Er sah deutlicher als wir Jungen, daß das nicht notwendig identisch war mit dem Sieg der deutschen Waffen."[24]

George sieht die Völker, Sieger wie Besiegte, von der Schuld am Kriege betroffen infolge ihres Abfalls vom Geist, ihrer Vergötzung des Geldes und wirtschaftlicher Vormacht, infolge ihres Glaubens an den weltverbessernden Fortschritt, der Raubbau am Menschen und seiner Welt ist. Für die geschlagenen Deutschen sieht er eine Hoffnung. Man liest die Worte in einer Einleitung der „Blätter für die Kunst" 1919:

> „Doch scheint es, daß unbelehrt durch die furchtbaren ereignisse das jetzt dahintreibende geschlecht eher alles andre möchte als auf seine drei oder vier lieblingsgötzen aus dem vorigen jahrhundert verzichten – die es so schmählich im stich gelassen haben...Die donnernden worte der richter · voran Nietzsche · über die frevel der Neo-Europäer verklangen ungehört. Den Deutschen wurde als den ersten vom verhängnis die gelegenheit gegeben zu erwachen: doch die gemeinsamen wurzeln der übel zu erkennen...sind erst die Späteren nicht die Gegenwärtigen befähigt."[25]

Er spricht bald aber auch „vom frischen aufbau mit den alten sünden".

> „Der ganze stamm der lebenden der hinfuhr
> Durch lange irrsal wird vor seinen götzen
> Die ihn in staub und niedrigkeit geworfen
> So oft sie lügen immer weiter räuchern
> Hat seines daseins oberstes gesetz
> Hat was ihm den bestand verbürgt vergessen
> Glaubt an den Lenker nicht · braucht nicht den Sühner
> Will sich mit list aus dem verhängnis ziehn.
> Noch härtre pflugschar muß die scholle furchen
> Noch dickrer nebel muß die luft bedräun..."[26]

Die unmittelbaren Folgen des Krieges, die Erniedrigung der Deutschen durch Versailles, die Besetzung seiner rheinischen Heimat empfand George lebhaft mit. Zum Staat von Weimar blieb er in gleicher Distanz wie zum wilhelminischen. Friedrich Ebert immerhin, dem ersten Präsidenten der Republik, bezeugte er Achtung, da er „in schlimmster Zeit schlicht seine vaterländische Pflicht erfüllte".[27] Generalfeldmarschall von Hindenburg, der ihm als nächster Reichspräsident seine Glückwünsche zum 60. Geburtstag 1928 darbrachte, hat er gedankt als dem Mann, „der aus den ungeheuren Weltwirren unserer Zeit als einzige sinnbildliche Gestalt hervorragt".[28]

Gespräche zur Tagespolitik, Neuigkeiten der Zeitungen gehörten nicht zum Umgang mit George. Wie er dennoch politisch immer im Bilde sein konnte, wurde mit Erstaunen gefragt. Gelegentlich habe er „recht kräftig gescholten" und seine Meinung über Unglücksentscheidungen oder verfehlte Grundsätze der Politiker kundgetan, die einzig „nur die unaufschiebbaren Regelungen auf unterster Lage" im Auge hätten. Notwendig sei, eine neue Gesinnung erwachsen zu lassen, Männer heraufkommen zu lassen, mit weiterem, umfassenderem Umblick, die „weniger den Augenblicksbedingnissen anheimfielen".[29]

Wie tief sich Stefan George, der jahrelang das kaiserliche Deutschland gemieden hatte, bestimmt wußte durch seine Zugehörigkeit zu Volk und Land der Deutschen und ihren frühen Schicksalen, findet man im Gedicht „Die Gräber in Speyer" ausgedrückt, zu dem eine im dortigen Dom vorgenommene Graberöffnung zu Anfang des Jahrhunderts Anlaß gab. So beginnnt das Gedicht:

„Uns zuckt die hand im aufgescharrten chore
Der leichenschändung frische trümmer streifend.
Wir müssen mit den tränen unsres zornes
Den raum entsühnen und mit unserm blut
Das alte blut besprechen daß es hafte ·
Daß nicht der Spätre schleicht um tote steine
Beraubte tempel ausgesognen boden..."[30]

und dann entsteigt im Gedicht die Reihe der Kaiser „des weihtums gründer strenge kronenstirnen", gipfelnd im Staufer Friedrich II. An das Speyrer Gedicht mußte erinnert sein, wer Jahre später Claus Stauffenberg bei einer Führung im Dom erlebte, wobei er seine Mitoffiziere mit dem ihn erfüllenden Bild des *sacrum imperium* ergriff.

Aus Anlaß des Erscheinens des Gedichtbandes „Das Neue Reich", des letzten der Gesamtausgabe, hat Stefan George die Freunde im Oktober 1928 in Berlin versammelt. Darunter die drei Stauffenbergbrüder. Zu den von früher bekannten Gedichten kamen bisher nichtgehörte hinzu, im Hölderlinschen Sinne „vaterländische Gesänge". George las selbst „Das geheime Deutschland" und „Burg Falkenstein", zwei aus des Dichters Gegenwart auf eine Zukunft der Deutschen weisende Gedichte.

Claus Stauffenberg hat, so erfahren wir, was ihm vom „Neuen Reich" sprach, mit Begeisterung aufgenommen. Aber er hat, wie sein Bruder

Alexander erkennen läßt, die Verheißungen für die Deutschen als bestärkenden Appell an sich selbst empfunden. Er deutete sie nicht unmittelbar auf die eigene Zeit wie bald darauf andere Gefährten des Dichters, die mit dem, was sich als „nationale Wiedergeburt" vorstellte, schon den Weg zum „Neuen Reich" beschritten glaubten.[31]

In Erfüllung seiner jugendlichen Frage:

> „Wo wäre denn, daß ich mein leben schaute
> Wenn nicht in höchster sein?"

war für Claus Stauffenberg durch neun Jahre seines Aufwachsens Stefan George die große Leitgestalt. Man konnte ihn später sagen hören, er habe „den größten Deutschen seiner Zeit zum Lehrmeister gehabt".[32] Die Lehre aber war nicht Weisung noch Gebot. Er mochte im untrennbaren Erlebnis des Dichters und seiner Dichtung „sein Leben schauen" und sich in dem ihm Eigenen und Bestimmten bestärkt finden. Dies Eigene, Große zu verwirklichen, das er von sich erwartet, sieht er den Weg des Offiziersberufs als den für ihn gegebenen an. Noch bleibt ihm aber das Zukünftige undeutbar offen. In einem Brief an Stefan George, der die Aufschrift „Lautlingen Mittwoch" trägt und nach darin enthaltenen Mitteilungen auf Frühjahr 1926 weist, schreibt er, der wohl eben erst durch das Abitur gegangen ist, nachdem er „viel im Jahr der Seele [einer Dichtung Georges, d.V.] gelesen":

> „und je klarer das Lebendige vor mir steht, je höher das Menschliche sich offenbart und je eindringlicher die tat sich zeigt, umso dunkler wird das eigene blut, umso ferner wird der klang eigener worte und umso seltener der sinn des eigenen lebens, wol bis eine stunde in der härte ihres schlages und in der größe ihrer erscheinung das zeichen gebe".[33]

II

1926–1936

DER „UMBRUCH" – AUFSTIEG ZUM RITTMEISTER

Überraschung beim Vater, bei den Brüdern und bei den Schulkameraden. Kein Wort war darüber gesprochen worden: Stauffenberg hatte in sein Abiturzeugnis im Frühjahr 1926 auf die Frage nach dem Berufsziel eintragen lassen: Offizier.

In der Schule hatte man bei ihm an einen künstlerischen Beruf gedacht: Musiker oder, da er viel zeichnete und entwarf, Architekt. Der 15jährige hatte in einem Schulaufsatz geschrieben: „Ich will einmal bauen, Baumeister werden."[1] Was ihn bestimmte, Offizier zu werden, war unter den Gleichaltrigen nicht auszumachen. Er gehörte nicht zu den alerten Leibestüchtigen mit den guten Noten im Turnen, denen damals der Weg zum Offizier offen war. Man kannte die Strenge der Auswahl, mit der die Reichswehr des 100.000-Mann-Heeres ihre Offiziersbewerber bemaß. Wie sollte er, der Zarte, Aufgeschossene, der oft mit Krankheit ausgefallen war, da bestehen?

Sein Gesuch um Aufnahme zur Offizierslaufbahn in der Reichswehr hätte seiner anfälligen Gesundheit wegen auf Ablehnung stoßen müssen. Er blieb entschieden dabei – die Antriebe hat er nicht kundgetan – und erreichte, vielleicht mit Fürsprache eines Verwandten, eines regimentszugehörigen höheren Offiziers, daß er in das mit der bayrisch-fränkischen Reiter-Tradition, auch der seiner Familie, verbundene Reiterregiment 17 in Bamberg als Fahnenjunker aufgenommen wurde. Er hatte sich aus Liebe und Nähe zum Pferd den Eintritt in die Kavallerie gewünscht.

Zu den Gründen, die ihn bewogen haben, Offizier zu werden, hat sich Nina Gräfin Stauffenberg einmal so ausgesprochen:

> „Das erzieherische Vorbild seines Lehrers George, dessen Ethos der Tat und dessen Hoffnung auf ein neues Deutschland können Stauffenberg beeinflußt haben, sich einem Beruf zuzuwenden, bei dem er alle seine Neigungen vereinigen konnte: Exakte Planungsarbeit, Menschenerziehung, Verantwortung und Dienst an der Allgemeinheit".[2]

Aus den ersten Ausbildungsjahren erfahren wir nicht, wie sich der in seiner Konstitution noch nicht gefestigte Fahnenjunker bei den harten Forderungen des Kavalleriedienstes zurechtgefunden hat. Zu Beginn des dritten Jahres gibt er dem Freund Max Kommerell, der ihn nach langer Zeit unerwartet angeschrieben hat, im Antwortbrief vom 19. Juli 1928 zu erkennen, wie es um ihn steht:

> „Ich bin in gedanken viel bei Dir vielleicht mehr als Du denkst. Die ungleichartige tätigkeit ist kein hindernis vielleicht im gegenteil. Höre zunächst vom äusseren verlauf meines lebens das wichtigste von dem ich weiss dass Du stets daran teilnahmst. und der vielleicht vom inneren freilich auch manches verraten mag.
> Nachdem wir uns in S. sahen, verlebte ich erst hier eine zeit die neben der rein dienstlichen tätigkeit manch für mich ersprießliche arbeit die von den Preußen schon vergessenen tage antiker feldzüge betreffend brachte. Die folgende zeit auf dem übungsplatz brachte die reaktion: ein 4wöchentliches nicht gerade sehr schweres aber entnervendes krankenlager dessen folgen (oder ursachen) noch immer spürbar sind. Die nachfolgende tätigkeit hier war sehr verschieden stark in anspruch nehmend die abschlußprüfung wird nun bald beendet sein. Der unangenehmere Teil einer unfruchtbaren und in der herabgeminderten leistungsfähigkeit bedrückenden zeit (die dienstl. erfordernisse konnten ohnehin leicht befriedigt werden) ist die aus ihr hervorgegangene notwendigkeit einer zumindest 4wöchentlichen eingehenden kur die schon mitte des nächsten monats beginnen soll".

Die bedrückendste Frage, die die Kur für ihn bringt:

> „Ein längerer urlaub in dem ich endlich den M[eister] wieder zu sehen und den ich mit meinem erhabenen Phes [dem Bruder Berthold] den ich nur noch so selten und kurz sehen kann zu verbringen hoffte ist nun natürlich wieder nicht bzw. nur zur unzeit und gekürzt möglich. Ich habe verlernt, mich über notwendigkeiten eines harten schicksals zu beklagen, das immer wieder eine hoffnung auf einige besonders schöne und entschädigende tage zunichte macht. Ich weiß mich schon fast mit dem bewußtsein allein von dem dasein einiger erhabener menschen wenn sie auch fern sind zu begnügen ein wissen das Du durch Dein gedenken in so schöner und unerwarteter weise von neuem geweckt hast. Komme ich auch wenig zum lesen sind doch immer die verse und zeilen deren besonders Du und auch die gunst anderer Ss. [Staatsstützen] mich gewürdigt haben um mich.
> Was bei Euch das erfassen und durchdringen eines durchaus bestehenden augenblicks dss (sic) erfassen eines bildes war wird mir nun immer mehr zur not: zur treibenden und pflichtenden not was von Euch aus das zeugnis einer schönen gunst und oft einer kaum noch begründeten liebe war wird mir zur qual einer zweifelhaften erfüllung, einer schleichenden und sehnlichen zeit...

Kennst Du das dasein dessen der sich seit jahren in keinem vers ganz geben der kaum mehr eine stunde irgend einer erfüllung eine nicht fordernde eine nur im dasein volle stunde haben durfte sondern nur treibende und solche voller fragen ?“

Wenn er mit diesen Worten fühlen läßt, wie tief schmerzlich ihm das ihm Verwehrte ist, so klagt er nicht und beschreibt in der Folge des Briefs in abgewogenen, nüchternen Sätzen seine Haltung, die ihm erlaubt, die dichterische Welt im Inneren und das hohe Ziel, das er sich gesetzt, zu bewahren und dabei der Berufswelt das, was sie nach den bürgerlichen Maßen von ihm zu fordern hat, ohne Skrupel zuzugestehen.

Er kommt auf den ihnen gemeinsamen Freund Hans Anton zu sprechen, der bisher zu den Nächsten um George gehört und jetzt sich um eine Lebensstellung im diplomatischen Beruf zu bewerben hat. Zweifel haben ihn ergriffen, ob er je etwas von den Vorstellungen, die er sich von einem neuen, revolutionär zu gewinnenden Deutschland macht, dabei werde verwirklichen können bei den in dieser Berufswelt festgelegten Formen, in die er sich einzupassen hätte. Stauffenberg stellt dem als angehender Berufsoffizier, der nicht zu kapitulieren bereit ist, eine andere Haltung entgegen. Ihm ist es ein Müssen, der Gehorsam sich selbst gegenüber, die Selbstzucht, die einem ermöglichen kann, sich voll in die Tageswelt einzulassen und zugleich die Distanz offenzuhalten, aus der eigenes schöpferisches Handeln hervorgehen kann.

„Diese formen geben ein bild einer umwelt, sie sind da gekannt und beherrscht zu werden von denen die sie verachten. Ob es ein ‚öffentliches getriebe‘ in dem sinn überhaupt gibt bezweifle ich, die eindrücke die man haben kann – sie sind vielleicht aus meinem umkreis besehen noch vernichtender weil konsolidierter und mit mehr richtigem untermischt – verführen wie ich selbst verspürte leicht zu illusionen. Ja die eindrücke und beziehungen von und zu einem umkreis öffentlichen getriebes statuiere ich fast nicht mehr. Die bejahung im großen wie im engeren sinne ist selbstverständlich, zumindest jedem anderen gegenüber auch dem bruder und freund, das eingestehen ja nur merken lassen eines unglaubens oder bereuens einer wahl verbietet der stolz und die klugheit von vornherein. Es wäre eine niederlage, von der man sich nicht erholen könnte...
Man meint so leicht bei unsern laufbahnen lege (sic) eine härte in den umständen in den widerständen, nein die härte liegt im gleichmässigen vorwärtsschreiten trotz des eigenen zweifels, im unbedingten gehorsam sich selbst gegenüber, in der disziplin nur auf eines zu achten. Daher nur die fragen: was wirst du tun? was kann geschehen? welche aussichten bestehen: alle andern betrachtungsweisen sind in rebus politicis müssig. ... Diese dinge scheinen mir aber im heutigen zeitraum wichtig und

gleichzeitig oft gefühlsmässig verkannt. Es mag oft aufs gleiche herauskommen, aber der blickpunkt ist mir das wesentliche."

Es folgen die Sätze, die einen bedeutenden Vorblick geben auf die Lebensbahn des künftigen Offiziers:

„Es gibt heut kein ‚ob es geht' mehr, auch keine frage wohinaus, sondern nur noch ein *müssen*, wer das hat mag sich mit den beiden andern fragen auf seine art abfinden. ...
Wen natur nicht treibt im kleinen nicht zu viel zu handeln im großen es aber nicht zu verachten wird sich schwer tun".[3]

Wie bewegt Stauffenberg aus seinem „Ethos der Tat" heraus auch während der weiteren Ausbildungsjahre an den Werken und Dichtungen der Freunde Anteil nahm, bekundet ein Brief, den er als Leutnant im März 1930 an Max Kommerell schrieb, als er dessen Dichtung „Gespräche aus der deutschen Wiedergeburt" eben kennengelernt hatte. „Sie haben mich mehr bewegt als ich Dir mit gründen erklären und am stoff nachweisen kann." Er bekennt sich erschüttert und dankbar dazu, mit diesen Gedichten „taten zu erleben, [zu] sehen daß Einer das noch gestaltlose formlose ans licht reißt, ein wahrhaft handelnder."[4]

*

Dem Jahr der Kavallerieausbildung in Bamberg folgen ein Jahr auf der Infanterieschule in Dresden, ein Jahr auf der Kavallerieschule in Hannover. Hier wird Stauffenberg, nicht wegen seines Alters, „Ältester" des Hörsaals. „Die führende Persönlichkeit" nennt ihn einer seiner Lehrer, der aber gleichwohl zum Urteil kommt, er halte ihn bei seiner physischen Konstitution für nicht besonders geeignet zum Offiziersberuf. Bei der Offiziersprüfung ist er Jahrgangsbester der Kavallerie. Zurück in Bamberg wird er zum 1. Januar 1930 zum Leutnant befördert und wird – unüblich bei einem Offizier mit 22 Jahren – durch das Vertrauen aller in den Ehrenrat des Regiments gewählt.[5] Statt der für einen jungen Reiteroffizier obligaten drei Jahre bei seiner Ausbildungsschwadron vergehen für ihn nur dreiviertel Jahre. Er hat als Abgesandter des Reiterregiments 17 von November 1930 bis Februar 1931 an einem Geschützführerlehrgang in Döberitz teilzunehmen und wird nach seiner Rückkehr für zwei Jahre Führer und Ausbilder des Minenwerferzuges der schweren Eskadron. Die Ausbildung seiner Leute und der

Umgang mit ihnen macht ihm sichtlich Freude. In einem Brief an Max Kommerell findet man die Sätze:

> „Mit untergebenen, bauern, und soldaten, ist ein schönes auskommen und eine gleichmässige gegenseitigkeit der bitten und erfüllungen. Anders mit kameraden der ‚gleichen bildungsstufe', deren stolz dummer hochmut und deren kameradschaft dürftiger egoismus ist. Von denen du nichts fordern magst weil Du es nicht befehlen kannst und deren menschlicher takt vor allem darin besteht abstände möglichst zu verkleinern und ihnen unverständliches zu belachen".[6]

Stauffenbergs Mathematik, im Abitur mit gut bewertet, kam unter seinen Leuten zum Zuge. Eine Überlieferung sagt, er habe seine Minenwerfer nicht nach Tabelle, was sonst üblich war, sondern nach eigener Berechnung schießen gelehrt und die hätten mit Stolz von ihrem Chef gemeint: „Der Herr Leutnant hat die Mathematik im Bauche".[7]

Der Umgang im Kameradenkreis mit Menschen in der Verschiedenheit ihres Standes, ihres militärischen Ranges, ihres deutschen Stammes, ihrer „Bildungsstufe" war für Stauffenberg nicht schwierig. Er war frei und gelöst. Auch wenn er seine Überlegenheit merken ließ und sich spöttisch äußerte oder wenn er unversehens durch Behauptung einer gegenteiligen Haltung den andern zum Überdenken herausforderte, hat er nie verletzend gewirkt. Es sei unmöglich gewesen, Stauffenberg – selbst in größerem Kreise – zu übersehen, auch ohne es zu wollen, sei bald er der Mittelpunkt jedes Kreises gewesen. Eine anziehende, überzeugende und Vertrauen erweckende Wirkung sei von ihm ausgegangen. Sogar einer zufällig zusammengewürfelten Gruppe von Menschen habe er Gewicht, jedem Gespräch Niveau gegeben.[8]

Ein General der älteren, konservativen Generation, der Stauffenberg oftmals im Kreise von Offizieren, zumal jüngeren, seine Ansichten hat vortragen hören, legt Wert darauf zu betonen:

> „Seine Gespräche bewegten sich vornehmlich auf dem Gebiete der Politik und waren stark sozial gefärbt".[9]

In der zweiten Hälfte der Zwanziger Jahre war eine lebhafte Auseinandersetzung um die Reichswehr im Gang. Als Stauffenberg 1926 Soldat wurde, war der Schöpfer der Reichswehr, General von Seeckt, eben verabschiedet. Die von ihm begründete Tradition der „Überparteilichkeit" hielt Offiziere und Mannschaften sowohl von politischer Willenskundgebung wie von Mitgliedschaft in Parteien, aktivem und passivem Wahlrecht fern. Der Soldat wurde nicht an die Republik, sondern an die Verfassung des Reiches gebunden. Der Eid, den auch Claus Stauffenberg beim Eintritt zu schwören hatte, lautete:

> „Ich schwöre Treue der Reichsverfassung und gelobe, daß ich als tapferer Soldat das Deutsche Reich und seine gesetzmäßigen Einrichtungen jederzeit schützen, dem Reichspräsidenten und meinen Vorgesetzten Gehorsam leisten will."[10]

Statt des distanzierten Paktverhältnisses einer unpolitischen Reichswehr wurde aber nun ein enges Verhältnis zwischen Staat und Armee gefordert. Deren Stellung sollte gehoben werden. Sie geriet in den Streit der Regierungen und der Parteien, mit den Rechtsparteien und auf der anderen Seite SPD und Gewerkschaften als erbittertsten Kontrahenten. Zur Reichswehr hielt Stauffenberg in Loyalität. Er sah in ihr nicht nur ein militärisches Instrument, sondern einen begründeten, in sich selbständigen Teil des Staates. Sie war für ihn, so der Mitoffizier von Pezold, die wesentliche Stütze der Nation, deren Sicherheit und Ansehen sie zu garantieren berufen sei. So verlangte Stauffenberg nach Wiedergewinnung der durch Versailles verlorenen Wehrhoheit und nach Wiederaufbau eines Heeres, das der ihm gestellten Aufgabe im Kreise der anderen Völker gewachsen sei. Damit gewann Stauffenberg seiner Veranlagung nach immer mehr Aufmerksamkeit auf die politischen Ereignisse, zumal auf die Fragen, die das Wohl des Ganzen, der *res publica* betrafen und der in ihr gefaßten sozialen Gemeinschaft der Deutschen.

Er bildete, wie man bei Pezold liest, seine Partei für sich selber. Er ließ nicht zu, daß die gleichen, die diesem Staat zu dienen sich verpflichtet und ihm ihren Eid geleistet hatten, verächtlich über ihn sprachen und die Farben der Republik als „schwarzrotsenf" herabsetzten. Er sprach dafür, sich für diesen Staat, auch wenn er von Beginn an Unvollkommenheiten aufwies, einzusetzen und mit der eigenen Haltung etwas zu seiner Wandlung beizutragen, statt sich in Schimpfen und unproduktiver Ablehnung zu gefallen.[11]

Zu Besuchen bei seinen fränkischen und bayrischen Verwandten erschien er, der sich sonst gern zivil trug, betont in Uniform. In den auf Wiederherstellung der bayrischen Monarchie sinnenden Kreisen war sein Eintritt in die Reichswehr der Republik suspekt. Für ihn hatten die Dynastien, nicht nur in Bayern, im November 1918 versagt. Eine Restauration war sinnlos. Etwas Neues sollte kommen, und er wollte dabei sein. Als an ihn, den noch jungen Offizier, das Angebot kam, beim Herzog von Württemberg in des Vaters Fußstapfen zu treten, lehnte er ab: Er vermöge nicht, sich in der Rolle des „Oberhofschranzenmeisters" einer aus der Geschichte entlassenen Dynastie sich vorzustellen.[12]

Ein anderes Beispiel für seine Haltung findet sich überliefert aus Anlaß des Reichskriegsgerichtsprozesses gegen die drei Ulmer Leutnante Ludin-Scheringer-Wendt, der im August 1930 wegen nationalsozialistischer Zellenbildung im Heer und Meuterei gegen die Reichswehrleitung zur Entscheidung kam. Stauffenberg war empört über die Behandlung der Leutnante, die die Reichswehrführung vor der Front der Kameraden unter Abwesenheit des Regimentskommandeurs verhaften ließ. Stauffenberg zeigte Verständnis für sie, verurteilte aber die Art ihres Vorgehens – politische Propaganda von Subalternoffizieren. Er stimmte voll der Haltung ihres Regimentskommandeurs Ludwig Beck zu, der seine eigene Entlassung verlangt, dann sie zurückgezogen und sich im Prozeß voll vor seine Leutnante gestellt hatte.[13] 90 Prozent des Offizierkorps sollen nach einer brieflichen Aussage des späteren Generalmajors Stieff, der damals als Oberleutnant im Ulmer Regiment Dienst tat, wie die aufrührerischen Leutnante gedacht und sich gegen die politische Führung durch den Reichswehrminister Groener und vor allem gegen den Chef seines Ministeramtes, Generalmajor von Schleicher, gewandt haben, durch den sich im Streit der Parteien die Soldaten der Reichswehr gleich „seelenlosen Landsknechten" verschachert vorkämen.[14]

Von einem Bekenntnis Stauffenbergs zur aufstrebenden Hitler-Partei, der NSDAP, ist weder aus der Zeit des Ulmer Leutnantsprozesses noch aus den folgenden Jahren mit ihren vielfach umstürzenden Ereignissen auf der politischen Bühne ein Zeugnis vorhanden. In einem Brief, den er aus einer ihm auferlegten Kur am 11. Mai 1931 aus Bad Colberg an Stefan George richtet, schreibt er, daß er mit einem ernsten, unvermeidlichen, auf Jahre sich erstreckenden Umbruch in Deutschland rechne, für den Menschenleben und Schicksale nicht zählten.[15] Ein Bezug zu politischen Ereignissen jener Zeit oder eine eigene Parteinahme ist im Brief nicht enthalten.

Auch aus anderen Zeugnissen dieser Jahre geht nicht hervor, wie Stauffenbergs Einstellung zu den politischen Vorgängen im mit dem Niedergang kämpfenden Weimarer Staat war, wie er sich zum Lavieren Hitlers und zu seinem unerwarteten Emporkommen zur Macht gestellt hat. Nicht wenige Offiziere, die sich später mit ihm zur Erhebung vereinigt haben, sind Hitlers Aufstieg mit großen Hoffnungen gefolgt und haben sich mit so idealistischer Tatkraft in seinen Dienst gestellt, mit der sie nachmals sich um Stauffenberg zusammenschlossen. Sie sahen in Hitler in ihrer Zeit den einzig Mächtigen, aus dem Chaos zu einem Aufstieg zu führen. Stauffenberg, der von früh auf Taten gerichtet war, wird es wohl nicht anders ergangen sein. Zu bemerken als eine Eigenheit von ihm ist, daß er nicht in das bedingungslose Lob Hindenburgs einstimmte, wo er es hörte. Er sah es als ein Unglück an, daß der greise Marschall sich zum zweitenmal zum Reichspräsidenten hatte wählen lassen.

*

Stauffenberg hielt jedenfalls die Betrauung Adolf Hitlers mit der Kanzlerschaft durch den Reichspräsidenten von Hindenburg für den Rat der Stunde, und er folgte mit Offenheit und großer Erwartung, doch nicht ohne Besinnung, dem Handeln des neuen Mannes. Es bewegte ihn in der heillosen Zerspaltung des nationalen Gefüges, im lähmenden Zerreden und Schuldzumessen, einen neuen Weg zur Einigung zu erkennen, für den große Teile des Volkes sich begeisterten und ihre Opfer an „Eigennutz" zu bringen bereit waren.

Die Nachricht von Hitlers Ernennung zum Reichskanzler hat Stauffenberg am Mittag des 30. Januar 1933 auf dem Übungsplatz seiner Eskadron erreicht, und er soll ausgerufen haben: „Jetzt hat's der Kerl doch geschafft". Dabei muß er die Kaffeetasse, die er in der Hand hielt, mit solcher Wucht auf ein Geschütz gesetzt haben, daß sie in Stücke ging.[16] Das Dictum ist von Stauffenbergscher Art: es klingt abschätzig und ist doch zugleich wie erstauntes Lob aus der Betroffenheit heraus. Wir wissen nicht, wieviel er vom politischen Stoff der Regierungskrisen, wieviel von den lang vergeblichen Versuchen Hitlers, legal die Alleinherrschaft zu gewinnen, mitbekommen hat.

Im Offizierskasino sprach Stauffenberg nach gleichlautender Aussage mehrerer, die dabei waren, enthusiastisch vom Aufbruch der neuen Bewegung und warf den Bedenklichen, die sich mit Einwänden erhoben, entgegen, unter solchen Umständen hätten sich die großen Soldaten der Befreiungskriege anders verhalten.

Man nimmt an, daß die Diskussion unter den Offizieren sich steigerte durch „eine harte, eindeutige Rüge", die der Regimentskommandeur einem seiner Eskadronchefs, dem späteren General der Panzertuppe Hasso von Manteuffel, erteilte. Der Rittmeister war mit seiner Eskadron beim Heimritt vor dem Bamberger Rathaus einer zur Hissung der Hakenkreuzfahne versammelten Menge begegnet und hatte auf eine angebliche Meldung, diese Fahne sei zur Staatsflagge erhoben (was erst 1935 geschah), seiner Truppe Achtungshaltung befohlen. Der Regimentskommandeur Oberst Frh. von Perfall soll in einer eigens berufenen Offiziersversammlung erklärt haben: „Das ist doch Revolution, das kann man doch nicht mitmachen".[17]

Die gern aufgenommene Geschichte, Stauffenberg sei am „Tag nach der Machtergreifung" bei einer öffentlichen Kundgebung in Bamberg in Leutnantsuniform vorangegangen, hat sich nach genauen Nachforschungen bei der Stadtverwaltung, der Zeitung, bei einer Vielzahl von Personen, die am 30. Januar 1933 am Ort anwesend waren, so auch bei dem Regimentskommandeur Stauffenbergs und Nina Freiin Lerchenfeld, der damaligen Verlobten Stauffenbergs, als aus der Luft gegriffen erwiesen. Eine solche Kundgebung hat nicht stattgefunden. *Parteigenossen* zogen am Abend durch die Stadt mit Fackeln und hörten die markigen Worte eines *Stadtrates*, die erhalten sind. Die Falschnachricht ist, wie nachgewiesen wurde, dem Gedächtnisirrtum eines Generals entsprungen, der, was er in einem französischen Kriegsgefangenenlager von einem Angehörigen des KR 17 erfuhr, Jahre danach im Buch seiner Kriegserinnerungen entstellt wiedergab. Er verstarb, ehe er den versprochenen Widerruf bringen konnte.[18]

Einen Einblick in Stauffenbergs damalige Einschätzung Hitlers (dem nach Herkunft und Persönlichkeit kaum einer ferner stehen konnte als er) gibt ein Brief, den er in dieser ersten Zeit, am 21. Juni 1933, aus Bamberg an George geschrieben hat. Es ist, soviel bekannt, sein letzter Brief an den Dichter. Darin ist weder von der Lage in Deutschland die Rede noch von den fortlaufenden Gewaltakten, die die Herrschaftsübernahme durch Hitler begleiteten. Stauffenberg spricht einzig vom neuen „Herren" selbst, der sich mächtig erwiesen habe, sich eine Ausgangsbasis zu schaffen, von der aus ihm ein umwälzendes Handeln möglich werde. „Jeder, der für seine Herrschaft seinen sicheren Sockel baut, ist ob seiner Klugheit zu loben".[19] Zur Art und Beurteilung dieses umwälzenden Handelns kein Wort. Der Schreiber fürchtet aber dann offenbar, sein Lob könne falsch ausgelegt werden, und so setzt er die ihn wohl besonders kennzeichnende Erklärung hinzu, die in Wiedergaben des Briefs öfter fehlt:

> „Es soll kein Zynismus sein, aber von denen beachtet werden, die sei es pro oder contra sich schon wieder allzusehr in die definition geistiger grundlagen verlieren."[20]

„Von denen beachtet werden...": wer sind sie, denen dieser Rat gilt? Offenbar jene, die gewohnt sind, aus ihrer überlegenen Geistigkeit her ihre von Anfang an sicheren Urteile über politische Bewegungen und Persönlichkeiten ihrer Zeit zu fällen – er mag auch an Freunde aus dem Georgeschen Umkreis gedacht haben. So sind die Pro-Urteilenden die, die mit dem neuen „Führer" den Weg zur nationalen Wiedergeburt, wenn nicht zum „Neuen Reich" Georges, zu betreten glaubten; die Contra-Urteilenden die, die als die immer schon Überschauenden von Beginn an wissen, daß dies Treiben zum schlimmen Ende führt, die sich, um ihre Integrität zu wahren, abseits halten und die vorausgesehene Katastrophe geschehen lassen. Deutlich machen wollte der Schreiber des Briefes jedenfalls, daß nach seiner Einsicht die Täterpotenz dieses Mannes, ob zum Guten, ob zum Schlimmen, jede Beachtung verdiene.

Der Brief enthält zugleich einen Hinweis auf ein aktuelles Geschehen, von dem der Schreiber Kenntnis erhalten hatte, auf den Versuch des preußischen Kultusministers Rust (NSDAP), den Dichter Stefan George mit höchsten Anerbietungen als Präsidenten der von Grund auf umgebauten Preußischen Akademie der Dichtung zu gewinnen, um ihn als geistigen Ahnherrn der neuen deutschen Regierung vor aller Welt herauszustellen. Die Absage Georges an den Hitlerstaat, die jedes weitere Mühen um ihn zurückwies, war vier Wochen, bevor Stauffenberg an George schrieb, durch den jüdischen Rechtsanwalt Ernst Morwitz ins Ministerium überbracht worden. Ob der Text Claus Stauffenberg (durch seinen Bruder Berthold? durch Frank Mehnert?) zur Kenntnis kam, ist nicht bekannt. Er sei, da George auch seine jüngeren Freunde einbezieht, hier in den überlieferten Sätzen wiedergegeben:

> „Daß diese Akademie jetzt unter nationalen Zeichen steht, ist nur zu begrüssen und kann vielleicht später zu günstigen Ergebnissen führen – ich habe seit fast einem halben Jahrhundert deutsche Dichtung und deutschen Geist verwaltet ohne Akademie, ja hätte es eine gegeben, wahrscheinlich gegen sie.
> ...Die Ahnherrschaft der neuen nationalen Bewegung leugne ich durchaus nicht ab und schiebe auch meine geistige Mitwirkung nicht beiseite. Was ich dafür tun konnte, habe ich getan. Die Jugend die sich heut um mich schart ist mit mir gleicher Meinung. Das Märchen vom Abseits-stehen hat mich das ganze Leben begleitet – es gilt nur fürs unbewaffnete Auge. Die Gesetze des Geistigen und des Politischen sind gewiss sehr verschieden – wo sie sich treffen und wo Geist herabsteigt zum Allgemeingut, das ist ein äusserst verwickelter Vorgang. Ich kann den Herren der Regierung nicht in den Mund legen, was sie über mein Werk denken und wie sie seine Bedeutung einschätzen...“[21]

Durch die Regierungsübernahme ergaben sich für das Kavallerieregiment in Bamberg keine besonderen Veränderungen. Stauffenberg hat wie auch andere Offiziere der Einheit mehrfach Nachtübungen der SA geleitet. Er war auch beteiligt, als von der Truppe Lastwagen ausgesandt wurden, um die in fränkischen Höfen und Scheuern geheim eingelagerten Waffenreserven der Reichswehr zurückzuholen. Die SA hatte sich daran gemacht, sie aufzustöbern und sich ihrer zur eigenen Aufrüstung zu bedienen.

Zusammen mit einem anderen Offizier wurde Stauffenberg einmal als Vertreter des Regiments zu einer Parteikundgebung delegiert, die in Bamberg während eines Nürnberger Parteitages stattfand. Als nach einem Reichsleiter der Gauleiter von Franken, Julius Streicher, mit wüsten und unflätigen Rodomontaden seine Judenhetze vortrug, erhob sich Stauffenberg und verließ ostentativ mit dem anderen Offizier über den Mittelgang den Saal. Hunderte von jungen Mitgliedern aus dem „Bund Deutscher Mädel“ waren zugegen.[22]

Im September des Jahres feierte Oberleutnant Claus Stauffenberg, noch nicht 26jährig, seine Hochzeit mit der eben 20jährigen Freiin Nina von Lerchenfeld, Tochter des Diplomaten Frh. Gustav von Lerchenfeld und seiner Frau Anna, geborene von Stackelberg. Ein Foto zeigt ihn in Uniform, den Stahlhelm vor der Brust haltend, mit seiner Angetrauten die Treppe der St. Jakobskirche in Bamberg herunterkommen. In Spuren Züge seines „archaischen Lächelns“. Drei Jahre sind die beiden verlobt gewesen. Eigentlich verbot der Offizierskomment noch die Hochzeit. Ist die Erlaubnis gegeben worden, weil große Veränderungen für das Regiment bevorstanden?

Das Bild vor der Kirchentür läßt an die Geschichte denken, die Gräfin Nina erzählt hat: wie sie irgend einmal, wohl noch als Jungvermählte, an ihren Stauffenberg die Frage richtete, was er in ihr so Besonderes gesehen habe, und er erwiderte: „die Mutter meiner Kinder“.[23]

Zu einem Besuch bei George, um den Stauffenberg in seinem Junibrief nachgefragt hatte, ist es nicht mehr gekommen. Der Dichter wich, um gefürchteten Staatsfeiern zu seinem 65. Geburtstag zu entgehen, auf Reisen aus und suchte früher als gewohnt sein Winterquartier in der Südschweiz auf. Anfang Dezember 1933 wurde Stauffenberg überraschend aus seinem Dienst in Bamberg nach Minusio, dem Bergort über Locarno, ans Sterbelager des Dichters gerufen. Er reihte sich in die Totenwache um den Aufgebahrten, zu der immer zwei der zwölf Teilnehmenden nach seiner Ordnung nach zwei Stunden wechselten. Die Begräbnisfeier fand durch Übereinkunft unter den Teilnehmern zu einer anderen als der offiziell angegebenen Stunde statt. Die Anwesenheit des beamteten Geschäftsträgers der Regierung sollte vermieden werden.

In der vom Propagandaminister geleiteten Presse wurde groß des Dichters gedacht und das Wort aufgenommen, das der Minister Rust im Kondolenztelegramm an die Schwester Georges wiederholt hatte: George habe sich noch jüngst zur Ahnherrschaft der neuen nationalen Bewegung bekannt. Vielfach war zu lesen: „...der neuen nationalsozialistischen Bewegung“. Georges Wort wurde oft in der Folge in falschem Sinn aufgenommen. Seine „neue nationale Bewegung“ hob vor dem

Ersten Weltkrieg an und gab sich in seinen Dichtungen und den von ihnen Erreichten kund.[24]

In den Plänen, die zur Umschaffung der Reichswehr und zum Aufbau einer neuen deutschen Wehrmacht führen sollten, war für das Jahr 1934 die Auflösung des Bamberger Kavallerieregiments bestimmt. Es gibt, aus dem Oktober 1933 datiert, eine Abschlußbeurteilung Stauffenbergs durch seinen Eskadronchef, der sie bewahrt hat. Er findet bei dem Oberleutnant „unabhängige Willens- und Urteilsbildung, ausgezeichnete geistige Anlagen, überdurchschnittliches taktisches und technisches Können". Er nennt ihn vorbildlich in der Behandlung von Unteroffizieren und Mannschaften, besorgt um Ausbildung und Erziehung seines Minenwerferzuges, einen sehr guten Reiter mit viel Liebe und Verständnis für das Pferd. Damit „kleine Mängel und Schwächen nicht unerwähnt" bleiben sollen, schreibt der Chef von seiner Anfälligkeit gegen Halsentzündungen und dadurch manchmal beeinträchtigter körperlicher Widerstandskraft, wogegen er mit Energie und zähem Willen ankämpfe. Und weiter:

> „Etwas salopp in Haltung und Anzug, dürfte sein Auftreten als junger Offizier etwas frischer und energischer sein".
> „Seines militärischen Könnens und seiner geistigen Überlegenheit bewußt, neigt er gelegentlich gegenüber Kameraden zur Überheblichkeit, die sich leicht spöttisch äußert, aber nie verletzend wirkt."
> „Berechtigt bei fortschreitender Entwicklung zu besten Hoffnungen. gez. Walzer".[25]

Überlegenheit, wenn nicht Überheblichkeit, „die sich leicht spöttisch äußert, aber nie verletzend wirkt", findet man des öfteren beim späteren Stauffenberg genannt. Bernd von Pezold, früh schon Offizierskamerad Stauffenbergs in Bamberg, bis zuletzt mit ihm befreundet, bringt in einem späteren Bericht diese Züge von ihm ins Bild:

> „Für sein inneres Verhältnis zu einem anderen Menschen – es war bei äusserlich gleich scheinender Liebenswürdigkeit sehr differenziert – war nur dessen innerer Wert, nicht die äusseren Umstände bestimmend. So konnte sein Verhältnis zu manchem Soldaten oder Unteroffizier vertraut und herzlich sein, während irgend eine ‚Prominenz' trotz sichtlicher Bemühungen eine höfliche, aber nicht zu übersehende Distanz nie überwinden konnte.
> Gegenüber Schwächen anderer war Stauffenberg äußerst nachsichtig, gegenüber unsauberer Gesinnung, auch im Kleinen, kompromisslos bis zur Schroffheit. Den guten Willen ließ er, wo kein Schaden entstand, gern für die Tat gelten, er verstand es großartig auszugleichen, zu vermitteln und Streitigkeiten aus der Welt zu schaffen; er suchte und fand die guten

> Seiten an den Menschen und hatte eine glückliche Hand, alles zum Besten zu wenden. Stauffenbergs warmes und offenes Wesen fand seinen schönsten Ausdruck in seinem von Herzen kommenden, befreienden und mitreissenden Lachen. Mit ihm hat er manche Situation gerettet".[26]

Am 1. Juli 1934 wurde Stauffenberg von der Nachricht des „Röhmputsches" noch in Bamberg betroffen. Wieviel die Truppe von der Ermordung Röhms und hoher SA-Führer, von der Erschießung der Generale von Schleicher und von Bredow und vieler anderer Persönlichkeiten am 30. Juni erfuhr, für wie groß man die Gefahr hielt, die angeblich durch Röhm gedroht hatte, wie man die Entschließung des Reichstags aufnahm, die Hitlers Zugriff im nachhinein als durch Staatsnotstand „rechtens" erklärte, ist heute schwer festzustellen. Die Reichswehr konnte sich gestärkt fühlen. Um welchen Preis, das sollte sich zeigen. Von Stauffenberg gibt es eine hingeworfene Bemerkung, die Vorgänge dieses Tages seien dem Platzen einer Eiterbeule zu vergleichen, durch das endlich klare Verhältnisse geschaffen worden seien.[27] Das klingt noch nicht danach, daß er „den Pyrrhos-Sieg der Reichswehr" erkannt hätte. Aus späteren Äußerungen wird erst deutlich, daß er der hohen Generalität ein schweres, ihn bedrückendes Versagen gegenüber Hitler vorwarf. Der Ausschaltung der SA (Frank Mehnert: „Jetzt ist's nur noch ein Sauhaufen"[28]) folgte unmittelbar der Machtzuwachs der SS, der schrittweise die politische Polizei im gesamten Reich übertragen wurde.

Am 2. August 1934 starb der mit bald 87 Jahren noch amtierende Reichspräsident von Hindenburg. Hitler übernahm nun auch das Amt des Reichspräsidenten, und noch am 2. August 1934 hatte die gesamte Reichswehr auf Befehl des Reichskriegsministers von Blomberg den Eid auf die Person Adolf Hitlers, nun „Führer und Reichskanzler", zu leisten – auch jener Oberleutnant Stauffenberg, der dies Ansinnen mit einem Stampfen des Fußes und einem „auch das noch!" aufgenommen haben soll.[29] Schon im vorangehenden Februar hatte sich Stauffenberg erregt, als durch Anordnung Hindenburgs der Reichsadler mit Hakenkreuz zur Ausstattung der Wehrmachtsuniform eingeführt wurde. Er habe das Verächtlichmachen der alten Kokarde als unwürdig bezeichnet.[30] Die Wiederwahl des greisen Hindenburg als Reichspräsident war ihm bei der Lage des Reiches als unsinnig erschienen.[31]

Bald danach fand die Abschiedsparade des Kavallerieregiments 17 in Bamberg statt. Eskadronchef Stauffenbergs war noch Hans Walzer. Er hat sich in Briefen des Jahres 1962 zu Vorgängen jener Sommerwochen geäußert und hat sich für die Richtigkeit seiner Angaben verbürgt. Danach hat er nach dem 30. Juni 1934 mit Stauffenberg ein

Gespräch geführt über „die Möglichkeit einer gewaltsamen Beseitigung des NS-Systems". Sie hätten die Stellung der Kirchen, insbesondere der katholischen, dazu erwogen und sie seien einig gewesen, daß

> „eine gewaltsame Beseitigung nur von oben her erfolgen könne, denn eine Revolution von unten aus dem Volke heraus war bei dem Einfluß und bei den Machtmitteln der Partei nicht zu erwarten".[32]

Bei der Offenheit, die zwischen dem jüngeren und dem älteren Offizier bestand, könnte nach dem frisch Erlebten die Frage nach Beseitigung des NS-Systems besprochen worden sein. Andere oppositionelle Äußerungen Stauffenbergs zu Mitoffizieren sind aus dieser Zeit nicht bekannt.

Stauffenberg kam für zwei Jahre als Bereiteroffizier an die Kavallerieschule in Hannover. Er hatte Unterricht im Reiten, aber auch in den allgemeinen Militärfächern zu geben, worüber noch schriftliche Unterlagen vorhanden sind. Selber vermochte er, der einmal nach Manöverende von der Schwäbischen Alb in drei Tagen nach Bamberg geritten war, in täglicher Übung mit vier Pferden, auch in Dressur und Jagdreiten, zur Höchstform sich zu steigern. Er war 1935 in der verlangten Military-Prüfung seines Lehrgangs Sieger und ließ dabei einige künftige deutsche Olympiasieger von 1936 als Konkurrenten hinter sich.

Mit seinem eigenen Pferd, namens „Jagd", errang er einen Preis in der schweren Dressurprüfung. Es war eine junge Stute, „eine reizende Persönlichkeit", wie er sagte, die er im Quartier bei einem Bauern als Fohlen unter Zugpferden auf der Koppel entdeckt und, kaum Leutnant geworden, unter Mithilfe seines späteren Schwiegervaters, eines Pferdeenthusiasten wie er, erworben hatte. „Jagd" hat es durch ihn zu Passage und Levade gebracht.

Seine Aufgabe in Hannover muß ihm bei seinem auffallenden Lehrtalent besonders gelegen haben. Man liest bei einem Schüler im Bereiterlehrgang:

> „Jedes Gespräch, an dem er sich beteiligte, hatte durch ihn ein höheres Niveau; dabei liebte er besonders eine angeregte Diskussion, die bei seinem Temperament nicht heiß genug zugehen konnte.
> Stauffenberg betrieb alles wissenschaftlich. Es genügte ihm nicht, sich nur zu informieren. Er ging allen Dingen auf den Grund. Auf dem Bereiterlehrgang erstaunte er uns mit seinen Kenntnissen über Reit- und Dressurmethoden aus allen geschichtlichen Epochen. Er versuchte dann auch, daraus gewonnene Erkenntnisse anzuwenden".[33]

Liebte es Stauffenberg, bei Gesprächen unter Offizierskameraden auch als *advocatus diaboli* herauszufordern, so erlebten sie doch immer auch überzeugend sein Einssein mit sich selbst:

> „Stauffenbergs in absoluten Werten verankerte Gesinnung stimmte mit seiner Persönlichkeit und Haltung ohne Bruch überein: Er hatte keine ‚zwei Seiten' oder gar ‚zwei Böden', er war immer derselbe und war es immer ganz. Hierin lag das Geheimnis seiner Ausstrahlung, die Erklärung für seine persönliche Wirkung. Weil er hinter jedem Wort, jeder Meinung, jeder Entscheidung und jeder Handlung stand, ganz überzeugt und – in allen wesentlichen Dingen – kompromißlos, konnte er auch von anderen Gehör und, wenn er zu befehlen hatte, Befolgung ohne Widerspruch erwarten".[34]

Als es 1936 um die Verlegung der Kavallerieschule ging, die durch den Ausbau des Flugplatzes den ihr nötigen Raum verlieren sollte, sprach Stauffenberg, der, wo es ging, gern fürs bewährte Alte eintrat, gegen die größere Zahl derer, die für Verbleiben am beliebten Ort sprachen, mit Nachdruck für eine Verlegung der Schule nach Krampnitz im Raume Berlins. Die dort dann entstandene Panzertruppenschule ist später von Stauffenberg bei seinen Aufstandsplänen als wichtigstes Glied in die Kette miteingeflochten worden.

Unter dem, was Stauffenberg sich in der Hannoveraner Zeit zumutete, hat er sichtlich an Kräften gewonnen und seine früheren Anfälligkeiten hinter sich gelassen, auch wenn die Zeichen des Angestrengtseins sich oft nicht verbargen. Nach 10jährigem Dienst war nunmehr die Wehrkreisprüfung abzulegen, für die auch ein Examen in einer Fremdsprache gefordert war. Stauffenberg befreite sich davon durch Meldung zur Militärdolmetscherprüfung in englischer Sprache. Neben der Sprachschulung hörte er Vorlesungen an der Technischen Hochschule in Hannover. Ihn beschäftigten Karl Haushofer mit seiner Zeitschrift „Geopolitik" und Albert von Hofmann. Dessen 1923 verfaßtes Buch „Das deutsche Land und die deutsche Geschichte" sprach ihn offenbar besonders an, weil er darin vergangene Geschichte im noch in der Gegenwart auffindbaren Mythos einer Landschaft, einer Örtlichkeit lebendig fand. Durch Hofmanns Buch fand er neue Argumente, die mittelalterlichen Kaiser und ihr übernationales Heiliges Reich als Inbild jeder neuen „Reichswerdung" zu verstehen.[35]

Auf der Abschlußreise des Bereiterlehrgangs im Juli 1936, die auf seinen Wunsch nicht an den Rhein, sondern zum Bodensee ging, war er es, der den Teilnehmern aus der heimischen Landschaft vom Hohentwiel herab die großen Zusammenhänge der deutschen Geschichte von früh bis ins Heute lebendig werden ließ.

Zu Ende der zwei in Hannover verbrachten Jahre machte Stauffenberg in kurzer Folge zwei Reisen nach England. Zur einen kam er auf Einladung der deutschen Botschaft in London. Es ging um ein Jagdreiten deutscher und englischer Offiziere. Er speiste beim Militärattaché, dem Schwaben und späteren Panzergeneral Geyr von Schweppenburg, und überraschte ihn mit seinen kritischen Äußerungen zur Politik der Zeit.

Die andere zweiwöchige Reise fiel ihm als Preis im Dolmetscherexamen zu. Nach einigen Tagen in London wurde er, wie ein Brief an seinen Englischlehrer in Hannover zeigt, in der „Sandhurst Cadet School", der berühmten englischen Offiziersschule, empfangen, wo er sich mit Offiziersanwärtern, die die deutsche Sprache studierten, unterhalten konnte. Von Erfahrungen, die er mit den Briten und dem zeitgenössischen England machte, ist weniges in Aufzeichnungen eigener Hand erhalten, doch hat er in größerem Zusammenhang davon vor den Kameraden der Kriegsschule gesprochen.

Vorwürfen oder Anklagen wegen der deutschen Judenpolitik ist er nirgends begegnet. Er erzählte, wie erstaunt er gewesen sei, als ein englischer Offizier gleich bei der Begrüßung mit der Frage gekommen sei: „Do you mind I am a Jew?" Er habe entgegnet, es sei ihm genug zu wissen, daß er, der Leutnant, englischer, er selbst deutscher Offizier sei.[36]

Das England Baldwins war damals noch eine imperiale Großmacht, aber vom Staatswillen und der Einsatzkraft, die das Empire geschaffen hatten, fand Stauffenberg nicht mehr so viel lebendig. Er verglich die politisch-moralische Situation der britischen Inseln mit einer erlöschenden Glut. „Das Glimmen unter der Asche" würde bald ersticken, wenn nicht etwas Ungewöhnliches, eine ungeheure Herausforderung die Glut wieder zum Feuer zu erwecken vermöchte. Jedenfalls hat man den Eindruck, daß er bei aller Hochschätzung der englischen Sprache und Kultur – im Gegensatz zu manchem Zeitgenossen – einen neuen Impuls aus dem Inselreich nicht erwartete.

Er las damals mit Interesse die Arbeiten des weitgehörten englischen Wirtschaftstheoretikers John Maynard Keynes, der im Krieg Berater des englischen Schatzamtes gewesen war und 1919 die britische Verhandlungsdelegation bei der Versailler Friedenskonferenz unter Protest verlassen hatte, weil er die den Deutschen auferlegten Reparationslasten wirtschaftspolitisch für unvertretbar hielt. (In der Zeit der großen Wirtschaftskrise mühte sich Keynes um Beschränkung der privatkapitalistischen Marktwirtschaft und um staatliche Hilfen für Arbeitsbeschaffungsprogramme. Solche Gedankengänge finden sich beim späteren Stauffenberg.)

Welche Vorstellungen von Hitler und dem von ihm in Deutschland Geleisteten Stauffenberg bei seinen englischen Gesprächspartnern fand, scheint nicht überliefert. Die Olympiade in Berlin 1936, von der sich keine Nation aus politischen Gründen ausschloß, ließ die bewundernde Anerkennung für Hitler-Deutschland in viele Länder hinausdringen, wo deutsche Reisende oft dem Wunsch begegneten: Hätten wir doch auch so einen Führer. Einmalig und wohl nicht für eine größere Öffentlichkeit bezeichnend ist ein Zeitungsbericht, der während Stauffenbergs Englandaufenthalt im Londoner „Daily Express" erschien und vielleicht von ihm gelesen worden sein konnte. Er hatte David Lloyd George zum Verfasser, den einstigen Kriegspremier Englands (an Vehemenz Churchill im Zweiten Weltkrieg vergleichbar), der bei der Pariser Friedenskonferenz 1919 für die Belastung des Deutschen Reiches mit allen Kriegskosten der Alliierten eintrat, sich aber jeder territorialen Verkleinerung Deutschlands widersetzt hatte. Der 73jährige schrieb von einer mehrwöchigen Deutschlandreise:

> „Was Hitlers Volkstümlichkeit, besonders unter der Jugend betrifft, so kann darüber nicht der geringste Zweifel bestehen. Die Alten vertrauen ihm, die Jungen vergöttern ihn! Es ist nicht die Bewunderung, die einem volkstümlichen Führer zuteil wird; es ist die Verehrung eines Nationalhelden, der sein Land von äusserster Verzweiflung und Erniedrigung gerettet hat.
> Hitler ist der George Washington von Deutschland – der Mann, der für sein Land die Unabhängigkeit von allen seinen Unterdrückern gewonnen hat. Für die Leute, die nicht tatsächlich gesehen haben, wie Hitler über die Herzen und Geister Deutschlands herrscht, mag diese Beschreibung übertrieben gelten. Dennoch ist sie die nackte Wahrheit! Dieses große Volk wird besser arbeiten, mehr opfern und wenn notwendig, mit größter Entschlossenheit kämpfen, weil Hitler es dazu auffordert...
> Katholiken und Protestanten, Preußen, Bayern, Arbeitgeber und Arbeiter sind zu einem einzigen Volk zusammengefügt worden! Religiöse, provinzielle und Klassenunterschiede zerspalten die Nation nicht mehr. Es herrscht eine Leidenschaft der Einmütigkeit, geboren aus bitterer Notwendigkeit..."[37]

Hitler hatte in den ersten drei Jahren seiner Herrschaft durch Verkündung der Allgemeinen Wehrpflicht und des damit verbundenen neuen Heeres- und Rüstungsaufbaues, durch die in freier Wahl überwältigend zustandegekommene Rückkehr des Saargebiets, durch den Einmarsch von Heeresverbänden in die seit 1919 entmilitarisierte und neutrale Zone des Rheinlandes die Bindungen von Versailles einseitig zunichte gemacht. Der Schock für die anderen Mächte wurde durch zwei Verträge, die Hitler unerwartet schloß, gemildert: durch einen mit Polens

Marschall Piłsudski geschlossenen Nichtangriffspakt, der die Umklammerung durch Frankreich aufhob, und ein Flottenabkommen mit England, das die deutsche Flottenrüstung auf kaum mehr als ein Drittel des englischen Bestands festlegte. Die offizielle Erklärung zur Überwindung von Versailles gab Hitler, darin von Stauffenberg wie vom deutschen Volk mit Beifall begrüßt, vor dem deutschen Reichstag am 30. Januar 1937:

> „Ich ziehe damit die Unterschrift feierlichst zurück von jener damals einer schwachen Regierung wider deren besseres Wissen abgepreßten Erklärung, daß Deutschland die Schuld am Kriege besitze."[38]

Innenpolitisch war in den vier Jahren bisher bei schweren Gewaltmaßnahmen zur Ausschaltung politischer Gegner, die weithin verdeckt blieben, und gröblichster Entrechtung, Entehrung und Segregation des jüdischen Bevölkerungsteiles eine in solcher Frist nie erwartete Erholung des wirtschaftlichen Lebens zustande gekommen: Die Arbeitslosigkeit war von ursprünglich 6 1/2 Millionen auf 1 1/2 Millionen der Beschäftigten zurückgegangen. Die bei allen Anlässen geforderte und im Vollzug gefeierte Volksgemeinschaft begann, nicht als Leidenschaft der Einmütigkeit, wie sie den Briten erschien, anscheinend doch als ein durch alle Ränge und Stände aufgenommenes Sich-miteinander-Vertragen Wirklichkeit geworden zu sein. Ein Volk stand, vor allem mit seiner Jugend, in nicht gesehenem Ausmaß hinter dem zum Idol gewordenen Führer Adolf Hitler.

Man findet kaum Zeugnisse, die Stauffenbergs Haltung – eines bekannten Schweigers in Bekenntnissen – für damals vor Augen bringen könnten. Bei einem Mitoffizier, dem späteren Generalleutnant Heinz Greiner, gibt es in einem Briefbericht über seinen häufigeren Umgang mit Stauffenberg den Hinweis, Stauffenberg sei davon begeistert gewesen,

> „...daß das Volk sich gegen die Fesseln des Versailler Vertrages aufbäumte und daß durch die Arbeitsbeschaffung die Not der Arbeitslosigkeit beseitigt und andere soziale Fürsorge für das werktätige Volk angestrebt wurde...
> Seine hervorstechende soziale Einstellung ruhte...auf religiöser (katholischer) Basis."[39]

In den Aufzeichnungen von Rudolf Fahrner heißt es für diese Zeit:

> „Stauffenberg beobachtete und beurteilte als ein selbst zum Handeln Begabter und Getriebener Hitlers Emporkommen und Wirkung mit großem, sachlichem Interesse. Er sah in ihm den Typus eines modernen

Massenbewegers mit einer erstaunlichen Potenz seines ‚Trommelns', der zwar vielfach nur Gedanken, die ihm die Zeit bot, nach seinen Bedürfnissen übernahm, der aber fähig war, sie zu vereinfachen und politisch wirkungsfähig zu machen und damit eine große Gefolgschaft auch gegen ihren eigenen Vorteil zu Hingabe und Opfer zu begeistern. Stauffenberg bewegte das Kraftfeld, das dieser Mann zu erzeugen vermochte, seine Vehemenz, die Unmöglichscheinendes in einer festgeschobenen Welt plötzlich als möglich erscheinen ließ: man konnte die Vorstellung gewinnen, daß es gelungen sei, die Kruste bürgerstaatlicher Gewohnheit, die vom 19. ins 20. Jahrhundert hinübergewachsen war, zu durchbrechen, und daß es – wenn auch gegen Hitler – zu neuen Gestaltungen kommen könne. War es doch nicht zu verkennen, daß von Hitler bei aller Niedrigkeit seiner Natur, die in ihm sichtbar war, auch ursprüngliche und echte Anliegen einer Erneuerung angesprochen und dadurch auch Menschen von idealem Denken und hohen Zielen indirekt von ihm angezogen wurden."[40]

Zur Frage, wie Stauffenberg das Emporkommen Hitlers erklärt habe, weist Fahrner auf drei Punkte hin:

- daß der Apparat der Staatsverwaltung und des Parteiwesens, wie er in Weimar existierte, machtlos gewesen sei, sich Hitlers Taktik, mit anscheinend demokratischen Mitteln die Demokratie aufzuheben, entgegenzusetzen,
- daß es die falsche Art gewesen sei, wie die Gegner Deutschlands in Versailles geglaubt hatten, „Frieden" begründen zu können,
- und daß Hitler anders als andere Massenlenker bei ihren Machterfolgen die sozialen Lösungen vordringlich im Auge behalten und damit eine innere Gegenposition gegen den Kommunismus geschaffen habe.

III

1936–1938

AUF DER KRIEGSAKADEMIE

Nach zehn Dienstjahren war die Schwelle erreicht: ohne Frage hatte Stauffenberg von früh an seinen Weg als Offizier im Aufstieg über den Generalstab in eine hohe oder höchste Stellung vor sich gesehen. Am 1. Oktober 1936 trat er zur zweijährigen Generalstabsausbildung an der Kriegsakademie Berlin-Moabit ein.

Sie waren zu hundert Offizieren im Lehrgang. Zwei Drittel durften in der damaligen Lage nach einer Abschlußprüfung mit der Aufnahme in den deutschen Generalstab rechnen, dessen Kennzeichen noch immer die breiten roten Streifen an den Uniformhosen waren. Bald nach seinem Eintritt in Berlin wurde Stauffenberg zum Rittmeister befördert, ein Rang, den er gern unter seinen Namen schrieb.

An der Berliner Kriegsakademie gab es, nach den Urteilen zweier später zu Generalen aufgestiegener Kameraden zu schließen, einen hervorragenden Unterricht in operativer Führung, besonders im Lehrfach Taktik. Das Ausbildungsprogramm für Heeres-Generalstabsoffiziere hat sich auf allen Schauplätzen des Zweiten Weltkrieges, besonders in Rußland und den dortigen verzweifelten Rückzugskämpfen hervorragend bewährt. Im Argen lag indes das Fach Gesamtkriegführung, also die Unterweisung in den Problemen des modernen Zusammenwirkens der Luftwaffe und auch der Marine mit den Heeresstreitkräften. Wenig Nachdruck erhielten nach mehrfachem Urteil im damaligen Ausbildungsprogramm auch die Wehrwirtschaft und Wehrtechnik, beides an Bedeutung entscheidend wachsende Elemente einer Gesamtkriegführung.

Die Generalstabsausbildung in der Reichswehr war bis 1933 dreijährig, umfassender, in höherem Maß auf allgemeine Bildung gerichtet und nicht so sehr durch den Zwang raschen Heeresaufbaus forciert gewesen. Überblickt man Stauffenbergs Akademiejahre, so wird deutlich, daß er sich bemüht hat, was ihm bei der Ausbildung fehlte, durch eigene Initiative auszugleichen.

Die Jahre in Berlin brachten ihm beruflich wie menschlich reiche Entfaltung. Neben den militär- und kriegswissenschaftlichen Studien, denen seine elementare Neigung galt (eingeschlossen die Passion für die antiken Schlachten), besucht er wahlfreie Vorlesungen über Wirtschaftswissenschaften, Wehrpolitik, weltpolitische Zusammenhänge.[1]

Angeregt durch Fachgespräche im Hörsaal entwarf er im Herbst 1937 leichthin geschrieben eine Arbeit „Gedanken zur Abwehr feindlicher Fallschirmeinheiten im Heimatgebiet". Er gewann damit den ersten Preis eines Preisausschreibens der Deutschen Gesellschaft für Wehrpolitik und Wehrwissenschaften in Berlin, das mehrere Themen zur Wahl ließ. Noch während des Krieges galt seine Arbeit bei den führenden Stellen als grundlegendes Werk. Noch zwanzig Jahre nach dem Krieg urteilte Kurt Student, zuletzt Generaloberst bei den Fallschirmtruppen, Stauffenberg habe mit dieser Studie zu einer Zeit, „als noch ein tiefes Geheimnis über dieser neuen epochalen Waffe lag", bemerkenswert durchdachte, zukunftweisende, moderne Gedanken vorgetragen, „zumal er auch schon von ‚Fallschirmkampftruppen' spricht".[2] Stauffenberg hat als erster diesen Begriff verwendet und Bedingungen geschildert, wie sie bald danach beim Einsatz in Belgien, Frankreich und auf Kreta gegeben waren:

> „...die Möglichkeit überraschenden Einsatzes gerade zu Kriegsbeginn ... zu einem Zeitpunkt ... in welchem durch rasches Zupacken im Grenzgebiet günstige Grundlagen für die folgenden Operationen geschaffen werden könnten.
> Ähnlich wie im Grenzgebiet können Fallschirmtruppen natürlich auch bei Landungsoperationen an der Küste verwendet werden."

Stauffenberg schloß die Studie mit:

> „Qui vivra verra. Wer lebt, wird sehen. Die richtige Antwort wird erst der Krieg bringen. Ein Land in solcher Lage wie Deutschland darf sich nicht überraschen lassen."[3]

Den emphatischen Schlußsatz, der von ihm zur Veröffentlichung als Zusatz gefordert wurde, lehnte er ab. Er hätte lauten müssen: „Sollten es einmal Feinde unseres Vaterlandes wagen, deutschen Boden anzugreifen, sie werden uns zur Abwehr gerüstet finden!"[4] Die Studie erschien dann im Juliheft von „Wissen und Wehr", der Monatsschrift der Gesellschaft, die das Preisausschreiben veranstaltet hatte.

Mit einer anderen militärwissenschaftlichen Arbeit, die ihn lange beschäftigte und die er sprachlich durchgestaltete, hat er eine herbe, wie sich zeigte, unberechtigte Abfuhr erfahren. Der Titel war „Kavallerie als operative Waffe", in zweiter, dem Sinn mehr entsprechender Fassung

„Heereskavallerie. Eine Studie". Was Stauffenberg schrieb, wurde als Versuch der Aufwertung einer längst von motorisierten Kräften überholten Waffe abgetan. Der historische Teil, mit dem Stauffenberg das Wesen der Kavallerie und der „kavalleristischen Tugenden" vor Augen bringt, konnte glauben machen, es gehe ihm um die Rettung der geliebten Pferde auch im modernen Krieg. Doch ist ihm die Beweglichkeit der Kampfführung das ausschlaggebende Moment, ob sie nun durch eine „Pferde-Kavallerie" oder durch motorisierte und Panzerverbände, unter ständiger Zuteilung von Aufklärungsflugzeugen, zustandekommen sollte.

> „Die oft gehörte Frage: Kavallerie oder Panzer? entspringt einem Irrtum. Die Forderung muß lauten: Heereskavallerie *und* Panzerverbände ... Taktischer und operativer Durchbruch ist ohne Masseneinsatz von Kampfwagen kaum mehr zu denken... Schalten wir das Gefühlsmoment endgültig aus: Inwieweit das Pferd, inwieweit das Kraftfahrzeug zum Mittel kavalleristischer Beweglichkeit wird, hängt von Erwägungen ab, die hier nur gestreift wurden; diejenigen über die Verhältnisse an und jenseits unserer Grenzen und über die Treibstoffrage gehören zu den wichtigsten..."

Über die für die Kavallerie (also auch für die Panzerwaffe) nötigen Führer liest man die in einer militärwissenschaftlichen Studie überraschenden Sätze:

> „Ohne großen General, ohne wirklich kavalleristischen Führer ist sie nichts als ein kostbares Impedimentum... Nur wenigen Begnadeten ist das kavalleristische Führertum mit in die Wiege gegeben... Auch sie werden sich erst in ihrer Waffe bestätigt finden und durch sie die letzte Anregung zur kavalleristischen Tat empfangen... Ja, fast scheint es, als bedürfe es des kriegerischen Genius, um in der Kavallerie die Waffe für große operative Aufgaben zu sehen."[5]

An der operativen Beweglichkeit der Kampfführung, die er in der Studie 1938 für Heereskavallerie und Panzerverbände forderte, nahm Stauffenberg bald danach in Polen und Frankreich in unerwartetem Maß selbst teil. Wir wissen nicht, ob die Kommandeure, auf die er traf, seinem Ideal kavalleristischen Führertums entsprochen haben.

Die Schlacht von Issos war ein Vorzugsthema schon seiner Leutnantsjahre gewesen. Bezeichnend für ihn ist, wie er es auch in der neuen Studie aufnimmt, und wie er der Verfolgung des geschlagenen Darius durch Alexander Recht gibt. Man wird an sein Urteil von 1940 denken, wonach er im Abbruch der Angriffsplanung gegen England vom militärischen Standpunkt aus ein entscheidendes Versagen der deutschen Kriegführung gesehen hat.

Durch die Beteiligung an den Manövern, die zum Unterrichtsplan gehörten und in verschiedenste Landschaften Deutschlands führten, fühlte sich Stauffenberg jedesmal bereichert, indem er sich auch nach Herkunft und Geschichte der besuchten Orte fragte und damit ein Bild der Landschaft und der Eigenart ihrer Menschen verband. Auf einer Manöverpostkarte an Frank Mehnert vom 23. Juni 1938 schreibt er aus Ostpreußen:

> „...das wesentlichste und verpflichtendste Element die über das ganze Land verstreuten Gräber deutscher Soldaten ... Meine kühnsten Erwartungen sind übertroffen worden...: die Marienburg, zu spätes, aber edles Zeugnis des REICHS."[6]

Verschiedene Urteile bestätigen, daß Stauffenberg in seiner Klasse an der Akademie sehr beliebt gewesen und fachlich außerordentlich respektiert worden ist. Man gab dem Jüngsten im Lehrgang gern den Namen eines neuen Schlieffen, so wie ein General der alten Schule, Ernst Köstring, ihn einmal „den einzig genialen deutschen Generalstabsoffizier" genannt hat, „der ein würdiger Nachfolger der Feldmarschälle Moltke und Schlieffen zu werden versprach."[7] Ein anderer, Walter Elze, im Ersten Weltkrieg Adjutant des Kommandierenden Generals der Luftstreitkräfte im Großen Hauptquartier, stellte in der neueren Generalstabsausbildung, mit der er selber Berührung hatte, ein Absinken fest mit der Beschränkung auf Teilhorizonte von Fachoffizieren, er glaubte in Stauffenberg die Kraft zu sehen, diesem Absinken im Sinn echter generalstäblicher Gesamtschau-Verpflichtung entgegenzuwirken.

Viele Kameraden, mit denen Stauffenberg auf der Akademie bekannt geworden ist, tauchen später in Begegnungen mit ihm wieder auf. Es überrascht nicht, wie unmittelbar diese sich von ihm wieder angesprochen fühlten. Nahe Freundschaft findet Stauffenberg zu zweien aus seinem Hörsaal, die, beide als Oberste i.G., bis ins letzte Geschick ihm zur Seite geblieben sind: Albrecht Mertz von Quirnheim und Eberhard Finckh. Einer, der es als seltenes Glück bezeichnet, in diesen Hörsaal gekommen zu sein, schreibt:

> „Sie [die drei] und einige andere bildeten – ohne eine Clique zu sein – die geistig führende Schicht des Hörsaales, die zur gegenseitigen Erziehung, zur wissenschaftlichen Anregung und zur Verträglichkeit viel beigetragen hat.
> Schon damals zeichneten sich die Persönlichkeitswerte dieser drei Offiziere – weniger politisch, als menschlich – klar ab.

Stauffenberg, der jüngste, war der Typ des guten süddeutschen Grandseigneurs, nicht nur dem Namen, sondern auch der Haltung nach Aristokrat. Aufgewachsen am Hof des letzten württembergischen Königs, dessen Hofmarschall sein Vater war, verkörperte er eine Mischung natürlicher schwäbischer, volksverbundener Demokratie mit einer wohl aus eigener Entwicklung stammenden teils katholisch-religiösen, teils humanistischen Einstellung, die ihren Ausdruck in seiner Anhängerschaft an Stefan George fand. In seinen Entschlüssen war er aus peinlichster Beachtung jedes Arguments ausgesprochen schwerfällig, in der Durchführung allerdings – entsprechend seiner Waffengattung – kavalleristisch kühn und entschlossen und haßte das nationale deutsche Spießertum. Alles in allem ein Edelmann, der damals noch versuchte, seine individuelle Haltung mit der Politik des Reiches wenigstens auf der soldatischen Ebene in Einklang zu bringen."[8]

Daß Stauffenberg in seinen Entschlüssen schwerfällig gewesen sei, begegnet sonst an keinen Berichten. Bedachtsamkeit hingegen vor allen Eventualitäten wurde beobachtet.
Finckh, im Kriege dann Oberquartiermeister bei der Heeresgruppe Don vor Stalingrad, zuletzt beim Oberbefehlshaber West in Frankreich, entwarf beim Verhör 1944 den Vernehmenden faszinierend leidenschaftlich das Bild Stauffenbergs und setzte von der Gemeinsamkeit der Akademie hinzu:

„Er übertraf mit seinen geistigen Fähigkeiten sämtliche Teilnehmer und riß dadurch sowie durch sein Temperament und seine Redegewandtheit den gesamten Kursus fort."[9]

Gasthörer an der Akademie war um diese Zeit in einem dem Stauffenbergschen benachbarten Hörsaal bis Herbst 1937 der amerikanische Hauptmann A.C. Wedemeyer. Er begegnete Stauffenberg und seiner Frau bei der Einladung eines Jahrgangskameraden. Es erwuchs daraus sehr bald eine freundschaftliche Verbindung bei Essens- und Gesprächsanlässen, zu der Stauffenbergs müheloses Englisch beitrug.

Wedemeyer war überrascht von dessen Kenntnissen der englischen und der amerikanischen Geschichte sowie der europäischen Wirtschaftszusammenhänge. Er habe ihm die katastrophalen Entwicklungen in Europa aus der Überwältigung des staatlichen Lebens durch wirtschaftliche Vor- und Großmachtinteressen erklärt, so auch den Ersten Weltkrieg aus dem für England unerträglich gewordenen wirtschaftlichen Konkurrenzkampf des kaiserlichen Deutschland. „It was Claus' viewpoint, that this was the deep rooted cause of World War I". Stauffenberg habe von der Stahlindustrie in den USA gesprochen, die die deutsche vielfach übertreffe, und anerkannt, wie Roosevelt die amerikanische Wirtschaft durch drastische Mittel aus der Depression von 1929 herausgeführt habe. Wedemeyer schreibt von Stauffenberg:

> „He was a very handsome man – a fine military bearing, courteous, considerate and sensitive."[10]

Er findet als sein Besonderes, daß er sich immerzu zu unterrichten suchte und „über Weltprobleme nachdachte". Bezeichnend ist die abschließende Bemerkung, mit der er sich auf seine Begegnungen 1937 bezieht:

> „Ich möchte betonen, daß er [Stauffenberg] zu keiner Zeit seine Gedanken in Bezug auf Hitler erkennen ließ, der auf dem Höhepunkt seiner Macht stand. An seiner Loyalität gegenüber seinem Vaterland war nicht zu zweifeln, aber ich hatte das Gefühl, daß er nicht mit der Politik der Nazi-Regierung übereinstimmte. Das war jedoch nicht so deutlich, daß man seine Opposition hätte offen feststellen können."[11]

Wedemeyer, zuletzt Viersterne-General, hat bis zu seinem Tod in hohem Alter die Verbindung zur Stauffenbergfamilie gepflegt und ist ihr vielfach hilfreich gewesen, von den Claus-Söhnen wie ihr Pate geachtet.

Mit dem ihn als Spötter noch übertreffenden Mertz hat Stauffenberg für eine Weihnachtszeitung der Kriegsakademie um die Jahreswende 1937/38 „Aphorismen zur Taktik" verfaßt. Im gekonnten Ton geschwollener Medienrede gaben sie kund, wie der Umbruch durch die nationalsozialistische Revolution auch ihr Fach, die Taktik, umwälzend verändert und liberalistische Entschlußlosigkeit „durch den Angriff auf jeden Fall" ersetzt habe entgegen der „Muckerei kleingläubiger Kritikaster". Die noch so höhnen konnten, wußten nicht, wie bald es mit dem „Angriff auf jeden Fall" Ernst wäre. Hitler hatte soeben im November 1937, wie wir heute aus dem sogenannten Hoßbach-Protokoll wissen, im kleinsten Kreis der Verantwortlichen seinen Entschluß eröffnet zum Angriff auf Österreich und die Tschechoslowakei. Er war eben dabei, die für seinen Krieg geeigneten und bereiten Befehlshaber zu verpflichten. Ungewußt von den Offizieren der Kriegsakademie nahmen in Berlin Entwicklungen ihren Lauf, die die Wehrmacht zu einem frei handhabbaren Instrument in Hitlers Hand machten und ihm die Bahn zum europäischen Krieg öffneten.

Wenige Wochen nach seinen „Aphorismen zur Taktik" erhob sich Stauffenberg als Sprecher seines Hörsaals entschieden ernst mit der Frage, was es mit der im Dunklen gehaltenen plötzlichen Entlassung des Oberbefehlshabers des Heeres, Generaloberst Freiherr von Fritsch, auf sich habe. Man weiß nicht, welche Antwort ihm gegeben wurde und wie der Hörsaal sie allenfalls aufgenommen hat. Die Mobilmachung des Heeres zum Angriff gegen Österreich und der anschließende kampflose, blumenreiche Einmarsch deutscher Truppen ins Nachbarland ließen alles Schmachvolle, was zuvor geschehen war, so auch die Erpressungen, kriminellen Akte, Ehrabschneidungen, mit denen der Oberbefehlshaber des Heeres gestürzt worden war, nicht zur Kenntnis der Öffentlichkeit gelangen. Auch Stauffenberg frohlockte wie die meisten Deutschen über das, was in Österreich durch Hitler ohne Blutvergießen erreicht schien. Die Rückkehr in den Reichsverband mußte gerade er als Erfüllung eines wahrhaften, auch von den Österreichern bekundeten großdeutschen Begehrens empfinden, das vom Parlament in Wien schon 1919 den Siegermächten fordernd vorgetragen, aber von ihnen zurückgewiesen worden war.

Von einem Gespräch „nach dem Einmarsch der deutschen Truppen in Österreich" hat Stauffenbergs Regimentskamerad, der damalige Generalstabsmajor Kratzer, der in der Abteilung „Landesverteidigung" des Oberkommandos der Wehrmacht tätig war, 1962 berichtet. Kratzer erinnert sich, Stauffenberg habe mit Bestimmtheit ihm gegenüber die Meinung vertreten, Hitler werde nichts tun, was einen Krieg heraufbeschwören könne. Er habe bisher alles ohne Krieg erreicht. Er, der immer betone, als Gefreiter des Weltkriegs die Schrecken des Kriegs zu kennen, könne nicht willentlich einen Krieg ansteuern, bei dem vorauszusehen sei, daß er gegen die ganze Welt geführt werden müsse. Und Stauffenberg habe sich gegen den Einspruch des andern von seiner Meinung nicht abbringen lassen.[12] Noch wollte er, wenn man seine Worte als seine Überzeugung nimmt, zu dieser Zeit Hitler nicht die Maßlosigkeit, Maßstablosigkeit oder – nach seinem späteren Ausdruck – die „Narrheit" zutrauen, sich die ganze Welt gleichzeitig zum Feinde zu machen.

Hatte Kratzer bei dem Gespräch mehr Einblick in das, was lief? Am 28. Mai 1938 sprach Hitler in der Reichskanzlei vor einer größeren Zahl militärischer Führer von dem in Kürze zu führenden Angriff auf die Tschechoslowakei. Er ließ dabei einen später im Westen notwendigen Krieg als weitere Stufe offen.

Vom 15. bis 24. Juni 1938 fand die Abschlußreise von Stauffenbergs Kriegsakademie-Jahrgang statt, die in den Südwesten des Reiches führte. Sie galt dem Studium der Flußübergänge am Rhein und einer Verteidigung Deutschlands westlich des Rheins bei einer französischen Offensive mit der Annahme, daß die deutsche Truppenmacht im Osten gebunden wäre.[13] Stauffenberg erreichte eine gemeinsame Besichtigung der Kaiserdome, bei der er führte. Bei der Burg Stahleck oberhalb Bacharach hielt er am Ende der Reise eine Rheinrede über die Bedeutung des

Stroms zwischen Frankreich und Deutschland. Mehr als um den geschichtlichen Verlauf eines jahrhundertelangen Kampfes ging es ihm um den Sinn, den dieser Kampf für beide Seiten hatte. Er stellte es als Aufgabe der lebenden Generation dar, ein neues Bewußtsein zwischen beiden Völkern zu schaffen und damit einem nur noch selbstzerstörerischen Hegemonie- und Machtdenken unter den abendländischen Staaten ein Ende zu setzen, denen bei jeder künftigen Verwicklung der Verlust ihrer moralisch-ethisch-religiösen Substanz bevorstehe. Wenn ihre Welt nicht bereits nach dem Ersten Weltkrieg zusammengebrochen sei, so deshalb, weil es gelungen war, die letzte Schlacht am Rhein zu vermeiden. Stauffenberg endete etwa mit der Frage: Was werde geschehen, wenn neue Konflikte die Gewalt aus dem Osten in diesen Kampf eingreifen ließen?[14] Eine Stelle aus der „Rheinrede", wie man sie genannt findet, ist aus dem Sinn Georgescher Verse gesprochen. Der Vortragende bricht seinen historischen Überblick bei den Freiheitskriegen und Napoleon ab und sagt:

> „Den weiteren siegeszug des zeit- und heimatlosen Erobererkaisers – längst besitz und vorbild deutschen soldatentums – brauche ich nicht zu nennen. Vielleicht sollte heut statt fluch und schmähung unser dank ihm gelten daß Er · für dessen weite *sein* volk zu klein war · die leergewordnen formen zerbrach und seinen kaiserlichen wandel einer kleingewordnen welt als maßstab[s] setzte · daß durch ihn das deutsche volk zu sich fand und zur befreienden tat."[15]

Der Vortrag Stauffenbergs muß die Hörer, zusammen mit dem, was sie durch ihn bei der Führung durch die mittelalterlichen Kaiserstätten erfahren hatten, zu bewegtem Gespräch angeregt haben. Unversehens hatte er, ohne gemußte Tagesrhetorik, das ihnen gemeinsame Vaterlandsgefühl angesprochen und den Gedanken an ein anderes als das im „Dritten Reich" gegenwärtige Deutschland wachgerufen, das sich in Selbstachtung und in der Verantwortung für Europa erfülle.

Bei der Rückkehr von der Rheinreise lag Stauffenbergs Abberufung zur Truppe vor, bei der er sich am 1. Juli 1938 zu stellen hatte. Es war die 1. Leichte Division. Sie stand in Wuppertal.

Die Ausbildung war damit zu Ende. Unverkennbar ist an Stauffenberg in den zwölf Jahren seiner Soldatenkarriere ein rastloses Vor- und Aufwärtsstreben, nicht zur eigenen Ehre, sondern um das frühgeahnte Tun zu erreichen, um das ihn während der Reiterjahre in Hannover ein Bangen der Nichterfüllung angekommen war. Man erinnert sich seines Briefes vom 19. Juli 1928 an Max Kommerell, in dem er erklärte, die Härte solcher Offizierslaufbahn läge nicht in den äußeren Begebenheiten und Widerständen, vielmehr im inneren Durchhalten, „im unbedingten Gehorsam sich selber gegenüber". Er nennt es für sich „ein *müssen*..." und bestärkt sich darin, „im Kleinen" nicht zuviel zu tun, aber für ein „Handeln im Großen" sich offen und bereit zu halten.[16]

Der so spricht, hält sich bis über seine Akademiezeit hinaus bei aller offenen Redeweise doch „bedeckt". Es ist so, wie der amerikanische Viersternegeneral schrieb, daß man von seiner Ferne zu Hitler ahnen konnte, er zwar zu keiner Zeit seine Gedanken dazu erkennen ließ, seine Loyalität gegen sein Vaterland aber vollkommen war. Daß jedoch noch ein unabsehbares Wollen in diesem Mann steckte, das sich bis zu seiner Stunde verbarg, scheint bei manchen, die mit ihm umgingen, der Eindruck gewesen zu sein.

Ein nüchternes, aber überzeugendes Beispiel dafür ist die Äußerung eines nicht zum Lehrgang gehörenden Offiziers. Er schrieb, als er den 30jährigen zum erstenmal sah – es war 1937 oder 1938:

> „Man kann nicht wissen, wie er in dieser Zeit noch einmal eingreifen wird, aber daß noch eine Aktion in diesem Mann steckt, darin trügen mich nicht meine beiden Augen."[17]

IV

BEGEGNUNGEN IM ACHILLEION – GNEISENAU

Die zwei Jahre in der Kriegsakademie in Berlin gaben Claus Stauffenberg die Möglichkeit zum Wiederzusammenrücken mit den Freunden, mit denen er sich zuvor nur bei kürzeren Urlaubsaufenthalten hatte begegnen können wie bei der Trauerfeier in Minusio: mit Frank Mehnert, dem langjährigen Begleiter Georges, und mit dem Bruder Berthold Stauffenberg, die beide sich – neben ihren Berufen – nach Georges Tod, von ihm als Nacherben bestimmt, in Deutschland für die Fortführung seines Werkes gemeinsam in seinem Geiste einsetzten. Die Freundschaft der Brüder hat sich durch die Wechsel der Orte und Zeiten erhalten, indem der Jüngere dem Älteren als seinem *Alter Ego* verbunden und durch ihn immer er selbst blieb. In den Jahren des Kriegs, in denen Marion Gräfin Yorck die Brüder erlebte, gewann sie den Eindruck, daß Claus nichts tat, was sein Bruder Berthold nicht wußte und billigte – als „das verkörperte Gewissen seines Bruders Claus."[1]

Über die Ähnlichkeit der beiden sagte Gräfin Nina Stauffenberg:

> „Berthold war schmaler, sowohl der Kopf wie die Statur. Aber in Haltung und Bewegung waren sie ähnlich. Sie wurden immer wieder verwechselt...Ihre Stimmen waren so ähnlich, daß sie von Claus' Kameraden verwechselt wurden, die Bertholds Stimme im Nebenzimmer hörten und ihn für Claus hielten."[2]

Berthold Stauffenberg könne kaum als Schüler oder Jünger Georges gelten, so liest man es bei L. Thormaehlen, der zu den Älteren im Umkreis Georges gehörte. Seinsart und Wesenheit seien so bestimmt und von naturhafter Echtheit gewesen, daß der Dichter ihn als *sui generis* und gleichen Ranges empfand. Es sei in der Folge nur darum gegangen, ihn in seinem Wesen zu bestärken und in seiner Art zu sichern. Berthold sei von inniger heiterer Ehrerbietung und Zartheit seines gleichmäßig freien Verhaltens dem Dichter gegenüber geblieben, solange dieser im Leben war.[3]

Die jugendliche Erscheinung des Grafen muß George zu dem Gedicht angeregt haben, mit dem er unterm Nachwirken des Ersten Weltkrieges die Sorge um die Erhaltung echten Menschentumes ausgesprochen hat. Das Gedicht findet sich in dem 1928 erschienenen Gedichtband unter „Sprüche an die Lebenden."[4] Es trägt die Initialen B. v. St. Dem Bewidmeten wurde es erst Jahre nach der Entstehung bei der Lesung im größeren Kreis bekannt, mit der das Erscheinen des Bandes begangen wurde. Es erinnert an gemeinsam verbrachte Tage in München, wo des frühgestorbenen bayrischen Erbprinzen Luitpold gedacht wurde.

Im sommerlichen glanz der götterstadt
Sannen wir trauernd oft den spuren nach
Des toten königskindes.

Was dient uns schlachtenvorteil scharfsinn kraft!
Im blutgedüngten marschland mutige wehr!
Wenn uns die hoheit stirbt.

Dem frisch-bereicherten bleibt hohl sein saal
Sein garten birgt nie mehr wenn je gefällt
Uralten baumes weihe.

Was dient · sei es auch mehr als frommer wahn ·
Gleichheit von allen und ihr breitstes glück!
Wenn uns die anmut stirbt.

Durch eine letztwillige Verfügung des Dichters, die sein Geleiter Frank Mehnert nach seinem Tod übergeben hat, wurde Berthold Stauffenberg hinter dem Universalerben Robert Boehringer (Genf) als erster Nacherbe zur Fortführung des Georgeschen Werkes in Deutschland berufen.

Vom Gymnasium kommend hat sich Berthold Stauffenberg für das Studium der Rechts- und Staatswissenschaften entschieden, mit dem Ziel, als Diplomat im Auswärtigen Dienst für Deutschland tätig zu werden. Die Arbeit schien bei ihm durch eine angeborene Leichtigkeit in der Aneignung von Sprachen und Paragraphen nie mühevoll. Mitstudierende berichten, wie sie ihn fast mit Neid, den er selber nicht kannte, mit seinen gelassenen, leicht in den Schultern wiegenden Schritten schlank und frisch vom Reiten daher kommen sahen, wenn sie sich beim Repetitor geplagt hatten.

Mit 26 Jahren kam er als Mitarbeiter des Schweden Åke Hammarskjöld in das gehobene Amt eines Redigierenden Sekretärs in der Kanzlei des Internationalen Gerichtshofs in Den Haag. Vom neuen Regime zurückberufen, findet man ihn von 1934 ab in Berlin am Kaiser-Wilhelm-Institut für ausländisches öffentliches Recht und Völkerrecht. Mit dem, was er hier als Kenner vieler Sprachen, auch der russischen, mit seiner beneidet raschen Auffassungs- und Urteilsgabe in der Bearbeitung von Gesetzesquellen der verschiedenen Völker zu leisten hatte, gewann er Anerkennung, doch blieb er selbst unbefriedigt. Mehr galt ihm die Aufgabe, um das Erbe Stefan Georges besorgt zu sein. Im Beruf wollte er sich nicht als Fachgelehrter, sondern handelnd im Dienst der Gemeinschaft einsetzen. Nur wenn ihm gegeben wäre, „wirklich etwas zu schaffen", so äußerte er einmal, könne er der trüben Gedanken Herr werden. Wie sein Bruder in den Generalstab, so suchte er in den Auswärtigen Dienst zu kommen. Seine Versuche scheiterten. 30jährig erhielt er die ehrenvolle Ernennung zum wissenschaftlichen Mitglied der Kaiser-Wilhelm-Gesellschaft und zum Mitherausgeber der „Zeitschrift für ausländisches öffentliches Recht und Völkerrecht". Bald danach wurde er Mitglied in einem 1935 auf einen kommenden Krieg hin gegründeten „Studienausschuß KR", einem Ausschuß für Kriegsrecht, der dem Kriegsministerium, vom Januar 1938 ab dem Oberkommando der Wehrmacht unterstand. Jetzt hatte er Aufgaben vor sich, die ihn fesselten und seine Kräfte und seine Verantwortung im Geschehen des Staats, so wie er sie wünschte, in vollem Maß in Anspruch nahmen. Er hatte nach dem französisch-russischen Beistandsvertrag und nach Hitlers daraufhin erfolgter Kündigung des Locarnopaktes von 1925, der die deutsche Westgrenze und die Entmilitarisierung des Rheinlandes festschrieb, die Rechtlichkeit des deutschen Einrückens ins Rheinland darzulegen. Im Ausschuß, dem ein Admiral vorstand, hatten Fragen des Seekriegsrechtes Vorrang, das des Grafen Stauffenberg Domäne war. Die Prisenordnung, für die er sich bis in die Nächte eingesetzt hatte, ist am 28. August 1939 drei Tage vor Kriegsausbruch in Kraft gesetzt worden. Sie ist während des Krieges gültig geblieben.

Er selbst wurde mit Kriegsbeginn zur Marine eingezogen als Berater in Völkerrechtsfragen bei der Seekriegsleitung am Tirpitzufer in Berlin. Seine Arbeit forderte regelmäßige Kontakte zu Männern des Auswärtigen Amtes, zum Völkerrechtsbeauftragten in dem von Admiral Canaris geleiteten Amt Ausland/Abwehr im Oberkommando der Wehrmacht, Grafen Helmuth James von Moltke, und zu Vertretungen neutraler Mächte, in deren Länder er sich häufiger zu Verhandlungen zu begeben hatte, so in die Schweiz und nach Schweden.

Die ihm in der Seekriegsleitung gestellte Aufgabe war nicht leicht: in der Härte des Krieges in täglicher Herausforderung eine völkerrechtlich vertretbare Form zu wahren, den Einbruch einer roheren, vor keiner Vernichtung mehr schreckenden Sitte auf den Meeren hintanzuhalten und auch den nicht-kombattanten Völkern ein letztes Freimaß notwendiger Seefahrt zu garantieren. Ein Beispiel aus Berthold Stauffenbergs Verantwortung ist überliefert. Seinen Bemühungen gelang es, den Griechen, die unter italienisch-deutscher Besatzung 1941 eine schwere Hungersnot erlebten, die aus USA kommenden Kornschiffe des Internationalen Roten Kreuzes durch vielfache Gefährdung zuzuleiten.

Ein Teilnehmender an der täglichen Lagebesprechung hat geschildert, wie der nachmalige Marineoberstabsrichter Stauffenberg, ob geschätzt oder umgangen, als ein unbestechlicher Maßhalter wirkte, wie der auch sonst bekannte Schweiger selten das Wort ergriff, dann aber kurz und klar eine feste eigene Stellung vertrat und, ohne sich zu ereifern, jedes Schwanken in einer Rechtsentscheidung aufhob. Stauffenberg habe viel Unrecht verhindert, so äußerte sich einer aus seinem Amt,

> „durch die einfache Existenz seiner Person, und weil er die Oberste Seekriegsleitung immer wieder durch seine ruhige Art zu einer verhältnismäßig anständigen Kriegführung überzeugen konnte.“[5]

Es fiel unter seinen Kameraden auf, daß er, denkbarsten Kontrast zu Hitler verkörpernd, sich nie an Schimpftiraden gegen diesen beteiligte. Dasselbe Wesen – sich bei größter Distanz zu keinem Schmähwort herbeizulassen – sollte auch sein Auftreten vor den Untersuchungsbeamten nach dem 20. Juli kennzeichnen.

In Berlin begegnet man im Umgang mit ihm von 1938 ab Männern, die zur Opposition gegen den Hitler-Staat gehören und später im Zusammenhang mit dem 20. Juli erscheinen. Es sind Verwandte: Nicolaus von Üxküll, Peter von Yorck, Caesar von Hofacker. Außer ihnen findet man genannt Heinrich von Lehndorff, Adam von Trott zu Solz, Ulrich-Wilhelm von Schwerin, und häufiger Fritz-Dietlof von der Schulenburg, Paulus van Husen. Helmuth James von Moltke mühte sich von seinem Amt her, Berthold Stauffenberg, den Canaris vorgeschlagen hatte, im September 1943 zum Direktor des Instituts, aus dem er zur Seekriegsleitung gerufen worden war, zu machen. Es konnte gegen Parteieinflüsse nicht durchgesetzt werden.

An Treffen und Aussprachen, zu denen sich durch Moltkes Initiative Männer und Frauen der Opposition zusammenfanden (als die später so benannten „Kreisauer“), nahm Berthold Stauffenberg nicht teil. Vielleicht wurde er durch einen Beteiligten (Yorck? von der Schulenburg? van Husen?) mit Themen und Ergebnissen bekannt, die sich auf Grundsätze eines staatlichen Neuaufbaus nach Hitler bezogen. Ihm selbst lag näher, über die bei einem Umsturz geforderten praktischen Initiativen Klarheit zu gewinnen. Das von Schulenburg zum Kreis von Kreisau geäußerte Wort, „man könne nicht mit literarischen und theoretischen Debatten Politik machen“[6], könnte so auch von

Berthold Stauffenberg gesagt sein, der ein geistiger Kopf war und doch sich von Beginn an ganz in den Handlungswillen des Bruders mit einschloß.

Einer, der als junger Bildhauer schon vor dem Krieg zu Berthold Stauffenberg gekommen und ihm nach fünf Jahren Krieg wieder begegnet war, Urban Thiersch, schreibt in einem später von ihm erbetenen Briefbericht, er wisse niemand, der sich so der Beschreibung entzöge bei starker Ausprägung und Einzigartigkeit seines Typs. Er spricht von seiner schlanken, hohen Gestalt und sagt von seiner Haltung, daß sie so gar nichts Gewolltes, Posenhaftes, eher etwas Sprödes, manchmal fast Ungewandtes hatte, und er stellt die Brüder gegenüber: „War das Wesen seines Bruders Claus reiche, drängende Kraft, die nach außen strahlen mußte, so schien das seine ganz nach innen gerichtet." Hier sei ein lebendiger Reichtum, kein gesammelter, sondern ein von Geburt und Wachstum her vorhandener Reichtum zu spüren gewesen, der sich vielleicht durch große menschliche Begegnung zu solcher Fülle entfaltet habe. Der Bericht schließt mit der Beobachtung, die auch andere im Umgang mit dem Grafen Berthold gemacht haben:

> „Aus diesem Wesen... schien er ... die Fragen, die an ihn drangen, mit der unerbittlichen Sicherheit, einem Prüfstein gleich, fast wie ohne Überlegung zu beantworten, ja er vermochte allein durch sein Dasein die Antwort zu geben."[7]

Einer, der es bezeichnend fand, daß Graf Berthold Stauffenberg „weder als Süddeutscher noch in seinem Beruf noch als Graf noch als Katholik Partei war", hebt besonders darauf ab, daß für ihn, den wissenschaftlich allseitig durchgebildeten Humanisten, die Kunst den lebenbestimmenden Vorrang einnahm, zumal aber die Dichtung, die für ihn die Welt von Traum und Tat, „die eigentliche und klarste Wirklichkeit"[8] bedeutete.

> „Er lebte aus der Dichtung. Hier war der Boden, in dem er wurzelte, hier standen für ihn die großen Bilder und Normen. ...hier war die Begründung und Notwendigkeit seiner Gelassenheit und Ruhe, seiner Schlichtheit und Zurückhaltung, seiner Geradheit und Hartnäckigkeit. Aus allen Reichtümern und Lasten seines Erbes, aus den Kräften und Schwächen seines Wesens, aus dem Glanz und Schicksal seiner Erscheinung erwuchs diese innere Freiheit, die sich nur an das Höchste bindet, dieser Sinn für das Große und Vornehme, dies geheime feierliche ΠΑΘΟΣ, das über bloße Betrachtung hinaus sich verpflichtet zum Völligen und Letzten".[9]

Im letzten Satz spricht der Verfasser, selbst Kunsthistoriker und in der Betrachtung zuhaus, etwas vom Geheimnis der „inneren Freiheit" seines Marinekameraden damit aus, daß er von seiner geistigen Welt und Herkunft her für sich die Notwendigkeit empfand, in der Not seines Volkes als Zeuge „des anderen Deutschland“ vorzutreten und sein Leben einzusetzen.

Durch seinen Bruder Berthold bekam Claus Stauffenberg in seinen Berliner Jahren 1936–1938 Einblicke in die Kreise der Opposition gegen den Hitlerstaat, die sich bisher in Gesprächsrunden verborgen hielt und vielfach von Männern ausging, die sich zuvor einen bedeutenden Anstoß zum Umschwung in Deutschland durch Hitler versprochen hatten. Soweit zu erkennen, hat Claus Stauffenberg zu dieser Zeit nicht selbst Begegnungen mit diesen Kreisen außer mit seinen ihm Verwandten gesucht. – Vom Bruder und von Frank Mehnert übernahm er die Mitsorge um das Erbe Georges. Er war an der Herausgabe des letzten Bandes der Gesamtausgabe wie an der Beschaffung der Originalmanuskripte des Dichters und der Frühausgaben der „Blätter für die Kunst“ beteiligt. Er erschien noch im Juni 1938 während der Abschlußreise der Kriegsakademie beim Stadtrat von Bingen zu Verhandlungen über das Geburtshaus von George, über die Feier der Namengebung einer Stefan-George-Schule. Als Offizier in Uniform und als einer, der teilgenommen, konnte er überzeugend Nachfragen der Gestapo begegnen, warum George nicht in Deutschland begraben sein wollte. Bei solchen Auftritten für Dinge des inneren „Staates“ wurde er gleich Berthold Stauffenberg und Frank Mehnert als Miterbe Georges geachtet.

Mit Frank Mehnert hat sich Claus Stauffenberg oftmals während seiner Berliner Zeit begegnet. Mit ihm zusammen hat er die Kavallerie-Arbeit verfaßt. Von jedem Fernsein im Manöver kamen Postkarten des Claus an Frank. Ort der Begegnung war das „Achilleion“ in Berlin-Halensee. Es waren die Räume des Bildhauers Ludwig Thormaehlen in der Albrecht-Achilles-Straße. Hier hatte sich George bis ins Jahr seines Todes, wenn er nach Berlin kam, jeweils tagsüber aufgehalten. Hier hatte der 20jährige Frank seine erste Plastik gemacht: das Haupt Georges. Die Wohnung und das im Dach darüber ausgebaute Atelier waren in den Dreißigerjahren an ihn übergegangen. Er fand hier für seine bildhauerischen Arbeiten Raum und ließ hier eine Begegnungsstätte der Freunde entstehen, die sich mit ihm zu Arbeiten darstellerischer, geistiger Art zusammenschlossen. Es ging ihm darum, geschichtsschreibende und erzählende Prosa zu entwickeln, als Lebensstoff, „Nahrung“ für die Generation der Jüngeren, in der er mit offenem Auge Umschau hielt und mit einer ihm eigenen Art gewinnender Zuneigung sich Freunde erwarb. Er dachte an eine Erneuerung von Geschichten aus der Antike, etwa von Theseus, Themistokles, Agis und Kleomenes, aus dem

Plutarch, ebenso auch von Kaisergeschichten aus dem Mittelalter. Das wichtigste Vorhaben waren ihm Übertragungen aus Homer. Die Odyssee war ihm „ein Lebensbuch", Weisheit der irdischen und göttlichen Dinge, wie man sie noch in seinen Feldpostbriefen, kurz bevor er fiel, wirksam spürt.

Die Autoren, die sich Frank Mehnert anschlossen, einigten sich in kritischem und förderndem Zusammenwirken zu einer „Sympoiese", wie sie genannt wurde, bei der allein die Achtung auf das Werk und seine sprachliche Gestaltung galt und auch der Empfindliche einmal bereit sein mußte, „seine schönste Stelle" zu opfern, wenn der Konsens der mitberatenden Freunde es guthieß.[10] Auf originale Zeugnisse (auch in Übersetzungen) – Epen, Sagen – wurde mehr Augenmerk gewandt als auf gelehrtes Wissen, das man bei den Autoren voraussetzte. Der nächste Schritt, zu dem Frank voranging, war, die Herausgabe der geplanten Reihe selbst in die Hand zu nehmen, sich vom NS-Staat die Lizenz eines eigenen Verlags zu erwirken sowie zum Druck eine eigene Letter zu entwerfen und gießen zu lassen, in Anlehnung an eine vom Cotta-Verlag um 1800 gebrauchte Antiqua, die nirgends mehr aufzutreiben war. Frank fand für das Unternehmen den Namen Delfin-Verlag, vielleicht weil die zur Erziehung des französischen Kronprinzen bestimmten Bücher die Marke „ad usum delphini" trugen oder einfach weil ihn die Delfine, „die Freunde des Gesanges", freuten.

Im Zusammenwirken mit Frank Mehnert findet man von 1935/36 ab in der Runde des Achilleion Rudolf Fahrner. Er, 1903 geboren, war noch im Österreich der Kaiserzeit aufgewachsen und hatte sich nach seinem Abitur aus eigenem Entschluß zum Studium nach Deutschland aufgemacht zu Friedrich Gundolf, dem durch seine Nähe zu George bekanntgewordenen Germanisten in Heidelberg. Von hier war er zum Historiker und Staatsrechtslehrer Friedrich Wolters nach Marburg, später nach Kiel gekommen, und hatte, während dieser sein geistesgeschichtliches Werk „Stefan George und die Blätter für die Kunst" schrieb und in Rede und Schrift zu vaterländischer Besinnung rief, als Schüler, Mitstreiter und Freund an dessen Wirken teilgenommen. Nach Wolters' Tod wurde er von George empfangen und durch ihn bei seinem letzten Besuch mit seinem jungen Begleiter „Victor" Frank bekannt gemacht. Fahrner hat die Herbeiführung dieser Freundschaft „als die größte Lebensgabe des Dichters" an sich empfunden. Durch Frank wurde er wiederum mit Berthold und Claus Stauffenberg (1935 und 1936) bekannt, auch mit noch Jüngeren, die ins Achilleion kamen.

Seine Arbeit, die ihn damals beschäftigte, „Arndt – Geistiges und politisches Verhalten", wurde von mehreren Mitlesenden intensiv durchgegangen, so von Berthold Stauffenberg, von Walter Anton, dem

Bruder des inzwischen verstorbenen Dichters Hans Anton, zu Teilen auch von Claus Stauffenberg, der darin eine gerade auch für die Hitler-Zeit wichtige deutsche Grundfrage angesprochen finden mochte. Das doppelte, von Fahrner gewählte Motto könnte darauf hinweisen. Das eine stammt von Goethe und begründet dessen Abseitsstehen in den Freiheitskämpfen der napoleonischen Zeit: „Wer für die Welt etwas tun will, muß sich nicht mit ihr einlassen" (29. Januar 1820).

Das andere, von Wolters, dürfte dem Grafen Claus mehr entsprochen haben:

> „Der Täter kann niemals warten auf die Entwicklung einer vollkommenen Welt oder den reifen Augenblick für die reinste Verfassung. Er wirft die Würfel der Zeit und mischt sein Spiel aus den gegebenen Kräften."[11]

Das Buch Fahrners bringt die Tragödie Arndts zur Erscheinung, „an einem in sich verstellten politischen Aufbruch geistig mitwirken zu müssen". Die Schrift wurde bei ihrem Erscheinen im Jahr 1937 in der Öffentlichkeit wenig beachtet. Einige Kenner faßten auf, was sie wollte – von Theodor Heuss ist eine auffallend rühmende Besprechung erhalten.[12] Frank Mehnert, Claus und Berthold Stauffenberg sahen in der Arbeit einen bedeutsamen Beginn: sie bedrängten Fahrner mit dem Wunsch, eine eigene Darstellung des im Arndt-Buch neu gesehenen Gneisenau, als eines Besiegers Napoleons, zugleich als eines Befreiers und Erneuerers Deutschlands, im Heute wirksam vorzulegen.

Wegen Konflikten mit der NS-Universitätsführung, die ihn gesundheitlich zermürbten, hatte Fahrner in Heidelberg, wohin er auf den Lehrstuhl Friedrich Gundolfs berufen war, sein Amt niedergelegt und hatte im Herbst 1935 seine Beurlaubung, im März 1936 seine Entlassung erhalten. So war er, ehe er im Jahr 1939 einen Ruf an die Universität Athen annahm, zur Tätigkeit mit Frank Mehnert und anderen Freunden frei. Bei längeren Berlin-Aufenthalten erarbeitete er sich in Archiven und Bibliotheken unter Beiziehung manches Unveröffentlichten die Grundlagen für seine Gneisenau-Darstellung. Nebenher lief mit Frank die Arbeit an der Neuübertragung Homers. Ein Gneisenaubuch war als Auftakt der Verlagserscheinungen gedacht.

Fahrner deutete die Insurrektions- und Erhebungspläne Gneisenaus (etwa die von 1811), obwohl sie von Friedrich Wilhelm III. als Maßnahmen gegen den fremden Zwingherrn gebilligt wurden, zugleich als Pläne der Befreiung vom mächtigen Regime der Altgesonnenen um den König. Der Feldherr, der in dem Sieg über den großen Gegner nicht das alleinige Ziel sieht, sondern damit den Willen verbindet, sein eigenes Volk aus dem umstürzenden Geschehen in eine neue Ordnung, in ein neues Vaterlandsdenken zu führen, mußte nach des Grafen Claus Sinn sein. „Zweifellos war ihm Gneisenau besonders als Beispiel wichtig, wie ein Offizier zugleich an Staatsaufgaben und Staatsreformen entscheidenden Anteil nehmen kann“, schreibt Fahrner in einem Brief an Kramarz vom 15. Juli 1963.[13]

Claus Stauffenberg hat sich an Fahrners Arbeit, wie hinterlassene Notizen und Einzeleinwände von ihm und Korrekturen in Fahrners Papieren zeigen, lebhaft beteiligt. Man weiß von Änderungen, die er vor Herausgabe des Werks vorgeschlagen hat. Charakteristisch für ihn ist vielleicht der Rat, den er noch vor eigenen Kriegserfahrungen im Osten gab: die revolutionären und ins Detail eines Franctireur-Krieges gehenden Pläne Gneisenaus wegzulassen. Fahrner schrieb dazu:

> „Er wies zur Begründung auf die mögliche Benützung solcher Gedanken und Praktiken durch etwaige künftige Gegner Deutschlands und durch alle Vertreter anarchischer Bestrebungen im In- und Ausland. Solche Kräfte dürfe man nur entfesseln, wenn (wie damals bei Gneisenau) genug sittliche Gegenhalte im Staats- und Menschengefüge vorhanden wären, was in der Gegenwart nicht mehr der Fall sei. (Er bewertete jeden Partisanenkrieg als Untergrabung der letzten ritterlich-menschlichen Kampfesregelung und sagte später, bei Churchills Partisanenorganisationen und Unterstützungen auf dem Balkan und insbesondere in Griechenland, den Rückschlag auf den Urheber voraus, wie er denn auch eintrat).“[14]

Einen letzten Eingriff bedeutete, daß Frank im Frühjahr 1942, bevor er wie vereinbart das Gneisenaumanuskript an den Drucker abschickte und wieder zur Truppe reiste, auf eigene Verantwortung eine Stelle herausnahm, die allzuleicht die Sbirren der Reichsschrifttumskammer auf den lebenden Gneisenauenkel hätte hinführen können, auf den die Freunde mit größten Erwartungen schauten: auf Claus Stauffenberg.

Im Achilleion gingen wohl Menschen mit verschiedenen politischen Auffassungen aus und ein. Von Entladungen in Streitgesprächen ist nichts bekannt. Ein Betreten mit Parteiabzeichen hatte Frank als Hausherr sich für Wohnung und Atelier verbeten. Von Aussprachen zu Themen des Tages, bei denen Fahrner Claus Stauffenberg erlebte, liest man in einer Niederschrift von ihm:

> „Besonders fiel mir auf, daß jede bloß abschätzige Bemerkung über Hitler – bei großem Interesse für seine ‚sachliche‘ Beurteilung – von Claus Stauffenberg sehr zurückhaltend und skeptisch aufgenommen wurde als einer bloß emotionellen Herkunft und politischer Unsachlichkeit verdächtig. Seine Warnungen vor vorschnellen Hoffnungen, seine Kühle gegen jede Emphase, die Beobachtung, daß er mit dem älter befreundeten Frank Mehnert noch mehreres besprach, was er mir nicht vorbrachte, das

alles konnte in mir nur den Eindruck von seiner politisch zuständigen Begabung verstärken."[15]

Frank Mehnert war jedenfalls der in der Runde, der seit seiner jugendlichen Äußerung, „Freue dich, ich werde revolutionär...", am meisten offen geblieben war für Vorstellungen eines Umsturzes, mit dem nach dem Erscheinen Georges die Welt des Jahrhunderts sich wandeln müßte. Diese Vorstellungen bewegten ihn, bevor Hitler kam. Die Erwartungen, die er in die Aufbruchs- und Einigungskraft Hitlers setzte, müssen bald geschwunden sein. Nach der „Reichskristallnacht" im November 1938 machten sich Frank Mehnert und Fahrner, der davon berichtet hat, vom Achilleion aus am Morgen auf den Weg, um die Folgen der Pogrome in der Innenstadt zu sehen. Aufgewühlt, in wilder Bewegung, daß so etwas „im Namen der Deutschen" geschehe, kamen sie zurück und zerschlugen mit Äxten die Gipskopie einer Hitler-Büste, die von einer Auftragsarbeit von 1933 noch lagerte.[16]

Die Gedanken zur Person Hitlers, die damals Fahrner mit Frank verbanden, faßt er – offenbar im Widerruf früher höhergestellter Erwartungen – in seinem Lebensbericht so zusammen: Man sei wie alle wachen Deutschen unablässig dem wachsenden Dunkel und der drohenden Entfaltung der Gewaltherrschaft gegenübergestanden, die sich

> „aus einer noch mit ‚Idealen' auftretenden und wirkenden Bewegung in ein raffiniertes System der Entmenschlichung verwandelte. Ihr Anführer selbst fiel immer mehr den Dunkelkräften anheim, die er zur Erlangung zunächst noch verständlicher Ziele aufgerufen hatte, und kompensierte seine wachsende Abhängigkeit von der niedrigen Gefolgschaft, deren er sich bedient hatte, durch skrupellose Verschiebungen seiner eigenen Gedanken zu den Zwecken schrankenloser Machtausübung.
> Von den Regierenden der übrigen europäischen Völker, deren einige ihn sichtlich um seine Methoden und Erfolge beneideten, wurde ihm dabei überwiegend Vorschub, ja Beihilfe geleistet, wo nicht einfach Schwäche und Verblendung ihr Handeln und Nichthandeln bestimmte. Zu dem Grauen, das dieses System in allen Andersgearteten erweckte, gesellte sich bei vielen ein Zug von Hoffnungslosigkeit."

Und Fahrner fährt unmittelbar fort:

> „Frank und ich und einige der Nächsten hatten den Vorteil, einen Menschen, eine Gestalt, eine Begabung zu kennen, von der man nicht nur Befreiung, sondern auch die Gestaltung eines befreiten Deutschland erwarten konnte: Claus Stauffenberg."[17]

Fahrner hat, wie der General Wedemeyer ähnlich, davon gesprochen, daß Stauffenberg stets loyal und begeistert zu Deutschland, seinem Vaterland, hielt, daß er nie ein engagierter Anhänger Hitlers war, daß er aber abschätzige Urteile über ihn, selbst unter Freunden, in auffallender Weise vermied, wie er auch nie bei antisemitischen Urteilen betroffen wurde. Man habe immer bei ihm den Eindruck gehabt, daß er sich für „ein Handeln im Großen“ zurückhielt, zu dem eine Möglichkeit für ihn noch nicht gekommen war. Es ging ihm, wenn man dabei Fahrner folgt, nicht vorrangig um die Person, um den Sturz Hitlers, sondern um den revolutionären Durchbruch zu einer die großen Bilder der Tradition bewahrenden Ordnung in einem neuen Staat, um die sich „die neue nationale Bewegung“, von der George gesprochen hatte, bemühen sollte. Am Schluß seines Berichtes über die Berliner und Magdeburger Zeit mit den Freunden des Achilleion schreibt Fahrner 1962/63:

> „Seit etwa Herbst 1936 hatten alle unsere Zusammenkünfte mit Claus, so sehr wir mit geistigen Arbeiten beschäftigt waren und so sehr er daran teilnahm, das gleiche Thema: Wann, wie und wo könnte ein Durchbruch geschehen.“[18]

Noch deutlicher auf Claus Stauffenberg bezüglich spricht Fahrner an einer Stelle seines später gefaßten Lebensberichtes, wo der ‚Durchbruch‘ als ‚Erhebung‘ bezeichnet wird:

> „Seit 1936 fand ich Frank und Claus Stauffenberg mit den Gedanken einer Erhebung befaßt. Je weniger sie ausgesprochen wurden, desto mehr wirkten sie unter uns, und meine Gneisenauarbeit nahm immer mehr den Charakter an, daß das Bild der geschichtlichen Gestalt mit dem des Befreiers ineinanderwuchs.“[19]

Der Verfasser hat, obwohl er nicht zum engsten Kreis gehörte und den Namen Stauffenberg zu jener Zeit nicht damit verband, sowohl Frank wie Fahrner mit hoher Erwartung vom „Gn-Enkel“ sprechen hören.

⁂

An den bildhauerischen Arbeiten Frank Mehnerts nahm Claus Stauffenberg lebhaften Anteil. Zu wiederholten Malen war er Modell des Bildhauers. Schon in Hannover hatte Frank Mehnert eine Bildnisbüste von ihm geschaffen. Eine letzte Fassung des Kopfes war in Berlin im Frühjahr 1938 entstanden. Frank hatte zu der Zeit an einem granitenen Standbild gearbeitet, das in Magdeburg an der Elbbrücke auf dem Weg zur Pionierkaserne Aufstellung finden sollte. Ein kräftiger, in seiner Uniform eher gedrungen wirkender Pionier wendet den Kopf gegen rechts, als ob er einer Herausforderung begegne, die Linke ist auf die ihm zuseiten stehende Axt gestützt. Helm und Marschgepäck sind neben dem Sockel abgelegt. Dem Kopf gab Frank die Züge des Claus Stauffenberg, ins Kräftig-in-sich-Beruhende eines jungen Pioniers übersetzt. Eine andere größere Arbeit konnte Stauffenberg bei seinen Besuchen in Franks Atelier verfolgen. Ein Mahnmal sollte entstehen mit einem Monumentalbild von Hindenburg, dem Generalfeldmarschall des Ersten Krieges, der seine Aufstellung finden sollte in einer eigens zu errichtenden Halle am Weg zu der Magdeburger Artilleriekaserne. Den Auftrag zum Hindenburg-Standbild hatte Frank Mehnert durch Vermittlung eines Gönners in Magdeburg erhalten. Dort war er auch daran die meiste Zeit bis nach Kriegsbeginn in Arbeit und blieb wie in Berlin die gern gesuchte Mitte unter den Freunden.

Der Pionier stand bis ins dritte Kriegsjahr auf seiner Wacht an der Elbe. Im März 1942 stürzten ihn Unbekannte offenbar nach Plan unter Aufbietung großer Gewalt von seinem Sockel und brachten Trümmer im Fluß zum Verschwinden. Eine Nachforschung nach den Tätern verlief sich ohne Ergebnis. Der Bildhauer, der bald danach zur Ausheilung einer zweiten Verwundung in die Heimat kam, schrieb zum Ereignis an Rudolf Fahrner nach Athen (unterm 16. Mai 1942):

> „Es ist ja kein schlechtes stückchen – wenn man sich draußen die knochen zerschießen lässt, sich vom pack die standbilder umstürzen zu lassen. Aber sie sollen sich nicht freuen, eine hydra soll ihnen in uns erwachsen, für ein umgestürztes Bild sollen sich zwölf neue größere und schönere erheben die ihnen tagtäglich und wo sie gehn ihre hündische niedrigkeit in ihr hündisches gewissen rufen."[20]

Eine Hydra ist den Bilderstürzern nicht erwachsen. Bald kam, der so schrieb, wieder an die Front zu seiner Einheit, die in den Waldaihöhen stand und sich im Winterkrieg nach Nordwesten in die Gegend des Ilmensees zurückzukämpfen hatte. Er ist am 26. Februar 1943 bei Staraja Russa gefallen. Claus Stauffenberg hatte er fast ein ganzes Jahr nicht mehr gesehen. Es gibt einen Bericht über ihre letzte Begegnung, in Groß-Born am 10. Januar 1942. Als er abends in seinem Quartier bei einem Bauern war, hörte er Schritte, seinen Namen rufen und beim Hinausschauen die ragende Gestalt Claus Stauffenbergs in der Türe stehn. „Dass die Wechselfälle des Krieges", schrieb er danach, „doch auch zusammengehöriges manchmal in dieselbe Gegend führen und eine kurze begegnung erlauben!"[21]

In Feldpostverbindung zu Fahrner hat Frank Mehnert bis zuletzt an den gemeinsamen Arbeiten fortgewirkt. Er schreibt an ihn am 23. Februar auf dem Rückzug nach Westen:

> „Das gepäck mußte befehlsgemäß sehr leicht gemacht werden – aber der kleine Homer und die tasche mit briefen, siebtem gesang und schreibsachen begleiteten mich in meinem brotbeutel auch auf diesem weg – lieber lasse ich sonst manches zurück".[22]

V

1938–1940

ERFAHRUNGEN ALS QUARTIERMEISTER IM FRIEDEN UND IM KRIEG

Vor Abschluß seiner Ausbildung an der Kriegsakademie hatte sich die Organisationsabteilung des Generalstabs des Heeres um Stauffenberg beworben. Das Personalamt hat dem Gesuch nicht entsprochen mit der Begründung, in dieser Abteilung täten schon ausgeprägte Charaktere Dienst, und Stauffenberg könnte den equilibrierten Zustand der Dienststelle stören.[1] Er solle erst zeigen, „ob er in der Praxis halten werde, was er in der Lehrzeit versprochen habe".

Entgegen der früheren Sitte, die Kriegsakademieabsolventen vom 1. Juli an bis zu den Herbstmanövern noch zu fremden Waffengattungen zu kommandieren, wurden sie jetzt, einer offenbar gespannten Lage wegen, sofort zu ihren Mobilmachungs-Truppenteilen abberufen, Stauffenberg zur 1. Leichten Division in Wuppertal. Es war unter dem Kommando von Generalleutnant Erich Hoepner eine im Aufbau befindliche Truppe, der der Generalstab etwa die Aufgaben zugedacht hatte, wie sie Stauffenberg in seiner Arbeit zur „Heereskavallerie" umrissen hatte. Stauffenberg sollte als Zweiter Generalstabsoffizier (Ib) zur Versorgung der Division das Quartiermeisteramt und seinen Stab neu aufbauen, dem Ersten Generalstabsoffizier, dem Ia, zuständig für die taktisch-operative Stabsarbeit, unterstellt. Die Aufgabe war verlockend und ganz nach Stauffenbergs Sinn. Eile war geboten.

Was er in gedrängter Arbeit als der öfter gerühmte Organisationsvirtuose aufbaute, mußte sich alsbald bewähren. Zum 1. September 1938 war die Division „auf beschleunigte Marschbereitschaft" umzustellen. Am 9. September hatte sie zu herbstlichen „Übungen" in den Thüringer Wald und das westliche Sachsen vorzurücken. Stauffenberg erwartete, wie er sich in einem Brief vom 29. August an Frank Mehnert ausdrückte, daß sie lange dauern würden: er rechnete mit Krieg.[2]

Am 23. September bekam die Division vorbereitende Angriffsbefehle in Richtung Tschechoslowakei. Vom 28. ab stand sie in Bayern im Gebiet der Naab grenznah im Oberpfälzer Wald. Man folgte am

Rundfunk dem politischen Kräftespiel um das sudetendeutsche Gebiet, dessen Abtretung Hitler als seine angeblich „letzte territoriale Forderung" von den anderen Mächten verlangte. In der Wartezeit gab es bei den Offiziersgesprächen in der Mittagspause heftige politische Diskussionen, und es heißt von Stauffenberg, daß er sich lebhaft beteiligte. Sein Ordonnanzoffizier schreibt:

> „Wenn bei diesen Gesprächen auch oft an vielen Dingen der Partei arge Kritik geübt wurde, so kann ich doch keineswegs behaupten, daß hierbei bereits eine Kontrastellung Stauffenbergs zu Hitler und der NSDAP zu Tage getreten wäre. Hitler war für Stauffenberg ebenso wie für uns der Kanzler unseres Vaterlandes, dem wir unseren Fahneneid hatten schwören müssen."[3]

Nach Abschluß der Konferenz von München, bei der die Staatslenker Englands, Frankreichs, Italiens das Sudetenland Deutschland zugesprochen hatten, zog Stauffenberg mit seiner Division am 4. Oktober von Bayern aus kommend über den Oberpfälzer Wald zu kampfloser Besetzung ins Sudetenland ein, seit 1919, seit den Folgeverträgen von Versailles, Staatsgebiet der Tschechoslowakei.

Zur Versorgung der Truppe kam für den Quartiermeister unerwartet die Aufgabe hinzu, die Versorgung der Bevölkerung eines ganzen Bezirks zu sichern, die plötzlich auf sich gestellt, von jeder Zufuhr aus dem Innern des Landes abgeschnitten war. Die Arbeit in dem vorwiegend bäuerlichen Land um Haid und Mies lag durch Fehlen von Pferden, Männern, Fahrzeugen, die Wirtschaft im gesamten lag durch die tschechische Mobilmachung darnieder. Keine Truppentransporte liefen, Brothefe fehlte zum Backen wie das hier gleich unentbehrliche Bier. Braunkohle wurde erfordert, um die Schmelzöfen der Glasindustrie im Gang zu halten. Passierscheine waren auszuhandeln, um den Arbeitern den Weg über die Grenze nach Pilsen zu öffnen. Ein örtlicher Tierarzt mußte installiert werden, um einer drohenden Maul- und Klauenseuche zu wehren. Die Bedürftigen, die Verpflegung brauchten, mußten durch die Bürgermeister gemeldet und mit Zusatzportionen, die die Truppenteile zu geben hatten, versorgt werden. Mehr und mehr – und es ging dabei nicht um Unterworfene, sondern um Menschen, die sich wie vom eigenen Volk aufgenommen fühlen sollten, die Sudetendeutschen.

Das Kriegstagebuch der Division, das Stauffenbergs Paraphe „Gf St" trägt, führt unzählige Eingriffe und Hilfen für das tägliche Leben im Befehlsbereich der Division auf, und man gewinnt den Eindruck, daß vieles dabei durch Stauffenbergs immer persönlich gesuchte Begegnung mit Amtspersonen, Verantwortlichen und Menschen des Landes und durch sein spontanes Zupacken geschehen ist. Unter den Seinen in der Division sagte man, seine Arbeitsweise sei „elegant und mitreißend."[4]

Aus der Erinnerung des Ersten Ordonnanzoffiziers Reerink stammen die Sätze:

> „Nach dem Einmarsch in das Sudetenland benutzten Soldaten und Offiziere die Gelegenheit, billig einzukaufen. Sie verfügten über reichlich Geld, während bei den Sudetendeutschen die Mark sehr gefragt war; außerdem gab es hier noch manches, was in Deutschland bereits zu den Mangelwaren gehörte. Stauffenberg empörte sich über diese schamlose Ausnutzung und Ausbeutung der Sudetendeutschen, die durch die Gegebenheiten gezwungen wurden, ihre Waren zu Schleuderpreisen zu verkaufen. Er setzte durch, daß die Großeinkäufe der Soldaten sofort unterbunden wurden, und wenn doch noch jemand das Verbot übertrat, so zwang er ihn, ob Offizier oder Mann, die Waren wieder zurückzugeben."[5]

Nach zwölf Tagen kehrte die Division aus dem Sudetenland zurück. In einem „Tagesbefehl an die rückwärtigen Dienste", die am 19. Oktober wieder in ihren Aufstellungsorten zurück waren, würdigte der Divisionskommandeur, was Stauffenberg mit seinen Leuten für das Inganghalten des öffentlichen Lebens im Divisionsbereich geleistet hatte.[6]

Es ist nicht zu erkennen, wann genau Stauffenberg davon Kenntnis erhalten hatte, daß mit dem Augenblick, in dem Hitler den Angriffsbefehl gegen die Tschechoslowakei geben werde, von Berlin aus ein Staatsstreich des Heeres unter den Generalen Halder und von Witzleben ausgelöst werden sollte, mit dem Ziel, Hitler auszuschalten und damit den Kriegsausbruch zu verhindern. Die 1. Leichte Division Stauffenbergs war in die Planung der Generale einbezogen: sie sollte, da sie günstig stand, der im Ernstfall aus Bayern nach Berlin gerufenen Kerntruppe, der „SS-Leibstandarte Adolf Hitler", den Weg sperren. Der Kommandeur der Division, Hoepner, wußte vom Plan und war bereit. Das Zurückweichen der Staatslenker Englands und Frankreichs vor der Erpressung Hitlers hatte im allerletzten Moment den Aufstandsplan vereitelt, der, so hatte man gehofft, beim Drohen eines Krieges die Deutschen gegen Hitler gewonnen hätte. Stauffenberg hat „im Herbst 1938" seiner Frau Nina, wie sie mitgeteilt hat, „sozusagen als Ersatz für die nicht geschriebenen Briefe" ein Heft übergeben, eine Art Tagebuch über alles, was ihn in dieser Zeit bewegte. Das Heft, das, wie er verlangte, unbedingt Einblicken entzogen bleiben sollte, gab die Gräfin in eine befreundete Bamberger Familie zur Aufbewahrung. Als es bei einer ersten Haussuchung nach dem gescheiterten Attentat vom 20. Juli 1944 nicht entdeckt wurde und die Gestapo wieder abgefahren war, wurde es von der Frau des Hauses verbrannt. Gräfin Nina sagte bei einem Interview im Jahr 1992 dazu:

> „Natürlich wären diese Aufzeichnungen ungeheuer aufschlußreich gewesen, denn hinterher hätte man vieles mit ganz anderen Augen gelesen. Vor allem ist es ja nicht so, daß der Widerstand erst 1943 erwachte, sozusagen fünf Minuten vor zwölf, wie es immer heißt. Das ist einfach falsch, genauso falsch wie die Behauptung, mein Mann habe am Anfang voll und ganz hinter dem Nationalsozialismus gestanden... Natürlich hat man manches begrüßt, den Wiederaufbau des Heeres oder die Absage an Versailles, aber zu sagen, mein Mann sei ein begeisterter Nazi gewesen, ist einfach bodenlos."[7]

Zwei Stellen aus dem Heft mit den Aufzeichnungen sind der Gräfin, wie sie schon einmal vor Jahren aussprach, deutlich in Erinnerung geblieben: daß Hitler „jetzt die Hybris überschritten habe" und der Satz: „Es ist ein merkwürdiges Gefühl, den schon gezogenen Säbel wieder in die Scheide stecken zu müssen". Stauffenberg hätte also eine Niederschlagung des maßlos zum europäischen Krieg fortdrängenden Hitler gewünscht. Den „Schiedsspruch" von München wertete er wohl als taktischen Erfolg Hitlers, sah in ihm aber eine verhängnisvolle Lösung.

Durch Mithören von Telephongesprächen, die Stauffenberg von Wuppertal aus führte, hatte die Gräfin Nina den Eindruck, daß er in indirekter Verbindung zu Generaloberst Beck stand, doch durfte sie, wie er von ihr verlangt hatte, keine Fragen in solchen Zusammenhängen stellen. Beck hatte von Hitler am 18. August seine Entlassung als Generalstabschef des Heeres gefordert. Am 21. wurde sie gewährt, mit der Auflage, daß sie erst am 1. November veröffentlicht werden durfte. Stauffenberg muß von den Vorgängen um die Entlassung des Generalstabschefs noch in Wuppertal gehört haben. Erst am 21. September rückte er mit seiner Truppe nach Thüringen ab. Beck war ihm seit der Fritsch-Krise der verehrteste General, weil er sich nicht dem Zwang gefügt hatte.

Stauffenberg hat den Einsatz aller derer, die sich um einen Staatsstreich zur Verhinderung des drohenden Krieges gemüht hatten, voll gewürdigt. Er äußerte seine Bedenken, als er von dem nur durch das Militär geplanten Umsturz und vom Fehlen aller politischen zur Umlenkung des Volkes notwendigen Führungskräfte und -maßnahmen erfuhr. Mit Fritz-Dietlof Graf von der Schulenburg, der sich der Mitwirkung am Putschvorhaben nicht entzogen hatte, war er darin, wie sich später erwies, gleichen Sinnes.

Im Januar 1939 begegnen wir Stauffenberg in einem Bericht von Rudolf Fahrner. Anlaß seines Besuches in Wuppertal war, daß Stauffenberg ihn aufgefordert hatte, im Kreis seiner Mitoffiziere, die er gern bei sich zu Hause empfing, über Gneisenau, wie er ihn vor Augen gebracht, einen Vortrag zu halten.

Der Hausherr leitete den Vortrag mit Worten ein, die verdeckt, aber unüberhörbar von der Gneisenauzeit her auch von der eigenen Zeit sprachen – die Erschütterung durch das Judenpogrom der „Kristallnacht", das kaum zurücklag (9. November 1938), wirkte in den Anwesenden nach. Den fast zweistündigen lebendig aufgenommenen Vortrag, der Gneisenaus revolutionär-politische Kraft mit Nachdruck zur Geltung gebracht hatte, beschloß Stauffenberg mit seinem Dank und den lachend gesagten Worten:

> „Ja, sehen Sie, das haben wir nun gelernt: so hat es DER gemacht, und wir müssen es uns von einem Professor erzählen lassen."[8]

Beim Gang durch den Winterwald habe er, so berichtet Fahrner, den Grafen Claus aus der Erbitterung über das Erlebte heraus gefragt, ob denn die Wehrmacht sich ein Vorgehen bieten lasse, wie es sich bei den Ausschreitungen gegen die Juden in der Pogromnacht, und das noch „im Namen des deutschen Volkes", gezeigt habe. Er sei bei Stauffenberg auf die gleich tiefe Erbitterung gestoßen, der das Geschehene als untragbare Schmach für die Deutschen empfunden habe. Doch etwas von der hohen Generalität und von weiteren Kreisen höherer Offiziere zu erwarten bei dem inzwischen ins Massenhafte aufgeblähten Heer, davor habe Stauffenberg eindringlich gewarnt, und es seien dabei die Worte gefallen: Von Leuten, die sich schon ein- oder zweimal die Wirbelsäule gebrochen hätten, könne man nicht erwarten, daß sie bei einer neuen Entscheidung gerade stünden.[9]

Zu dieser Zeit war Stauffenberg neben seiner dienstlichen Arbeit aufs regste mit den Gedanken beschäftigt, die ihn im Gespräch mit Fahrner vor einer Hoffnung auf eine Gegentat durch das Militär warnen ließen. In der „Militärwissenschaftlichen Rundschau" war von Generalmajor Georg von Sodenstern über das „Wesen des Soldatentums" ein Aufsatz erschienen, der Stauffenberg zu Dank und Erwiderung herausforderte und den Anstoß zur brieflichen Auseinandersetzung zwischen Hauptmann und General gab. Sodenstern, damals Chef des Generalstabs der Heeresgruppe 2, hatte in einem ersten antwortenden Brief von einer Kluft gesprochen, die er zwischen der älteren Offiziersgeneration und den jungen Offizieren des rasch ins Große gebauten neuen Heeres aufbrechen sehe, und er hatte bedauert, daß im Leben der Nation das Soldatische zu etwas Alltäglichem verallgemeinert werde. Stauffenberg nennt es in seinem Brief vom 13. März 1939 gerade wichtig, jetzt bei der „zum Götzendienst erhobenen Flucht in die Masse" das enge

Verhältnis der jüngeren zur Generation *der älteren Soldaten* zu erhalten, zu solchen unter ihnen, „von denen wir jüngeren – Herr General wollen das nicht als ungebührliches Werturteil nehmen! – zu sagen pflegen: ‚ein ganzer Soldat, ein wirklicher Führer!'".

„Wenn aber das Vertrauen in die absolute, die verschiedenen Zeitläufte überspannende Gültigkeit des aristokratischen Grundgesetzes soldatischer Staats- und Lebensauffassung ihren berufensten Kündern und Vermittlern verlorenzugehen droht, dann erst wird die Krise, von der Herr General sprechen und in der wir uns schon befinden, zur schweren Gefahr.
Ohne Zweifel haben auch wir, das Offizierkorps, schon der Masse unsern Tribut entrichten müssen und sind zum Teil schon selbst, zumindest in unserm Nachwuchs, zur Masse geworden, zur Masse mit all ihren erstickenden Gefahren, aber auch mit ihren Schwächen. Gelingt es einem Teil von uns – und sind es zahlenmässig nur verschwindend wenige – den unbestechlichen Blick für das Echte und Entscheidende zu wecken und die unvergängliche Haltung des Offiziers, des Herrn, zu festigen, dann haben wir die Schlacht schon halb gewonnen."

Stauffenberg spricht dann von dem von ihm ungeliebten Wort „total", mit dem im militärischen Bereich allenthalben Schindluder getrieben werde. Für den Begriff des Offiziers sei es aber am Platz:

„Wir können es uns nicht leisten, uns in den rein soldatischen, soll heissen rein fachlich beruflichen Bereich zurückzuziehen, wiewohl es angesichts der Lage und der gewaltigen Wirksamkeit ausserhalb unserer Reihen stehender Kräfte, die das Reich gemehrt und uns scheinbar allein, ohne unser eigenes Zutun, in den Sattel gehoben haben, gerade unsere Besten zu tun geneigt sind."

Vom Versagen der hohen Führer, die Stauffenberg bei der Fritsch-Krise und beim Vorangehen des Generalstabschefs Beck untätig bleiben sah, wird hier dem General gegenüber in sehr gemilderter Form gesprochen. Stauffenberg fährt aber mit Nachdruck fort:

„Soldat sein, und insbesondere soldatischer Führer, Offizier sein heisst, Diener des Staats, Teil des Staats sein mit all der darin inbegriffenen Gesamtverantwortung. Das Gefühl für diese darf nicht verloren gehen. Diese umfassende Auffassung der soldatischen Aufgabe wach zu halten und zu erziehen, scheint mir heute unsere grösste Aufgabe... Wir müssen nicht nur um die Armee im engeren Sinn zu kämpfen wissen, nein, wir müssen um unser Volk und um den Staat selbst kämpfen im Bewusstsein, dass das Soldatentum und damit sein Träger, das Offizierkorps, den wesentlichsten Träger des Staates und die eigentliche Verkörperung der Nation darstellt.

> Ich darf hoffen, von Herrn General nicht, wie naturgemäss oft von anderen, missverstanden zu werden: es geht mir nicht um die oder jene Richtung, nicht um Opposition aus Herkommen oder Erziehung oder Beruf, nur um das Reich."[10]

Die Briefe an Sodenstern sind wie ein Bekenntnis des Hauptmanns Stauffenberg, was für ihn „Soldat sein und insbesondere soldatischer Führer, Offizier sein", bedeutete.

Unter den Offizieren in Wuppertal fiel es immerhin auf, wie einer von ihnen berichtet, daß Stauffenberg nach dem Pogrom vom November 1938 häufiger als zuvor an Personen der Gliederungen der NSDAP Kritik übte, „die ihm dem Charakter und dem Benehmen nach ein Dorn im Auge waren".[11]

Am 15. März 1939 war Prag unter krassem Bruch des Münchner Abkommens von deutschen Truppen besetzt worden – Hitler war mit den vordersten von ihnen, so hieß es, in die Stadt gekommen. Böhmen-Mähren wurde zum Reichsprotektorat, die Slowakei zum deutschen Vasallenstaat erklärt. Am 23. März war das Memelgebiet von deutschen Truppen besetzt worden – Hitler war vom Panzerschiff kommend wieder unter den ersten dabei. In den gleichen Tagen erneuerte er seine Anläufe, Polen zu einem Bündnis gegen Rußland zu gewinnen mit dem Versprechen territorialer Gewinne in der Ukraine. Polen verweigerte sich, durch die englische Garantieerklärung gestärkt. Von Rußland gingen Sondierungen aus mit dem Ziel, zu einem befristeten Arrangement zwischen Stalin und Hitler zu kommen.

Im Mai 1939 hatte Stauffenberg an einer Generalstabsübungsreise für Quartiermeister teilzunehmen. Sie fand in Marienbad im neuen Protektorat in Gegenwart von Oberst Eduard Wagner, Stabschef der Quartiermeisterabteilung im Oberkommando des Heeres, statt. Was ein gelernter, allsorgender Quartiermeister alles vermag, machten Stauffenberg und Mertz von Quirnheim, der Freund von der Kriegsakademie, vor der ganzen Runde in der Farce eines Scherzspiels klar. Versiert und gekonnt trieben sie mit nicht endender Komik der Zwischenfälle einen Panzerkeil, ohne sich um rechts und links zu kümmern, vor bis zum Ural. Stauffenberg tat als Versorgungsoffizier Münchhausensche Wunder an Improvisation, phantasievoll eine Strategie überpochend, die empfahl (wie es später oft tatsächlich geschah), sich am eigenen Zopfe aus dem Sumpf zu ziehen. Der Gipfel war, als dem Keil urplötzlich das Benzin ausging. Man eroberte leichthin Baku, und Stauffenberg führte durch eine rasch gelegte Überlandröhre (man konnte ihn wohl damit hantieren sehen?) das Fehlende herbei und das Ganze geschah unter dem oft gehörten Motto eines der leitenden Offiziere: „Das Auge des Herrn macht die Kühe fett".[12]

Rudolf Fahrner berichtet von einem zweiten Besuch in Wuppertal – es muß wohl im Mai 1939 gewesen sein. Graf Claus erzählt ihm „lachend ernst" von einer Panzerübung, von der er eben sichtlich angestrengt kam. Er war – was nicht seine Aufgabe war – den ganzen Tag in einem Panzer kleinern Typs mitgefahren, um die Lage und Leistung der Panzerleute einmal am eigenen Leib kennenzulernen. Wie obenhin, aber sehr ernst und nachdrücklich, habe der Graf ihm die Worte hingeworfen: „Der Narr macht Krieg."[13] Jedenfalls sah er in der Eroberung Prags einen Wortbruch und ein böses Vorzeichen für das Weiterschreiten Hitlers. Bisher hatte dieser vor der Welt als sein einziges Ziel erklärt, alle Deutschen wieder in einem Reich zusammenzuführen. (Man las damals in den Zeitungen, daß Hitler mit Österreich, Sudeten- und Saarland und dem Memelgebiet 12 Millionen Deutsche dem Deutschen Reich angeschlossen habe.) Prag war für Stauffenberg ein Signal. Hitler stieß zu einem Eroberungskrieg vor. Im Gespräch mit Fahrner warf Stauffenberg die Frage auf, was einem Volk drohe, das in der gleichen Generation ein zweites Mal beste Blutskräfte verliere. Mehr vom kommenden Krieg äußerte er nicht. Es ist nicht zu sagen, wieviel ihm, als er sein „Der Narr macht Krieg" hinwarf, von Hitlers aktuellen Entscheidungen und seinem täuschenden Ränkespiel im politischen Europa von damals bekannt sein konnte. Die heute Urteilenden verfügen über weitere Einblicke in damals verschlossene Zusammenhänge. Es sei an einige Daten dieser Zeit erinnert.

Am 8. Mai hörte Hitler auf dem Berghof, was bei ihm nie erlebt war, stundenlang Fachleuten aus dem Auswärtigen Amt zu, die ihm über Rußland vortrugen.

Am 23. Mai erklärte er vor den Befehlshabern der Wehrmacht seinen Entschluß, Polen militärisch niederzuwerfen.

> „Danzig ist nicht das Objekt, um das es geht, Es handelt sich für uns um die Erweiterung des Lebensraumes im Osten und Sicherstellung der Ernährung sowie die Lösung des Baltikumproblems. Lebensmittelversorgung ist nur von dort möglich, wo geringe Besiedelung herrscht."[14]

Vielleicht als Aufforderung an die Westmächte, seine ihnen gemachten Bündnisangebote doch noch positiv aufzunehmen, hat sich Hitler am 11. August dem Hohen Kommissar des Völkerbundes in Danzig, Carl Jakob Burckhardt, gegenüber so ausgesprochen:

> „Alles, was ich unternehme, ist gegen Rußland gerichtet; wenn der Westen zu dumm und zu blind ist, dieses zu begreifen, werde ich gezwungen sein, mich mit den Russen zu verständigen, den Westen zu schlagen und

dann nach seiner Niederlage mich mit meinen versammelten Kräften gegen die Sowjetunion zu wenden. Ich brauche die Ukraine, damit man uns nicht wieder wie im letzten Krieg aushungert."[15]

Am 22. August äußert Hitler vor den Oberbefehlshabern und Kommandierenden Generalen zum bevorstehenden Krieg mit Polen:

„Wir haben nichts zu verlieren, nur zu gewinnen. Unsere wirtschaftliche Lage ist infolge der Einschränkungen so, daß wir nur noch wenige Jahre durchhalten können."

Nicht vor dem Krieg habe man sich zu fürchten, denn der Osten liefere alles, was Deutschland brauche. Er fürchte eher eine Wiederholung von München:

„Ich habe nur Angst, daß mir im letzten Augenblick irgend ein Schweinehund (in anderen Niederschriften: Saukerl oder Kerl) einen Vermittlungsplan vorlegt."

An einem Grund zum Angriff auf Polen werde es nicht fehlen:

„Ich werde propagandistischen Anlaß zur Auslösung des Krieges geben, gleichgültig ob glaubhaft. Der Sieger wird später nicht danach gefragt, ob er die Wahrheit gesagt hat oder nicht. Bei Beginn und Führung des Krieges kommt es nicht auf das Recht an, sondern auf den Sieg."[16]

Am 23. August schafft ihm der Abschluß des deutsch-sowjetischen Nichtangriffspaktes, der durch ein hohes Pokerspiel gegen die Westmächte erkauft ist, die Voraussetzung für seinen Krieg. Durch ein geheimes, erst nach dem Krieg bekanntgewordenes Zusatzprotokoll werden Finnland, Estland, Lettland, Bessarabien (kurz darauf auch Litauen), zur alleinigen „Interessensphäre" der Sowjetunion erklärt und damit der Annexion durch Rußland freigegeben. Polen hört auf zu bestehen: es soll gegebenen Falles durch die San/Weichsel/Narew-Linie zwischen Deutschland und Rußland geteilt werden.

Für Stauffenberg waren die letzten Wochen vor Abrücken seiner Division aus Wuppertal – der Angriff auf Polen stand bevor – von den Mühen des Ib um die künftige Versorgung seiner Truppe erfüllt, so „daß er seit Wochen kein Privatleben mehr führte". Er schreibt in einem Geburtstagsbrief an seinen Onkel Graf Berthold Stauffenberg auf Greiffenstein – es ist der 18. August: ehe er morgen auf den Truppenübungsplatz abmarschiere, wolle er ihn versichern, daß seine Liebe und Verehrung für ihn sich nicht allein auf das hochgehaltene Verwandtschaftsgefühl gründe, „sondern vor allem auch auf die Bewunderung für ein menschliches Vorbild, das Vorbild des wahren Edelmannes, Herrn und Soldaten. Dies Vorbild wird – gerade in ernsten Zeiten – nie aufhören, mir eine Genugtuung und ein Ansporn zu sein".[17] Graf Berthold ist in der über die Stauffenberge verhängten Sippenhaft im November 1944 in einer Einzelzelle des Würzburger Gefängnisses gestorben.

Vor seinem Ausrücken nach Polen hat sich Stauffenberg bei seinem Buchhändler eine Reihe von Büchern, darunter Leibniz und viele Kröner-Bände, bestellt, die er mit ins Feld nahm. Auf die Frage des Buchhändlers, wie es ihm jetzt so zumute sei, habe Stauffenberg gemeint: „Trotz der Furchtbarkeit eines Krieges sei das Ausrücken doch auch eine Erlösung, der Krieg sei ja schließlich sein Handwerk von Jahrhunderten her".[18]

Am 1. September 1939 überschritten die deutschen Heere die Grenzen zum Zangengriff auf Polen, Stauffenberg mit seiner 1. Leichten Division, die, zur Heeresgruppe Süd (Oberbefehlshaber Generaloberst von Rundstedt) gehörig, von Schlesien aus antrat.

Als am 3. September die Kriegserklärung Englands und Frankreichs gemeldet wurde, hielt der Divisionsstab an einer Straßenkreuzung in Wielun. Bestürzung, Niedergeschlagenheit. Stauffenberg sagte, sich eine Zigarette anzündend:

> „Kinder, wenn wir den Krieg gewinnen wollen, dann ist das eine Frage des Aushaltenkönnens für uns, und dieser Krieg dauert dann mit Sicherheit seine zehn Jahre."[19]

Der Feldzug wurde für die Division gefahren- und verlustreich. Die Beweglichkeit ungehemmter Vorstöße ohne Flankenschutz von rechts und links, wie sie Stauffenberg in seiner „Heereskavallerie" vorgedacht hatte, führte mehr noch als die Feuerkraft zu Erfolgen. In neun Tagen hat sich die Division über 200 km vorwärts gekämpft, hat als erste südostwärts von Warschau die Weichsel erreicht und hat dann später in verworrenen Frontstellungen nach West, Nord, Süd, Ost, gelegentlich nach drei oder vier Seiten kämpfend, den Ausbruchversuchen der, wie Stauffenberg schreibt, „mit dem Mut der Verzweiflung kämpfenden, uns zahlenmäßig stark überlegenen Polen" standzuhalten. Die Division habe dabei noch Tausende von Gefangenen gemacht. Einige Stellen aus Briefen an die Gräfin Nina, aus denen man die Schwierigkeiten des Quartiermeisters in so verschränkten Lagen liest:

> „Der unglaublich schnelle Vormarsch macht mir Schwierigkeiten in der Versorgung der Truppe. Man lebt von der Hand in den Mund." (13. Sept.)

„Die Nachschubschwierigkeiten sind noch immer eminente...so allmählich muß man sich auf Herbst und Winter einstellen. Wenn Du Handschuhe stricken kannst, tue es. Dann versuch doch bitte einen Schlafsack zu ergattern. So allmählich wird sich ja unsere Industrie auch auf solche Sachen werfen. Das könnte man nämlich sehr gut brauchen...
Den englisch-französischen ‚Krieg' halte ich zunächst für die Schaffung von Verhandlungsgrundlagen. Was soll das sonst? Jedenfalls ... kommt es darauf an, hier möglichst rasch fertig zu werden." (14. Sept.)
„Aus der Ruhe ist natürlich nichts geworden. In aller Eile wurden wir herausgezogen, um nördlich der Pilica gegen einige eingeschlossene Divisionen angesetzt zu werden, die durchzubrechen versuchen. Die vorletzte Nacht habe ich so um die Ohren geschlagen. Die Versorgung macht bei dem dauernden Hin und Her unglaubliche Schwierigkeiten." (16. Sept.)
„Wir sind inzwischen im Raum unmittelbar westlich von Warschau, um die Vereinigung vom Feind, der bei ... eingeschlossen ist, mit dem Warschauer Feind zu verhindern. Die Verhältnisse sind recht verzwickt. Man hat eigentlich ständig Feind auf allen Seiten...
Heut sah ich an der großen Straße von Warschau nach Westen die Reste einer völlig zusammengeschossenen Kolonne. 100 oder mehr Pferde liegen am Straßenrand. Zur Zeit verscharrt die Zivilbevölkerung die Kadaver. Der Eindruck war unvergesslich.
Das Hervorstechende an diesem Land ist die Verwahrlosung. Nicht nur eine unendliche Armut und Verschlamptheit, sondern der Eindruck des Heruntergekommenen, das früher schon besser war...
Heute kam die Nachricht von der Kriegseröffnung Rußlands. Ich muß jetzt schon lachen beim Gedanken der Verbrüderung der deutschen und der Roten Armee, wenn wir uns die Hände reichen." (17. Sept.)
„Die letzte Woche war für meine Division noch höchst ereignisreich und verlustreich... Wir stiessen unmittelbar am Westrand Warschaus zur Weichsel durch und hatten an den folgenden Tagen sehr schwere Kämpfe gegen erst zwei, dann drei Fronten zu bestehen... Um nicht zum Teil oder ganz abgeschnitten zu werden, mußten wir die Straße Modlin-Warschau dem Feind überlassen... Für die Führung eine rechte Nervenprobe. Trotz dieser verworrenen Verhältnisse haben wir noch Tausende von Gefangenen gemacht." (23. Sept.)[20]

Wenn der Graf Stauffenberg in seinen Briefen kein Ruhmreden seiner Tätigkeit kennt und die Mühen zur Versorgung der Zivilbevölkerung und der tausendweise auftretenden Gefangenen, die er als wichtigste Aufgabe für sich sieht, gar nicht in Anschlag bringt, so bedeutet das spätere Urteil des Divisionskommandeurs viel, der das neue Blitzkriegverfahren mit tiefem Vorstoß ins feindliche Hinterland ohne Rücksicht auf Versorgungs- und Verbindungslinien und mit den anschließenden Kreuz- und Querschlägen mit dieser seiner Division, die er seit Jahresbeginn kommandierte, zur Genüge durchgeprobt hat.

Generalmajor von Loeper wußte, was es hieß, die Nachschubprobleme dabei zu bewältigen: „Das gelang ihm [dem Grafen Stauffenberg] hervorragend; die Division litt nie Mangel.“[21] Der Ia der Division, Major i. G. Schöne, stimmte ein und nannte ausdrücklich die Aufgaben, die außerhalb der Versorgung der Division an Stauffenberg herantraten:

> „Stauffenberg war wegen seines Organisationstalentes, seiner Allgemeinbildung und seiner Weitsicht ein sehr guter Ib. Er hat damals plötzlich und unerwartet an ihn herantretende Aufgaben, wie die Versorgung unerwartet großer Mengen an Kriegsgefangenen, Hilfe bei der Versorgung der Zivilbevölkerung sehr gut gemeistert.“[22]

Ein Bericht über einen Vorgang aus den ersten Kriegstagen in Polen (vom 4. Sept.) zeigt, mit welchem Ethos der Menschlichkeit und Achtung des Rechts, auch dem Gegner gegenüber, Stauffenberg in den Krieg gezogen ist.

> „Ein Feldwebel meldete seinem Offizier, man habe zwei Frauen festgenommen, die mit Taschenlampen vom Dachboden eines Hauses aus das feindliche Artilleriefeuer auf Wielun gelenkt hätten. Der Feldwebel fragte, was mit den Frauen geschehen solle. Der Offizier gab etwa sinngemass zur Antwort: ‚Ach, weg damit!‘ Das fasste der Feldwebel als Erschiessungsbefehl auf und ließ die beiden Frauen exekutieren. Es stellte sich jedoch bald heraus, daß die beiden Frauen, Mutter und Tochter, im Ort bekannt wegen ihrer geistigen Schwäche, sich vor Angst vor den deutschen Soldaten auf dem Boden ihres Hauses versteckt und dabei mit Taschenlampen herumhantiert hatten. Von Blinkzeichen konnte keine Rede sein. Dieser Tatbestand wäre bei einer einigermaßen korrekten Untersuchung sofort herausgekommen. Als Stauffenberg von der Erschiessung hörte, ruhte er nicht eher, bis der Offizier vor ein Kriegsgericht gestellt wurde. Er ließ sich nicht dadurch beeinflussen, daß es sich dabei um einen Duzfreund von ihm handelte. Das Kriegsgericht verfügte die Degradierung.“[23]

In der Zeit nach Abschluß der Kampfhandlungen suchte Stauffenberg nach seiner Art „exakter Planungsarbeit“, die ihn auch bei seinen Studien geleitet hatte, die Erfahrungen des Feldzugs, die aufgetretenen Mängel und Fehlausstattungen klarzulegen und die Ergebnisse daraus in einem Bericht für jedes künftige mobile Kampfgeschehen fruchtbar zu machen. Der Ordonnanzoffizier Reerink berichtet dazu:

> „September 1939 beim Polenfeldzug machten wir unsere ersten Erfahrungen mit dem Einsatz motorisierter Verbände. Hierbei stellten sich naturgemäss auch erste Mängel heraus, von denen wir bei Planspielen oder

> Übungen und Manövern noch nichts geahnt hatten. Um alles zu erfassen und vor allem, um die Schlagkraft der Truppe zu erhöhen, startete Stauffenberg nach dem Polenfeldzug eine große Fragebogenaktion, an der, vom Kommandeur angefangen, jeder bis zum letzten Mann in der Division beteiligt wurde: U. a. Fragen über Verbesserung von Waffen, Ausrüstung, Kraftfahrzeugen, Panzern, Versorgung, Verwundetenversorgung usw. Diese Fragebogen wurden von Stauffenberg eingehend ausgewertet und zu einem umfassenden Bericht verarbeitet."[24]

Im Oktober wurde der Hauptteil des Heeres, der gegen Polen angetreten war, in das Reich zurückverlegt. Zur militärischen Sicherung blieb nur die 8. Armee des Generalobersten Blaskowitz. Ein Generalgouverneur für das von Deutschland besetzte Polen, soweit es nicht dem Deutschen Reich zugeschlagen wurde, trat schon am 12. Oktober mit SS und Gestapo die Macht an, nachdem Stauffenbergs Division tags zuvor das Land verlassen hatte. Der Graf hat die Gedenkrede bewahrt, die der Divisionspfarrer in Wuppertal für die 300 Nicht-Heimgekehrten gehalten hat.

Die Division wurde umgegliedert, erneuert, aufgefüllt. Sie wurde zur 6. Panzerdivision und lag dann im Westerwald, bereit zu neuer mobiler Verwendung. Stauffenberg wurde zum 1. Janunar 1940 – offenbar hatte seine Bewährung genügt – als Hauptmann in den Generalstab aufgenommen. Er sollte nach fester Meinung aller in der Division aus seiner Ib-Stellung in die vakant gewordene Stellung des 1. Generalstabsoffiziers (Ia) aufrücken. Als die Entscheidung für einen anderen fiel, war es Stauffenberg selbst, der dem Bevorzugten in der gegen ihn wogenden Mißstimmung aufzukommen half. Der dankte es ihm:

> „Die ersten Tage waren für mich nicht leicht, da die außergewöhnliche Persönlichkeit Stauffenbergs, bei allen Offizieren und Mannschaften des Divisionsstabes ein so tief verwurzeltes und natürliches Ansehen genoss, daß sich alle darüber ärgerten, daß nicht Stauffenberg in die Stelle des Ia eingerückt war. Vielleicht war auch Stauffenberg im ersten Augenblick enttäuscht, aber er stand in seiner Großzügigkeit vom ersten Augenblick an in selbstloser Weise und Kameradschaft über der Situation und bemühte sich, mir den Einstand in die neue Umgebung zu erleichtern."[25]

Die Berufung als 1. Generalstabsoffizier einer Panzerdivision, die Stauffenberg erst drei Jahre später erreichte, hätte damals, wie vermutet worden ist, sein rascheres Emporkommen in eine einflußreiche Stellung bewirken können, wie sie für sein Planen Voraussetzung war. Die Hinderung kam von der Organisationsabteilung des Generalstabs, die auf ihrer früheren Bewerbung um den Grafen bestand.

Als Stauffenberg mit seiner Truppe am Rhein und im Westerwald lag und von Mal zu Mal in einer „drôle de guerre“ der Angriffstermin auf Frankreich verschoben wurde, erhielt er einen Besuch, der ihn, wie die Gräfin Nina berichtete, außerordentlich bewegte. Es waren sein Onkel Nikolaus Graf Üxküll und der ihm durch Bruder Berthold vertraute Fritz-Dietlof Graf von der Schulenburg, in jener Zeit stellv. Regierungs- und Oberpräsident in Schlesien. Was im einzelnen gesprochen, was an Neuem über die bedrohliche Entwicklung im Reich zu Stauffenberg gebracht wurde, ist nicht bekannt. Als sicher darf gelten, daß die Besucher ihm von dem im Oktober 1939 wieder aufgenommenen Putschplan des Chefs des Generalstabes des Heeres, General Halder, berichtet haben: es sollte durch die Führung des Heeres einem als aussichtslos angesehenen deutschen Angriff im Westen zuvorgekommen werden. Der Oberbefehlshaber des Heeres, Generaloberst von Brauchitsch, hatte sich Anfang November davon zurückgezogen, als er in einer ihm von Hitler in höchster Erregung entgegengeworfenen Schmährede auf den „feigen Generalstab, der im Westen nicht kämpfen wolle“, Anzeichen dafür zu erblicken glaubte, Hitler habe die ohnehin halbherzige Verschwörung im Generalstab entdeckt.

Von der Schulenburg dürfte aus seinem eigenen Dienstwissen auch erste Nachricht zu Stauffenberg gebracht haben von ungeheuerlichen Akten der Menschenvernichtung in den zum Reich geschlagenen bisher polnischen Gebieten und in dem Torso des polnischen Staates, den Hitler unter dem Namen Generalgouvernement als eine Art Sklavenkolonie hatte bilden lassen. Zwar wird von der Schulenburg das ganze Ausmaß und die von Hitler ausdrücklich gewollte systematische Brutalität der Himmlerschen Einsatztruppen, die mit Hilfe „landeseigener“ Terroristenverbände an Polen und Juden ihre Greuel verübten (in Parteikreisen sprach man von einer „Flurbereinigung“), in diesem frühen Stadium kaum erkannt haben. Immerhin muß er angesichts der sich hier abzeichnenden Entwicklung einer barbarischen Kriegführung und Besatzungstyrannei der der Befehlsgewalt des Heeres entzogenen SS- und Polizeiverbände sich zum kämpferischen Aufruhr gegen Hitler neu bestärkt gefühlt haben; war er doch schon ein Jahr zuvor an Halders Aufruhrplänen mittätig geworden.

Ob es ihm und dem ebenso denkenden Grafen Üxküll gelungen ist, Stauffenberg davon zu überzeugen, daß es sich bei den Vorgängen in Polen nicht um Übergriffe der im Heer ohnehin nicht geliebten SS handelte, sondern um die befehlsgemäße Vollstreckung des Willens des Obersten Befehlshabers der Wehrmacht, hat sich bis heute nicht offenlegen lassen. Eine Überlieferung besagt, von der Schulenburg und Üxküll hätten Stauffenberg bestürmt, die Stellung des Adjutanten beim

Oberbefehlshaber des Heeres anzustreben, um so die Möglichkeit zum „Eingreifen“ zu schaffen. Sie trauten Stauffenberg Großes, und doch nicht so Großes zu, wie er selbst längst im Sinne führen mochte. Er hat, Realist im Möglichen, erst einmal, so heißt es in dem Bericht, ohne weitere Begründung abgelehnt: er sei noch nicht so weit...[26]

Die Deutung ist offen: ob Stauffenberg damit nur meinte, er sei in seinem militärischen Rang noch nicht so weit, oder ob er darin einbezog, was er später oftmals erkennen ließ, daß zuerst eine von den Grenzen her drohende aktuelle Krisenlage des Reiches beseitigt sein mußte, ehe die Erhebung im Inneren folgen konnte. Für den Hauptmann bei seiner Westerwalddivision war aus der Situation heraus jedenfalls kein anderer Weg als ein Fortschreiten auf seiner Offiziersbahn gegeben.

Anders bei von der Schulenburg. Von der Begegnung mit Stauffenberg gingen Wirkungen aus, die im Plan der Erhebung später zu erkennen sind. Er erreichte bald nach diesem Gespräch seine Freistellung vom Amt des Oberpräsidenten und seine Aufnahme als Oberleutnant der Reserve in das Ersatzbataillon des Potsdamer Infanterieregiments 9. Unverkennbarer Sproß der gerühmten Soldatenfamilie, setzte er zu seinem Aufnahmeantrag hinzu: „unter der Voraussetzung, daß ich im ersten Augenblick, wo ich für eine Kriegsverwendung geeignet erscheine, ins Feld komme.“[27] Durch Offiziere des IR 9 hatte er Zugang zu den Putschplänen des Jahres 1938 bekommen und er versprach sich über diesen Weg auch für künftige revolutionäre Absichten die meisten Chancen und die Gewinnung hoher Militärs. Das Geschehen des Zwanzigsten Juli gab seiner Voraussicht recht: neben von der Schulenburg begegnen viele Namen von Offizieren dieses Regiments.

Durch sein weitreichendes Wirken in der Verwaltung Schlesiens hatte Schulenburg gehofft, eine „Zitadelle des Widerstandes“ zwischen Berlin und Wien aufbauen zu können. Er mußte erleben, daß gegen das wild gewordene Machtgebaren der Partei kein Durchkommen mehr war. So baute auch er – es war das Jahr 1940 – nur noch auf die Tat hoher Befehlender im Militär, denen es nach Zurückwerfen der Feinde und der Befreiung des Vaterlandes nach außen durch einen revolutionären Sieg im Inneren gelingen müsse, einen Verständigungsfrieden und den neuen Staat zu erreichen. Ob er seine dahingehenden Gedanken Stauffenberg vorgetragen hat, ist nicht berichtet.

In einem aus diesen Monaten zwischen Polen- und Frankreichfeldzug erhaltenen Notizbuch geht es Stauffenberg mit einer Unzahl eiliger Abkürzungen um Gedanken zu „Politik und Soldatentum“. Mitteninne steht einmal das Wort „Gneisenau“ und unten auf der Seite schreibt Stauffenberg von dem „Augenblick, in dem unser Land sich zu neuer

Reichsgründung anschickt". Man findet dabei eine stichwortartige Betrachtung über die „Länder am Reichsrande". Man entziffert:

> „Eine Geschichte schliesslich außerhalb des Reichs. Länder, die vor allem dazutrugen, das europäische Gleichgewicht aufrecht erhalten zu helfen. Zum Reich seit Cäsar. Streit der Reiche. Code Napoleon. Belgien typisch für die neutralen Randländer."[28]

Während der Wartezeit im Westerwald blieb der Ib der Division unabkömmlich an seine Truppe gebunden. Nur einmal begegnen wir ihm bei einem dienstlichen Kurzaufenthalt in Magdeburg. Er sah, wie wir aus einem Brief erfahren, bei dieser Gelegenheit – es war der 2. Dezember 1939 – den frisch aufgestellten Pionier an der Elbbrücke, dessen Einweihung eben bevorstand. Der Bildhauer war nicht zugegen. Vergnügt schrieb Stauffenberg, das Modell habe sich ungesehen vorm Festakt in Ruhe noch sich anschauen können. Unweit vom Pionier fand er die inzwischen fertiggestellte Mahnhalle des Architekten Tessenow. Durch ein hohes Rundbogentor der Schmalseite des wie eine fensterlose Basilika gestalteten Gebäudes fiel das Licht auf den in Gips modellierten acht Meter hohen Hindenburg. Kurze Tage davor hatte Frank Mehnert unter Mithilfe von Fahrner noch daran gearbeitet. Man erwartete den Abtransport zum Guß.

Von Ende Dezember ist ein Brief erhalten, den Stauffenberg, ohne auf seinen Magdeburger Besuch zurückzukommen, an Frank Mehnert schrieb, der vor der Frage stand, ob er, da noch nicht einberufen, einer Einladung nach Griechenland folgen oder ob er sich zum Dienst im Heer melden sollte. Der Brief ist unter den bekannt gewordenen Briefen Stauffenbergs das eindrucksvollste und reinste Zeugnis seiner Wesensart, seiner Freundschaftsfähigkeit, seiner Ehrerbietung vor dem seine Weltsicht bestimmenden Dichter George und seines Verhältnisses zum Vaterland, geschrieben deutlich unter dem Vorgefühl eines langen, auch die Freunde ins Ungewisse fortreißenden Krieges. Seinen Worten darf doch auch nicht fehlen, wieviel Freude ihm das Wiedersehen mit den von ihm sehr geliebten Kindern in einem unverhofften Weihnachtsurlaub bedeutete. So beginnt der Brief:

> „Wuppertal, am Stefanstag 1939
>
> Liebster Frank
> wenn ich heut auf Deinen brief vom 22.12 antworte, wirst Du mein päckchen, das ich allerdings noch nach PT (?) sandte, wohl schon bekommen haben.
> Zu Deinen zeilen sei nur soviel gesagt, dass an diesem weihnachten, welches mir soviel unverhoffte freude brachte, da ich dies kindliche fest mit

den kindern in aller ruhe und so unbeschwert als man heut eben sein kann feiern konnte, Dein brief der zum Heiligen Abend eintraf, die größte Freude war.
Zu Deiner reise nach Griechenland wünsche ich Dir von herzen alles Schöne. Du konntest gewiß das Neue und zweite kriegsjahr nicht besser eröffnen, als wenn Du die stätten hellenischer vergangenheit und Deutscher gegenwart besuchst,- dort am begonnenen werk weiterzuwirken".

Er sagt von Franks Aufgabe, daß er sie, auch wenn Frank sie nicht für so wichtig ansähe, für höchst bedeutend für sie alle erkläre, da sie so vieles am Leben erhalte, was in diesen Zeiten der völligen Vergessenheit zuzufallen drohe. Das sei heute wichtiger denn je.

„Ich rechne Dich zu den wenigen unter einem glücklichen stern geborenen, die aus sich heraus etwas zu schaffen wissen, der in seinem volk wurzelnd aber doch nur mittelbar abhängig ist vom äusseren auf und ab und so das werk tut das uns die vergangenheit gegenwärtig hält, die gegenwart wirklich macht und die sicherheit unseres wandels in die zukunft bürgt.
Ich verstehe wohl, wenn Du Dich zuweilen fragst, ob Dein platz heut nicht dort ist, wohin sich schon im letzten krieg unsere beste jugend freiwillig gestellt hat und wo auch heute wieder die Deines alters hingehören".

Stauffenberg läßt darauf keinesfalls den Wunsch oder wenn möglich die eigene Bereitschaft erkennen, ihn herauszuhalten. Er rät ihm, seine Dinge zu tun und abzuwarten, bis die Reihe an ihn komme. Er führt dazu in der ihm eigenen Sicht den Unterschied von 1914 und 1939 vor Augen.

„Die Generation vor uns hat in einer nur noch stofflich daurenden wesenden welt das erhabene vorbild fraglosen einsatzes und opfers gegeben, hat sich als ‚volk' und für uns so das volk neu geschaffen. Auch das war eine einmalige not und heut haben wir ganz andere nöte. Jeder der als kämpfer bedarft wird wird auch ohne sein zutun zu seiner zeit geholt werden. Und was vor 25 jahren als bild gelebt wurde gilt noch heut in vollem maass, dem ist nichts hinzuzufügen, im gegenteil bemüht sich jedermann auch das noch zu tode zu reden, was aber nicht gelingen wird. Inzwischen ist das meiste was geschehen kann, daß die schönheit dieses landes erhalten bleibt, daß in den langen vor uns liegenden jahren eines herben und gewiss recht eintönigen kampfes der reichtum dieses volkes nicht verloren geht, daß das ‚Deutsche Wunder' weiter dies land behütet. Selbst das Meisterliche Werk würde uns nicht mehr helfen können · wenn es nicht in einigen weiterlebte · so aber kann es und wird es noch wunder wirken. Und daß – wenn es not ist – auch Du wie alle andern die waffe zu führen verstehen wirst, wissen die, die es wissen müssen".

Er kommt noch einmal auf das Georgesche Werk und schreibt, er frage sich oft, wie die Einsichtigen überhaupt noch zu leben vermöchten, ohne teilzuhaben an den großen Verheißungen. Nur zu verständlich sei, daß sie sich an die Tageserscheinungen klammern, „im innersten meist mit dem tiefen misstrauen eines noch gesunden instinkts". Mit dem Bekenntnis seines tiefinneren Glaubens und seiner Siegeszuversicht kehrt Stauffenberg zum Empfänger des Briefs zurück:

> „Ich hätte vor jahren den ausgelacht der mir vorausgesagt hätte, ich würde noch einmal die geduld als meine tugend preisen. Heut tu ich's. Ich hab sie aber nur weil ich noch zu glauben vermag · und ich glaube weil ich noch durch die fassade hindurch zu sehen vermag den reichtum die schönheit das Unvergängliche dieses landes seine Menschen – Dich...
> Für das Neue Jahr kann ich Dir nichts Schöneres wünschen als solche Fülle wie Du sie dem vergangenen abgefordert hast. Innigst Dein Claus."[29]

Von wenig Wochen später ist eine kleine Briefbotschaft von Claus Stauffenberg erhalten an einen jungen Freund, den er durch Frank kennengelernt hatte. Er schreibt ihm gewinnend wie mit des Jean Paulschen Albano Anmut:

> „Div. Stabsquartier (Westerwald) 5.2.40
> Mit freude hörte ich daß der Titan nun beginnt auch Dein freund zu werden. Diese schöne und stets neu begeisternde gestalt begleitet mich seit vielen Jahren und zwar als bescheidener reclamband gehört der titan auch in die karge feldbücherei die ich mitführen kann.
> Auch hörte ich vom Frank daß Dein interesse Schlieffen gelte. Die[s] ist mir eine genugtuung mehr ist doch über den ereignissen in den letzten jahren die stimme dieses unermüdlichen und unbestechlichen suchers nach dem sieg für ein umschlossnes Deutschland im kreis der zünftigen fast vergessen. Durch Frank von Deinem wolergehn zu hören wäre mir immer eine freude. Mit allen schönen wünschen
> Dein Rittmeister
> (jetzt Hauptmann)"[30]

Im April 1940 hatte die Besetzung Norwegens – in der Planung so verwegen wie in der Durchführung kühn, entschlossen, verlustreich – durch deutsche See-, Land- und Lufteinheiten begonnen: sie waren britischen Landungstruppen um Stunden zuvorgekommen.
Berthold Stauffenberg schreibt dazu aus der Zentrale des Geschehens der Seekriegsleitung am 23. April 1940 an Frank Mehnert, der in Griechenland weilt und an der Übertragung von Homer und an der Formung neuer Drucklettern arbeitet (Proben davon kommen zum Grafen Claus):

„bei uns hat sich die aufregung der ersten tage jetzt etwas gelegt...zeitweise war die stimmung doch gedrückt, da die verluste bei unserer kleinen marine recht schwer waren.
... erfolg im wesentlichen doch erreicht und eine kühne tat ist schon an sich etwas das weiterwirkt. Auf schwerem posten stehen die Narwiker – dort wird sich vielleicht ein heldenkampf alter art abspielen.“[31]

Am 10. Mai 1940 begann über die luxemburgisch-belgisch-holländische Grenze hinweg der Angriff gegen Frankreich. Die 6. Panzerdivision Stauffenbergs bildete in der mittleren Heeresgruppe Rundstedt mit der Panzergruppe des Generals der Kavallerie Ewald von Kleist die Speerspitze der Aktion. Ihr Auftrag war, was später im OKH als „Sichelschnittoperation“ bezeichnet wurde, Nordfrankreich in schnellem Durchgang durch die Ardennen, unter Umgehung des als uneinnehmbar geltenden französischen Festungsgürtels der Maginot-Linie ohne Rücksicht auf rechts und links bis zur Kanalküste zu durchstoßen und von dort durch Rechtswendung den im französischen Norden aufmarschierten Feindkräften in den Rücken zu kommen.

Der Quartiermeister, von Polen her schon der raumgreifenden Panzeroperationen gewohnt, hatte sich hier noch zu steigern, um mit allem seiner Division zur Stelle zu sein. Man erlebte, als seinem Fahrer auf der wilden, kurvenreichen Jagd durch die Ardennen die Hinterräder rutschten und der Wagen schleuderte, daß er es mit seinem „berühmten Lachen“ quittierte und zu neuer Eile trieb. Aber man liest in dem Bericht weiter:

„Sobald es aber nicht nur um ihn selber ging, sondern um die Männer und die Einheiten, die ihm ... anvertraut waren, ließ es Stauffenberg am Verantwortungsbewußtsein und sorgfältiger Überlegung nicht fehlen. Er disponierte auf ‚Sicherheit‘, war stets besorgt um seine Mitarbeiter, und in der Beurteilung der taktischen Lage mitunter geradezu übervorsichtig. So habe ich ihn während des Feldzuges in Frankreich kennengelernt, und ich könnte mir denken, daß manche Erfahrungen aus dem Polenfeldzug... ihn zu einer solchen Haltung veranlasst haben.“[32]

So nimmt man durch den gleichen Berichterstatter auch an einer Stauffenbergschen Quartiermeisterbesprechung teil:

„Stauffenberg, groß, schlank und beweglich, ein Mann von ausgesprochenem persönlichen Charme, empfing uns mit echter, strahlender Liebenswürdigkeit, sorgte, daß jeder ein Glas zu trinken bekam, eine Zigarre, eine Pfeife Tabak. Er informierte, fragte, forschte nach scheinbar nebensächlichen Dingen, gab die neuesten Anekdoten zum besten, die aus dem Raum zwischen Aufklärungsabteilung und Feldbäckereikolonne der Division zu berichten waren, sprang von einem Thema zum anderen, unterbrach jedes Gespräch, um zunächst einmal den zuletzt ins Zimmer Getretenen anzuhören und auszuforschen. So verging Viertelstunde um Viertelstunde und noch immer war keine unserer Fragen entschieden, bis dann, ganz und gar unkommissig und durchaus zwanglos die Worte fielen: Ja, ich denke, wir machen das jetzt so... und nun gab Stauffenberg, die Linke in der Hosentasche, die Rechte am Weinglas, gedankenvoll durchs Zimmer gehend, bald hier, bald da stehenbleidend, dann wieder zur Karte greifend, den Quartiermeisterbefehl in allen Einzelheiten. Er sprach nicht ‚schulgerecht', wie man es vom Generalstäbler erwartet, das Schema lag ihm nicht, genügte ihm nicht. Auch fiel ihm das Formulieren durchaus nicht leicht, und das, was er sagte, war weit entfernt von einem flüssigen ‚schreibfertigen' Befehlsdiktat – aber was er da an sorgfältig ausgewogenen Überlegungen und Dispositionen entwickelte, war im Sachlichen ‚fertig' und vollkommen."[33]

Seinen ersten Brief nach Hause an Gräfin Nina schrieb er am 18. Mai nach der ersten Woche der Kampfhandlungen. Die Spitze der Division stand bei Cambrai und hatte in neun Tagen an die 270 km Marschentfernung zurückgelegt. Zum erstenmal war es an diesem Tag durch Stauffenberg gelungen, Verbindung zum benachbart vorstürmenden Panzerkorps des Generals Guderian aufzunehmen. Man liest:

„...seither erleben wir in erschütternder Form den Anfang des Zusammenbruchs einer großen Nation, nicht nur militärisch, sondern auch vor allem psychisch.
Ob Du wohl die Spuren verfolgen konntest? Über Eifel, Ardennen, Maas, Oise und heute Somme? Es ist ein unerhörter Vormarsch, eine wirkliche Invasion, ein unaufhaltsames Weiterstossen, dem gegenüber die Franzosen nicht einmal den guten Willen zu kämpfen gezeigt haben. Sie ergeben sich zu Tausenden und fluten dann unbewacht ganz auf sich gestellt nach Osten ... Wir müssten aufhören zu kämpfen, wollten wir die Gefangenen auch nur einigermaassen bewachen oder abtransportieren. Höchstens vom Stabsoffizier aufwärts werden sie gefahren.
Von Engländern noch keine Spur. Sie werden auch allmählich an Kanal-Brückenkopf-Verteidigung denken.
Uns geht es köstlich ... Sehr wenig Schlaf, der heute Nacht etwas nachgeholt werden konnte. Viel sehr guter Rotwein, weißer Burgunder und Sekt."[34]

Vom Tag dieses Briefes ist die von Stauffenberg geschriebene Meldung erhalten, mit der er dem zuständigen Armeekorps die seit Beginn gemachte Beute anzeigt: ein Blatt, das im nüchternen Militärstil das ungeheure Ausmaß das Zusammenbruchs beim Gegner erkennen läßt.[35]

Im zweiten Brief, den Stauffenberg aus diesem Feldzug am 27. Mai an seine Frau schreibt, steht eine Überraschung voran:

> „Nachdem die Feldpost inzwischen ihre Tätigkeit mit Erfolg aufgenommen hat, muß ich wieder berichten. Nachdem man endlich ein paar mal wirklich ausgeschlafen hat, geht das auch leichter. Zunächst eine für mich sehr traurige Nachricht, über die du Dich wahrscheinlich sehr freuen wirst. Ich bin in den Generalstab des Heeres, 2. Abt. versetzt. Eine kleine Genugtuung ist dabei, daß es gelungen ist, daß Colsman als Nachfolger durch die Zentralabteilung des Generalstabes ernannt wurde. Du wirst Dir vorstellen können, wie schwer es mir fällt, mitten aus meiner Division und mitten aus dem Krieg und den ruhmvollen Operationen meiner Division herausgerissen zu werden, um in einer Behörde wie dem OKH unterzutauchen."

Damit hat er der Klage über seine überraschende Versetzung genug getan. Begeistert spricht er von Leistungen und Siegeszuversicht seiner Truppe und vom Gewicht künftiger Entscheidungen.

> „Der Vormarsch unserer Division gehört zu den unwahrscheinlichsten Erlebnissen, die man haben kann. Nach dem Durchbruch durch die Maas-Stellung e i n e unaufhaltsame Verfolgung bis dicht ans Meer (Abbéville), dann Abdrehen Richtung Calais, um sich heute wieder nach Osten zu wenden, wo die große Schlacht in Flandern durch allseitige Umfassung sich ihrem letzten Akt in dieser großen englischen Tragödie nähert.
> Meine eigene Tätigkeit war von großem Glück begleitet, und die Division war trotz unvorstellbarer Geschwindigkeiten immer aufs beste versorgt. Mehr als zweimal waren wir nie am gleichen Ort und auch das nur selten. Mein Stab, den ich in diesem Krieg völlig selbständig gemacht habe, funktioniert aufs beste.
> Persönlich geht es uns ausgezeichnet; die Vorräte des Landes genießen wir in vollen Zügen und gleichen so etwas den mangelnden Schlaf aus. Eier zum Frühstück, herrliche Bordeaux, Burgunder und Heidsieck, so daß sich das Sprichwort ‚Leben wie der Herrgott in Frankreich' durchaus bewahrheitet.
> Vor drei Tagen trank ich mit Ribbentrop Kaffee, der uns besuchte und einen ganz passablen Eindruck machte. Großer Löwe ist er allerdings bestimmt nicht.
> In unseren Kämpfen bereiten sich die weittragendsten, das Gesicht der alten Welt verändernden Entscheidungen vor. Ich denke, daß nach Vernichtung der flandrischen Armeen zunächst wieder die Politik sprechen wird. Für die Engländer gilt es dann eine große innere Entscheidung. Geben sie nicht nach, wird es noch harte Kämpfe geben, denn dann müssen wir zum Vernichtungskampf gegen England antreten."[36]

In seinem Brief vom 27. Mai verschweigt der Graf, daß es drei Tage erzwungene Rast für die Panzerverbände waren, die Hitler mit dem Befehl erstarren ließ: „Dünkirchen ist der Luftwaffe zu überlassen." Noch für den 24. hatte Stauffenberg seine Vormarschbefehle in der von ihm der Gräfin genannten Richtung nach Osten gegeben. Drei Tage danach schrieb Halder in sein Kriegstagebuch: „Die Panzer und mot. Verbände stehen nach allerhöchstem Befehl auf den Höhen zwischen Béthune und St. Omer und dürfen nicht angreifen." Noch am 26. kam die Lösung durch das OKH, am 27. rollten die Panzer zur neuen Offensive. Daß es in der Folge den Briten durch das Anhalten der deutschen Panzerwaffe gelingen konnte, größte Teile ihres Expeditionskorps und Teile der französischen Divisionen über den Hafen von Dünkirchen nach England zu retten, war für Stauffenberg, als er schrieb, noch nicht zu ahnen, so wenig aber auch, daß die Engländer in diesen Tagen mit Churchill als neuem Premierminister den Mann gewonnen hatten, der „die große innere Entscheidung" für sie auf sich nahm und sie mit seinem Programm „Blut, Mühsal, Tränen, Schweiß" zur äußersten Entschlossenheit zu wecken wußte.

Am 31. Mai wurde Stauffenbergs Abschied von der Division gefeiert. Ein Mitoffizier gibt eine Schilderung von ihm aus den Tagen von St. Omer:

> „Unvergleichliche Erinnerungen waren jene abendlichen Gespräche zu dritt oder zu viert in den Quartieren bei St. Omer. Immer wieder war bewundernswert, über welche Fülle von Einsichten, über welch gereiftes Urteil der damals Zweiunddreissigjährige verfügte, wie viel er dank einer genialen Begabung wußte. Diskussionen von einem ähnlich hohen Niveau habe ich weder vorher noch nachher je erlebt. Verehrt und bewundert von Kameraden, Mitarbeitern und Untergebenen, geschätzt von allen Vorgesetzten, denen er, seines Wertes und seiner persönlichen Würde voll bewußt, mit schönem Freimut und ohne jede Spur von Servilismus gegenübertrat, stets und in jeder Lage befähigt, den rechten Ton zu treffen, die passende Form zu finden: so war er, strahlend und schön wie Alkibiades, ‚angenehm vor den Menschen' und wahrhaft, wie es später einmal einer aus dem Kameradenkreis sagte, ‚ein Liebling der Götter'."[37]

Mit tieferer Kenntnis von Stauffenbergs Art hat Oberst d. R. Erwin Colsman berichtet, der den Feldzug neben ihm mitgemacht hat und sein Nachfolger geworden ist. Wenn er nach dem Krieg, in sein schönes, von einem mächtigen Gingko-Biloba überragtes Anwesen am Niederrhein zurückgekehrt, vor Freunden von Claus Stauffenberg erzählte, so glaubte man ihm, dem vom Leben gereiften Mann, Vater einer großen Familie, daß ihm der Jüngere auf dem Feldzug zum Freund geworden war und zu ihm den spontanen Ausruf tat, wie er sich erinnerte: „Nichts Schöneres als einen siegreichen Feldzug mit dem Freunde".

Um diesen Stauffenberg, den so ganz die Dinge des modernen technischen Krieges beschäftigten, habe der Krieg doch etwas wie Zeitenthobenes gehabt, nicht durch irgendeine Romantik, sondern durch seine offene, jeder menschlichen Regung vertrauende, mutvoll voranführende Art, von der sich jeder aufgenommen fühlte und alles um ihn Freude und Schwung bekam. Wie spürbar anders sei es nach seinem Weggang gewesen! Und Colsman meinte: Er sah die Landschaft auch beim Durchzug mit offenen Augen. Er genoß alles Feine, was es gerade gab, auch das kleinste Quant Schlaf nach langen schlaflosen Mühen, jedes Biwak war für die Kürze ihm recht. Wie habe er sich köstlich über Siege freuen können und Leistungen belobt und wie habe man ihn ernst sehen können, wenn nach einem tieferen Sinn des Geschehens gefragt wurde. Und Colsman, der auch Briefe Claus Stauffenbergs vorweisen konnte, betonte eigens, daß alles Erhobensein vom Sieg der Waffen bei Stauffenberg nicht vom Machtrausch hatte, der damals die Deutschen im Gefolge von Hitler befiel, daß bei ihm immer das Wissen die Waage hielt, wie auch dem im Glück der Niedergang drohen kann. Er habe so etwa sagen können, der beste Krieg tauge nicht, wenn nicht aus ihm ein Sinnvolles an neuer Ordnung hervorgehe. Und so habe er es mit Frankreich gesehen, als sich die große Niederlage abzeichnete. Jetzt sei dann die Politik am Zug, jetzt müsse man in einem großen Sinn handeln und aus einer alten Feindschaft etwas Neues machen. Wenn man ihm freie Hand gäbe, er würde es machen. Immer wieder brachte Colsman bei seinen Erzählungen das Wort darauf, Stauffenberg habe sich nicht an einem zu leichten Verächtlichmachen Hitlers beteiligt. „Stauffenberg betrachtete Hitler als gleichwertigen Gegner."[38]

Den 22. Juni, den Tag, an dem der Waffenstillstandsvertrag zwischen Deutschland und Frankreich in Gegenwart von Hitler am historischen Ort von Compiègne unterzeichnet wurde, erlebte der Hauptmann Stauffenberg im Hauptquartier des OKH in Chivay an der belgisch-französischen Grenze. Er schrieb am Tag zuvor in einem Brief an die Gräfin Nina die Sätze, die im Abwägen zwischen Sieg und Fall an die Besonnenheit attischer Chorlyrik erinnern:

> „Heute in einer Woche jährt sich der Tag des Versailler Vertrages. Welche Veränderung in welcher Zeit! Neben Triumph und Freude ist da unvermeidbar die Überschau über die Jahrzehnte, die wir miterlebten, mit dem Wissen, wie wenig Endgültiges es gibt, und daß die schroffste Umwandlung, ja Umkehr wahrscheinlicher ist als das Beharren auch nur für wenige Jahre. Wenn wir das unseren Kindern beibringen, daß nur der dauernde Kampf, das dauernde Streben nach Erneuerung vor dem Untergang

> rettet – dies umso mehr, je größer das schon Erreichte ist – und daß Beharren, Erhalten und Tod identisch sind, dann haben wir den größten Teil unsrer nationalen Erziehungspflicht geleistet."[39]

Der Generalstabschef Halder besprach sich, wie er in einem Spruchkammerverfahren nach dem Krieg ausführte, zum Abschluß in Frankreich mit einem Kreis von Generalstabsoffizieren, unter ihnen von seiner Generation die Generale Fellgiebel, Stülpnagel, Wagner, „denen der Widerstand gegen den Geist Hitlers gewissermaßen im Blute saß". Wortführer unter den Jüngeren sollen Stauffenberg und Mertz von Quirnheim gewesen sein. Sie verteidigten Hitlers großen Anteil an dem Sieg in Frankreich, ohne in Worte der Apotheose des „größten Feldherrn aller Zeiten", zu dem die Propaganda Hitler nach dem Sieg im Westen stilisierte, zu verfallen. Aber sie entwarfen ein beängstigendes Bild eines Siegers ohne Gefühl und Augenmaß, der in seiner Hybris zum Verhängnis werde. Und sie sprachen aus, so erinnerte sich Halder, daß die Zeit kommen werde, in der man gezwungen sei, ihm entgegenzutreten und notfalls ihn zu fällen. Er, Halder, habe den Worten von Stauffenberg und Mertz nicht widersprochen.[40]

VI

1940–1942

IM GENERALSTAB DES HEERES

Mehr als zweieinhalb Jahre des Krieges, mehr als die Hälfte in seinem Verlauf gehörte Stauffenberg dem Oberkommando des Heeres (OKH) an und hat mit der Feldstaffel der Organisationsabteilung des Generalstabes die Ortswechsel mitgemacht von Godesberg nach Chimay in Belgien, Fontainebleau bei Paris, nach Zossen bei Berlin, in das Lager „Mauerwald" in Ostpreußen, nach Winniza in der Ukraine und wieder nach Mauerwald.

Im Juni 1940 blieb das Oberkommando noch im ländlichen Chimay an der belgisch-französischen Grenze. Von hier schreibt Stauffenberg am 17. Juni – noch ist Kriegszustand, das Waffenstillstandsgesuch Frankreichs ist am selben Tag eingegangen – einen ersten Brief an die Gräfin Nina. Man merkt in ihm, daß er sich mit Elan der neuen Aufgabe angenommen und schon mit neuen Erfahrungen umgelernt hat. Schon jetzt grollt in ihm, was später in vollem Unmut über „Führerentscheide" und verheerende Führungsstrukturen hervorbrechen wird.

> „Du frägst nach meiner Tätigkeit: ich habe das Referat Friedensheer. Dies mitten im Krieg, aus den beweglichsten und durchschlagendsten Operationen, die je denkbar waren, herausgerissen, zu übernehmen, hatte etwas zumindest höchst Eigentümliches. Die Aufgabe kann naturgemäß jetzt sehr interessant werden, denn nach jedem Krieg fängt man gewissermaßen ganz neu wieder an. So wird man die ganze bisherige Organisation, Aufbau, Zusammensetzung, innere Gliederung usw. überprüfen müssen und gleichzeitig ganz neue Gedanken erwägen müssen. Auf diese Weise wird dies Arbeitsgebiet demnächst zentrale Bedeutung erlangen. Trotzdem ist das Brot, das man ißt, nicht leicht, denn in einer so großen und hohen Behörde, die in so vielen und gerade den wichtigsten Fragen mit gleichgestellten Behörden gekoppelt und wiederum von einem absoluten Führer mit höchst eigenen Gedanken abhängig ist, ist die Divergenz der sachlichen Meinungen nicht nur ungewöhnlich groß, sondern es sind auch dauernd die verschiedenartigsten Erwägungen politischer, persönlicher und taktischer Art zu berücksichtigen. So wird man sich damit abfinden müssen, daß in den großen Fragen alle Mühe und Arbeit durch einen unvorhergesehenen Führerentscheid umsonst war und daß in vielleicht den

meisten andern der Kompromiss, oft der windige Kompromiss zur Herrschaft kommt.
Meine Erfahrungen aus dem Aufbau der Führung und Versorgung einer neuzeitlichen Panzerdivision kommen mir hier natürlich sehr zu Nutzen. Das war auch einer der wesentlichen Gründe, mich auf diesen Stuhl zu setzen. Daß es gelingen wird, nun manches durchzusetzen, wofür ich von der Truppe aus lang und vergeblich gekämpft habe, ist offenbar...
Abt.-Chef ist Oberst Buhle, ein energischer, nicht übertrieben feiner Schwab. Sein Vertreter ist Helmut Reinhard, der gleichzeitig mit mir hinversetzt wurde. Das Kriegsheer bearbeitet ein Hptm. Schmidt, auch schwäbischer Infanterist, so daß das Unternehmen reinrassig ist...
Das OKH ist, auf etwa 9 km verteilt, in einigen geräumten Dörfern untergebracht, wir selbst ganz für uns und einsam in einem kleinen Gasthaus an einem See, in dem man sehr schön baden kann. Ich sehe viel den Ebo [Eberhard] Finckh, der wieder beim Generalquartiermeister gelandet ist. Der Gen.-Qu. hatte übrigens auch Absichten auf mich..."[1]

Es hat für Stauffenberg einiger Zeit bedurft, um unter den Offizieren der neuen Abteilung Fuß zu fassen. Ihm, der von der siegenden Armee an der Front kam, erschienen sie schwunglos und voller Skepsis wie Defaitisten, unter der Sorge um Mannschaftsstärken und Stahlbeschaffung gebeugt. Um seine langjährige Freundschaft zu Stauffenberg durch Auseinandersetzungen nicht zu gefährden, übergab ihm sein Amtsvorgänger und alter Regimentskamerad, Hauptmann Bernd von Pezold, das Ressort deshalb in drei statt wie vorgesehen in vierzehn Tagen.[2]

Mit Oberst Buhle, dem Chef der Abteilung, der Stauffenberg mit einer gewissen Skepsis empfing, verbanden ihn bald vorbildliche Zusammenarbeit und Vertrauen.[3] Im Führerhauptquartier waren die beiden noch um die Mittagszeit des Zwanzigsten Juli miteinander im Gespräch und gingen miteinander zur Lagebesprechung.

Über den Zusammenhalt der Schwaben auch während des Krieges in den entlegensten Winkeln kennt man Stauffenbergs Bemerkung: „Die einzige Loge, die Hitler nicht auflösen konnte, sind die Schwaben."[4]

Die Organisationsabteilung des Generalstabes hatte die Bereitstellung und Ausstattung neuer oder neugegliederter Verbände, aber auch Umgliederung, Umbewaffnung, Umrüstung der bestehenden gemäß neueren Erfahrungen zu bearbeiten, und sie hatte für den Mannschaftsersatz zu sorgen. Stauffenberg hatte in der Abteilung – für ihn wohl enttäuschend – das Referat „Friedensheer" zu übernehmen. Es galt als seine Aufgabe, gemäß der von Hitler am 7. Juni erlassenen Weisung, die Stärke des Heeres von 163 (in anderer Zählung 137) Divisionen auf 120 Divisionen zurückzubauen: Die freiwerdenden personellen und materiellen Kräfte sollten der Marine und Luftwaffe für den Einsatz gegen

England zugeführt werden. Bald gab es eine Umordnung. Das Referat „Friedensheer" wurde aufgegeben und Stauffenberg erhielt den Aufgabenbereich 2 der Organisationsabteilung, der künftig, wie es Stauffenberg vorausgesagt, „zentrale Bedeutung erlangen sollte". Ende Juli die neue Anweisung, statt der „zurückgebauten" 120 Divisionen den Aufbau von 180 kampfstarken Divisionen zu bearbeiten. Was anderes hatte Hitler mit einem großen Landheer im Sinn, da er doch mit Macht den Angriff auf England vorbereiten ließ? Ob Stauffenberg schon damals – Ende Juli 1940 – Hinweise darauf empfing, worauf die auffällige Vermehrung der Angriffsstärke zielte?

Jedenfalls konnte ihm die Erfahrung der folgenden Monate zeigen, daß „unvorhergesehene Führerentscheide", wie er sie schon in seinem Brief vom 17. Juni nicht ohne Skepsis charakterisiert hatte, immer mehr an die Stelle einer von Vernunft geprägten, von fachkundiger Beratung gestützten Kriegführung treten oder doch eine gewisse Rat- und Planlosigkeit Hitlers verbergen konnten. Als Sieger, fast noch mehr über die eigenen Generäle als über die feindlichen Armeen, von politischen Zwängen bald hierhin, bald dorthin gestoßen, spielte Hitler mit den verschiedensten Vorstellungen und Möglichkeiten und ließ seine Generalstäbe dafür arbeiten.

Er forderte verstärkten Luft- und Seekrieg gegen England, ließ sich durch jeden der drei Wehrmachtteile Pläne zur Landung auf der Insel, das Unternehmen „Seelöwe", ausarbeiten, blieb aber gezwungen, es aufzuschieben, bis Göring die versprochene Luftüberlegenheit errungen hätte; zugleich wandte er sich dem Gedanken zu, England vom Mittelmeer her zur Kapitulation zu bringen. Eine Planung zur Wegnahme von Gibraltar, das Unternehmen „Felix", wurde befohlen, und Hitler traf sich, um das Unternehmen voranzutreiben, am 23. Oktober 1940 mit dem spanischen Diktator Franco und am 24. Oktober 1940 mit Marschall Pétain, dem Staatsoberhaupt im unbesetzt verbliebenen Frankreich. Als sich das verbündete Italien im Libyenkrieg gegen England in schwerster Bedrängnis meldete, wurde auf ein Hilfeverlangen des Comando Supremo im Februar 1941 ein deutscher Panzerverband zur Landung in Afrika aufgeboten. Vom Wehrmachtführungsstab verlangte Hitler eine „studienmäßige Bearbeitung eines Aufmarsches in Afghanistan gegen Indien."[5]

Bei allen unstet wechselnden Planungen – im Grunde alle gegen England – gewann die für den Kriegsverlauf entscheidende Bedeutung der Plan „Barbarossa". Hitlers Weisung No. 21 vom 18. Dezember 1940 lautete:

„Die deutsche Wehrmacht muß darauf vorbereitet sein, auch vor Beendigung des Krieges mit England Sowjetrußland in einem schnellen Feldzug niederzuwerfen."[6]

Schon am 31. Juli hatte Hitler dem Oberbefehlshaber des Heeres und seinem Generalstabschef in einer Besprechung auf dem Berghof seine Absicht zum Angriff auf Rußland eröffnet. Er bezeichnete ihnen gegenüber, der alten Formel folgend, Rußland als den letzten Festlandsdegen Englands; nur indirekt über Rußland sei der Endsieg über Großbritannien zu gewinnen. Ungeklärt bleibt, wie er am selben Tag dem Oberbefehlshaber der Marine gegenüber als Termin für den direkten Angriff auf England (Operation „Seelöwe") den 15. September nennen konnte. Der Plan wurde Ende September „vorläufig" aufgegeben. Die dafür vorgesehenen Truppen hatten die Vorbereitung der Landung in England weiterzubetreiben.

Von Stauffenberg weiß man, daß er in der gleichen Zeit an der Aufstellung einer „Lehrtruppe" für Rumänien zum Schutz des dortigen Ölgebietes beteiligt war, und daß er Maßnahmen zur Modernisierung des rumänischen Heeres und zum Zusammenwirken von rumänischen und deutschen Kräften im Fall eines deutsch-russischen Krieges zu finden hatte. Es ist wahrscheinlich, daß auch die Aufstellung und Ausrüstung der Heeresverbände für Afrika, soweit die Organisationsabteilung tätig werden mußte, mit in seinen Aufgabenbereich fielen; man weiß, daß er sich mit der Schaffung von Verbindungsorganen mit dem italienischen Verbündeten zu befassen hatte. Nicht zu sagen ist, ob er schon vom August 1940 ab an den Planungen für den Angriff auf Rußland teilhatte, der für Frühjahr 1941 vorgesehen und als „Blitzkrieg" von 4-5 Monaten terminiert war. Jedenfalls mußte er durch das Vertrauen, das er außerhalb seines Amtes zu Generälen und zu Eingeweihten höheren Ortes gewann (so zum Generalquartiermeister Wagner, bei dem der Freund Eberhard Finckh arbeitete), von den erbitterten Auseinandersetzungen im Vorblick auf den Rußlandfeldzug gehört haben, die zwischen Hitler (samt Parteiführung und SS) und den Spitzenvertretern der Wehrmacht in OKW und OKH gespielt hatten, und in denen die Generäle schließlich doch – manche wenige gegen ihr Gewissen, andere indes nicht – das taten, was ihr „Führer" von ihnen erwartete. Es handelte sich dabei um ein Programm offenkundiger Brutalisierung der Kriegführung außerhalb des Kriegs- und Völkerrechtes. Man stritt um Fragen der Kriegsgerichtsbarkeit und um die gegen jeden bisherigen Kriegsbrauch gehende Einschränkung der vollziehenden Gewalt des militärischen Oberkommandierenden in den zu erobernden Gebieten, die dessen völlige Entmachtung bedeutete. Den Befehlshabern an den

Fronten wurde vorgeschrieben, den Einsatz der Sicherheitspolizei und des SD zur „Durchführung besonderer sicherheitspolizeilicher Aufgaben außerhalb der Truppe" im Operationsgebiet zu dulden. Der bei der Truppe zuständige Gerichtsherr hatte gegen allen gewohnten Brauch bei Vergehen und Verbrechen gegen die Landeseinwohner von einer Verfolgung der Soldaten abzusehen. Kommissare der Roten Armee – für Hitler „Untermenschen" und „Exponenten der jüdisch-bolschewistischen Unterdrückung" – waren „im Kampf zu erledigen", was nichts anderes hieß als: Sie durften nicht gefangengenommen werden, sie waren ausnahmslos zu töten.

Während die Auseinandersetzungen über diese Maßnahmen, die eine bisher beispiellose Demütigung und Entmachtung des Oberbefehlshabers des Heeres bedeuteten, die oberen Gremien noch erregt hielten (März 1941), war die Abteilung Stauffenbergs mit den Aufgaben befaßt, den von Hitler plötzlich geforderten Feldzug gegen Jugoslawien und Griechenland mit allem Nötigen auszustatten. Mussolini war in Albanien im Kampf gegen die Griechen gescheitert, in Belgrad war die den Deutschen verbündete Regierung des Prinzregenten Paul gestürzt worden. Der Feldzug mußte vor den russischen noch vorgezogen werden und sollte am 5. April beginnen.

Ein Zeugnis aus dieser Zeit, das Stauffenbergs Stellung zum Rußlandunternehmen und zu den Völker- und Kriegsrecht vernichtenden Befehlen erkennen ließe, ist nicht vorhanden. Sein Urteil geht jedoch klar hervor aus einer Niederschrift, worin er im Juni 1944 in kurz gefaßten Punkten, um zur Tat gegen Hitler anzuspornen, sich über den Verlauf des Krieges ausspricht:

> „Den Anfang vom Ende der gesamten militärischen Entwicklung bilde der russische Feldzug, der mit Befehl zur Tötung aller Kommissare begonnen habe und mit dem Verhungernlassen der Kriegsgefangenen und der Durchführung von Menschenjagden zur Gewinnung von Zivilarbeitern fortgesetzt worden sei."[7]

Daß er den Kommissarbefehl, der seine Aktualität längst eingebüßt hatte, drei Jahre, nachdem er gegeben war, noch einmal mit Nachdruck voranstellt, zeigt, wie tief er als Deutscher und als Offizier betroffen war. Solange er mit dem Rußlandkrieg zu tun hatte, hat er sich über das hinaus, wozu ihn die Kompentenz seines Amtes in der Frage der „Ostfreiwilligen" ermächtigte, gegen die Gesetz- und Rechtlosigkeit eingesetzt, der die russische Bevölkerung preisgegeben war.

Noch während der Dauer des Balkanfeldzuges waren von der deutschen Botschaft in Moskau energische und gefahrvolle Versuche weitergeführt worden, Hitler vom Entschluß eines Rußlandfeldzuges abzuhalten, der nach dortiger Kenntnis als Wahnsinn galt und zum Untergang Deutschlands führen mußte. Der Botschafter Graf Werner von der Schulenburg, der zu dringlichem Vortrag nach Berlin kam, wurde „nach zweiwöchigem beharrlichem Warten in den Vorzimmern der Reichskanzlei" von Hitler mit Widerstreben empfangen und nach halbstündigem Gespräch brüsk mit dem täuschenden Wort entlassen, das der Botschafter im richtigen Gegensinn verstand: „Und noch eins, Graf Schulenburg, einen Krieg gegen Rußland beabsichtige ich nicht." In einer kollektiven Denkschrift der Botschaft, die auch zur Kenntnis Halders und zum Wissen im Wehrmachtführungsstab gelangte, war die Hitler und die Generalität beherrschende Idee eines Blitzkrieges gegen Rußland ad absurdum geführt. Begründet war nachgewiesen worden, daß selbst ein langer Krieg bei äußerstem Einsatz einer deutschen Angriffsarmee nicht zu gewinnen sei.[8]

General Köstring, als Sohn deutscher Eltern in Rußland geboren, Militärattaché in Moskau, hatte sich Hitlers besonderen Unwillen zugezogen, als er ihn in seiner freien, sarkastischen Art bei einer Audienz beschworen hatte, keinen Krieg mit Moskau anzufangen. Beim Verlassen des Hauptquartiers, so liest man, sollen seine Worte zu Hitler gewesen sein:

> „Der russische Bär ist eben erst aus dem Winterschlaf erwacht und noch etwas benommen. Nach den ersten Schlägen wird er sich auf die Hinterbeine stellen und mächtig zurückschlagen. Und vergessen Sie nicht, daß der Winter in Rußland kalt ist."[9]

Stauffenberg hat im Rußlandkrieg nahe Verbindung zu Köstring gefunden.

*

Im Juni 1941, nach der Eroberung Jugoslawiens und Griechenlands, begegnen wir in einem Bericht, den Rudolf Fahrner gab, Major Stauffenberg in Athen, wo er im Auftrag seiner Abteilung Besprechungen bei Heeresstellen wie auch beim Admiral Ägäis zu führen hatte. Die Eroberung Kretas nach verlustreichem Luftlandeeinsatz lag kurze Wochen zurück. Bei ihrem Zusammensein deutete Stauffenberg Fahrner gegenüber den nah bevorstehenden Angriff auf Rußland an. Er nannte ihn eine Verlegenheitslösung Hitlers, „weil ihm so gar nichts mehr einfiel". Und Stauffenberg vertrat die Auffassung, es komme jetzt alles und das letzte darauf an, statt einer Ausflucht in den Osten, den Kampf gegen England und den drohenden Eingriff der USA im Mittelmeer zu führen.

Rommel stehe drüben bei Tobruk, und Hitler verweigere ihm, aus welchen Gründen auch immer, Kräfte und Mittel, auf Suez vorzugehen. Auf Fahrners Frage, wie er es sähe, wie es weitergehen solle mit dem Maßlosen an der Spitze, antwortete Stauffenberg: „Noch siegt er zu sehr."

Man gewinnt den Eindruck, Stauffenberg hatte seine Meinung über die tragische Lage der Engländer seit seinem vom Sieg erfüllten Brief aus St. Omer geändert und hatte etwas von des neuen englischen Premiers Churchill unentwegtem Durchhaltewillen wahrgenommen, mit dem jener sein Volk durchdrang. War er etwa ein solcher, wie ihn Stauffenberg in seinem Englandbericht (vgl. S. 34) als notwendigen Entfacher genannt hatte, der „das Glimmen unter der Asche" in außergewöhnlicher Herausforderung noch einmal zum Aufflammen bringen konnte? Stauffenberg blieb jedenfalls als deutscher Offizier dieses Krieges ganz auf ein Obsiegen gegen England gerichtet. Fahrner erlebte etwas davon, als sie am korinthischen Golf fuhren: „Ganz vehement sein Frohlocken beim Anblick der vielen zerstörten englischen Panzer und Fahrzeuge."[10]

Fahrner schreibt beeindruckt, wie kräftig, frisch und Herr in seinem Tun sein Gast war, und wie offen für alles, was er ihm vom Schicksal des Landes berichtete. Ein Erlebnis besonderer Art ist für ihn, als er den Grafen zum erstenmal in spontanem Kontakt mit Soldaten sah. Sie waren an die Ostküste Attikas gefahren und begegneten in einer Meeresbucht deutschen Einheiten, die da ihre Zeltunterkünfte hatten und eben bei Bad und Ballspiel waren. Stauffenberg ließ anhalten und er

> „hatte seine Freude beim Anblick, begrüßte den Oberleutnant, der das Lager befehligte, und lobte ihm seine Leute. Es war eine aktive Gebirgsjägertruppe, die den Feldzug nach Norwegen mitgemacht und von Bulgarien den Eingang nach Griechenland erkämpft hatte, lauter junge ‚Gebirgler' von schlankem Wuchs in kräftiger Verfassung. Wir schauten eine ganze Weile den Spielenden zu, die sich offenbar ein Vergnügen daraus machten, dem unvermittelt erschienenen Zuschauer mit den Generalstabsstreifen einen munteren Kampf zu liefern. Stauffenberg verabschiedete sich dann durch Winken und Zuruf – das einzig gebrauchte ‚Heil' und die begleitende Armbewegung waren bei ihm ein eigener und echter Gruß."[11]

*

Die ersten eineinhalb Jahre des Rußlandkrieges hat Stauffenberg von der Organisationsabteilung des Generalstabs des Heeres aus erlebt. Der befand sich bei Beginn des Feldzuges in der Nähe des Führerhauptquartiers „Wolfsschanze“, von ihm eine Fahrstunde getrennt, im Lager „Mauerwald“ bei Rastenburg in Ostpreußen. Durch den Ostkrieg wuchsen die Anforderungen an das Amt um ein Beträchtliches. Man liest von 14-18stündigen Arbeitstagen Stauffenbergs, die er mit einem Morgenritt begann. Das Kriegstagebuch der Abteilung ist erhalten mit Feststellungen über die Aktivitäten jeder Woche. Am beeindruckendsten ist die fortlaufende und sich steigernde Mühe um Ersatzbeschaffung für die Verluste an den Fronten, die hier nach den eingegangenen Zahlen aufgeschlüsselt erscheinen. Man erkennt, wie sich die Kluft immer weiter öffnet zwischen zu forderndem und tatsächlich zu leistendem Ersatz an Menschen, Kriegsmaterial, Treibstoff, und wie bevorstehende Operationen, die befohlen wurden, kritisch in präziser Gedankenarbeit vorerwogen und schließlich nach Schwerpunktentscheidungen ausgestattet werden mußten. Andere Fronten gehören wie die gesamte russische zum Sorgebereich der Organisationsabteilung. Die Schauplätze im Südosten und in Nordafrika waren einzubeziehen. Die Stärke der Besatzungs- und Abwehrtruppen, zumal an den Küsten (Frankreich, Norwegen) war nach je vermuteter Feinddrohung abzustimmen. Man glaubt in den Eintragungen des Kriegstagebuchs manchmal dem Stil Stauffenbergs zu begegnen in den nüchtern ohne Emotion bis an die gefährliche Grenze des noch Sagbaren geführten Details.

Auf seine Weise, die man von der Kriegsakademie her kennt, blieb Stauffenberg bemüht, über die fachliche Einzelaufgabe hinaus sich den Blick für die größeren Zusammenhänge zu verschaffen. Im Umgang mit den Offizieren der anderen Generalstabsabteilungen, so vor allem der Operationsabteilung, aber auch der Abteilungen Fremde Heere West, Fremde Heere Ost – wo sein Freund Pezold war –, mußte er die Erfahrung machen, wie Hitler im täglichen Umgang Keitel und Jodl, die beiden Chefs der Wehrmachtführung, bevorzugte und sich gegen den Oberbefehlshaber des Heeres, ja mehr noch, gegen das OKH überhaupt und seinen Generalstab vor allem, abschloß, so daß wichtige Entscheidungen vielfach ohne deren Kenntnis und Zustimmung in einer Atmosphäre des Mißtrauens und der Feindschaft getroffen wurden. Marine und Luftwaffe waren als eigene Teilstreitkräfte unter eigenen Oberbefehlshabern mit dem Heer gleichrangig und Keitels OKW nicht unterstellt. Sie nahmen nur vom „Führer“ selbst Befehle entgegen. Die rasch anwachsenden Verbände der Waffen-SS, die nur für den Kampfeinsatz von Fall zu Fall dem Heer zugeteilt wurden, trugen mit ihrer Unterstellung unter den Nicht-Soldaten Himmler, den Reichsführer SS, das Letzte zum Befehlschaos an der Spitze der Wehrmacht bei, das, von Hitler so gewollt, eine in einer Gesamtverantwortung handelnde, übergeordnete Führung ausschloß.

In seinem Amt begegnete Stauffenberg immerzu den Schwierigkeiten durch die ungemessenen Ansprüche, die Göring für die Luftwaffe, Himmler mit besonderer Billigung Hitlers für die Waffen-SS stellten. Zu den Erfahrungen im Stabsmilieu kam für ihn, was er bei Front- und Befehlshaberbesuchen wahrzunehmen hatte. Er ließ sich weder durch mangelnde Zuständigkeit noch durch das im Frühjahr 1940 gegebene Verbot Hitlers von eigenmächtigen Erwägungen abhalten, wie mit vernunftgemäßer Ordnung solchem Struktur- und Befehlswirrwarr beizukommen sei. Später findet man im Generalstabsplan der Erhebung die Schritte vorgezeichnet, die sofort nach der Ausschaltung Hitlers zu einer Neugliederung der Befehlsverhältnisse mit klarer Zuständigkeit und Verantwortlichkeit der im Oberbefehl Handelnden führen sollten.

Im Frühjahr 1941 hielt der Major Stauffenberg einmal vor Generalstabslehrgängen in Berlin (die an die Stelle der Kriegsakademie getreten waren) einen Vortrag, aus dem ein Teilnehmer sich der gewagten Ironie des Vortragenden erinnerte:

> „Unsere Kriegsspitzengliederung ist noch blöder als die befähigtsten Generalstabsoffiziere sie erfinden könnten, wenn sie den Auftrag bekämen, die unsinnigste Kriegsspitzengliederung zu erfinden."[12]

Und er stellt, weit entfernt, aus seinem Herzen eine Mördergrube zu machen, den Hörern auch noch die Frage nach dem Unterschied zwischen SS- und Heeresdivisionen und gibt selbst im feinen Hohn des Fachmanns die Antwort, daß nämlich „die SS-Divisionen die bessere Ausrüstung bekommen, aber keine Feldgeistlichen haben".[13]

Die einzig auf Wort- und Befehlsgewalt Hitlers zugeschnittene „Kriegsspitzengliederung" (nach seinem „divide et impera") sollte, wie seine Anhänger versicherten, das militärische Ingenium des Führers von den kleinlichen Erwägungen der Fachmilitärs befreien. Doch höhlte sie verhängnisvoll die Initiative und Verantwortung der Feldmarschälle, Generalobersten und anderer oberer Befehlshaber aus und machte sie, auch bei besserem Wissen, zu Nickenden und Gehorchenden. Eine Kluft trennte Stauffenberg von solchen Befehlshabern, die er eines Feldherrn-Ranges nicht für würdig hielt. Daß er dieser Gruppe den Chef des Oberkommandos der Wehrmacht, Wilhelm Keitel, und den Chef des Wehrmachtführungsstabes, Alfred Jodl, zugerechnet hat, unterliegt keinem Zweifel. Er dürfte wenig Wert darauf gelegt haben, den beiden Hitler gefügigen Paladinen zu begegnen, die anders als ihre Titel auszudrücken scheinen, echte eigene Befugnisse niemals gehabt haben. Man darf seine später im Unmut getane Äußerung: „Ich hasse den Führer und das ganze Gesindel um ihn", vielleicht vor allem auf sie beziehen. Den Chef des Generalstabs, unter dem er seit Juli 1940 zu dienen hatte, Generaloberst Halder, hatte er wohl nicht ohne weiteres zu den gefügigen Befehlsempfängern Hitlers zu rechnen. Es entwickelte sich, wohl vermehrt nach einer Mitternachts-Aussprache im Dezember 1940 (s. unten), ein Verhältnis zwischen ihnen, bei dem der Chef dem Jüngeren manches Wort gegen Hitler erlaubte, selbst zur Frage, ob man ihn loswerden könne, indessen er sich selber doch möglichst innerhalb militärischer Sachgrenzen hielt. Man liest einmal Stauffenbergs unmutige Bemerkung:

> „Halder...? Halder denkt nur militärisch. Unsere Verbündeten sind nicht Halder oder Keitel, sondern leider die militärische Notlage und – Rückschläge, die der Vernunft dienlich sind.“[14]

*

Stauffenberg war zum 1. April 1941 Major geworden. Ein anschauliches Bild davon. wie es um ihn im Amt zuging, findet man in den Aufzeichnungen des Dietz von Thüngen, eines Bamberger Regimentskameraden vom Jahrgang 1895, der vom Stab einer Infanteriedivision als Major der Reserve ins Hauptquartier versetzt worden war.[15] Er schreibt:

> „Wie war dieser Mann? Ein wenig ahnte ich das schon nach dem Ruf, der ihm vorausging. ‚Einer unserer Allerbesten, weit über dem Durchschnitt, das Beste ist sein Charakter‘, so hörte ich da und dort... Der eine sah Stauffenberg schon damals als einen späteren guten Korps- und Armee-Chef‘. Der andere erklärte auf Grund der durchweg sehr guten Beurteilungen Stauffenbergs, daß dieser die Anlagen hatte, ‚einmal die höchsten militärischen Stellungen zu erreichen. Er war zweifellos ein Nachwuchs bester Prägung, wie wir ihn für die höchsten Kommandostellen brauchten‘. Dieser Ruf wurde bestätigt, wenn man ihn bei der Arbeit zu sehen Gelegenheit hatte... Ich habe die Tür von Claus nie geöffnet [von Thüngen spricht von der Zeit nach Mitternacht ein bis zwei Uhr, d.Vf.], ohne ihn am Fernsprecher anzutreffen, vor Stössen von Papier, die Linke am Hörer, die Rechte mit dem Bleistift bewaffnet, die Akten wendend. Mit lebhafter Miene, je nach dem Gesprächspartner lachend (ohne das ging's eigentlich nie) oder schimpfend (auch das fehlte selten) oder befehlend oder dozierend, gleichzeitig aber schreibend, entweder nur die großen raumgreifenden Buchstaben der Unterschrift oder die kurzen auffallend präzisen Aktenvermerke. Neben ihm meist der Schreiber, der in Wartepausen in fliegender Eile Aktenvermerke, Briefe, Notizen aufnimmt, nicht daß Claus vergessen hätte, das so peinlich eingehaltene Beiwerk eines hohen Stabes (Briefkopf, Betreff, Bezug) pedantisch genau zu diktieren.

Claus gehörte zu den Menschen, die gleichzeitig mit aller Konzentration mehrere Arbeiten erledigten. In erstaunlichem Maß hatte er die Fähigkeit, Akten zu erarbeiten, d.h. zu lesen und Wesentliches von Unwesentlichem mit einem Blick zu trennen, bei seiner Arbeit ein ungeheurer Vorteil. – Ebenso erstaunlich und auffallend waren seine Konzentrationsfähigkeit, die Klarheit seiner Ausdrucksweise und die blitzartigen, den Nagel auf den Kopf treffenden Zwischenbemerkungen, die seinen Partner nicht selten in Verwirrung brachten.

Bei meinen Besuchen hatte er meistens einen zwölf-, auch vierzehn- bis achtzehnstündigen Arbeitstag mit Telephon, Vortrag, Diktat, Aktenstudium, Vortragsnotizen usw. hinter sich. Sein Arbeitstempo, seine Konzentration waren eisern, in diesen Nachtstunden so frisch wie am Morgen. Seine Nerven und seine Gesundheit, die er gewiss nicht schonte (er rauchte, was es gab, trank, soweit er Zeit hatte, er ritt beinahe jeden Morgen vor dem Dienst, er schlief wenig), waren beneidenswert.

Und noch eines gehörte zu dieser seiner Arbeit – das Verhältnis zu seinen Mitarbeitern. Sie sahen oft angespannt und ermüdet aus bis zum Äußersten ihrer Leistungsfähigkeit, das Arbeitstempo war auch bei ihnen rasend, die Anforderungen des Chefs ohne Rücksicht, aber man spürte es bei allen Gelegenheiten, allen Kleinigkeiten, in denen sich das Verhältnis von Menschen kundtut – sie liebten und verehrten ihren Chef und daher gaben sie auch das Letzte her, nahmen die (auch dann noch väterlichen oder kameradschaftlichen) Anschnauzer (innerlich) lächelnd hin und lernten, lernten von ihrem Chef jeden Tag, jede Minute, nicht weil er es befahl, sondern weil sie von seinem Geist der Pflichterfüllung und der Leistung gepackt waren."[16]

Bei einer Frontreise zur Heeresgruppe Mitte in Borissow (Beresina) im Juli 1941, die ihn zum erstenmal mit Henning von Tresckow in Berührung brachte, begegnete Stauffenberg bei ihm und seinen Leuten der Empörung über die Hitlerschen Kriegsgerichts- und Kommissarbefehle. Tresckow hatte als Ia der Heeresgruppe auch den ihm verwandten Oberbefehlshaber, Generalfeldmarschall von Bock, seinerzeit bestürmt, diese Befehle zurückzuweisen. Vergeblich. Stauffenberg und Tresckow haben sich dabei zum erstenmal als gleichen Geistes erkannt. Man liest davon nur, Stauffenberg habe bei den Besprechungen „den Eindruck eines befähigten Generalstabsoffiziers" hinterlassen, der „kein Nazi war, sondern in Hitler und dem Nationalsozialismus eine Gefahr erblickte". Bei den benachbarten Stäben fiel auf, daß er den ihm nahgebrachten Problemen offen und um echte Lösung bemüht entgegenging und nichts von der Art hatte, wie man sie sonst bei aus dem Oberkommando Kommenden erlebte, die die Realitäten der Truppe nicht sehen, dafür aber ihre mitgebrachten Ideen durchsetzen wollten.

Der Generalstabschef Halder hat am 3. Juli 1941 nach dem deutschen Vordringen zu Düna und Dnjepr im Kriegstagebuch aus seiner

Sicht keine Zweifel darüber gehabt, daß „der Feldzug gegen Rußland innerhalb von 14 Tagen gewonnen wurde“.[17] Etwas mehr Bedenken zeigt sein Eintrag vom 17. Juli:

> „Major Graf Stauffenberg berichtet sehr aufschlußreich über Besuch bei der Gruppe Guderian. Eigenart der Durchbruchskämpfe und Anforderung an die Wendigkeit der schnellen Verbände. Starke Beanspruchung der Truppe. Gefechtskraft nimmt allmählich ab. Überlegenheitsgefühl wächst...“[18]

Ende August war Stauffenberg bei der Heeresgruppe Nord, im September wieder bei der Heeresgruppe Mitte, bei der Panzergruppe Guderian, gleich tief beeindruckt vom Kampfgeist der Truppe wie vom Ausmaß der blutigen Verluste und vom Rückgang der Kampfkraft, die bei Panzerregimentern nur noch ein Drittel der ursprünglichen Angriffsstärke, bei der Infanterie und motorisierten Divisionen kaum mehr noch als die Hälfte der anfänglichen betrug und durch Ersatz bereits zu diesem frühen Zeitpunkt nicht mehr annähernd auch nur wiederhergestellt werden konnte. Der noch vor Wintereinbruch erwartete Abschluß des Feldzuges war fraglich geworden. Es zeigte sich, wie sehr man die Kampfkraft der Sowjets unterschätzt hatte, schon ehe Schlamm, Eis, Schnee ihre Hilfen wurden. Und Stauffenberg muß diese Unterschätzung, wie aus dem folgenden zu lesen, geteilt haben.

Über Stauffenbergs Besuche und Verhandlungen bei Stäben des Feld- und Ersatzheeres, die ihm offenbar Freude machten, äußert sich Generalmajor Mueller-Hillebrand, der als Chef der Organisationsabteilung ein halbes Jahr sein Vorgesetzter war:

> „Urteilsfähigkeit, Sicherheit des Auftretens und die Fähigkeit, überlegen mit allen möglichen Gegenstellen zu verhandeln, hatten ihn mehr bekannt werden lassen, als es aus seinem Alter, Dienstgrad, und seiner Dienststellung zu erwarten war.“[19]

Die Art, wie Generalstabschef Halder eine persönliche Verbindung zu ihm pflegte, wurde von den Kameraden als ungewöhnlich empfunden, auch wenn der Chef im Umgang mit seinen untergebenen Offizieren vielleicht etwas mehr von bayrisch-umgänglicher als von traditionell distanzierender Preußen-Sitte zur Geltung kommen ließ. Einer der Mitoffiziere, Ulrich de Maizière, schreibt:

> „Er (Stauffenberg), der zwei bis drei Stufen tiefer stand, war von der Organisationsabteilung neben dem Abteilungschef der einzige, der von Zeit zu Zeit unmittelbar bei Halder vortrug und mit dem sich Halder persönlich unterhielt.“[20]

Halder sagte aus seiner Erinnerung, der wir in Bezug auf Stauffenberg wohl folgen wollen, daß seine Gespräche mit dem Major immer wieder um die Möglichkeiten gegangen seien, wie man Hitler beseitigen könne, „ohne die in Feindberührung stehende Armee in der Erfüllung ihrer Vaterlandsverteidigung empfindlich zu schädigen und ohne das ganze Staatsgefüge zu erschüttern". Neben den Mitteln des Umsturzes sei der Zeitpunkt besonders zur Diskussion gestanden. Über die Führung des Staates nach dem Sturz Hitlers sei nicht gesprochen worden. Nach seinem Eindruck habe Stauffenberg eine am englischen Vorbild orientierte „Demokratie mit straffer Führung" vorgeschwebt, die auf eine möglichst kurze Phase der Militärdiktatur hätte folgen sollen.[21] Halder hat, wie er erklärte, Stauffenberg „als eine tief in der Verantwortung vor Gott verwurzelte Herrennatur empfunden, die sich nicht mit gedanklichen Klärungen und Diskussionen zu begnügen geneigt war, sondern zur Tat drängte".[22]

Welches Ansehen Stauffenberg im Hauptquartier genoß, wie er gesucht wurde, berichtet de Maizière anschaulich:

> „Jeder, der ihn einmal kennengelernt hatte, besuchte ihn gern wieder, wenn er seinem Herzen Luft machen wollte. Nicht nur gleichaltrige oder ranggleiche Offiziere, selbst Generäle, die von der Front oder dem Ersatzheer zum Generalstab kamen, suchten häufig die Gelegenheit, sich mit ihm zu unterhalten. Kam Stauffenberg zu spät zum Essen, hieß es sofort: ‚Da weint sich wieder ein General bei ihm aus.' Es strömten Dinge auf ihn zu, die ihm eigentlich seiner Kompetenz nach gar nicht zukamen. Daß er damit gegen eine Hitlersche Verfügung verstieß, kümmerte ihn nicht. Interessierte ihn etwas, dann beschäftigte er sich damit, selbst wenn es seinen formalen Zuständigkeitsbereich überschritt. Was ihn für seine Gesprächspartner so anziehend machte, war sein klares, niemals voreiliges Urteil, sein Mut zur Offenheit und seine Fähigkeit, für jeden Besucher Zeit zu haben und ihm in Ruhe zuzuhören."[23]

Auch höhere Offiziere ganz anderer Fachbereiche, so erfährt man, „waren immer auch darauf bedacht, mit Stauffenberg zu sprechen, da er als brillanter Offizier mit einer vielversprechenden Zukunft in der Armee bekannt war".[24]

Der so gesuchte Gesprächspartner mit Charme, Humor, Freimut erfuhr so Dinge aus Bereichen, die gar nicht in seiner Zuständigkeit lagen. Gern wurde er zum Auftrag geholt, ausländische Offiziersmissionen zu führen. Er wußte ihnen genug und nicht zuviel zu zeigen und erfuhr selbst durch seine Gäste, was für ihn wissenswert war.[25]

Das Offensein und Zuhörenkönnen, das bei dem gern im Galopp tätigen Stauffenberg fast unglaublich erscheint, wußten besonders die von der kämpfenden Front zum Hauptquartier Kommenden zu empfinden, die der Generalstabsmajor mit Vorrang in Kameradschaft, mit lebhaften Fragen und meist wohl mit einem guten Trunk empfing. Das Zutrauen zu ihm war groß und ob einer mit hohem oder niedrigerem Rang kam, Stauffenberg war sich, wie auch von Thüngen beobachtete, immer gleich und voll Lebens. Thüngen gibt eine Szene aus dem Lager „Mauerwald" – wohl aus dem Juni 1942:

> „Wir saßen in der Sonne vor der Baracke in der geheiligten Mittagspause, dösend, rauchend, hier und da ein frotzelndes oder witzelndes Wort im von Claus so geliebten ‚rauhen, aber herzlichen' Ton. Ein Auto fährt vor, ihm entsteigt ein ‚Kommandierender' der Front – ‚hallo Stauffenberg!' Ein federnder Sprung aus dem tiefen Schlafsessel – hellwach, höflich und doch kameradschaftlich steht Claus vor dem ungewöhnlich klug und gut aussehenden General... merkwürdig – in diesem Augenblick waren die beiden mit einem Schlage der Mittelpunkt des Kreises und – wie mir später andere bestätigten, – wir alle hatten das Gefühl, sie haben Außergewöhnliches miteinander zu reden. Die natürliche, sozusagen angeborene gesellschaftliche Gewandtheit, die natürliche, unvergleichliche Grazie militärischen Taktes des Jüngeren dem Älteren gegenüber und doch die Freiheit und Ungehemmtheit des Verkehrs zwischen Gleichwertigen waren das Äussere von Claus' großer Persönlichkeit, die sich bei Vorgesetzten und Untergebenen Achtung und Anerkennung und Vertrauen ohne Zwang erwarb. Dieses Äussere war Ausfluss seines ganzen Charakters, für das, was bei anderen zum Äusseren gehört – Kleidung – hatte er in dem gewaltigen Geschehen, das ihn ins Innerste bewegte, kein Verständnis."[26]

Man hört selbst von Kontakten, die von der Front her mit dienstlichen Meldungen direkt über Stauffenberg und nicht über den vorgeschriebenen Dienstweg gesucht wurden. So gab ein Erster Generalstabsoffizier einer Panzerdivision, die durch die Schlammschlacht des ersten Rußlandwinters schwer mitgenommen war und dringend Hilfe brauchte, den Zustands- und Lagebericht der Division an den ihm vertrauten Stauffenberg und begründete es damit, daß seine laufenden Meldungen bei den vorgesetzten Stellen überhaupt nicht gehört würden.[27]

Aus diesem Rußlandwinter 1941/42, der nach den größten Siegen des Sommers der deutschen Heeresführung das Tief einer von niemand für möglich gehaltenen Katastrophe brachte, gibt es einen Brief Stauffenbergs, der die Lage mit einer Klarheit darstellt, wie sie Goebbels' betörend flunkernde Nachrichtengebung der Öffentlichkeit vorenthielt. Eine großzügige, Opfermut ansprechende Aktion zur Sammlung von warmer Bekleidung wurde durch das ganze Reich hin ausgerufen, um der für den Winter nicht gerüsteten Truppe in Rußland mit dem Nötigen zu helfen. Man vernahm, daß der Oberbefehlshaber des

Heeres, Generalfeldmarschall von Brauchitsch, entlassen sei und sich Hitler an seiner Statt selbst zum Oberbefehlshaber des Heeres gemacht habe. Die gelenkte Presse versäumte nicht, die Schuld an den Mißerfolgen einzelnen Männern, zumal Brauchitsch, zuzuschreiben.

Der genannte Brief Stauffenbergs ist am 11. Januar 1942, mitten in der größten Krise, aus dem Hauptquartier an Baronin Anna von Lerchenfeld, die Schwiegermutter, gerichtet. Der Brief lautet:

> „Liebste Mami! Nun ist trotz allen guten Vorsatzes Dein Geburtstag selbst herangerückt. Da sich ein reichlich intensiver Betrieb mit allen Begleiterscheinungen der Nachtarbeit und Hetzerei mit einer Grippe vereinigt hat, war kein Raum mehr für privates Briefschreiben.
>
> Vor allem nun aber von ganzem Herzen alle guten Wünsche zu Deinem Geburtstag! So sehr vertrauenerweckend hat das Jahr ja nicht begonnen, so daß man Friedenshoffnungen und Wünsche für dieses Jahr noch kaum hegen (kann)... Ich möchte freilich... gern dies und jenes erklären, was aber nicht ganz leicht ist. Über die Gerüchte in der Heimat hinsichtlich des Abganges von Brauchitsch und Kombinationen mit der Wollsammlung bin ich freilich orientiert. An alledem ist kein wahres Wort. Daß alles so wirken muß, ist aber ganz natürlich:
>
> *Wollsammlung:* Die Winterbekleidung für die im Osten eingesetzten Truppen war zeitgerecht bereitgestellt. Daß sie nicht zur Truppe kam, ist eine reine Transport- und Nachschubfrage. Die jetzige Wollsammlung dient der Deckung von Verlusten und Verschleiss, der Ausstattung des für den Osten bestimmten Ersatzes, der Wiedergenesenden und einer Verbesserung der planmäßigen Ausstattung. Gewiss wäre es besser gewesen, früher zu sammeln, was das OKH auch schon Anfang September vorgeschlagen hat, damals aber, um ausreichende Reserven zu schaffen.
>
> *Lage an der Front:* Sie ist zur Zeit zweifellos sehr schwierig. Es ist eine Lage, die durch die Anspannung der letzten Kräfte und Mittel überwunden werden muß. Ein Vorwurf kann aber einem einzelnen nicht gemacht werden. Der tiefere Grund liegt in der falschen Einschätzung der Sowjetunion und ihrer materiellen Kapazität. Sie sind von uns allen unterschätzt worden.
>
> Daß die Sowjetunion nach den Schlachten von Kiew, Brjansk, Wjasma militärisch vor dem Zusammenbruch stand, ist mir heute nicht zweifelhaft. Als wir den Erfolg ausnutzen wollten, setzte wieder das schlechte Wetter ein. Und sobald der Schlamm überwunden war, kamen die Sowjets gerade mit ihren neu aufgestellten Verbänden heran. Ein voller Sieg lag so nah, daß man eben alles auf eine Karte setzen mußte. Umso größer aber auch natürlich das Risiko. Daß es zur Zeit recht schwierig ist, gebe ich offen zu. Das liegt aber im wesentlichen an den Verkehrs- und Nachschubschwierigkeiten, woran es der Russe ungleich besser hat.
>
> Aber letzten Endes hat es noch keinen Krieg ohne Rückschläge und schwierige Situationen gegeben. Sie müssen in Gottes Namen überwunden werden.

Brauchitsch: Die Entscheidung über fast alle Fragen der Kriegführung und Führung der Operationen hatte sich de facto seit langem der Führer selbst vorbehalten. Das liegt in der Natur einer derartig überragenden und willensstarken Persönlichkeit. Die Zwischenschaltung eines Oberbefehlshabers zwischen dem Chef des Generalstabes und dem Führer mußte unter diesen Umständen erschwerend, hemmend, verzögernd wirken und oft zu Missverständnissen und Reibungen führen. Bei kurzen und sehr planmäßig verlaufenden Feldzügen konnten diese Schwierigkeiten in Kauf genommen werden – unter schwierigen Verhältnissen kaum. In diesem Sinn war der Abgang Brauchitschs nur folgerichtig, der letzte Schritt einer längeren Entwicklung. Es kam hinzu, daß Brauchitsch in der letzten Zeit verschiedene zum Teil recht wenig schöne Herzattacken hatte. Der Entschluss ist übrigens absolut von Brauchitsch ausgegangen.
Daß unsere Propaganda all das nicht geschickt gesteuert hat, ist offensichtlich. Allein irgend eine äussere Ehrung Brauchitschs wird auch vermißt. Diese kann aber bei nächster Gelegenheit noch durchaus kommen. – Rein sachlich ist für uns aber heute besser arbeiten als vor dem. Bei der neuen Lösung wurde es in kurzem möglich, die ganzen Kräfte der Nation einzufangen und für den Entscheidungskampf des Heeres einzuspannen. Und das ist entscheidend!
Mir selber geht es wieder einigermaßen. Nochmals mit allen schönen Wünschen und Grüssen an den Papi.
Immer Dein Claus."[28]

Der Brief, der sich aufbewahrt fand in einem Umschlag mit der Aufschrift „Zweckbrief zur Beruhigung", enthält beides: ein echtes Einräumen äußerst notvoller Tatsachen („falsche Einschätzung der Sowjetunion und ihrer materiellen Kapazität") und einen Aufruf, Gerüchten nicht zu trauen und sich nicht von Resignation überwältigen zu lassen in einer Lage, in der es nach Ansicht des Schreibenden im Durchgang durch äußerste Gefährdung den Zusammenbruch des Heeres vor dem Feind, ja den Untergang der Nation aufzuhalten gilt.

Um Stauffenbergs Sorgen zu verstehen, muß man im Kriegstagebuch seiner Abteilung unter dem 20. Januar 1942 lesen, daß der Verlust von 93 000 durch Tod, Verwundung, Krankheit oder durch Folgen der Kälte in kürzester Zeit ausgefallener Soldaten im Osten aus herbeigeführtem Ersatz nicht mehr aufzufüllen war.[29] Dagegen nahmen die Sowjets ständig an Stärke zu durch unerwartet aus dem Osten herangeführte, für den Winter vollkommen gerüstete neue Verbände.

Nach einer Aufstellung der Organisationsabteilung vom März 1942 betrugen die personellen Verluste allein des Heeres seit dem Beginn des russischen Krieges 35% des Bestandes (eine Million Mann, darunter 33 000 Offiziere). Von 162 Infanteriedivisionen waren nur noch acht, drei davon erst nach einer Ruhepause, voll zu Angriffsoperationen befähigt. 47 konnten gerade zu begrenzten Angriffsunternehmen verwendet werden. Alle 16 Panzerdivisionen zusammen verfügten noch über 140 einsatzfähige Panzer, d.h. weniger als die normale Stärke bei einer einzigen Panzerdivision.

Aus dieser Situation heraus waren dennoch von der Organisationsabteilung durch „Führerwillen" für 1. Juni 1942 neue Angriffsformationen bereitzustellen: es fehlten dafür 340 000 Mann.[30] Den Vorschlag der Organisationsabteilung, durch Zusammenlegung der angeschlagenen Verbände weniger, aber voll einsatzbereite Divisionen zu bilden, lehnte Hitler im März aus „politischen und propagandistischen Gründen" grundsätzlich ab.[31] Man mußte sich von Hitler unbemerkt damit behelfen, daß man jedem Infanterieregiment nur noch 2 statt 3 Bataillone gab.

Für wie gefahrbedroht und außerordentliches Handeln erfordernd Stauffenberg die deutsche Krisenlage vor Moskau eingeschätzt hat, könnte aus einem 1962 gegebenen Briefbericht des Barons von Loeper über ein Gespräch hervorgehen, das er im April 1942 „bei einem stundenlangen Spaziergang" in Wuppertal mit Stauffenberg über die Lage in den vorangegangenen Monaten geführt hat. Loeper ist der frühere Divisionskommandeur Stauffenbergs. Er erzählte ihm, daß er als Kommandeur einer motorisierten Infanteriedivision noch im Dezember 1941 den Befehl erhalten habe, nach dem 600 km von Moskau entfernten Gorki vorzustoßen und die ostwärts von Moskau liegenden Eisenbahnknotenpunkte in Besitz zu nehmen. Loeper, nach dessen Urteil der Befehl Wahnsinn war, hörte darauf von Stauffenberg: „Man müsse gelegentlich alles auf eine Karte setzen, um ein entscheidendes Ziel zu erreichen, und die Eroberung der feindlichen Hauptstadt sei ein solches Ziel."

Fühlte sich Stauffenberg durch Äußerungen Loepers, der der nicht nur damaligen Gewohnheit vieler Generäle folgte, Hitler die Gesamtschuld an der Katastrophe zuzumessen, als „advocatus diaboli" gerufen? Lag es in seiner Natur? Oder aus welchen Einsichten in die strategische Lage konnte er dazu kommen, die draufgängerische Lösung des „Alles-auf-eine-Karte-Setzens" zu fordern?[32]

Auffallend ist, daß schon im Januar im Brief an die Baronin Lerchenfeld gesagt ist: „Ein voller Sieg lag so nah, daß man eben alles auf eine Karte setzen mußte. Um so größer aber natürlich das Risiko." Über die von Loeper angesprochenen Eisenbahnknotenpunkte rollte zur fraglichen Zeit die entscheidende Truppenübermacht der Sowjets heran. Aus der Luft auf sie einzuwirken, fehlten die Mittel.

Loeper erinnerte sich daran, daß Stauffenberg bei jenem Gespräch 1942 mit Empörung davon sprach, daß Hitler einige Tage zuvor in einer Reichstagssitzung sich hatte bewilligen lassen, von nun an als oberster Gerichtsherr allein entscheiden zu können, wenn es das „Wohl" des deutschen Volkes verlange, „ohne an bestehende Rechtsvorschriften gebunden zu sein". Wenn es im Brief an die Baronin Lerchenfeld hieß:

> „Die Entscheidung über fast alle Fragen der Kriegführung und Führung der Operationen hat sich de facto seit langem der Führer selbst vorbehalten. Das liegt in der Natur einer derart überragenden und willensstarken Persönlichkeit",

so spricht er gewiß damit seine Überzeugung von der Mächtigkeit des Mannes aus, der mit seiner Energie und Führungskraft einzig in der Lage ist, „die ganzen Kräfte der Nation einzufangen" und sich auch jetzt damit beweisen soll, sie „für den Entscheidungskampf des Heeres einzuspannen". Kein Wort zur Feldherrnkunst Hitlers, kein Wort zu seiner menschlichen Qualität, doch der Hitler ergebenen Baronin war genüge getan.

Dem Freund Oberst Wilhelm Bürklin gegenüber hat Stauffenberg damals ausgesprochen, daß von Brauchitsch, auch von Herzattacken geschwächt, nicht mehr die Kraft gehabt habe, das Heer gegenüber den anderen Wehrmachtteilen und vor allem gegenüber den SS- und Parteiformationen mit Nachdruck zu vertreten. Daß Hitler nun selbst die Führung des Heeres übernehme, mache es dem Chef des Generalstabes möglich, unmittelbar bei ihm Vortrag zu halten und auf ihn einzuwirken. Wenn Hitler am Ergehen „seines Heeres" beteiligt werde, habe er, Stauffenberg, einige Zuversicht, daß die Lage an der Ostfront gemeistert werden könne.[33]

Der Verlauf hat der Erwartung Stauffenbergs insofern nicht Unrecht gegeben, als Hitler die sich abzeichnende Katastrophe des Ostheeres im Winter von 1941 auf 1942 vermittels seiner brutalen „Halten-um-jeden-Preis"-Befehle, die er gegen die entgegengesetzten Operationsvorschläge des Generalstabs ohne Rücksicht durchsetzte, wohl aufgehalten hat. Doch hat dies Stauffenbergs wohl in jenem Winter wurzelnde definitive Distanz zum „Führer" nicht berührt. – Die Späteren können sich wohl fragen, ob es nicht für das deutsche Geschick besser gewesen wäre, wenn der Krieg mit der deutschen Katastrophe vor Moskau beendet worden wäre.

Bei der Art seines Gesprächs, das von Ernst zu Ironie und Scherz springen konnte, wurde Stauffenberg manches Wort nachgesehen, was einem anderen vielleicht ein böses Nachspiel gebracht hätte. Aber er hatte offenbar auch ein Organ dafür, zu erkennen, wie weit er gehen, wem er sich eröffnen konnte. Es gab im OKH um ihn, wie man weiß,

Offiziersgespräche, in denen Kritik an Hitler und seiner Einmischung erhoben und die Berufung eines fähigen, für die gesamte Ostfront verantwortlichen Oberbefehlshabers wie etwa des Generalfeldmarschalls von Manstein, gefordert wurde. Stauffenberg hielt sich auch jetzt noch, so lang er für sich kein Handeln sah, zurück. Oberleutnant von Herwarth, der, von einer Kavalleriefronttruppe kommend, Stauffenberg mehrfach begegnete, hat berichtet, daß Stauffenberg damals nur in Augenblicken von Wut und Empörung sich dazu hinreißen ließ, von Hitlers Beseitigung zu sprechen.[34] Der spätere General der Panzertruppe Hermann Balck, der bis Juni 1942 dem OKH angehörte und oft mit Stauffenberg zusammentraf, schrieb im Rückblick:

> „Solange ich im OKH war, war Stauffenberg meines Wissens kein Gegner des Systems. Er war bestrebt, gleich uns allen, die Dinge zu einem guten Ende zu führen.“[35]

Vom Anfang des Jahres 1942 – es muß die Zeit bald nach dem Lerchenfeldschen Brief gewesen sein – gibt es drei Überlieferungen, die aus dem persönlichen Erlebnis her wichtiges zu Stauffenbergs Urteil über Hitler und seine Haltung zu ihm aussagen:

Julius Speer, der zuvor im OKH beim Generalquartiermeister mit Major Eberhard Finckh zusammen als Reserveoffizier tätig war und jetzt von auswärts kommt, nimmt die Gelegenheit wahr, in „Mauerwald“ Stauffenberg wiederzusehen. Er ist mit ihm zusammen in die Stuttgarter Schule gegangen. Beim Eintreten ins Arbeitszimmer findet er hinter des Majors Schreibtisch ein Hitlerbild aufgehängt. Sein Erstaunen bemerkt Stauffenberg und sagt: „Ich habe dieses Bild ausgewählt und aufgehängt, damit alle, die zu mir kommen, darin den Ausdruck der Proportionslosigkeit und des Wahnsinns erkennen.“ Speer fährt mit seinem Bericht fort:

> „In dem sich daran anschließenden Gespräch unterhielten wir uns länger über die Frage, was geschehen müßte, um der nach unserer Auffassung völlig verfehlten deutschen Innen- und Außenpolitik eine grundsätzlich andere Wendung zu geben, und um der Maßlosigkeit der Hitlerschen Ideen zu steuern. Am Ende dieses Gespräches sagte Stauffenberg zu mir: ‚Es gibt nur eine Lösung, sie heißt töten‘. Wir waren uns darin einig, daß die Schwierigkeiten ungeheuer groß waren und daß ein Schritt dieser Art nur von einer Persönlichkeit unternommen werden könnte, die sofort beim Ausscheiden Hitlers die *Macht* in der Hand hatte, Staat und Wehrmacht unter Ausschaltung aller Partei-Instanzen zu führen. Andernfalls mußte ein völliges Chaos entstehen.“[36]

Aus der gleichen Zeit, in der die Begegnung mit Speer zu denken ist, liest man in den Erinnerungen des Majors von Thüngen:

> „‚Wie kann es bei dieser Führung weitergehen und wie soll das enden?' das war der Tenor eines der ersten Gespräche, ... die Claus und ich nach einigem Tasten und Schnuppern führten. Wir hatten viel gesprochen – und auch viel getrunken. Ich sagte damals, es muß einer den Kopf auf den Block legen als Fanal zur Sammlung aller Gleichgesinnten. Wir, wir Deutschen müssten diesen Verbrecher hinrichten. Ich sehe heute noch seine großen, klugen Augen, die mich ein wenig prüfend, vielleicht auch ein wenig staunend unter die Lupe nahmen. Gesagt hat er nicht viel, aber irgendwie kannten wir uns von dieser Stunde an, irgendwie war von da an ein Band geknüpft."[37]

In diese Zeit des Winters 1941/42 gehört eine dritte Überlieferung. Helmuth James Graf Moltke, als Völkerrechtler bei der Abwehr im Amt Canaris, hat im Herbst 1941 mit Graf Yorck und einigen Freunden Kontakt aufgenommen mit Überlegungen, wie Hitler zu stürzen sei. Man hat unter Offizieren der höheren Ränge Umschau gehalten, die eine Verhaftung Hitlers hätten planen und bewerkstelligen können. Nach verschiedenen Absagen wandte sich Moltke an den um einige Jahre jüngeren Baron Hans Christoph Stauffenberg: „Sie haben doch einen Vetter im Führerhauptquartier. Wäre mit dem nichts zu machen?" Der Baron kam zum Grafen Berthold und trug ihm, offenbar mit Moltkes Worten, sein Anliegen vor:

> „Kannst du nicht mal mit Claus reden! So kann das doch nicht weitergehen. Ob wir nun siegen, oder ob wir nicht siegen; ein deutscher Endsieg bedeutet doch die Nazifizierung ganz Europas ... Das ist dann wirklich ein ‚Untergang des Abendlandes'."

Die Antwort Stauffenbergs, die sein Bruder Berthold nach einigen Wochen vermittelte, konnte nicht deutlicher als so ausfallen:

> „Ich habe mit Claus gesprochen. Er sagt, zuerst müssen wir den Krieg gewinnen. Während des Krieges darf man so was nicht machen, vor allem nicht während eines Krieges gegen die Bolschewisten. Aber dann, wenn wir nach Hause kommen, werden wir mit der braunen Pest aufräumen."[38]

Moltke hatte einige Tage, bevor er die Antwort von Stauffenberg empfing, aus seinen Erfahrungen mit Offizieren heraus am 6. Januar 1942 an die Gräfin Moltke geschrieben: „Sie sind eben keine Feldherren, sondern Techniker, Militärtechniker, und das ganze ist ein gigantisches Verbrechen."[39]

Wie er Stauffenbergs Antwort aufnahm, ist nicht überliefert. Die Haltungen schieden sich. Moltke hatte im Brieftausch mit Peter Grafen Yorck im Juni 1940 den deutschen Sieg über Frankreich als „den Triumph des Bösen" bezeichnet und jeden Versuch abgelehnt, aus ihm eine echte Erneuerung zwischen den beiden Völkern schaffen zu wollen.[40] Ihm galt auch jetzt jeder Umsturzversuch um der Sühnung und Reinigung Deutschlands willen, auch wenn er in den völligen Zusammenbruch führte, höher als alles Siegen und Durchhalten im Kriege. Stauffenberg sah außer der Frage der Schuld am Krieg, die er Hitler zuwies, und der verhängnisvollen Politik des Hitler-Staates auch eine Mitverstrickung der Feindmächte in die auch von ihnen mitzuverantwortende Schicksalsnot dieses Kampfes, der er als deutscher Offizier unausweichlich anheimgegeben war. Er war für Deutschland, nicht für Hitler in den Krieg gegangen.

Mochte er den Kriegsbeginn im Osten als fatale Fehlentscheidung betrachtet haben, rückgängig zu machen war sie nicht. Es galt ihm vor allem anderen ihre Folgen, die Winterkrise 1941/42 zu bestehen, in der der vollständige Zusammenbruch nahegerückt schien.

„Zuerst müssen wir den Krieg gewinnen", drückte nicht Stauffenbergs Willen aus, durch einen Sieg die deutsche Vorherrschaft in Europa durchzusetzen. Es konnte für ihn nur heißen: aus dem Zwang der drohenden Niederlage herauszukommen, den freien Handlungsraum wieder zu erreichen, in dem sich militärisch ein anderer Wille und politisch andere Entscheidungen durchsetzen konnten, um ein Ende des unglücklichen Waffengangs und eine Reinigung im Inneren, „ein Aufräumen mit der braunen Pest" zu erreichen. Daß ein solcher Weg militärischer Zurücknahme bei politischem Neubeginn für Stauffenberg nicht *mit* Hitler denkbar war, brauchte er Moltke nicht zu erklären. Nur über das *Wie* einer Entmachtung und über die Größe einer Verantwortung, die der dabei die Führung Übernehmende zu tragen hatte, dachten sie verschieden.

Seit dem Wechsel nach Brauchitschs Abgang hatte der Generalstabschef Halder unmittelbaren Zugang zum Vortrag bei Hitler. Er konnte, wie er einmal sagte, die Hand in der Hosentasche lassen, wenn er mit Hitler redete. Aber was sollte das? Stauffenberg mochte gemeint haben, Halder werde im unmittelbaren Vortrag etwas über Hitler, den neuen Oberbefehlshaber des Heeres vermögen und der werde ganz anders am Ergehen „seines Heeres" beteiligt sein. Nach kurzen Zugeständnissen, mit denen er zur Behebung der Winterkrise beitrug, nahm Hitler sehr bald wieder die eigene Bahn im Flug seiner Pläne, zu denen er seine Zustimmung in den obersten Rängen fand – wie beim Chef des Wehrmachtführungsstabes General Jodl, der, wie er später aussagte, seit der

Katastrophe des Winters 1941 überzeugt war, daß der Sieg nicht mehr errungen werden konnte, aber als „gehorsamer Soldat“ gegen Hitler schwieg, obwohl er „manchmal völlig anderer Meinung war.“[41]

Das Jahr 1942 ist zum Jahr der Wende geworden. Es ist nicht zu sehen, daß Halder, so sehr er sich in seinem militärischen Mühen, darauf nur hatte er sich jetzt spätestens zurückgezogen, zerrieb, viel bei Hitler hätte ausrichten können, zumal, wo es um dessen ins Überdimensionale, Phantastische reichende Vorstellungen ging. Jetzt war es im frühen Jahr der Plan zum weiträumigen Angriff auf der russischen Südfront, der über hunderte Kilometer auseinandergefächert in zwei getrennte Zielrichtungen vorgetragen werden sollte: in Richtung Schwarzmeer-Krim-Kaukasus bis zur Linie Batum-Tiflis-Baku und in Richtung Stalingrad bis zur Wolga.

In anderem, worin Stauffenberg nach Brauchitschs Abgang sich eine Besserung versprochen hatte, wurde er noch grimmiger enttäuscht. Der Vorrangsanspruch der Waffen-SS und der Göringschen Luftwaffe wurde durch Hitler gegen alle Proteste des Heeres verstärkt. So kam es, wie Stauffenberg einmal im Kriegstagebuch festhält, daß die Waffen-SS bei der Verteilung der für den Kampfeinsatz besonders begehrten Kriegsfreiwilligen mit Hitlers Billigung deutlich bevorzugt wurde – das Heer erhielt nur einen Anteil von 45% – und daß sich die SS, ohne daß jemand Einspruch erhob, aus selbst beschafftem Material und mit „eigenen“ Arbeitskräften von der Industrie nahezu die Hälfte der Menge an Personen- und Lastkraftfahrzeugen verschaffen konnte, wie sie dem um ein vielfaches größeren Heer zugeteilt wurde.[42]

Ähnlich bei der Luftwaffe: Es handelte sich um 100 000 Mann entbehrlichen Bodenpersonals der besten Jahrgänge, die schon vor oder bei Kriegsbeginn ausgebildet waren. Hitler liebte zu sagen, man könne den im nationalsozialistischen Geist aufgewachsenen jungen Deutschen nicht zumuten, ins reaktionär geführte Heer einzutreten. Auf gemeinsames Drängen des OKH und OKW sollte dies bei der Luftwaffe entbehrliche Personal an das Heer zur Auffüllung seiner dezimierten Divisionen abgegeben werden. Göring erreichte bei Hitler, daß die betroffenen Einheiten in luftwaffeneigenen Divisionen gegliedert blieben, die er als Teil seiner Luftwaffe vom Divisionskommandeur bis zum letzten Mann ausschließlich mit eigenen Kräften besetzen konnte. Zum Erdkampf – zumal in der sich verschärfenden Kriegslage – nicht ausgebildet, ohne kampferfahrene Führer vermochten diese „Luftwaffenfelddivisionen“ selbst bei bestem Willen nur einen Bruchteil des militärischen Nutzens zu bringen, den eine sinnvolle Verteilung auf die erprobten Verbände des Heeres erzielt hätte. Zudem verringerte das zu ihrer Aufstellung benötigte Material die Zuteilung an das Heer. Das Kriegstagebuch der Stauffenberg-Abteilung resümiert:

> „Der für 11 bis 12 Luftwaffenfelddivisionen notwendige KfZ-Bedarf beläuft sich auf 6 000 Fahrzeuge, was wiederum die Zurückstellung der Auffüllung von 4–5 Pz. Div. (Panzerdivisionen) zur Folge hat."[43]

Durch das ganze Jahr gehen solche Demarchen von Stauffenberg weiter. Die Wiederholung zeigt, wie wenig fruchtbar sie gewesen sind. Auch wenn der Chef der Abteilung, Mueller-Hillebrand, mit seinem Namen gezeichnet in einer Denkschrift seine Bedenken gegen die Luftwaffenfelddivisionen aussprach: Göring behielt das letzte Wort über sie und die Wehrmacht- und Heeresführung kuschte und „lakaite".

Stauffenberg und die Lage wie er beurteilende Offiziere der Organisationsabteilung kämpften um jede Division, um jeden Mann Ersatz für die immer dünner besetzte Ostfront. Sie hatten sich täglich mit der SS und der Göringschen Luftwaffe anzulegen. Als Ursache allen Übels wußten sie den „Obersten Führer".

Schwere Bedenken wurden von Halder und einzelnen aus dem Generalstab gegen die unabsehbare Eroberungsstrategie erhoben, zu der Hitler seine Heere in den russischen Süden ausschicken wollte. Aus der Organisationsabteilung, wo man den Einblick in die vorhandenen Kräfte hatte, war wohl ein fast einstimmiges Votum dagegen und doch hatte man sich nun im ersten Halbjahr 1942 in Tages- und Nachtarbeit darum zu mühen, die für den Einsatz nötigen Heereseinheiten, Waffen, Treibstoff und die Mittel der Versorgung zu finden und sinnvoll zu verteilen. Und man war gezwungen, vieles hinterrücks von Hitler durchzusetzen.

Das Ergebnis ist, auch für den künftigen Verlauf, bedeutsam. Der das Kriegstagebuch der Abteilung schreibt – es dürfte wohl Stauffenberg selbst sein – stellt Ende Mai fest,

> „daß die Verbände der Heeresgruppe Süd mit Angriffsbeginn in der Masse als ausreichend beweglich bezeichnet werden können, falls nicht durch vorhergehende Operationen wesentliche neue Verluste und Verzögerungen der Auffrischung auftreten. Ebenso wird personell eine ausreichende bis volle Auffüllung zu erreichen sein. Entscheidend für die Führung der Operation ist jedoch, daß die materielle Durchhaltefähigkeit der Verbände nicht mehr auf den Stand des Sommers 1941 gebracht werden kann."[44]

Was in diesem Bericht des Kriegstagebuchs ausgesprochen war, daß die Verbände künftig nur dann ausreichend beweglich seien, wenn nicht vorhergehende Operationen noch Verluste brächten, wurde aktuell:

unerwartet stießen schon im Mai schwere sowjetische Angriffe gegen deutsche Bereitstellungen vor. Die 6. Armee des Generals der Panzertruppe Paulus kam bei Isjum in der Ukraine in heftigste Bedrängnis, konnte sich aber unter – nicht geringen – Verlusten freikämpfen und brachte noch über 100 000 Mann an Gefangenen und eine große Geschütz- und Panzerbeute ein. Stauffenberg hatte sofort als Entsandter des Generalstabschefs und der Abteilung zur Truppe zu fliegen, um sich ein Bild der Verluste und des notwendigen Ersatzes zu machen. Er wurde als Gast von Paulus sehr offen empfangen, kurz ehe Hitler selbst seine Ankunft ansagen ließ.

Nach kurzen Tagen war er am 2. Juni wieder im „Mauerwald" zurück, brachte Halder, dem Generalstabschef, Bericht und veranlaßte in sich überstürzender Arbeit, was noch geschehen konnte. Am 20. Juni sollte der neue große Angriff beginnen. Ein Brief Stauffenbergs an General Paulus vom 12. Juni 1942 ist erhalten. Er schreibt darin:

> „Die Tage in und um Charkow mit der Berührung mit all den besuchten Divisionen war eine große Freude und hat wieder ‚viel Auftrieb gegeben'. Freilich kam auch wieder in besonderem Maße zum Bewußtsein, was man fern der Truppe versäumt. Was kann schöner sein als dies unmittelbar sorgen und sich auswirken dürfen! Demgegenüber bleibt alle Befriedigung, die in gewissem Sinn natürlich auch hier zu finden ist, ein klägliches Surrogat. Und dies um so mehr, als ein Eingeweihter – und als solchen rechne ich mich nach 2jähriger Tätigkeit hier – ja bei jeder Sache sofort die keineswegs immer im Sachlichen begründeten Grenzen jeder Aktion schon vor ihrem Beginn erkennen muß. Mir ist wohl bewußt, daß trotzdem gekämpft werden muß, und ich versuche, dies auch allen Mitspielern immer wieder klar zu machen. Dabei aber selbst den inneren Schwung nicht zu verlieren, fällt nicht immer leicht."

Der Empfänger werde, fuhr er fort,

> „am besten verstehen, wie erquickend ein Besuch aus solcher Luft dann dort ist, wo bedenkenlos der höchste Einsatz gewagt wird, wo ohne Murren das Leben hingegeben wird, während sich die Führer und Vorbilder um das Prestige zanken oder den Mut, eine das Leben von Tausenden betreffende Ansicht, ja Überzeugung zu vertreten, nicht aufzubringen vermögen.
> Freilich macht es das Leben hier nicht leichter, die Dinge so zu sehen. Sieht man das aber nicht mehr, dann gehört man schleunigst aus diesem Haus gejagt!"

Paulus stehe, so schließt Stauffenberg seinen Brief,

„wieder vor einer Operation und mit heissem Herzen verfolgen wir jeden Schritt. Möge diese wie die kommenden unter einem guten Stern stehen.

In Verehrung und Dankbarkeit
bin ich Herrn General
stets gehorsamster
Stauffenberg."[45]

Im Brief klingt nicht Unmut, nur Enttäuschung darüber an, daß Stauffenberg sich weiter mit seinem Mühen im Generalstabsdienst zufrieden geben muß, bei dem er nichts von dem, was nötig wäre, was er von sich fordert, durchsetzen kann. So sieht er den General als Führer zur großen Aufgabe ausziehen und beneidet ihn darum, für die Truppe „unmittelbar sorgen und sich auswirken zu dürfen". Er begleitet mit seinen Wünschen den Fortgang einer Unternehmung, die er mit allem Kräfteeinsatz vorbereitet hat, die er aber in der Strategie für verfehlt hält. Von beidem liest man im Brief Stauffenbergs: vom Gebunden- und Erfülltsein durch die Arbeit im Hauptquartier, die zum Besten Tausender an den Fronten geschieht, und vom Gepacktwerden vom Drang, dem Hauptquartier und seinem Irrsinn zu entkommen zu den Kämpfenden, die ihr Leben einsetzen.

Seine eigene Hoffnung, die er dem Bruder schon im April angedeutet hatte, auf den 1. Juni Ia, Erster Generalstabsoffizier einer Panzerdivision zu werden, hat sich nicht erfüllt.[46]

VII

DIE OSTFREIWILLIGEN

Hitlers unerwartetes Vorbrechen gegen Rußland war von der Mehrzahl der Deutschen damals nicht als ein Vordringen zur Landgewinnung und Unterwerfung, sondern, wie man durch die trommelnde Propaganda in Zeitungen und „Volksempfängern" überzeugt war, als ein offenbar notwendiger Präventivschlag gegen einen drohenden sowjetischen Überfall aufgenommen worden. Bei Tieferblickenden gab es jedoch, und nicht zuerst wegen der militärischen Erfolgsaussichten, ernste Sorgen. Schon in Polen, danach im Norden, Westen und Südosten hatte der von „seinen" Siegen überwältigte deutsche Führer keine Rücksicht auf Ehre und Lebensrecht der bezwungenen Völker genommen. Er hatte sich auf keinerlei Zusagen für eine künftige politische Gestaltung eingelassen, ja selbst tastende Erwägungen dafür ausdrücklich verboten. War da nicht zu erwarten, daß es ihm in den noch zu erobernden Weiten Rußlands nur darum gehen werde, Völker unterlegen geglaubter Rasse zu unterwerfen und sie mit allen Ressourcen ihres Landes den „nordischen" Oberherren dienstbar zu machen?

Bezeugt ist Stauffenbergs Wort noch vor dem Einbruch in Rußland, daß der „Krieg im Osten nur gewonnen werden könne, wenn es uns gelänge, die dortigen Menschen für uns zu gewinnen"[1] oder in anderer Wendung: „Der Krieg in Rußland sei, wenn überhaupt, nur dann zu gewinnen, wenn von der nationalsozialistischen Auffassung abgegangen werde, daß die Menschen im Osten minderwertige Menschen seien."[2] Als für die Völker Rußlands sichtbaren Erweis hielt er es schon beim Eindringen der deutschen Truppen in russisches Gebiet für geboten, die Kolchosen aufzulösen. Im gleichen Sinn hat er sich später geäußert:

> „Es sei falsch gewesen, das verhasste Kolchossystem nach der deutschen Eroberung beizubehalten; man hätte, wie im Kaukasus, die Kollektive auflösen müssen, um den Völkern der Sowjetunion zu beweisen, daß man sie befreien wolle, und nicht, daß sie nur eine Sklaverei für die andere einzutauschen hätten."[3]

Die Menschen im neubesetzten „Ostland" waren rechtlos der Gewalt der von Hitler entsandten Gebietsherrscher, der SS und des SD ausgeliefert. Mit dem Widerstand hoher Truppenführer gegen die blutige „Volkstumspolitik" Himmlers hatte Hitler in Polen Erfahrungen, wenn auch begrenzte, so doch gemacht. Nun hatte er ihnen das herkömmliche Recht zur Zivilverwaltung („die vollziehende Gewalt") in den eroberten russischen Gebieten genommen und ihnen damit die Duldung einer nicht von ihnen zu vollziehenden Besatzungspolitik beispielloser Unterdrückung auferlegt. Das Heer fand an der Front und im ihm noch verbliebenen, begrenzten rückwärtigen Heeresgebiet aus aufkommender Notwendigkeit eigene Wege, indem es Russen als Hilfskräfte warb und aufnahm. Als solche Initiativen bis zur Organisationsabteilung des Generalstabes kamen, hat sie Stauffenberg aus seiner Gesinnung heraus mit Leidenschaft aufgenommen: mit der Frage der „Ostfreiwilligen" und der Frage ihrer echten Zuordnung zu Hilfsdiensten für das deutsche Heer wird man ihn große Teile des Jahres 1942 von Amtes wegen beschäftigt finden.

Schon nach den ersten Monaten des Feldzuges hatten deutsche Truppeneinheiten in Rußland bei ihren erheblichen Ausfällen in eigener Initiative zur Aushilfe gegriffen, russische Kriegsgefangene als Freiwillige in ihre Dienste zu nehmen für alle möglichen Fahr-, Transport-, Trage-, Küchen- und Sanitätsdienste. Es gab Kampfeinheiten, die bis zu 15%, rückwärtige Dienste, die bis zur Hälfte aus solchen Freiwilligen bestanden. Durch eine Anregung ihres Ia, Oberst von Tresckow, hatte die Heeresgruppe Mitte schon im Oktober 1941 den Plan zur Aufstellung einer russischen „Befreiungsarmee" von zunächst 200 000 Freiwilligen ausarbeiten und über den Dienstweg nach oben einreichen lassen. Durch Keitel kam Hitlers Ablehnung, auf der er auch später mit fast gleicher Schärfe bestanden hat: „Politische Dinge gehen die Heeresgruppe grundsätzlich nichts an. Solche Gedanken sind außerdem für den Führer indiskutabel."[4]

Als die Truppeneinheiten für Verpflegung und Einkleidung der russischen Freiwilligen aus Eigenmitteln nicht mehr aufkommen konnten, war Meldung an die obersten Stellen nicht mehr zu vermeiden. Der Weg ging über die Organisationsabteilung des Generalstabes des Heeres. Es wurde als Verdienst Stauffenbergs und seiner Mitarbeiter gesehen, daß es gelang, die Ostfreiwilligen nicht der SS, wie es unvermeidbar schien, sondern dem Oberkommando des Heeres zu unterstellen.

Stauffenberg sah sein Vorgehen von Anfang an in der Art einer Konspiration. Er wollte mit Leuten aus seinem Amt und anderen Engagierten, wie er im leichten Ton sagte, eine Art „Verein gegen lebensgefährlichen Blödsinn" (will sagen: gegen die offizielle deutsche Besatzungspolitik) gründen. Um die „Mauer von Idiotie und Blindheit" zu durchbrechen, forderte er dazu auf, durch unvoreingenommene

Berichte überzeugend darzutun, daß ein nur auf Gewalt gebautes Vorgehen im Rußlandkrieg aussichtslos und undurchführbar sei. Und er dachte daran, durch vermehrten Aufbau und Gleichstellung der russischen Freiwilligenverbände vollendete Tatsachen zu schaffen, die nicht mehr rückgängig gemacht werden konnten, ohne das ganze Gefüge der Ostfront zu erschüttern. Ob er damit schon von früh an, wie es vom Obersten von Tresckow bekannt geworden ist, an die Aufstellung einer russischen Befreiungsarmee gedacht hat, die mit einer neuen deutschen Führung gegen die bolschewistische Zwangsherrschaft vorgehen sollte, wird nicht ausgesprochen und muß bis auf heute offen bleiben.

Im Januar 1942 immerhin liest man im Kriegstagebuch der Stauffenbergschen Abteilung von der Ausgabe eines ersten Befehls, „Hundertschaften aus entlassenen Kriegsgefangenen und dem Bolschewismus feindlich gesinnten Landeseinwohnern“ aufzustellen. Vier Wochen danach:

> „Während die Truppe die Aufstellung möglichst vieler Hundertschaften auf Grund der erfolgten Bewährung wünscht, hält der Führer an dem Grundsatz fest, nur in dem unbedingt notwendigen Ausmaß diese Aufstellungen zu genehmigen, da er politische Auswirkungen sonst befürchtet, die einer späteren Entscheidung über die Frage der Behandlung der besetzten Ostgebiete vorgreifen würden.“[5]

Russen allerdings sollten nicht zu Freiwilligenverbänden genommen werden. Ein Kosakenkorps aufzustellen später gelang – unter General Helmuth von Pannwitz –, weil man Hitler gegenüber die Kosaken als ein Volk unbekannter, jedenfalls nichtslawischer Herkunft bezeichnet hatte.

Ein Bericht erzählt, wie Stauffenberg bei einer Reise durch die Ukraine die Aserbeidschaner und andere Freiwilligenverbände besichtigt. Es lag ihm viel daran, diesen Verbänden, die seiner Fürsorge unterstanden, die geeigneten Führer zu finden und sie nicht zu gedungenen und mißbrauchten Hilfsvölkern, sondern zu freiheitlichen Kampfgruppen zu machen mit gewahrten Bräuchen und Stammeseigenheiten. Der Begleiter Stauffenbergs berichtet vom oft prachtvollen Menschenwuchs, den sie antrafen, von Männertänzen und Gesängen, die dem Gast zu Ehren stattfanden, und er meint, es sei auffallend gewesen, wie diese Menschen einer ganz anderen Welt diesem Besucher zufielen, der unter ihnen wie ein bodenständiger Herr wirkte.[6]

Als Hitler von der steten Zunahme der einheimischen Bataillone erfuhr, verbot er jede weitere Aufstellung. Stauffenberg gab den Befehl in so gemilderter Redaktion an die Truppe weiter, daß weiterhin „landeseigene Verbände“ entstehen konnten und in großer Zahl entstanden bis zum Monat Juni, in dem Hitler durch einen zweiten Befehl jede Neuaufstellung unterband. Die bis dahin bestehenden Verbände brauchten nicht aufgelöst zu werden. Die aktuelle Sorge aber war, ihren politischen Status zu klären und ihre Gleichstellung und Gleichbehandlung mit den deutschen Truppen zu erreichen. Stauffenberg hat sich entschieden darum bemüht. Man hat dafür zwei Überlieferungen.

Am 25. Juni 1942 fand im Oberkommando des Heeres in Ostpreußen im Dienstzimmer des Generalquartiermeisters Wagner eine lang vorbereitete Besprechung zur Frage der Ostfreiwilligen und der deutschen Ostpolitik statt, an der von der militärischen Seite General Wagner mit seinem Sachbearbeiter Oberstleutnant Schmidt von Altenstadt und als Vertreter der Organisationsabteilung Major Stauffenberg, von der politischen Seite Dr. Otto Bräutigam und Professor Gerhard von Mende als Abgesandte des Reichsministers für die besetzten Ostgebiete teilnahmen.

Bräutigam trug die politischen Aspekte einer Gleichstellung der Ostfreiwilligen mit deutschen Soldaten vor, die von Mende durch Hinweise zur nationalen Aufgliederung der Verbände ergänzte:

> „Zweiter Referent war Graf Stauffenberg, der in vorbildlicher Weise die politische Anregung – entsprechend den Vorbesprechungen – aufgriff und aus dem Stegreif einen Erlaß formulierte, der die Gleichstellung der Ostfreiwilligen festlegte. In sehr geschickter Weise drang er darauf, daß die Beteiligten bereits während der Besprechung eventuelle Bedenken anmeldeten oder, wenn solche nicht vorlägen, ihre Zustimmung zu seinem Vorschlag gäben. Er wollte dadurch verhindern, daß die Frage der Ostfreiwilligen durch eine breite Behandlung in verschiedenen Ressorts unnötig verzögert wurde. Das ist ihm damals ohne Schwierigkeiten gelungen.“[7]

Bräutigam macht zu Stauffenbergs Teilnahme noch die Bemerkung:

> „In allen diesen Fragen war es eine Freude, mit Graf Stauffenberg zusammenzuarbeiten, da er auch für die mit der Aufstellung dieser Verbände verbundenen Fragen großes Verständnis aufbrachte.“[8]

In der Folge gab im Laufe des August die Organisationsabteilung eine von Stauffenberg erarbeitete „Verfügung über landeseigene Hilfskräfte im Osten“ heraus, die alles enthielt, was über Aufstellung, Einsatz, Behandlung dieser Kräfte auszuführen war. Stauffenberg hatte sie in klarer Abgrenzung in vier Kategorien geteilt:

– Die erste: die Turk- und Kosaken-Einheiten, deren Kampfeinsatz zugelassen war,

– die zweite: die landeseigenen Sicherungsverbände für die rückwärtigen Gebiete und den Partisanenkampf,
– die dritte: der landeseigene Ordnungsdienst als ausführendes Organ örtlicher deutscher Dienststellen,
– die vierte: die Hilfswilligen – Landeseinwohner und entlassene Kriegsgefangene – , die als Freiwillige zu technischen Diensten herangezogen wurden.

Stauffenberg blieb bemüht, Ungleichheiten und zumal alles die landeseigenen Hilfskräfte Diskriminierende abzubauen. Als Hitler sie mit Uniformen ausstatten wollte, die zwar den deutschen ähnlich, aber anders gefärbt sein sollten, wandte sich Stauffenberg, wie Hans von Herwarth berichtet, heftigst dagegen wie auch gegen den Plan, die Kriegsgefangenen durch eine Tätowierung auf dem rechten Hinterteil (!) zu kennzeichnen. Von Herwarth läßt sich dabei die Geschichte nicht entgehen, Stauffenberg habe einem General gegenüber in seiner drastischen Art erklärt, er müsse ihn, werde diese Maßnahme angewandt, bei einem Treffen Unter den Linden in Zukunft erst einmal bitten, die Hosen herunterzulassen, um den Nachweis zu führen, daß er kein russischer Kriegsgefangener sei.[9]

Mit Vorrang gelang die Aufstellung von Freiwilligenverbänden aus den kaukasischen und den Turkvölkern. Auf der Suche nach einer starken Persönlichkeit, die an der Spitze der Freiwilligenbewegung von beiden Seiten, den Deutschen wie den Freiwilligen, als Autorität aufgenommen werde, fand Stauffenberg, durch von Herwarth beraten, zu General Köstring, der als Militärattaché gleichzeitig mit Herwarth an der deutschen Botschaft in Moskau gewesen war.

Aber Köstring lehnte zunächst entschieden ab, als er von der Aufgabe hörte, die man ihm zudenken wollte, und erklärte, daß er „keinen Teil mehr an dem haben wollte, was er selbst für ein Verbrechen hielt". Er kam zu Stauffenberg und wurde gewonnen. Die Erstbegegnung des jungen Majors mit dem wesentlich älteren General trägt Züge, wie sie im Routinegeschehen des Hauptquartiers wohl selten waren.

> „Beide fühlten sich wie von einer geheimen Kraft zueinander hingezogen. ‚Welch wunderbare Persönlichkeit' rief Stauffenberg aus, als Köstring das Zimmer verlassen hatte. Auch Köstring erkannte das Genie des jungen Generalstabsoffiziers."[10]

Der Charme und die mit Bestimmtheit vorgetragenen Argumente Stauffenbergs vermochten den General „von der Notwendigkeit des Handelns" zu überzeugen. „Der Gedanke einer echten Befreiungsbewegung der Völker der Sowjetunion im Bunde mit einem anderen

Deutschland", so meinte Herwarth, muß die sich Unterredenden zusammengeführt und begeistert haben. Er nennt diese Begegnung eine „Sternstunde der Menschheit".[11] Gewonnen wurde Köstring, wie er erklärte, durch die unerhörte Tatkraft, die ihm mit dem Wort des Generalstabsmajors entgegen kam. Er wurde vielleicht als *erster* gewahr, was als großes Planen im anderen vorging.

Der Antrag Stauffenbergs, den General Köstring mit der Gesamtorganisation der Ostfreiwilligen zu betrauen, ist am Widerstand Hitlers gescheitert. Köstrings beschwörende Warnung vor einem Rußlandkrieg mochte ihm Hitler noch nicht vergessen haben. Doch es gelang, ihn als „Beauftragten General für Kaukasusfragen" beim Oberkommando der Heeresgruppe A durchzusetzen und Köstring fand den Oberbefehlshaber der Region, seinen alten Freund, Generaloberst von Kleist, zur Zusammenarbeit bereit. Weisungen ergingen an die deutschen Truppen, sich gegenüber der Bevölkerung des Kaukasus so zu betragen, als ob sie im Manöver im eigenen Lande wären. Kollektivwirtschaften wurden aufgelöst, örtliche Regierungen begründet, die von Hitler als „Marionettenregierungen" akzeptiert wurden.

Zusammen mit den Beiden Schmidt von Altenstadt und Bräutigam erarbeitete Stauffenberg ein genaues Programm für die Behandlung der Völker im Kaukasusgebiet. Es wurde festgelegt, im Umgang mit ihnen nur „Begriffe wie Freiheit, Unabhängigkeit und Zusammenarbeit zu verwenden", auf jede Zwangsaushebung von Arbeitern zu verzichten und den eigenen Truppen Anweisung zu geben,

> „die Kaukasusvölker als Freunde zu behandeln ..., den Bergvölkern bei ihrem Bestreben, das Kolchossystem zu beseitigen, keine Hindernisse in den Weg zu legen, die Wiedereröffnung von Kultstätten aller Bekenntnisse zu gestatten, das Privateigentum zu respektieren und für Requirierungen zu bezahlen, das Vertrauen des Volkes durch musterhaftes Betragen zu gewinnen, jede die Bevölkerung berührende strenge Maßnahme zu begründen und vor allem die Ehre der Frauen des Kaukasus zu achten."[12]

Hans von Herwarth urteilt als ein an diesen Vorgängen im russischen Süden Beteiligter 1954 in einer „Dem Andenken des Generals der Kavallerie Ernst Köstring" gewidmeten Niederschrift:

> „Der Erfolg dieser Maßnahmen blieb nicht aus. Im Kaukasus gab es keine Partisanen, die nordkaukasischen Völkerschaften kämpften begeistert auf deutscher Seite."[13]

Wenn man hier die Verhältnisse im Nordkaukasus als grundverschieden geschildert findet von denen in den meisten übrigen von den

Deutschen besetzten Teilen Rußlands, wo inzwischen der Partisanenkrieg zur ernsten Bedrohung der deutschen Kriegführung geworden war, so muß man bedenken, daß im Kaukasusgebiet schon vorbeugend gehandelt und schon das erste Eindringen der deutschen Truppen von Befehlen zur Achtung und zum Maßhalten geleitet war. Wäre etwas Ähnliches nach der Vorstellung Stauffenbergs etwa auch im übrigen Rußland möglich gewesen, so hätte der Aufruf zum „Vaterländischen Krieg", mit dem Stalin 1941 sehr bald, im Juli schon, die Sowjetvölker zur Abwehr des deutschen Ansturms geeinigt hatte – die deutschen Soldaten konnten ihn sich noch aus gefundenen Flugblättern verdeutschen lassen –, nicht die durchschlagende Wirkung gehabt, die sich steigernd einsetzte. Dem widersprechen nicht die Aussagen zweier hoher russischer Offiziere, die sie bei ihrer Gefangennahme im Jahr 1942 gemacht haben. Der eine, ein ukrainischer Major, soll auf die Frage, warum denn die Sowjetarmisten so fanatisch für Stalin und die bolschewistischen Führer kämpften, geantwortet haben: „Ja, wer kämpft denn für die Führer? Das Volk kennt sie nur zu genau. Aber seit dem 22. Juni 1941 denkt niemand mehr an die vom Regime begangenen Fehler und Verbrechen." Und General Mystitschenko, zuvor Oberbefehlshaber der 3. sowjetischen Armee, der den Deutschen im Kessel von Uman in die Hände fiel, erklärte, die Russen würden selbst noch in Sibirien bis zum letzten Blutstropfen kämpfen; denn „wenn das Schicksal des eigenen Vaterlandes auf dem Spiel steht, sind die vom eigenen Regime begangenen Verbrechen uninteressant."[14]

*

Aus Anlaß einer Konferenz über Agrarfragen und die Besatzungspolitik in den Ostgebieten kam es, soweit wir heute wissen, im Oktober 1942 zum erstenmal offen in einer großen Offiziersrunde zu einem Ausbruch Stauffenbergs, der einem Appell gegen Hitler gleich kam.

Zur Verwirklichung der „neuen Agrarpolitik" im Kaukasusgebiet war ein Kenner der sowjetischen Agrarwirtschaft, Professor an der Landwirtschaftlichen Hochschule Hohenheim, Otto Schiller, berufen worden. Er stellte sich im seinerzeitigen Hauptquartier im ukrainischen Winniza bei einer Veranstaltung vor, zu der unter Vorsitz des Oberstleutnants Schmidt von Altenstadt sich etwa 40 Generalstabsoffiziere versammelten – unter ihnen Major Stauffenberg –, um zwei Referate über die deutsche Agrarpolitik in den besetzten Ostgebieten und über die deutsche Ernährungswirtschaft zu hören, die Schiller und ein anderer vom Fach Kommender hielten. Als Schiller geendet hatte, meldete sich Graf Stauffenberg spontan zu Wort und überraschte den Professor, der davon berichtet, durch eine „in glänzender Rhetorik" frei gehaltene, wohl halbstündige Rede zur deutschen Ostpolitik. Er führte, wie sich Schiller erinnert, etwa dies aus:

> „Er, der sich für den Truppenersatz im Osten verantwortlich fühle, sehe mit Schrecken, welchen verhängnisvollen Kurs die deutsche Ostpolitik steuere. Wir säten einen Hass, der sich einstmals an unseren Kindern rächen würde. Wenn man die Lage des Truppenersatzes betrachte, so sei vollständig klar, daß der Krieg im Osten nur gewonnen werden könne, wenn es uns gelänge, die dortigen Menschen für uns zu gewinnen. ... Im übrigen sei unsere Ostpolitik nur dazu angetan, uns die Menschenmassen im Osten zu Feinden zu machen.
> Es sei ein Skandal, daß zu einer Zeit, in der Millionen von Soldaten täglich ihr Leben in die Schanze schlügen, sich unter den führenden Männern niemand finde, der den Mut habe, sich den Helm aufzusetzen und dem Führer diese Dinge ganz offen zu sagen, auch auf die Gefahr hin, daß er das mit seinem Leben bezahlen müsse."

Der so Berichtende setzt tief betroffen als seinen Eindruck hinzu:

> „Ich habe mir diese Begebenheit deswegen so gut gemerkt, weil mich diese Ausführungen Stauffenbergs in dieser Zeit, wo niemand ein offenes Wort im größeren Kreise wagte, sehr stark beeindruckten, zumal sie mit einer solchen Überzeugungskraft vorgetragen wurden, daß man gewiss war, Stauffenberg selbst würde den Mut aufbringen, den er von den führenden Männern forderte. Ich war völlig überrascht, daß es in einem Kreise von Generalstabsoffizieren möglich war, so offen zu sprechen, und noch mehr überrascht, daß der Leiter dieser Veranstaltung diese kritischen Äusserungen Stauffenbergs nicht zurückwies, sondern erklärte, so wie er dächten sie alle."[15]

Daß der Leiter der Veranstaltung längst mit Stauffenberg in konspirierendem Zusammenwirken gegen „den verhängnisvollen Kurs der deutschen Ostpolitik" war, konnte der Professor als Gast nicht ahnen.

Fragen um die Ostfreiwilligen und die besetzten Ostgebiete führten Stauffenberg noch im Dezember 1942 zweimal nach Berlin. Bei einer Verhandlung beim Kommando der Schutzpolizei, bei der es um die baltischen Schutzmannschaften ging, konnte Stauffenberg seine Verhandlungspartner für die vom Heer gewollte Regelung gewinnen, wobei sie selbst freilich das Konterkarieren des Reichsführers SS schon drohen sahen.

Beim zweiten Anlaß am 18. Dezember handelte es sich um eine Konferenz, die der Generalquartiermeister des Heeres Wagner beim Minister für die besetzten Ostgebiete Alfred Rosenberg absichtsvoll vorbereitet und zu der er außer den eigenen, mit den Ostfreiwilligen befaßten Offizieren als besonders zeugnisfähig die Befehlshaber der Rückwärtigen Heeresgebiete in Rußland (darunter die Generäle von Schenckendorff und von Roques) und Offiziere der Abteilung Fremde Heere Ost hinzugeladen hatte. Es sollten dem zuständigen Minister und seinem politischen Stab vom Heer aus ohne anwesende SS die Erfahrungen mit der zynischen, verbrecherischen Behandlung der Bevölkerung durch die deutschen Beamten, die Nahrungsmittelnot, unter der sie litt, und die ihr auferlegte Zwangsaushebung von Arbeitskräften nahegebracht werden, und es sollten durch den Minister dem Ernst der militärischen Lage entsprechend (die Tragödie Stalingrads näherte sich dem Höhepunkt) dringend bei Hitler andere politische Vorgehensweisen erwirkt werden, die nicht nur der russischen Bevölkerung, sondern ebenso dem kämpfenden deutschen Heer und dem Aufgebot der russischen Freiwilligen zugute kämen. Man liest in diesem Zusammenhang der Konferenz Sätze wie:

> „Der Ernst der Lage und die notwendige Verstärkung der Truppe verlangt eindeutig die positive Mitarbeit der Bevölkerung."
> „Der augenblickliche Tiefstand in der Haltung der Bevölkerung ist weiterhin nicht tragbar. Ein Umbruch der deutschen Politik insbesondere im russischen Raum, ist erforderlich... Ohne grundsätzliche Änderung der deutschen Haltung würde die Angliederung von mehr als einer halben Million Russen, Ukrainer usw. an die Wehrmacht eine unübersehbare Gefahr bedeuten."[16]

Es lag im Sinn der Konferenz, daß militärische Argumente mit Vorrang herausgestellt wurden, die die Notwendigkeit eines politischen Umbruchs für Hitler beweisen sollten. Gewichtigere, für das Schicksal der Völker bestimmende Gedanken und Argumente wurden dabei zumeist unausgesprochen gelassen. In einem Memorandum, das mit Gedanken Stauffenbergs, Tresckows und Gehlens, des Chefs der Generalstabsabteilung Fremde Heere Ost, über Rosenberg an Hitler gelangte, hieß es:

> „Die Fragestellung dieser Menschen ist allgemein: Wenn wir nunmehr mit Lebenseinsatz gegen die Sklaverei des Bolschewismus kämpfen, so müssen wir wissen, wofür wir uns einsetzen; die bolschewistische Sklaverei nur in eine deutsche zu verwandeln, kann keinen dauernden Kampfwillen erzeugen."[17]

Rosenberg, von Hitler kaum mehr geachtet, wurde von ihm empfangen, bei seinem Vortrag schroff abgelehnt und mit Ungnade entlassen: Er habe sich nicht um militärische Angelegenheiten zu kümmern.[18]

Den Offizieren des Heeres ging die wiederholte Einschärfung zu, sich nicht ohne Genehmigung des OKW (Keitel) mit politischen Fragen zu befassen.

Wenn man mit Erstaunen feststellt, bis zu welchem Grad eines Zusammenwirkens sich die so verschiedenen Teilnehmer der Konferenz in der Ablehnung der Hitlerschen Ostpolitik vereinigt haben, so ist daraus dennoch nicht zu erkennen, bei wem unter ihnen die Bereitschaft zu einer Kooperation mit Hitler noch erhalten ist, wem unter ihnen dagegen die Konspiration zur Ausschaltung Hitlers als der noch einzig verbleibende, am ehesten Hoffnung bringende Weg erscheint. Stauffenberg war jedenfalls ebenso wie Tresckow, der an der Konferenz selbst nicht teilnahm, unter den letzteren. Er hat von vornherein nicht erwartet, daß über den Minister Rosenberg etwas geschehen könne, und ist nicht mehr mit einem Sturm der Überredung wie bei der Landwirtschaftstagung in Winniza hervorgetreten.

Im Kriegstagebuch der Organisationsabteilung ist der Konferenzbesuch Stauffenbergs am Tage danach, dem 19. Dezember 1942, mit der gewohnten Distanz der Formulierung – wohl durch ihn selbst – festgehalten:

> „Major Graf Stauffenberg nimmt an einer Tagung beim Reichsminister für die besetzten Ostgebiete über die Frage der Behandlung der besetzten Ostgebiete teil. Absicht des Reichsministers war, die Befh. im Op.-Gebiet über ihre Erfahrungen und Wünsche zu Wort kommen zu lassen. Die vorgebrachten Auffassungen entsprechen in jeder Hinsicht den vom OKH immer wieder zur Sprache gebrachten Gedanken. Bemerkenswert ist, daß nunmehr die Vertreter von Wirtschaft, Landwirtschaft usw. diesen Auffassungen sich anschließen.“[19]

Zu seinem Wirken für die Ostfreiwilligen bekam Stauffenberg schon aus seinem militärischen Umkreis kritische Stimmen zu hören, zu Beginn bereits Bedenken vorgetragen, daß ein Einsatz von Russen gegen Russen in jedem Fall, auch wenn man erst einmal eine Kampfbegegnung ausschloß, ein nicht zu verantwortendes Risiko für beide Teile, das in überdehnten Fronten kämpfende deutsche Heer und die in Stammes- und Volksgruppen verfaßten russischen Freiwilligen, bedeuten mußte. Der spätere Verlauf des Krieges, sein Ausgang und bekannt gewordene Geschehnisse der Nachkriegsjahre haben gezeigt, wie begründet diese Bedenken waren.

Daß Stauffenberg diese Risiken ebenso wie seine Kritiker einzuschätzen vermocht hat, ist bei einem Mann seiner anerkannten Kriegsschulung anzunehmen. Daß er darüber hinweggegangen ist, muß aus Gedanken erfolgt sein, die ihn mit General Köstring verbanden.

Zweifellos haben in ihm als deutschem Offizier „das Schicksal des eigenen Vaterlandes" und „die vom eigenen Regime begangenen Verbrechen" ein schwer zu erfüllendes gleiches Handlungsgebot wachgerufen.

Bei vielen Stellen, die in jener Zeit an Entscheidungen über die Ostfreiwilligen beteiligt waren, spielten taktische und Nützlichkeitserwägungen zugunsten des deutschen Heeres die einzige oder doch überwiegende Rolle. Nach dem Ergehen der russischen Zivilbevölkerung unter dem Besatzungsdruck wurde dabei nicht gefragt. Das Problem der Gefährdung der Freiwilligen durch Landesverrat zugunsten einer auswärtigen Macht trat nicht in Erscheinung, solange diese Macht noch breithin herrschend und ihres Sieges gewiß blieb. Auch Stauffenberg hatte, wenn er auf dem Dienstweg etwas erreichen wollte, die taktischen Vorteile und Notwendigkeiten für die eigene Truppe in seinen Begründungen voranzustellen. Er versagte sich dabei aber auch nicht Bemerkungen wie: Das deutsche Verhalten in den besetzten Gebieten sei „eine unverantwortliche Herausforderung des Ostens".

Als er in der Organisationsabteilung des Generalstabs erstmals mit der Freiwilligenfrage befaßt wurde, war das Geschehen durch die kämpfende Truppe aus Gründen des Menschenmangels längst in großem Stil in Gang gekommen. Er hatte erst einmal die ordnenden Formen der Anerkennung, dann aber auch die Fragen der Kleidung, der Verpflegung der großen aufgenommenen Menschenzahlen zu lösen. Nach der Winterkatastrophe 1941/42 war gegenüber dem Herbst 1941 das Verlangen nach Ergänzung durch Hilfskräfte noch gewachsen, um aus den geschwächten Verbänden möglichst große Teile für die Kampfaufgabe freizuhalten – Ersatz aus der Heimat kam nur ungenügend heran.

Der Eingriff von der Organisationsabteilung her hatte zugleich auch seinen Sinn für die Kriegsgefangenen, von denen viele lieber freiwillig Dienste bei der deutschen Fronttruppe annahmen als sich in eine düstere Zukunft abtransportieren zu lassen, von der inzwischen viel Bedenkliches unter Russen kolportiert und zutreffend war.

Daß Stauffenberg, wie Hitler es vom deutschen Soldaten forderte, ein überzeugter Rußlandfeind und Stalinhasser gewesen wäre, ist nirgends bezeugt und auch weniger bedeutend, als daß ihm für den Krieg in Rußland, wie er nun einmal zu führen war, die politischen und ethnischen Voraussetzungen für viel wichtiger galten als die damals bis zum Überdruß vorgebrachten „weltanschaulichen" vom Vorrang nordischen Menschentums. Gewiß ist, daß er dem Sowjetismus und einer Idee kommunistischer Weltrevolution absolut fern stand. Aus militärischen wie politischen Einsichten heraus war er überzeugt, daß das deutsche Heer in Rußland nur mit den Völkern des Landes, nicht in Feindschaft zu ihnen, den Krieg zu einem sinnvollen Ausgang für beide führen könne.

Aus dieser Grundüberzeugung heraus mag sich für Stauffenberg im Einvernehmen mit General Köstring die Vorstellung einer Befreiungsbewegung der sowjetischen Minderheitenvölker und Teilrepubliken gebildet haben, die sich aus dem Zwang der UdSSR lösen und ihr eigenes Staatswesen erkämpfen sollten – unterstützt von der neuen Führung in Deutschland, die durch Sturz Hitlers in Kürze die Macht an sich nehmen und auch über die Weiterführung des Krieges bestimmen sollte. Die Völker sollten in ihrer Eigenheit geachtet und gefördert, jeder Anschein sollte vermieden werden, sie gelangten, wie früher schon ausgesprochen, aus der einen Sklaverei in eine andere. Stauffenberg habe nicht beabsichtigt, russische Freiwillige aus diesen Gebieten gegen Hitler einzusetzen. Außer den Aufschlüssen, die Herwarth als Zeuge für Stauffenberg und Köstring gibt und die sich dem Verfasser in einem Gespräch mit General Köstring bestätigt haben, sind keine weiteren Angaben erhalten.

VIII

1942

JAHR DER WENDE

In den Monaten bis zu Sommerbeginn 1942 hatte die Organisationsabteilung des OKH in harter Arbeit die zum Großangriff auf der russischen Südfront bestimmten Heeresverbände und ihre Ausrüstung bereitzustellen. Von anderen Fronten und aus Besatzungsgebieten mußten Kräfte zur Schwerpunktbildung im Osten abgezogen werden. Bedenken gegen die befohlene neue Offensivplanung, die von der Führung gefordert wurde, kaum daß die auch psychologisch einschneidende Winterkrise vor Moskau mit letzten Ressourcen bestanden war, gehörten zum Tagesgespräch der Offiziere um Stauffenberg. In seinem Brief an General Paulus vom 12. Juni 1942 (s. S. 107 f.) läßt der Major keine Kritik am Plan der großen frontausweitenden Südoffensive erkennen. Doch verweist er bedeutungsvoll aus seinem persönlichen Erlebnis heraus mit hartem Tadel auf die hohe Generalität, „die Führer und Vorbilder", die nur um ihren eigenen Vorrang zu streiten wissen, die ihnen durch ihre Rangstellung und Sachkunde zustehende Gesamtverantwortung vermissen lassen und die nicht bereit sind, sich dafür mit ihrem Urteil und ihrem Kopf einzusetzen.

„Mit heissem Herzen verfolgen wir jeden Schritt" – doch wohl eine seltene Wendung im Gebrauch zwischen Generalstabsmajor „der Etappe" und hohem Befehlshaber der Front. Leicht folgt Stauffenberg im Brief der Sitte der dem höheren Rang (damals noch) gebührenden distanzierenden Anrede in der dritten Person. Doch bleibt der Schreibende, der er ist: frei in Urteil und Haltung und in der Spontaneität der persönlichen Äußerung, Herr wie der andere, den er um die Aufgabe einer neuen großen „Operation" beneidet und mit dem Wunsch begleitet: „Möge diese wie die kommende unter einem guten Stern stehen."

Der Angriff auf die russischen Stellungen vor der gesamten Südfront begann am 28. Juni 1942. Mit diesem Tag ist trotz der riesigen Gebietseroberungen, die nach ihm noch gelangen, die Reihe der den Niedergang der deutschen Kriegführung ankündigenden Ereignisse spätestens zu bestimmen (eher noch ist der Beginn im verlustreichen Scheitern vor Moskau im Spätherbst und Frühwinter 1941 zu finden, wie die

Geschichtsschreibung weiß. Und nicht nur sie – s.S. 104 f.). Für das Bewußtsein der meisten Miterlebenden und des größten Teils der Späteren indes ist der Angriff auf Stalingrad und der ihm folgende Untergang von Paulus' 6. Armee an der Wolga das Sinnbild des auf allen Fronten fortwirkenden Niederbruchs der Hitlerschen Hybris geworden.

Die 6. Armee kämpfte sich gegen einen überlegenen Feind und die erdrückende Steppenhitze des südrussischen Sommers mit gerühmtem Elan – freilich auch mit schweren Verlusten – in Richtung auf die Wolga vor und erreichte am 26. August den Fluß nördlich von Stalingrad. In mühsamem, durch Nachschubschwierigkeiten oft schwer gehemmtem Vorrücken gelang es der Armee noch, größte Teile des riesigen Stadtareals von Stalingrad einzunehmen.

Um der großen Sommeroffensive näher zu sein, zog Hitler zweieinhalb Wochen, nachdem sie begonnen hatte, von Ostpreußen mit Teilen seines Hauptquartiers nach Winniza in der Ukraine nach. Stauffenberg kam mit den Abteilungen des Oberkommandos des Heeres in der Stadt unter. 15 km davon bezog Hitler mit der Feldstaffel des Führerhauptquartiers, in seinem engsten Sperrkreis noch besonders umwacht, Unterkunft „in einem kleinen dreieckigen Wäldchen" mit Holzhäusern und Baracken.[1] Licht und Hitze des Tages vertrug er nicht. Es ist überliefert, daß er sich in den wenigen Stunden des Tages, die er wachend verbrachte, in seiner sorgfältig abgedunkelten Behausung einschloß, in der eine drangvolle Enge herrschte, und daß er nur bei Nacht auf verborgenem Weg in seinem Lager „Werwolf" (!) umging. So lebte er in seinem Nachtreich, zumeist nur Dienern und Hilfskräften sichtbar. Denen, die damals in den drei Monaten Winniza dabei waren, sind die Tage und Nächte mit ihrer selbst unter ukrainischem Himmel ungewöhnlich brütenden Hitze, mit Temperaturen bis 40 Grad bei unaufhörlicher Mücken- und Fliegenplage in böser Erinnerung. Mag sein, daß sie das ihre dazu beigetragen haben zu der Gereiztheit und zu den gefährlichen Spannungen zwischen dem durch niemand zu hemmenden Strategen Hitler und seiner Umgebung, die in diesen Wochen zu Verhängnissen ohnegleichen geführt haben.

Wer etwa versuchte, ihn auf Widersprüche zu dem aufmerksam zu machen, was er zuvor selbst befohlen hatte, verfiel, wie es selbst seinem getreuesten Bewunderer unter den Generälen des OKW, Alfred Jodl, geschah, einer Form kränkender Ächtung, wie sie keiner der dabei Anwesenden für möglich gehalten hatte. Immer wieder waren aus seinem Munde haßerfüllte Verunglimpfungen gegen die hohe Generalität und den Generalstab zu hören, die er mit unerträglichem geistigem Hochmut als unwissend schalt. Das Wesentliche und zum Handeln Fordernde einer ihm dargelegten Situation zu erkennen, schien er wiederum nicht fähig. Vorschläge, die andere zur Lösung anstehender Probleme machten, wurden schroff zurückgewiesen oder gaben Anlaß zu Ausbrüchen, ja zu Tobsuchtsanfällen, wie General Warlimont schildert, der damals oft in dieser „camera secreta" mit ihrer zündstoffgeladenen und doch auch eisigen Atmosphäre zugegen war. Er erlebte auch mit, wie Hitler durch seine unablässigen, oft in ein letztes Detail gehenden Eingriffe ins Führungs- und Kampfgeschehen im Laufe der Jahre immer mehr Verwirrung brachte. Er, der „Führer des Reiches", Oberbefehlshaber der Wehrmacht und Oberbefehlshaber des Heeres war, konnte sich zuletzt darum sorgen, irgendwo sechs verbliebene Tiger-Panzer zu dirigieren oder ausgeblutete Bataillone in aussichtslosem Kampf einzusetzen. Er verlangte, daß ihm alles bis in Einzelheiten gemeldet, nichts verborgen werde. Aber was nicht in seine Vorstellungswelt paßte, umging er. Die, die ihm solches vorzubringen versuchten, schmetterte er ab.

Mit dem Generalstabschef Halder kam es zu häufigen schweren Zusammenstößen, zuletzt wohl am meisten wegen der Kriegführung um Stalingrad. Halder schildert es so: als er auf die eineinhalb Millionen russischer Neuaufstellungen bei Stalingrad und auf die bis 1200 Panzer pro Monat gesteigerte Produktion der Russen hinwies, habe sich Hitler solch „idiotisches Geschwätz" verbeten. Die Aufgabe, die jetzt das Heer zu lösen habe, sei keine Angelegenheit fachlichen Könnens, sondern der „Glut nationalsozialistischen Bekennens".[2] Man kann vermuten, daß Stauffenberg in den gut drei Monaten Winniza Hitler so wenig wie in Ostpreußen gesehen hat. Nur den Auswirkungen „des Mannes da drüben" ist er tagtäglich in den Sorgen seines Amtes begegnet. Ein Ausbruch des Majors Stauffenberg wird sich so ereignet haben, wie ihn sein damaliger Abteilungs-Chef Mueller-Hillebrand berichtet.

Die beiden waren im August zusammen auf einem Morgenritt über die weiten Felder in der Umgebung von Winniza. Sie sprachen sich ihre Sorge aus, wie dieser Krieg noch zu einem glimpflichen Ende geführt werden könne, den sie wohl beide militärisch für verloren hielten. Als der Oberst dabei auf einen Vorfall zu sprechen kam, bei dem sich Hitler in unqualifizierbaren Äußerungen gegenüber Generälen ergangen hatte, brach Stauffenberg, wie der Berichtende sagt,

> „in die ihm sonst gar nicht in dieser Form liegenden Worte aus: ‚Findet sich denn da drüben im Führer-Hauptquartier kein Offizier, der das Schwein mit der Pistole umlegt?'"[3]

In die gleiche Zeit wird Stauffenbergs „Verschwörung" mit General Köstring anzusetzen sein mit dem zu ihm geäußerten Wort: „Ich hasse den

Führer, ich hasse das ganze Gesindel um ihn."[4] Zu solchem Haß und zum Willen, dem verbrecherischen Dilettantismus dieses Mannes ein Ende zu setzen, mag noch beigetragen haben, daß man, kaum daß Paulus (am 26. August 1942) die Wolga erreicht hatte, von Hitlers Befehl erfuhr, beim Eindringen in die Stadt die gesamte männliche Bevölkerung zu beseitigen, da „Stalingrad mit seiner eine Million zählenden, durchweg kommunistischen Einwohnerschaft besonders gefährlich wäre".[5]

Einige Wochen danach ist in Winniza die Konferenz über die Agrarpolitik, von der der Bericht Otto Schillers wiedergegeben wurde, bei der Stauffenberg vor der großen Runde der Generalstabsoffiziere den „verhängnisvollen Kurs" der deutschen Ostpolitik, ein Wecken von Haß auf den deutschen Namen anprangerte und ein mutvolles Handeln gegen den Verursacher einer noch die Folgegenerationen treffenden Schmach forderte.[6]

Einen Erlebnisbericht aus den Oktobertagen in Winniza gibt ein von außen kommender persönlicher Gast Stauffenbergs, Erwin Colsman, der etwas ältere Freund, der ihn als Oberst d.R. in St. Omer als Quartiermeister der Panzerdivision abgelöst hatte. Die beiden hatten sich lange nicht gesehen. Er wird herzlich aufgenommen im Barackenraum des Generalstabsmajors, worin höchst schlicht Tisch, Bett, Kommode standen, darauf das Bild der Gräfin und der Kinder, ein Buch und einige abgerissene Blätter. Bald ist das Gespräch beim Bewegendsten. Stauffenberg gibt nüchtern klar seinen Abriß der Lage.

Halder ist weg, verbraucht durch fruchtlose Kämpfe mit Hitler, aber zuletzt noch im Wahn, daß alles für das Heer gut laufe. Der entlassene Generalstabschef sagt zu Staatssekretär Ernst von Weizsäcker vom Auswärtigen Amt: „Ich verlasse meinen Posten ohne Sorge für das Heer. Der Russe ist zu sehr geschwächt, um uns etwa wie im letzten Winter gefährlich werden zu können."[7] Sein Nachfolger Zeitzler, bevorzugt vom Generalmajor zum General befördert, erhebt die Forderung an jeden Generalstabsoffizier:

> „Er muß an den Führer und seine Führung glauben. Er muß diesen Glauben auf seine Untergebenen ausstrahlen bei jeder Gelegenheit. Wer diesen Forderungen nicht entspricht, den kann ich nicht brauchen im Generalstab."[8]

Stauffenberg sagt zu seinem Gast: Die Entschlüsse, die jetzt gefaßt oder nicht gefaßt werden, sind entscheidend für den ganzen Krieg, und er bemißt die Aussichten: Sie sind schlecht, da Hitler nicht von sich los kann und die militärische Führung sich jedem seiner Gebote fügt. Er treibt es mit den schwindenden Kräften zum Äußersten, alle Opfer zählen ihm nicht, Ersatz ist ungenügend. Er lebt in der Besessenheit seiner Osteroberung und sieht nicht, daß es jetzt oberstes Gebot wäre, die Abwehr im Mittelmeerraum aufzubauen, wo der Angriff der mit den Briten verbündeten USA bevorsteht, denen er selbst ja vor erst ³/₄ Jahren den Krieg erklärt hat. Keiner ist unter den Führenden, der die eigene Verantwortung erkennt und danach handelt. Colsman erinnert sich nicht, daß sein Gegenüber ihm von einer Verschwörung Andeutung gemacht hätte, aber er konnte aus dem Ernst, mit dem Stauffenberg sprach, entnehmen, daß er nicht mehr ruhen werde, bis ein Weg aus dem drohenden Verhängnis gefunden sei, und es war deutlich, daß er zu höheren Führern vordringen wollte, um sie im Bund mit ihresgleichen zum Aufruhr gegen Hitler zu bestimmen.

Am Abend nahm Stauffenberg seinen Gast mit in eine Gesprächsrunde meist jüngerer Offiziere. Im Hin und Her der Unterhaltungen wurde viel Unmut und Schelte laut über die Arbeit im Hauptquartier, Verdruß über die Rankünen und bloßen Karrieresorgen der Älteren, man wünschte sich fort zu den Kämpfenden an der Front. Da wächst unbeabsichtigt – der Graf sitzt in seiner lockeren Art leicht auf einer Tischkante – eine jener Stauffenbergschen Einzelreden hervor, die ohne Plan und augenblicksgeboren, oft sich überstürzend, doch immer wie ein mächtiger Anruf wirkten, desto packender, weil er in reiner Hingabe und ohne persönliche Ehrsucht sprach:

> „Was sie sich als zur Führung berufene Offiziere dächten! Was sei das für ein falscher Heroismus für sie, ‚in treuer Pflichterfüllung' wie hunderttausend sich am Feind totschiessen zu lassen – es sei nur ein feiges Ausweichen und nicht besser, als wenn sich Marschälle mir Gehorsamspflicht und ‚Nur-Soldat-sein' entschuldigten. Ganz anderes sei nötig. Wen Amt und Ehre in einen führenden Rang rücke, der komme an einen Punkt, wo Mann und Aufgabe zusammenfallen und keine anderen Rücksichten mehr gälten: er habe für den Sinn des Ganzen zu stehen. Wie wenige verhielten sich so oder empfänden auch nur die Notwendigkeit: Bürger, Pfründner, Teppichleger im Generalsrang. Man beziehe sein Einkommen, tue seine ‚Pflicht', vertraue auf den Führer und freue sich auf den Urlaub – auf wen sollte das Vaterland denn noch bauen?"[9]

Wie der Berichtende sich erinnert, sagte Stauffenberg in diesem Gespräch die Verse Stefan Georges von der Toten Zurückkunft, beginnend:

> „Wenn einst dies geschlecht sich gereinigt von schande
> Vom nacken geschleudert die fessel des fröners
> Nur spürt im geweide den hunger nach ehre:
> Dann wird auf der walstatt voll endloser gräber
> Aufzucken der blutschein..."

Zu wem waren diese Worte gesprochen? Es waren Offiziere seinesgleichen der mittleren Ränge, die ein Bürosoldatentum mit allem Hinundhergerissenwerden, mit Intrigen und Prestigeansprüchen satt hatten und sich ins Frontleben soldatischen Schicksals wünschten: alle, wie wir annehmen dürfen, im Anprangern der Übel einig, einig aber doch wohl zumeist auch im Vertrauen auf den „Führer", zu dem man dank einer raffinierten Nachrichtengebung an der Front wie in der Heimat in ungeminderter Gefolgschaft stand. Noch begeisterte er – oder das der Wirklichkeit entrückte Idol, zu dem er in vieler Augen geworden war – die Kämpfenden zu letzten Einsätzen und Lebensopfern. „... vom nacken geschleudert die fessel des fröners ...": Wird irgend einer den Bezug auf Hitler empfunden haben? Für Stauffenbergs Ernst und Ergriffensein spricht, daß die ihm seit seiner Jugendbegeisterung hohen Verse sich unversehens in seine Worte unter den Kameraden drängten.

Aus den letzten Oktobertagen 1942 findet man einen Bericht, wie Stauffenberg „im kleinen Kreis von Offizieren, die mit ‚Widerstand' gar nichts zu tun hatten", auf die Anregung, dem Führer müsse doch endlich einmal die „Wahrheit" gesagt werden, spontan, aber doch wohl in bewußter Steigerung erklärte:

> „Es kommt nicht darauf an, ihm die Wahrheit zu sagen, sondern es kommt darauf an, ihn umzubringen, und ich bin dazu bereit."[10]

Solche Worte des Tötens oder Umbringens wurden nach der Art, wie Stauffenberg sie vorbrachte, nicht als Ausdruck einer nahen Mord- oder Attentatsabsicht aufgenommen, aber sie machten für die, die sie vernahmen, die tiefe Kluft zwischen Stauffenberg und dem obersten Führer sichtbar und bewiesen seine Entschlossenheit, nicht zu ruhen, bis es zu einer gewaltsamen Änderung komme.

Der Oktober in Winniza ging mit düsteren, drohenden Aspekten zu Ende. Die Offensive gegen Stalingrad hatte sich festgelaufen. Allein für einen Monat wurden vom Heer 130 000 Mann Abgänge, davon 68 000 blutige Verluste, gemeldet, gegenüber 97 000 Mann Zuführungen, wie man nachher im Kriegstagebuch der Organisationsabteilung vom 15. November 1942 lesen konnte.

Vom 31. Oktober ab wird das Hauptquartier des Heeres in 48 stündiger Bahnfahrt von Winniza in das Lager „Mauerwald" in Ostpreußen zurückverlegt. In den nächsten drei oder vier Wochen erlebt Stauffenberg von hier aus die Schläge, die zur entscheidenden Wende des ganzen Krieges führen, wie er im Gespräch mit Colsman vorausgesagt hatte. Sei in kurzen Zügen an diesen Verlauf erinnert.

Hitler hat vom „Werwolf" zur „Wolfsschanze" gewechselt. Hier schlägt am 4. November die Nachricht ein, Generalfeldmarschall

Rommel habe, da sein mehrfach dringlich geäußertes Verlangen nach Nachschub für das Afrika-Korps nicht gehört worden sei, sich gezwungen gesehen, vor Montgomerys britischer Übermacht die El-Alameinfront auf dem Boden Ägyptens aufzugeben. Er beabsichtige, sich großräumig zurückzukämpfen. Ein kaum je so erlebter Wut- und Schmähungsausbruch Hitlers folgt. Er verläßt für einen 14tägigen Urlaub[11] am frühen Nachmittag des 7. November Ostpreußen, um mit der Bahn in Begleitung von Keitel und Jodl über Berlin nach München zu reisen, wo er am 8. November seine traditionelle Abendrede im Bürgerbräukeller halten will. Den Wehrmachtführungsstab, den Generalstabschef Zeitzler mit dem gesamten Führungsstab des Heeres hat er hinter sich in Ostpreußen gelassen, als noch am 7. November bekannt wird, die britischen Gibraltarstreitkräfte hätten sich vereinigt „mit einem starken aus dem Atlantik gekommenen Geleitzug" amerikanischer Streitkräfte, der „weiter Kurs Ost nimmt."[12] In der Nacht gegen 2.00 Uhr wird Hitler auf einem thüringischen Bahnhof von der Nachricht erreicht, die Alliierten seien in Casablanca, Oran und Algier gelandet.

Am Abend dieses Tages erwähnte er nur flüchtig im Münchener Bürgerbräu den Schlag, den die alliierte Landung in der Nacht gebracht hatte. Hatte er seinen Generälen, deren „typische Halbheiten" er verächtlich machte, erst einen Monat zuvor noch in heftigem Ton befohlen, Stalingrad müsse „herausgebrochen" werden, damit „der Kommunismus seines Heiligtums beraubt" werde[13], so sprach er jetzt im Bürgerbräu vor den „alten Kämpfern" vom „gigantischen Umschlagplatz" Stalingrad, und alle am Rundfunk hörten es mit: „Den wollte ich nehmen und – wissen Sie – wir sind bescheiden, wir haben ihn nämlich! Es sind nur ein paar ganz kleine Plätzchen noch da."[14] In der Wochenschau war der Bramarbas später hiermit auch allen anderen „Volksgenossen" zu besichtigen.

Am 14. November kommt Hitler aus München zum Obersalzberg auf den Berghof. Die Führungsämter werden etappenweise herangezogen und finden in räumlicher Entfernung zu Hitler in Freilassing, Salzburg und später zumeist in Berchtesgaden und Umgebung Unterkunft. Die „kleine Reichskanzlei" mit Keitel, Jodl, Buhle wird zwanzig Fahrminuten von Hitler entfernt eingerichtet. Der Generalstabschef ist 1000 km getrennt in Ostpreußen. Ihm obliegt die Sorge für die Ostfront, während Hitler jetzt vor allem dem Geschehen im Mittelmeer zugewandt ist. Angesichts der Kriegslage könnte die Zergliederung der obersten Führung kaum grotesker erfunden werden. Mit kühler Genauigkeit ist im Kriegstagebuch des Wehrmachtführungsstabes, das die Feststellung der Stauffenbergschen Organisationsabteilung übernimmt, unterm 18. 11. aufgezeichnet:

„Die Trennung von Führerhauptquartier [in Berchtesgaden] und Hauptquartier des Oberkommandos des Heeres [in Ostpreußen] von Beginn der Afrika-Krise bis Ende November läßt Reibungen und Schwierigkeiten in der Kriegsspitzengliederung erkennen. In einer Vortragsnotiz der Org. Abt. werden die sich überschneidenden Führungsverhältnisse dargelegt. Org. Abt. drängt auf Klarstellung und Lösung der sich aus dieser Lage ergebenden Probleme."[15]

An den Tagen danach, am 19. und 20. November 1942, brach nordwestlich und südlich von Stalingrad eine massierte sowjetische Panzeroffensive vor, die, in fälschlich nie erwarteter Stärke, die Fronten der deutschen und der mit ihnen kämpfenden rumänischen, teils auch italienischen Divisionen unter schweren Verlusten zum Einsturz brachte. Am 22. November war die gesamte 6. Armee zwischen Wolga und Don eingeschlossen und damit auf Versorgung aus der Luft angewiesen. Vom Hauptquartier in Ostpreußen aus war Stauffenberg Zeuge der Vorgänge, die folgten, die den Deutschen erst Jahre nach dem Krieg bekannt wurden.

Noch am 22. forderte der Oberbefehlshaber der 6. Armee mit Funkspruch an seinen „Obersten Befehlshaber" in Übereinstimmung mit seinen Kommandierenden Generälen, auch denen der Luftwaffe, Handlungsfreiheit zum Ausbruch. Paulus wurde durch „Führerentscheid" abgewiesen. Ihm wurde befohlen, auf einer Linie, die ihm genau festgelegt wurde, sich einzuigeln und einen späteren Entsatz, zu dem die Kräfte aber erst versammelt werden mußten, abzuwarten.

Stauffenberg sprach in Worten höchsten Zornes über die Entscheidung, die 6. Armee im Kessel zu belassen.[16] Er sah darin, nach einem anderen Bericht, ein unverantwortliches und verbrecherisches, Illusionen verfallenes Handeln, das ihn tief niederschlug.[17] Seinem ihm von früher vertrauten Ordonnanzoffizier von der 6. Panzerdivision, Werner Reerink, der ihn am 14. Januar 1943, als die Paulusarmee ihrem Ende schon entgegenging, im Lager Mauerwald besuchte, hat Stauffenberg eine Erklärung der Vorgänge gegeben, mit der er die Schuld Görings herausstellt (er hat dessen Haltung als glatten Verrat bezeichnet) und zugleich die Verantwortung der oberen Heeresstellen, die den Mut zur entschiedenen Verweigerung nicht gefunden haben. Reerink berichtet:

„Stauffenberg nahm mich abends zu einem Spaziergang durch den Mauerwald mit, da man sich im Freien besser unterhalten könne, wie er sagte, als in den Barackenbüros. Er erzählte mir eingehend von der vergeblichen Anstrengung des OKH, Hitler zu bewegen, Stalingrad den Ausbruchsbefehl zu erteilen und damit 300 000 Soldaten zu retten. Mit Unterstützung von Goebbels, der sich sehr einsichtig gezeigt hätte – er wäre der einzige

Mann der Partei gewesen, der auf dem Standpunkt gestanden hätte, daß man Stalingrad und die Gesamtsituation betreffend dem deutschen Volk klaren Wein einschenken müsse –, hätten sie Hitler so weit gehabt, den Ausbruchsbefehl fast sogar noch rechtzeitig zu erteilen. Da hätte sich Hermann Göring mit den Worten in der entscheidenden Führerlage zu Wort gemeldet: ‚Mein Führer, ich garantiere die Versorgung der Stalingradarmee durch meine Luftwaffe'. Daraufhin entschied Hitler: ‚Die 6. Armee bleibt in Stalingrad!'"[18]

Stauffenberg gibt genau das wieder, was der Generalquartiermeister Wagner als Beteiligter der Führerbesprechung schon vom 24. Oktober 1942 berichtet hat: Nachdem der Oberbefehlshaber der Heeresgruppe B, Generalfeldmarschall von Weichs, den taktischen Vorschlag der Rücknahme der 6. Armee in die Sehne des Donbogens vorgeschlagen, Wagner die Mindestforderungen der Versorgung vorgetragen hatte, ohne die eine Katastrophe der 6. Armee im kommenden Winter unausbleiblich sei, hatte Wagner den Eindruck, daß Hitler „drauf und dran" war, der Rücknahme zuzustimmen. Da

„stand Göring auf, schlug mit seiner fetten Pratze auf den Tisch und sagte: ‚Mein Führer, ich garantiere für die Versorgung von Stalingrad mit meiner Luftwaffe!' Darauf Hitler: ‚Dann bleibts dabei'."[19]

Und Göring, den auch seine eigene Luftwaffe gewarnt hatte, brachte dann, als es gefordert war, nicht ein Drittel des Geforderten heran.

Stauffenberg spricht Reerink gegenüber nicht von den weiteren Schicksalen: der Vorstoß der 4. Panzerarmee von Hoth, der den Weg zur eingeschlossenen 6. Armee freikämpfen sollte, kam erst am 12. Dezember zustande. Hoths Panzer waren von Südwesten her bis 60 km vor Stalingrad gekommen, als die Sowjets die italienische 8. Armee im Nordwesten niederwarfen, durch die deutsche Frontlinie brachen und mit dem operativen Ziel Rostow zum Schwarzen Meer rollten. Es drohte den beiden südlich stehenden Heeresgruppen A und Don, bei weiterem sowjetischen Vordringen abgeschnitten zu werden. Hoths Entsatzversuch mußte um des – vergeblichen – Versuches willen, die große Lage zwischen Don und Kaukasus noch zu retten, aufgegeben werden.

Ein selbständiger Ausbruch der 6. Armee konnte danach, vier Wochen nach der Einkesselung, nicht mehr in wirklichem Betracht stehen, soweit nachträglich noch zu beurteilen. Sicher aber ist: Weder Paulus noch Generalfeldmarschall von Manstein, zum Oberbefehlshaber der hastig neu gebildeten Heeresgruppe Don ernannt, konnten sich zu irgendeinem Zeitpunkt, wann auch immer, dazu entschließen, Hitlers Ausbruchsverbot eigenverantwortlich entgegenzuhandeln.

Stauffenberg war an den Vorgängen vom Hauptquartier aus aufs regste beteiligt, soweit die Möglichkeiten seines Amtes und seine Unterrichtung durch persönliche Kontakte reichten. Es ist als wahrscheinlich genannt, aber nicht erwiesen, daß er ein Zuwiderhandeln der beiden hohen Befehlenden, Manstein und Paulus, gegen das Verbot Hitlers als deren Pflicht angesehen und daraus ein ins Große wirkendes Signal erwartet hat. Hatte er zu Beginn des Jahres 1942 in der Not einer unabsehbaren Katastrophe Hitler noch als eine momentan nicht ersetzbare Kraft zur Krisenbewältigung gesehen, so war ihm im weiteren Verlauf zur Gewißheit geworden, der Führer sei zum Fall reif, der in seinem Wahn Menschenvernichtung ohne Maß betrieb und Schmach auf den deutschen Namen häufte. Wie aber unterm währenden Krieg die Wendung bringen? Es ging nur, so war Stauffenbergs Schluß, wenn hohe Befehlende dieses Krieges gewonnen werden konnten, voranzugehen und mit ihrem Namen zum Handeln bereit zu sein. Entschlossene an ihrer Seite waren zu finden.

Aus dieser Zeit – Dezember 1942 – liest man in Aufzeichnungen Dietz von Thüngens, wie ihn zu spätnächtlicher Stunde ein Anruf Stauffenbergs in dessen Dienstzimmer ruft:

> „Merkwürdig – schon beim Eintreten lag irgend etwas Besonderes in der Luft. Der Ordonnanzoffizier überarbeiteter noch als sonst, aber solch auffallender Ernst in den Augen und so betontes Streben, seinem Chef behilflich zu sein. Gleiches glaubte ich beim Feldwebel festzustellen. Claus selbst wie immer ‚auf dem Damm', nur auch bei ihm ein besinnlicher Ernst, den er sonst nicht zeigte. Die Mitarbeiter wurden ins Bett geschickt, der sonst nicht übliche Händedruck schien mir beim O.O. kräftiger als nötig. Unausgesetzt geht der Fernsprecher – was redet der Claus bloss!? Mir scheint, viele getarnte Andeutungen, alles sehr gute Bekannte: ‚Aber Vorsicht Herrschaften, wenn ich bitten darf', ‚Der ist unsicher', ‚Berta hat zugesagt', ‚das Auto ist auf vier Uhr bestellt', ‚es wird schon klappen' – so geht es in einer Tour. Inzwischen habe ich die Flasche aufgemacht, ich warte, aber die Neugierde steht mir offensichtlich in den Augen. ‚Du glaubst wohl, ich konspiriere hier!' Ich schweige fragend. Schliesslich gehts los: ‚es kann so nicht weitergehen, es wird höchste Zeit, es muß aber was Neues kommen, wir dürfen nicht ‚restaurieren', man kann die Geschichte nicht zurückdrehen, ich war nicht umsonst Soldat im Volke. Aber ich darf Dir noch nichts weiter sagen, mein Eid bindet mich.'- Ich dränge nicht, aber ich sage, es ist gut, daß Ihr in der Führung handeln wollt, denn Ihr tragt mit die Verantwortung vor der Geschichte. Voll Stolz und Überzeugung nimmt Claus das Wort auf: ‚Ja, wir sind auch die Führung des Heeres und auch des Volkes und wir werden diese Führung in die Hand nehmen.' Noch lange saßen wir zusammen, der Plan selbst darf nicht besprochen werden, aber um so eingehender sind es die Probleme, die wir diskutierten."[20]

Einige Tage danach sah von Thüngen Stauffenberg wieder und er gewann den Eindruck, wie er es wiedergibt, daß Claus dabei sei, eine Reise an die Ostfront vorzubereiten und vielleicht noch am Abend anzutreten, wo er mit Männern einer Offizierskonspiration zusammenkommen konnte, die sich zum Handeln bereit machten. Jedenfalls sagte er von Thüngen zu, daß er ihn rufen wolle, sobald er ihn brauche. Er nimmt ihn „nochmals bei der Hand und sagt: ‚es könnte sein, daß ich nicht wiederkomme'" und spricht von einem Brief an seine Frau, den Thüngen ihr geben solle.[21]

Es ist nicht bekannt, welche Verbindung Stauffenberg mit seinem bei ihm auffallenden Wort „Mein Eid bindet mich" unausgesprochen ließ. Am wahrscheinlichsten ist, daß seine Reise Oberst von Tresckow im Generalstab der Heeresgruppe Mitte galt, der mit Offizieren seines Stabes auf ein aktives Vorgehen gegen Hitler gerichtet war und der offenbar auch seinen Oberbefehlshaber, Generalfeldmarschall von Kluge, seit einem Besuch Goerdelers für nicht ungeeignet hielt, an einem Umsturz teilzunehmen, wenn andere hohe Befehlende mit im Bunde wären. Vielleicht hat Tresckow den Wunsch an Stauffenberg gerichtet, bei den Möglichkeiten, die er besaß, einen entsprechenden Anlauf auf von Manstein zu wagen. Er selbst war kurz zuvor nicht über ein „neutral" verlaufendes Gespräch mit dem Marschall hinausgekommen. Jedenfalls weiß man heute, daß Tresckow schon Ende November 1942 den ihm gut bekannten Ordonnanzoffizier bei Manstein, Oberleutnant d.R. Stahlberg, bitten ließ, im Falle eines Besuchs Stauffenbergs bei Manstein für ein ungestörtes Gespräch der beiden zu sorgen. Tresckow war kurz zuvor bei einem Berlinaufenthalt durch Begegnungen mit Goerdeler und Olbricht „Feuer und Flamme" für ein Vorgehen gegen Hitler geworden. Dem DAZ-Redakteur Silex soll er offen erklärt haben: „Der Krieg ist verloren. Hitler ist verrückt geworden und muß beseitigt werden."[22]

Wohl in der gleichen Zeit im Dezember 1942 , als sich der Untergang der 6. Armee in Stalingrad entschied, erschien Stauffenberg, von Ostpreußen kommend, in Berlin zu einem Besuch bei Generaloberst Halder, der seit seiner Verabschiedung im September in Berlin Wohnung genommen hatte. Vielleicht war der dienstliche Anlaß der Berlinreise Stauffenbergs seine Teilnahme an der Ostkonferenz im Rosenbergschen Ministerium für die besetzten Ostgebiete (s. S. 116f.). Der wichtigere Zusammenhang des Besuchs wurde erst später bekannt durch einen Brief, den Halder auf Befragen eines Historikers am 21. Januar 1962 schrieb. Halder läßt erkennen, daß er durch den Besuch Stauffenbergs, der ihn im Haus aufgesucht hat, überrascht, ja erschrocken war. Aus ihrem Gespräch gibt er die Ausführungen Stauffenbergs wieder:

die Atmosphäre im OKH sei nicht mehr zu ertragen; seit Halder aus dem Amt ausgeschieden sei, wäre jeder Widerstand gegen Hitler erstorben. Man könne kaum noch seine Gedanken austauschen und müsse offenen Auges den Weg in den Abgrund verfolgen, ohne die Hand rühren zu können.[23]

Abgesehen von der heute nicht mehr unumstrittenen Selbstbewertung Halders: Enthielt das Gespräch nicht doch eine verdeckte Herausforderung? Ob es dem Generaloberst deutlich werden ließ, daß der Graf, den er seit September nicht mehr gesehen, mit entschieden neuem Planen umging? Stauffenberg konnte nicht daran denken, den von Hitler Heimgeschickten jetzt zu einer Gegenaktion zu gewinnen. Zu entschieden hatte Halder stets seine Bedenken vorgetragen, die ihn jeden Gewalteingriff verwerfen ließen: die im Kampf stehende Armee, die Führerergebenheit der Deutschen, die Gefahr, Hitler zum Märtyrer werden zu lassen. Durchbruch zu einer entscheidenden Tat war nie, solang er im Amte war, seine Sache gewesen. Wenn Stauffenberg ihm als „unglaublichem Könner" im Militärischen als Lehrmeister dankbar sein mochte, so lag doch hier auch für ihn dessen Beschränkung.

Er konnte von seinem Besuch bei Halder jedoch Auskünfte erwarten über Vorgänge in Berlin, von denen ihm Tresckow gesprochen hatte: Initiativen der Opposition, hinter denen Halders Vorgänger im Amt, Ludwig Beck, stand und für die sich General Olbricht in Verbindung zu Tresckow einsetzte. Daß der Generaloberst seinem Besucher Vorhalte wegen seines Kommens machte, da er sich überwacht fand, läßt vermuten, daß er sich vor jeder konspirativen Teilnahme abschloß. Umsomehr gewinnt seine Mitteilung Bedeutung, Stauffenberg habe ihm auf seine Vorhalte nur geantwortet, er strebe sowieso eine Veränderung an; er sei in Berlin, um sich mit seinem Bruder Berthold auszusprechen.

Dies Gespräch zwischen den beiden Brüdern Berthold und Claus Stauffenberg, das kein Mithörender aufnehmen konnte, hat, wie wir aus dem Späteren erschließen können, für das Finden des ihnen beiden vorgezeichneten Weges bis zum 20. Juli die größte Wirkung getan.

Als Graf Claus wieder im Hauptquartier zurück war, muß er die Nachricht erhalten haben, daß sein naher Freund Oberstleutnant Henning von Blomberg, der zu seiner Zeit Divisionsadjutant bei der 1. Leichten und der 6. Panzerdivision gewesen war, am 22. November in Afrika im Kampf den Tod gefunden hatte. Am ersten Weihnachtstag schrieb er aus dem Hauptquartier an Frau Ruth von Blomberg in einem Brief:

> „In dieser nicht endenwollenden Reihe schmerzlichster Verluste lieber Kameraden, alter Waffengefährten hat mich dieser am unmittelbarsten

berührt und getroffen: jener unerbittliche Einbruch in eine geschlossene, glückliche und eher in sich ruhende Welt, jenes grausame Auseinanderreissen dessen, was so schön war und drum so untrennbar schien. Gewiss sagen alle, es sei ein Schicksal unter Tausenden gleicher. Und doch mildert dies Wissen nichts. Jedesmal stürzt von neuem eine Welt zusammen."

In selten so von ihm gehörten Worten, im Erinnern an die Familie bekennt der Schreibende seine Einstimmung mit dem Freund, wurden doch zwischen ihnen „an Abenden zweier Feldzüge oft solche Gedanken angedeutet":

„So schmerzlich Ihm wie uns der Gedanke an eine Trennung, an das Zurücklassen seiner über alles geliebten Familie war, so meinte Er doch, daß Er sich leichter als andere mit solchem Schicksal abfinden könnte, denn er wisse seine Kinder in der besten nur denkbaren Hut, er wisse, daß seine Frau das Unvermeidliche werde zu tragen wissen und daß alles, was von ihm, völlig im Geiste seiner Familie fortdauern werde. Als Mann und Vater weiß ich zu sehr, welche Ruhe und welches Glück solch ein Bewußtsein, solche innere Sicherheit bringen kann."

Das Eigenste, was er zum Tod des Freundes im Element seines Soldatentums preisenswert findet, läßt an eine gleiche *Haltung* und *Todbereitschaft* in Erfüllung einer großen Aufgabe auch beim Schreiber des Briefes denken:

„Als Soldat weiß ich, daß Er, der an der Spitze seiner Mannschaft im Element seines Soldatentums, im Kampf den Tod fand, am wenigsten zu beklagen ist, erfüllte er doch sein Leben in einem Höhepunkt des Lebens. Und als Mensch glaube ich, daß der Himmel denen gnädig ist, die in der Erfüllung ihrer Aufgabe alles opfern."[24]

Stauffenberg war mit dem Monatsersten des Januar 1943 Oberstleutnant geworden. Am 26. Januar kam er ins Hauptquartier der Heeresgruppe Don nach Taganrog am Asowschen Meer – nur kurze Tage noch hielt sich die schwindende 6. Armee in der schneeigen, hoffnungslosen Eiswüste von Stalingrad. Er hatte den Auftrag der Organisationsabteilung, über die Fragen des Ersatzes für die Heeresgruppe zu sprechen, die unter ihrem Oberbefehlshaber von Manstein immer noch in schwerer Abwehr gegen die feindliche Übermacht stand. Der Name des Generalfeldmarschalls war zu dieser Zeit der wohl am meisten genannte und gerühmte unter den deutschen Heerführern. Von seinem Durchgreifen, seinem „operativen Genie" wurde jetzt erwartet, daß er aus der schweren Krise im russischen Süden herausführen, den von Abschließung bedrohten Armeen aus dem Kaukasus den Rückweg offen halten und im Gegenschlag eine neue Stabilisierung der ins Wanken geratenen Fronten erreichen werde.

Im November zuvor schon hatte sich Ludwig Beck, der 1938 von Hitler aus dem Amt gedrängte ehemalige Generalstabschef des Heeres, in einem überbrachten Brief an Manstein gewandt, der einst sein Schüler und unter ihm Oberquartiermeister I gewesen war. Er hatte ihn darauf hingewiesen, „daß weitere militärische Operationen sinnlos seien. Jetzt müsse an die Erhaltung des Reiches gedacht werden. Nur mit einer intakten Truppe sei es möglich, die Grenzen zu schützen und im Inneren Ordnung zu halten". Manstein hatte auf den Brief geantwortet, Ein Krieg sei nur verloren, wenn man ihn verloren gebe.[25]

Stauffenberg hatte sich auf das Gespräch mit dem Marschall, der ihn empfangen wollte, ihn aber bisher nicht persönlich kannte, als auf eine entscheidende Aufgabe vorbereitet. In der vorangehenden Unterhaltung mit dem Ia Mansteins, dem Obersten i.G. Busse, legte Stauffenberg offen seine Meinung über die Kriegslage dar. Der Erste Generalstabsoffizier der Heeresgruppe Don fand den Grafen über das unter ihnen Gewohnte hinaus „sehr pessimistisch" in seinem Urteil und ließ im späteren Gespräch erkennen, daß man auch im Führungsgremium um Manstein in sehr scharfer Form an Hitler Kritik geübt und immer wieder erwogen habe, Hitler zu nötigen, den militärischen Oberbefehl abzugeben, damit man „endlich zu einer sachgemäßen Operationsführung komme".[26]

Manstein hat über das Gespräch, das auf Wunsch Stauffenbergs unter vier Augen stattfand, als ein fachmilitärisches Gespräch berichtet, bei dem über die militärischen Fehler Hitlers Einigkeit bestand, nur die Vorstellungen über eine notwendige Änderung kontrovers waren. Nach dem Krieg hat er dazu geschrieben: „Eine Tendenz Stauffenbergs, ein gemeinsames Vorgehen der Oberbefehlshaber gegen Hitler – also einen Staatsstreich – zu erreichen, war aus seinen Ausführungen nicht zu erkennen." Von politischen Dingen sei in dem Gespräch nicht die Rede gewesen, eher im Gegenteil:

> „Ich hatte mehr den Eindruck, daß Stauffenberg verzweifelt darüber war, was er alles im OKH mit ansehen mußte, und habe ihm daher auch geraten, sich mal in eine Frontgeneralstabsstelle versetzen zu lassen, um aus dem unerfreulichen Milieu im Führerhauptquartier herauszukommen".

Und Manstein schreibt in einem Brief, gut 18 Jahre nach dem Geschehen:

> „Wenn ich einen Staatsstreich gegen Hitler im Hinblick auf die Frontlage im Osten für möglich und unumgänglich gehalten hätte, dann würde

ich ... selbst gehandelt haben. Ich war und bin aber auch heute der Ansicht, daß ein solches Unternehmen zum Zusammenbruch der Ostfront geführt haben würde, den zu verhindern ich bis zu meiner Entlassung noch gehofft habe."[27]

Nach solchen Worten wird man Ludwig Beck folgen, der urteilte, daß „der Grund für die Ablehnung Mansteins ... nach seiner [Becks] Kenntnis der Persönlichkeit mehr im Charakterlichen als im Rationalen" lag.[28]

Anderen Aufschluß über das Gespräch hat später der Ordonnanzoffizier gegeben, der damals im Vorzimmer des Marschalls Dienst tat und Stauffenberg bei Manstein einführte, der schon erwähnte Oberleutnant d.R. Stahlberg, ein Neffe Tresckows, der durch ihn in den Stab Mansteins gekommen war. Seinen ersten mündlich gegebenen Bericht über den Gesprächsverlauf hat Stahlberg durch Herausgabe in Buchform bestätigt:

„Ich sehe Stauffenberg noch in meinem Vorzimmer: halb dunkel, an einem späten Nachmittag, trat er ein. Er fragte, ob der Feldmarschall anwesend sei. Gut, sagte ich, ich werde Sie sofort anmelden, wir erwarten Sie. Und es begann gleich danach im Arbeitszimmer des Feldmarschalls, dessen Tür halb angelehnt blieb, ein langdauerndes Gespräch zwischen den beiden.

Stauffenberg wurde sehr kühn in den Fragen; er – ich möchte sagen – griff im Gespräch förmlich an. Er stellte die Frage, ob aus einer verlorenen Schlacht, hier bei Stalingrad, wohl die höhere Führung und insbesondere die höchste Führung – man vermied den Ausdruck ‚der Führer' – die notwendigen Konsequenzen für die Zukunft ziehen würde. Und Manstein sagte: ‚Selbstverständlich zieht man seine Konsequenzen und versucht, Fehler in Zukunft auszumerzen.' Und dies betrifft Stauffenberg! Er sagte, unsere Führung führt nach Gesichtspunkten, die nicht rein militärischer und zwecknotwendiger Natur sind. ‚So ist', sagte Stauffenberg, ‚Stalingrad für mich nicht eine verlorene Schlacht, sondern hier offenbart sich für mich ein Führungssystem, das, wenn es sich nicht ändert, ohne jeden Zweifel zum Desaster des ganzen Krieges führen wird!' Und es gäbe, fuhr er fort, überhaupt nur eine Chance: Man fände eine aktive Möglichkeit, in die Führungsspitze einzugreifen oder einzuwirken, so daß eine echte, militärische, fundierte Führung wieder an verantwortlicher Stelle etabliert werde.

Ich hatte den Eindruck, daß Stauffenberg auf dieses Gespräch sorgfältig vorbereitet war. Ich hatte den Eindruck, daß er mit diesem Gespräch einen Versuch machen wollte, Manstein in seinen Gedankenkreis hereinzuziehen. Manstein seinerseits war absolut nicht geneigt, die Stauffenbergschen Konsequenzen mitzumachen. Manstein dachte Hitler gegenüber völlig loyal. Für ihn war der Oberste Befehlshaber, dem er seinen Eid ge-

> leistet hatte, tabu, schied die Möglichkeit, mit so etwas wie Gewalt oder auch nur Gewaltsamkeit in die Führungsspitze einzugreifen, völlig aus."

Dieser Darstellung – einem Zeugnis erstaunlicher Präsenz und Verwegenheit Stauffenbergs bei seiner Offensive, die der Autor zu erinnern weiß – folgt Stahlbergs für uns höchst bedeutsame Schilderung des Danach mit dem prompten Zusammenspiel von Mansteins mit Zeitzler:

> „Manstein hat am Abend nach diesem Gespräch auf meine Frage, ‚Was halten Herr Feldmarschall von Stauffenberg?' geantwortet: ‚Sehr intelligent. War ein sehr interessantes, brillantes Gespräch. Aber er hat mir weismachen wollen, der Krieg sei verloren! Und das habe ich ihm nicht abgenommen.' Am folgenden Tage fragte General Zeitzler vom Oberkommando des Heeres telefonisch, ob Stauffenberg da gewesen sei und welchen Eindruck er gemacht habe. Manstein äußerte sich sehr positiv. Aber dann sagte er: ‚Wissen Sie, mein lieber Zeitzler, bei aller Begabung: Ich glaube, der Stauffenberg ist schon zu lange im Stab gewesen; der muß mal an die Front versetzt werden.' So Manstein."[29]

Aus der Schilderung Stahlbergs geht hervor, daß sich der Marschall bewußt dem Anlauf Stauffenbergs entzogen hat: „Selbstverständlich zieht man seine Konsequenzen und sucht Fehler in Zukunft auszumerzen ..." „Das ist nicht die Antwort eines Feldmarschalls" wird Stauffenberg einige Zeit danach zur Gräfin Nina sagen, als er ihr das Gespräch mit Manstein wiedergibt.[30] Unverhohlener wird er in seiner Erregung vorm Weggang zum nahebefreundeten Eberhard Finckh gesprochen haben, der Leiter der Oberquartiermeisterabteilung in Mansteins Heeresgruppe war.

Von Taganrog aus machte Stauffenberg weitere Stationen auf seiner Frontreise. Er kam auch zur Heeresgruppe Mitte, wo er sich bei deren Oberbefehlshaber Generalfeldmarschall von Kluge meldete. Er hat, wie anzunehmen, auch Tresckow getroffen und hat ihm von Mansteins Ablehnung berichtet, den zu gewinnen Tresckow immer noch Hoffnung gehabt hatte.

Es waren die Tage der Casablanca-Konferenz (14.–25. Januar 1943), bei der sich Roosevelt und Churchill, ohne Stalin, begegneten, neben Vereinbarungen über die künftige Kriegführung vor allem die bedingungslose Kapitulation der deutschen Wehrmacht als ihr Ziel proklamierten und damit die Deutschen in ihrer Mehrheit eher noch mehr als zuvor in die Gefolgschaft Hitlers bannten.

Hitler begegnet man in diesen Tagen dabei, wie er am 31. Januar – dem Tag der Übergabe Stalingrads – Paulus zum Generalfeldmarschall befördert und tags darauf ihn in einer „Führerbesprechung" schmäht, daß er so feige war, die Kapitulation zu überleben:

> „So viele Leute müssen sterben und dann zieht so ein Mann in letzter Minute das Heldentum so vieler anderer in den Schmutz. Er hätte sich von allen Sorgen befreien können, er hätte in die Ewigkeit und in die nationale Unsterblichkeit eingehen können, aber nein, er geht nach Moskau. Das ist der letzte Feldmarschall, den ich in diesem Krieg ernannt habe. Man soll seine Hühner nicht zählen, bis man sie im Stall hat."[31]

Zwei Tage später heißt es für das Volk im Wehrmachtbericht:

> „Ihrem Fahneneid bis zum letzten Atemzug getreu ist die 6. Armee unter der vorbildlichen Führung des Generalfeldmarschalls Paulus der Übermacht des Feindes und der Ungunst der Verhältnisse erlegen."[32]

Als Stauffenberg zum Hauptquartier zurückkam und dem fragenden Thüngen von den Ergebnissen seiner Reise berichtete, fand der ihn „zornig und voller Vorwürfe" und hörte im Kavalleristenton: „Die Kerle haben ja die Hosen voll oder Stroh im Kopf, sie wollen nicht." Und es hieß dann: Alle sähen sie ein, daß es so nicht weitergehen könne und daß etwas geschehen müsse. Aber keiner sei bereit und wolle vorangehen. Nach gelungenem Staatsstreich indes wollten sie der neuen Führung Gehorsam geloben.[33] Die deutsch-italienische Afrikaarmee meldete sich in diesen Tagen in heftigen Abwehrkämpfen gegen die von Osten und Westen vorrückenden Engländer und Amerikaner. Von der Heeresgruppe Nord kam die Meldung, daß es den Sowjets eben gelungen war, den langgehaltenen Umschließungsring um Leningrad zu sprengen und südlich des Ladogasees eine Landverbindung zur Stadt herzustellen, wodurch Rückzugsbewegungen der Heeresgruppe notwendig wurden. Von einem zweiten Besuch bei Stauffenberg in diesen Tagen notiert Dietz von Thüngen:

> „Claus war nun völlig von der nicht mehr zu vermeidenden Katastrophe überzeugt und tief niedergeschlagen. Mehr denn je war er der Meinung, daß ‚Er' verschwinden müsse."[34]

Daß er sich dabei selbst noch gefordert wußte, war in aller Niedergeschlagenheit zu erkennen.

Noch keine zwei Wochen waren seit der Begegnung mit Manstein vergangen, da traf am 30. Januar der Befehl zu Stauffenbergs Versetzung in eine Frontgeneralstabsstelle ein. Der umdrohte Schauplatz in Afrika war ihm bestimmt. Er hatte bei der 10. Panzerdivision in Tunis die Stelle des 1. Generalstabsoffiziers (Ia) anzutreten, aus der der Vorgänger durch schwerste Verwundung wenige Tage zuvor ausgefallen war. Die Besetzung der Stelle war dringend, weil dazu noch der Divisionskommandeur im gleichen Kampf den Tod gefunden hatte. Stauffenberg mußte auf den sonst üblichen Dreiwochen-Urlaub, der vor einem neuen Kommando gegeben wurde, verzichten. Beim Abgang aus dem Oberkommando will einer von Stauffenberg gehört haben: „Es ist Zeit, daß ich hier verschwinde.“[35]

IX

1943

ERSTER GENERALSTABSOFFIZIER IN AFRIKA

Während seines Zwischenaufenthaltes in Berlin auf dem Weg zu seiner neuen Bestimmung machte Stauffenberg bei Freunden, die verwundet in Kliniken lagen, Besuche, über die sie später, nach dem Zwanzigsten Juli, bei ihren Vernehmungen Rechenschaft zu geben hatten. Einer von ihnen, Peter Sauerbruch, der frühere Adjutant Halders, erinnerte sich: „Stauffenberg war damals sehr bedrückt und sagte die Entwicklung auf dem afrikanischen Kriegsschauplatz so voraus, wie sie später eintrat."[1] Stauffenberg hinterließ bei ihm eine Nachricht an Halder, an der ihm lag, die der Generaloberst bei seinem Besuch am nächsten Tag übernahm. Der andere Besuchte war Major Roland von Hößlin, als Führer einer Aufklärungsabteilung 1942 vor El Alamein schwer verwundet und mit dem Ritterkreuz ausgezeichnet. Zweieinhalb Monate war er schon im Lazarett. Ermutigung kam ihm, wie wir lesen, durch Stauffenbergs Besuch. Sie sind sich über ihre Bamberger Regimentsgemeinschaft hinaus nach dem, was wir von ihren Aussprachen wissen, besonders nahe gekommen. Ihm verhehlte Stauffenberg nicht seine Überzeugung, der Krieg sei militärisch verloren. Er nannte ihm seine Abkommandierung nach Afrika eine „Flucht an die Front".[2] Hößlin hat mitverschworen den Tod gefunden.

In Berlin konnte Stauffenberg über die Lage in Afrika frischen Bericht hören durch seinen Vor-Vorgänger als Ia bei der 10. Panzerdivision, Oberst Bürker, der kurz erst aus Tunesien rückgekehrt war. Graf und Gräfin Stauffenberg, Bürker und seine Frau, die eine von Blomberg war – Schwester des jüngst gefallenen Henning von Blomberg – und eine Bekannte Stauffenbergs aus Wuppertal waren am 3. Februar zu einem Essen im Haus „Kempinski" zusammen. Nachdem zwei Blomberg-Söhne gefallen waren, hatte man Bürker auf ein Gebot Hitlers aus der Front zurückgezogen. Sein Nachfolger Bürklin war kurz nach Ankunft durch Verwundung ausgefallen: Stauffenberg sollte an seine Stelle treten. Während des Essens brachte der Wehrmachtbericht des Deutschlandsenders die der Öffentlichkeit so gut wie nicht vorbereitete Nachricht vom Fall Stalingrads, die jetzt wie ein Keulenschlag traf. Die beiden Offiziere, Bürker und Stauffenberg, unterhielten sich über die Kriegslage. „Sie sprachen laut und sehr kritisch, vor allem Stauffenberg ... Als der Kellner sie streng aufforderte, leiser zu sein, reagierten sie nicht, im Gegenteil, sie sprachen betont weiter."[3] Kurze Tage danach – es war wohl der 7. Februar 1943 – kam Stauffenberg in Tunis-Karthago an und fand im Lazarett seinen Freund Oberst Wilhelm Bürklin, der (sein Vorgänger als Ia) durch eine frische Minenverletzung so schwer darniederlag, daß er mit Mühe nur sprechen und seinem Nachfolger im Amt wenig zur Lage bei der Division vermitteln konnte. Ihm war später nur in Erinnerung, daß er den Neuling, „der doch nun ohne Fronterfahrung in das deckungslose afrikanische Gelände kam, ganz besonders vor den feindlichen Tieffliegern warnte".[4]

Die 5. Panzerarmee unter Generaloberst von Arnim hatte die Aufgabe, den Rückzug von Rommels Afrikakorps, das von Tripolis her entlang der Großen Syrte von der 8. britischen Armee unter Montgomery bedrängt wurde, gegen den Angriff der aus Algerien über die Atlasausläufer hereindringenden 1. britisch-amerikanischen Armee unter General Patton abzuschirmen. Stauffenberg kam eben zurecht zur großen Angriffsoperation, mit der die 10. Panzerdivision unter Generalmajor von Broich zusammen mit der 21. und Teilen des Afrika-Korps die Pässe nach Algerien gewinnen und nach Vorstellungen des Generalfeldmarschalls Rommel zur algerischen Küste bis Bône oder Constantine vorstoßen sollte. „Die Schlacht von Kasserine" brachte große Anfangserfolge, vor allem dort, wo man sich den noch kampfungewohnten amerikanischen Einheiten gegenüber fand. Bald nach seiner Ankunft im Februar aber mußte Stauffenberg an den Generalstabschef Zeitzler, den von Hitler eingesetzten Nachfolger Halders, einen, wie er selbst sagte, vernichtenden Bericht geben, „worin der Ausgang des deutsch-italienischen Afrikaunternehmens so vorausgesagt war, wie er mit der Kapitulation im Mai eintraf".[5]

Am 14. Februar aber brauste Stauffenbergs 10. Panzerdivision noch den Faid-Paß hinunter in Richtung Algerien. Mit der raschen Erstarkung des Gegners durch seinen überlegenen Nachschub folgte der Umschwung. Im Abschnitt der von britischen und amerikanischen Kräften hartnäckig verteidigten Bergfeste Thala blieb die 10. Panzerdivision erfolglos, und das änderte sich nicht, als Marschall Rommel – zornig und unzufrieden – selbst den Befehl über Broichs und Stauffenbergs Division übernahm und sie „mit größter Rücksichtslosigkeit"[6] zur Attacke führte. Rommel brach am 9. Tag der Offensive das ganze Unternehmen ab. Die deutschen Truppen setzten sich langsam ostwärts ab. Rommel war entschlossen, aus neuen konzentrierten Bereitstellungen des

Afrika-Korps der aus der Marethlinie (an der Südgrenze Tunesiens) anrückenden 8. britischen Armee frontal mit drei Panzerkeilen entgegenzugehen. Stauffenbergs Division hatte einen der Keile zu bilden. Der Angriff am 6. März, „die Schlacht von Medenine", mußte als völliger Mißerfolg noch am Abend abgebrochen werden. Die Folgen waren bedeutend: auch die 10. Panzerdivision erlitt hohe Verluste an Menschen und Material, die nicht mehr zu ersetzen waren.

Am meisten betroffen vom Tag von Medenine mußten Stauffenberg und sein Kommandeur sein, weil sie nicht gehört worden waren. Die 10. Panzerdivision hatte vorgeschlagen, die 150 Panzer, die insgesamt noch vorhanden waren, nicht in drei dünnen Angriffskeilen zu verbrauchen, sondern sie massiert unter einheitlichem Oberbefehl gegen die linke Flanke und den Rücken der 8. Armee vom Tschebel, dem landeinwärts liegenden Höhenzug her, einzusetzen, woher sie niemals erwartet wurden. Auch im Panzerkrieg erfahrene Kommandeure hatten darin die Lösung mit den günstigsten Aussichten gesehen. Eine spätere Bestätigung dafür brachte ein deutscher Offizier, der, während des Tages von Medenine von den Engländern gefangengenommen, unfreiwillig Augenzeuge wurde, wie es hinter dem linken Flügel der Montgomery-Armee aussah.

Wie anders hätten sich die Kriegsgeschicke an jenem Platz zu jener Zeit wenden können ... Zur Schlacht von Medenine kam von Stauffenberg der Initiativvorschlag einer Planänderung, dem sein Kommandeur beitrat und nach oben Stimme gab. Durch Rommels Ablehnung jedoch kam es dazu, daß diesem einzigen Mal, bei dem Stauffenberg entscheidend in die Truppenführung hätte eingreifen können, eine Erfüllung versagt blieb.[7] Drei Tage nach Medenine übergab Feldmarschall Rommel den Befehl über die von ihm kurz zuvor gebildete neue „Heeresgruppe Afrika" an Generaloberst von Arnim und verließ unter größter Geheimhaltung den nordafrikanischen Kriegsschauplatz.[8]

Für Stauffenbergs Enthusiasmus als Offizier im Felde boten die zwei Monate Afrika ein reicheres Feld sich auszuwirken, als er es auf den Feldzügen als Quartiermeister gehabt hatte. Er hat sich rasch mit der Truppe bekannt gemacht und befreundet. Als ihn nach den ersten Tagen der Kommandeur seines Panzerartillerieregiments, Oberst Heinz Schmid, befragte, wie ihm der Geist der Zehnten behage, war seine Antwort,

> „daß er von der ausgezeichneten Zusammenarbeit, von den immer verläßlichen und überraschend schnellen taktischen Meldungen und dem gesunden Selbstbewußtsein der Truppe höchst beeindruckt sei. So soldatisch gut habe er sich das vorher gar nicht vorgestellt."

Und Schmid meint, daß es echte Worte aus seiner Überzeugung waren, wie man deutlich habe spüren können.[9]

Zum Kommandeur, Generalmajor von Broich, fand er guten dienstlichen, aber auch ausgezeichneten persönlichen Kontakt. Die Auswirkung des harmonischen Zusammenwirkens der beiden spürte man durch die ganze Division, als schwere Kämpfe bevorstanden. Von Broich schrieb über Stauffenberg:

> „Nach kurzer Zeit verband mich mit ihm eine aufrichtige Freundschaft ... In allen Lagen war er ruhig und ausgeglichen und persönlich tapfer. Die Aufgaben der Panzerdivision wechselten fast täglich. So sagte mir Stauffenberg einmal: ‚Hier auf dem afrikanischen Kriegsschauplatz kommt fast jeden Tag eine andere Art der Truppenführung zur Anwendung: Heute Angriff, morgen Verteidigung, dann Rückzug, wieder Angriff, hinhaltender Widerstand usw. Alles, was man auf der Kriegsschule gelernt hat, kommt hier in 14 Tagen zur Anwendung'. Als Ia war er jeder Situation bestens gewachsen."[10]

Dazu nennt ein anderer Kommandeur eigens Stauffenbergs Fähigkeit,

> „taktische Zusammenhänge rasch zu erfassen und die Dinge in den von ihm verfassten Befehlen in einem ausgezeichneten Stil lebendig zu formulieren. Sein Befehlsdeutsch war nie schematisch, sondern ausgesprochen persönlich".[11]

Broich selbst meint, daß Stauffenberg nach kurzer Zeit in der Division beliebt und geschätzt war „wegen seiner Tüchtigkeit, Zuverlässigkeit und Einsatzbereitschaft und nicht zuletzt wegen seiner herzlichen, offenen Art und seiner Hilfsbereitschaft".[12]

Zu den persönlichen Kontakten liest man, trotz aller Stabsarbeit habe der Ia der Division immer Zeit gefunden, mit der Truppe Verbindung aufzunehmen, sehr oft habe er die Regimenter und Bataillone besucht, habe mit ihren Kommandeuren zwanglos an Ort und Stelle dienstliche Probleme besprochen, aber auch das Persönliche sei immer zu Wort gekommen und man habe Stauffenberg dabei zu vielerlei aus den geisteskundlichen Gebieten und aus der Politik sprechen hören.

> „Bei jeder sich bietenden Gelegenheit unterhielt er sich mit Soldaten aller Dienstgrade; man sah ihn oft im Gespräch mit Fahrern, Unteroffizieren und Grenadieren, die keineswegs nur mit ‚Jawohl' antworteten und oft präzise Fragen stellten, die ebenso klar beantwortet wurden. Er hatte eben diesen natürlichen schwäbischen Charme, dem sich keiner entziehen konnte."[13]

Bei den Absetzbewegungen im unübersichtlichen Gebirgsland, die nach dem vergeblichen Bestürmen von Thala notwendig wurden, erhielt Stauffenberg einen Artilleriestreifschuß am Knie, den er unbeachtet ausheilte. Von der Truppe wurde viel gefordert. Wie sie es ertrug, sagen die Worte des Kommandeurs des Panzerregimentes der 10. Division, die das nie gestörte Vertrauen der Truppe auf die Führung hervorheben:

> Trotz der Schwere der Kämpfe „kamen die Befehle der Division zeitgerecht und waren immer von nüchterner Klarheit. Die Truppe hatte immer das Gefühl, gut geführt zu werden. Es gab auch bei Absetzbewegungen keine Unordnung, weil der Divisionskommandeur und sein Ia alle Friktionen mit ruhiger Gelassenheit überwanden und diese ruhige Stetigkeit auf die Truppe übertrugen.“[14]

Beim Rückzug geschah es einmal, daß Stauffenberg bei den Nachhuten in stockdunkler Nacht von britischen Truppen umstellt war. Niemand wußte mehr, wo er eigenen Leuten oder denen des Gegners gegenüber stand. Höchst amüsiert erzählte Stauffenberg nachher, worauf er gekommen sei. Er schrie den britischen Truppen auf Englisch den Befehl des Feuereinstellens zu, und sie gehorchten. Der Einschließung entronnen, befahl er dem Gegner wieder Feuer – und es setzte ein.[15]

Die Mitoffiziere kannten Stauffenbergs freimütiges und unabhängiges Urteilen, und es war ihnen wohl kaum verborgen, daß er es nicht mit Hitler und seiner Gewaltherrschaft hielt. Man erlebte ihn nicht als „Fanatiker, Stürmer oder Dränger“, der zu überreden oder zu beeinflussen suchte. Er ging von ihrer aller täglichen Erfahrung aus und schloß daran, ganz im Militärischen bleibend, nüchtern seine eröffnenden Bemerkungen. „Die Mängel, die wir zu sehen glaubten, lägen nicht an der Führung in Afrika, am Korps oder an der Armee, sondern viel höher.“[16] Diese Worte Stauffenbergs wissen wir durch Albrecht von Hagen, der als Oberleutnant der Reserve in der 10. Panzerdivision Dienst tat und später als Helfer Stauffenbergs starb.

Was der Oberstleutnant Stauffenberg auf dem beschränkten Kriegsschauplatz Afrika erlebte, bestätigte ihm die Erfahrungen, die er vom Hauptquartier mitbrachte. Die Auswirkungen der Hitlerschen Führungspraxis waren selbst hier erschreckend vor Augen oder, wie Stauffenberg sich bei einem von ihm oft genannten Beispiel ausdrückte, als unnötig gefallene Soldaten zu begraben. Des öfteren brachte er die Geschichte vor von der Räumung eines Dorfes, die notwendig geworden war:

„Die Meldung habe über Rom an das Führerhauptquartier gegeben werden müssen, der Befehl zur Räumung sei dann nach einigen Tagen auf demselben Wege bei der Truppe eingegangen. Inzwischen seien völlig unnötige und vermeidbare Verluste *allein* durch die Länge des Befehlsweges eingetreten."[17]

Für Stauffenberg stand fest, daß die Lage an der Front „nur der Truppenführer selbst wirklich zutreffend beurteilen" könne:

„Es sei unglaublich, daß die Räumung eines albernen Kafferndorfes nicht von uns und nicht von der Führung in Afrika entschieden werden kann, sondern daß das über Rom und Führerhauptquartier gehen und auf demselben Weg zurückkommen muß."[18]

An die Gespräche, die sich für den Divisionskommandeur und seinen Ia am Ende ihres Dienstes ergaben, erinnert von Broich in einer späteren brieflichen Schilderung. Sie saßen im Befehlswagen in der Mitternacht, nachdem die Befehle herausgegangen waren, noch zusammen, sprachen über Dinge der Politik, Philosophie, Literatur ... „Schon damals tauchte bei Stauffenberg *der Gedanke einer gewaltsamen Änderung der Machtverhältnisse auf.*" Sein Ia habe ihm die mißglückten Versuche geschildert, Armeeoberbefehlshaber zu einer Aktion gegen Hitler zu bewegen, und habe ihm dargelegt,

„... nur mit Hilfe und unter Führung des Militärs sei eine Änderung möglich, und zwar nur eine gewaltsame, weil er glaubte und wußte, auf Grund seiner persönlichen Kenntnis des Hauptquartiers, daß Hitler und sein verbrecherisches Regime nie freiwillig auf ihre Macht verzichten würden. Und wenn es nicht bald vor sich ginge, sei Deutschland verloren."

Und von Broich urteilte dazu, daß für Stauffenberg der Entschluß zu einer gewaltsamen Lösung besonders schwerwiegend und belastend sein mußte, „da er ein überzeugter Christ und Katholik war".[19] Ob Stauffenberg, als er seinem Kommandeur so offen von einer gewaltsamen Lösung sprach, von den Abreden zwischen Tresckow und Olbricht wußte und das für März frühestens vorgedachte Attentat von Südtunesien aus erwartete, ist nicht bekannt (das von Tresckow beim Hitlerbesuch bei der Heeresgruppe Mitte in Borissow mit der in des „Führers" Flugzeug geschmuggelten Bombe erfolglos versuchte Attentat fand am 13. März 1943 statt).

Von Broich hat, wie er selbst mitteilt, in den ersten Tagen des April, als sich das Ende des afrikanischen Krieges abzeichnete, mit Stauffenberg verabredet, daß er nach Italien zurückfliegen solle, weil der

Kommandeur ihn in Deutschland für wichtiger hielt als in Afrika. Für wichtiger allein wegen seiner militärischen Führungseigenschaften oder wegen einer angestrebten „Änderung der Machtverhältnisse“, von der Stauffenberg gesprochen hatte? Von Broich hat sich nicht dazu geäußert, auch nicht, wie Stauffenberg die Verabredung aufnahm. Die rasch voranstürzenden Ereignisse enthoben einer eigenen Entscheidung.

Die 10. Panzerdivision wehrte sich eben mit letzten Kräften gegen die amerikanischen Verbände, die über die algerisch-tunesischen Gebirge nunmehr den Eintritt in die südtunesische Küstenebene erkämpft hatten und nach Osten zum Meer hin drängten, um den noch im Süden kämpfenden deutsch-italienischen Truppen den Rückweg zu sperren. Die Briten Montgomerys, die Tripolis schon hinter sich gelassen hatten, begannen jetzt am 6. April mit ungeheurer Luftunterstützung die erwartete Offensive und drangen im tunesischen Grenzgebiet in die von den Deutschen noch gehaltene Akarit-Stellung ein.

Aus einigen Augenblicken während der Doppelschlacht der im Westen von den Amerikanern und von den Briten im Süden vorgetragenen Offensive gibt uns der Bericht eines jungen Offiziers eine Anschauung, der, von einer anderen Verwendung kommend, zur 10. Panzerdivision versetzt war und sich beim Ia Graf Stauffenberg melden sollte. Als er den Divisionsgefechtsstand fand, der ihm ostwärts von El Guettar in einem Olivenwäldchen bei Sidi Mansur genau bezeichnet war, lag der unter Artilleriefeuer, und er mußte abwarten. Als er nach dem Feuerüberfall den Befehlsbus betrat, sah er sich einem großen, jugendlich wirkenden Offizier gegenüber, in amerikanischer Hose und dem Hemd der Afrikauniform mit den Schulterstücken eines Oberstleutnants, Graf Stauffenberg also. Der war gerade damit beschäftigt, Glassplitter und Schmutz von den Karten abzuräumen. Kaum hatte der Neuankömmling sich gemeldet, führte der Ia ihn an ein Fenster, wies auf zwei Deckungslöcher und sagte: „Wenn das wieder losgeht, dann nehmen Sie das rechte, ich das linke Loch.“ Zu einem Gespräch kam es in den dreiviertel Stunden, die der Oberleutnant da war, kaum. Der Ia war ununterbrochen am Fernsprecher. Der Bericht fährt fort:

> „Der amerikanische Angriff war in vollem Gange, der Gefechtslärm war stark, man hörte auch Infanteriefeuer. Ununterbrochen trafen Meldungen sowohl vom eigenen Abschnitt als auch über die Lage im Süden ein. Die verzweifelten Bitten seiner Truppenkommandeure um Zurücknahme oder Verstärkung mußte der Ia abschlägig beantworten. Reserven waren nicht vorhanden, und die Stellungen mußten bis zum Abend gehalten werden, sollten nicht die im Süden ringenden Italiener im Rücken gefasst werden. Nach meinen Fahrterlebnissen und einem Blick auf die Karte war mir das klar. Davon wußten aber die Truppenkommandeure nichts. Mit höflicher

Bestimmtheit und einem ganz unkonventionellen, kameradschaftlichen Ton tröstete und vertröstete Stauffenberg, hin und wieder scherzhaft einflechtend, daß er selbst eben auch im Dreck gelegen hätte. Er führte die Gespräche in einer Weise, daß – nach meinem Empfinden – am anderen Ende der Leitung auch die abschlägige Antwort als Aufrichtung empfunden wurde. Den gleichen Ton offener Kameradschaftlichkeit schlug Stauffenberg auch mir, dem 22jährigen Oberleutnant, gegenüber an."

Es kam dann doch zwischendurch zu Fragen nach dem persönlichen Ergehen. Stauffenberg gab Erklärungen zur Lage im Divisionsabschnitt und zur Lage in Tunesien und richtete dann „ziemlich unvermittelt und mit einem Unterton, der nur eine ehrliche Antwort zuließ", die Frage an sein Gegenüber: „Was meinen Sie wohl, zu welchem Zweck Sie jetzt n o c h nach Tunis gekommen sind?" Auf die Antwort: „Doch wohl zur Gefangennahme", erwiderte der Graf lachend: „Ja, ja, dann haben wir Glück, für uns ist der Krieg zu Ende", und er verabschiedete ihn. Es war ihre einzige Begegnung. Sie haben sich nicht wiedergesehen.

Von der Person des Grafen war der 22jährige, der eben eine Kompanie übernehmen sollte, tief beeindruckt:

„Er erschien mir als das Idealbild eines Offiziers. Bei seiner lebhaften, offenen Art konnte ein Untergebenenkomplex überhaupt nicht aufkommen, die Fürsorglichkeit mußte Vertrauen einflössen. Andererseits nötigte die Bestimmtheit, mit der er sprach, Respekt ab, eine Persönlichkeit, die in sich Autorität bedeutete.
Bezeichnend für seine Art ist es, daß Stauffenberg bestrebt war, möglichst bald die Offiziere der Division bis hinab zum Kompanieführer persönlich kennenzulernen, deshalb auch meine Meldung. Das entsprach nicht dem Brauch. Der Kontakt zwischen Stab und Truppe sollte ganz eng gestaltet werden."[20]

Stauffenbergs Befehlsbus sollte nicht länger im Olivenwäldchen von Sidi Mansur bleiben. Montgomerys 8. Armee brach rascher als erwartet am 6. April über die Akarit-Stellung vor und konnte 7000 Gefangene abführen. Am 7. April mußte auch die 10. Panzerdivision vor Pattons 1. Armee nach Nordosten (dem Golf von Gabès zu) durch ein völlig deckungsloses Gelände zurückweichen, über dem die Flugzeuge der Amerikaner und der Royal Air Force nach Belieben herrschten und jedes kleine Einzelziel in Rudeln angriffen.

Es gelingt, die letzten noch kämpfenden Abteilungen zurückzuführen, ehe sie abgeschnitten werden. Stauffenberg ist mit seinem Kommandeur am 7. April bei den Letzten, die den bedrohten Raum verlassen. Da bei Fliegergefährdung die Bestimmung gilt, daß Chef und

Ia nicht in einem Wagen fahren dürfen, soll Stauffenberg zum neuen, zurückgenommenen Gefechtsstand vorausfahren. Der Kommandeur ruft ihm noch zu: „Nehmen Sie sich vor den Fliegern in Acht. Ich komme in einer Stunde nach, wenn das letzte Bataillon hier durch ist."

Broich fuhr nach, mit Funkwagen und zwei Meldern, und war bald von 20 Jägern aus der Luft angegriffen, vor deren Garben er sich mit Fahrer und Funker noch retten konnte. Bald danach stieß er auf seines Ia Wagen, völlig von Kugeln durchlöchert. Stauffenberg war schon geborgen worden.[21]

Unweit dieses Ortes vereinigten sich am folgenden Tag die von Osten und Westen gekommene 8. und 1. Armee der Briten und Amerikaner. Am 13. Mai 1943 ging der Krieg in Afrika mit der Kapitulation von 252 000 Deutschen und Italienern zu Ende. Unter ihnen waren die Reste der 10. Panzerdivision mit ihrem Kommandeur. Zum Vergleich: Von den 220 000 Soldaten der Paulus-Armee waren 30–40 000 meist Verwundete herausgeflogen, über 90 000 in sowjetische Gefangenschaft geführt worden, die Übrigen waren gefallen.

X

IM LAZARETT – ERSTER BESUCH IN BERLIN

Fünf Tage nach dem Geschehen kam über militärische Vermittlungen eine Nachricht an den Bruder Berthold zur Seekriegsleitung in Berlin, Oberstleutnant Graf Stauffenberg sei schwer verwundet worden, er liege in Tunesien, wie es scheine, nicht transportfähig.

Was er in diesen Tagen im Kriegslazarett in Karthago durchlitt, wird man kaum ermessen. Als er erst wieder zum Bewußtsein erwachte und sich am ganzen Körper in Schienungen und Verbände geengt fand, war um ihn Nacht. Er mußte sich durch Verletzungen beider Augen als erblindet glauben. Nach Tagen erst konnten ihm die Ärzte die Genugtuung geben, daß die Sehkraft des rechten Auges erhalten, daß nur das linke verloren war. Die rechte Hand dazu war auch verloren, von der linken nur der Daumen mit Zeige- und Mittelfinger noch erhalten. Splitterverletzungen, die Eiterungen nach sich zogen, breiteten zudem über Stauffenbergs ganzen Körper sich hin. Nach mehr als 10 Tagen in Karthago wurde er auf einem der letzten Lazarettschiffe „noch nicht transportfähig" nach Italien und über Rom in die Heimat verbracht.

Am 21. April 1943 – 14 Tage nach der Verwundung – wurde er ins Reservelazarett I in München aufgenommen. Am 23. April sieht ihn seine Frau erstmals wieder und kann eine Woche von den Kindern weg bei ihm bleiben. Im Mai ist seine Mutter als täglich Pflegende für ihn bereit. Es ist eine äußerst notvolle Zeit, in der ungewiß ist, wie man ihn durchbringen kann. Die Operation eines vereiterten Mittelohrs wird am dritten Tag nötig, später die Operation eines vereiterten Kniegelenkes, bei der sich virulente Tetanusbazillen finden. Neue Splittereiterungen am Kopf und Arm bringen neue Krisen.

Bald wundert man sich im Lazarett über die zahlreichen Besucher so hohen Ranges, die bei dem jungen Oberstleutnant aus- und eingehen. Von überall her aus dem Reich, aus der Ukraine, aus Frankreich, Griechenland kommen Gaben für ihn. Es ist wie eine eigene Welle der Erwartung, der Zuneigung und Freundschaft, die ihn umgibt.

Der Chef des Generalstabs des Heeres sogar kommt. Zeitzler bringt das Goldene Verwundetenabzeichen und Erfrischungen. Er hat später erklärt, Stauffenberg habe ihn mit seiner Rückmeldung zugleich, obwohl noch schwer versehrt, um neue Frontverwendung gebeten. Andere hohe Offiziere wollen ihn bei ihrem Besuch für ihren Stab gewinnen. Stauffenberg dazu: Es sei Sache der Vorgesetzten, sich über seine Verwendung den Kopf zu zerbrechen.

Mitte Mai, während er noch als Sorgepatient der Ärzte mit Verbänden gefesselt liegt, diktiert er der Gräfin Nina, die für kurz zurückkehren konnte, einen Brief an General Olbricht, Chef des Allgemeinen Heeresamtes beim Befehlshaber des Ersatzheeres in Berlin, und stellt sich ihm in einem Vierteljahr „zur Verfügung".[1]

Im Mai kommen der Bruder Berthold aus Berlin, Rudolf Fahrner vom Bodensee. Sie treffen sich und wechseln sich ab mit ihren Besuchen am Lager des Bruders und Freundes. Auch der Onkel, der Oberstleutnant Nikolaus Graf Üxküll, kommt und er dringt in seinen Neffen, wie schon einmal in jenem Winter 1939/40 in Wuppertal, jetzt, sobald er vermöchte, an die Spitze der Offiziersopposition zu treten und den Schlag gegen Hitler zu führen. Der Neffe läßt eine Antwort offen.

Einen unerklärlichen Umschwung haben bei ihrer Rückkehr nach wenigen Wochen die Freunde zu bemerken, die den Grafen Claus noch als einen von Todnähe Berührten erlebt und den Eindruck gewonnen hatten, daß ihn nicht so sehr die Verwundung niederzwinge als das Gefühl, aus seiner Bahn gerissen zu sein und nichts von dem getan zu haben, was er von sich erwartet hatte. Eine neue innere Bestimmtheit, eine Energie drängender als zuvor war jetzt mit dem Grafen gegenwärtig. Von seinem Ergehen zu reden war ihm kaum mehr lohnend. Fahrner vertraute er an, die Stelle des Chefs des Stabs bei Olbricht sei ihm angeboten worden, „die Möglichkeiten zu entschlossenem Eingreifen erwarten lasse". Dem Onkel Üxküll gibt er beim Wiederkommen den bejahenden Entschluß so kund: „Wo die Generäle nicht in der Lage sind, müssen die Obersten handeln." Der Gräfin Nina, der Mutter seiner damals vier Kinder, erklärt er, als sie ihn besuchen kommt, wie beiläufig, mit seinem Lachen und doch im Ernst: „Weisst Du, ich habe das Gefühl, daß ich jetzt etwas tun muß, um das Reich zu retten. Wir sind als Generalstäbler alle mitverantwortlich."[2]

Es fiel auf, wie er jetzt bei Bejahung all der Mißlichkeiten, die ihn trafen und zurückwarfen, mit planvoller Selbstzucht unter Abwehr aller Handreichungen, die Erleichterung schaffen wollten, seine ungehinderte Gebärde wiedergewann und seine Genesung vorantrieb. Das Schreibenlernen mit drei Fingern der Linken übte er täglich. Als der befreundete Köstring ihn noch im Mai besuchte, war der alte General beeindruckt, wie sicher und lebendig der noch Fiebernde, der wohl eben eine neue Operation hinter sich hatte, das Gespräch führte und Finger der linken Hand wohl mit dem Mund aus dem Verband freischaffte, um etwas zu schreiben. Ein Brief an Bürklin, den Freund, den er im Februar noch als Schwerverletzten im Lazarett von Karthago besucht hatte, zeigt das Datum vom 9. Juni. Es ist wohl der erste Brief, den er mit den verbliebenen Fingern behutsam, doch gut leserlich schreibt. Er läßt Blicke tun in die Unerschütterlichkeit des sich voran Kämpfenden:

> „Herzlichen Dank für Deinen Brief und Deine guten Wünsche. Es geht mir schon sehr viel besser. Eine Mittelohreiterung (wie bei Dir) machte noch recht zu schaffen. Ich habe aber auch diese wenig erfreuliche Operation sowie eine Kniegelenksoperation gut überstanden.
> Verzeih den längeren stop in diesem Brief. Ein dummer Fieberanfall hat mich aber etwas zurückgeworfen. So wird man eben in unserer Lage immer mit Komplikationen und Rückschlägen rechnen müssen ...
> Vor einigen Tagen war Bürker hier. Du kannst Dir denken, wie viel wir uns zu erzählen hatten.
> Nun wünsche ich Dir von Herzen recht gute Besserung.
> Herzliche Grüße von stets Deinem Stauff."[3]

Der gleiche Freund Bürklin erzählt, daß er später einmal Stauffenberg gefragt habe, warum er sich keine Arm- und Augenprothese anlegen lasse. Der habe lachend geantwortet: Er finde sich gut mit seinem Zustand zurecht und wisse kaum mehr, was er einmal mit seinen zehn Fingern angefangen habe. Einer Sekretärin Olbrichts später auf die gleiche Frage nach einer Prothese: „Ach, ich habe dazu jetzt keine Zeit. Das mache ich einmal später."[4] Und vor dem Volksgerichtshof wurde 1944 einmal angesprochen: „Stauffenberg lehnte, als er im Lazarett lag, trotz seiner schweren Verwundung jedes Schmerz- und Schlafmittel ab und überwand die Folgen seiner Verwundung schnell und mit Energie."[5]

Die mehr von ihm wußten, konnten sich sein ungestümes Vorankommen wie auch schließlich sein Verweigern der ihm für den Arm noch auferlegten Operationen nicht anders erklären, als daß er in die Stelle drängte, von der aus er handeln konnte.

Die Stelle des Stabschefs bei General Olbricht: Bis heute ist nicht zu klären gewesen, wie er gerade an die Stelle kam, an die er kommen mußte. Vielleicht hat auch Stauffenberg nichts Sicheres gewußt. Die beiden Seiten, der Generalstabschef Zeitzler und die auf Umsturz Bedachten, Tresckow vor allem und Olbricht, hatten gute Beziehungen zum Heerespersonalamt durch den ihnen befreundeten Chefadjutanten Hitlers, Generalmajor Schmundt. Zeitzler, der Stauffenbergs Bitte um erneute Frontverwendung abgelehnt hat, schreibt später dazu, er „wolle ihm erst Gelegenheit geben, wieder ganz auf die Höhe zu kommen und stellte ihn dem Befehlshaber des Ersatzheeres als Generalstabsoffizier zur Verfügung".[6] Andere Hinweise sprechen deutlicher dafür, daß

Stauffenberg seit seinem Dezemberbesuch in Berlin, seiner Vorsprache bei Manstein, seit den jüngsten Besuchen durch den Grafen Üxküll sehr viel mehr, als sich vermuten ließ, in Vorgänge der militärischen Opposition eingeweiht war, und daß Tresckow und Olbricht in ihrer Bemühung um ihn ihre guten Gründe hatten, zumal eben gleichzeitig mit Stauffenbergs schwerer Verwundung der bisherige zentrale Beweger im militärischen Widerstand, Generalmajor Oster, unter Konspirationsverdacht aus dem Amte hatte ausscheiden müssen und sich aller weiteren Kontakte zur Verschwörung enthalten mußte. Die internen Vorgänge bleiben im Dunkel. Jedenfalls haben beide Seiten – Zeitzler und Tresckow – mit entgegengesetzter Blickrichtung das Gleiche bewirkt. Stauffenberg, der im Januar des Jahres Oberstleutnant geworden war, wurde mit Vorzug für eine Planstelle bestimmt, die für einen Oberst oder (bei späterer Bewährung) für einen Generalmajor vorgesehen war.

Die Entscheidung für Berlin hat Stauffenberg zu einer Zeit gegeben, als noch offen war, ob er mit einer Wiederherstellung rechnen konnte. Nicht ohne Stolz und vielleicht Schalkheit legte er später einer Sekretärin Olbrichts, die immer den Eindruck hatte, „einen völlig gesunden Menschen vor sich zu haben", eine truppenärztliche Bescheinigung vor, die ihn als kriegsverwendungsfähig bezeichnete. Er hatte sie sich bei einem wohlgesonnen Mediziner besorgt.[7] Der „völlig Gesunde" trug die schwarze Klappe vor dem linken Auge, der rechte Unterarm endete im verhüllten Stumpf, an der linken Hand hatte er Daumen, Zeigefinger und Mittelfinger zum Gebrauch.

Nach drei Monaten im Lazarett ist der Oberstleutnant Mitte Juli 1943 so weit, daß ihn die Ärzte in häusliche Pflege freigeben. Er findet sie im heimatlichen Lautlingen. Ein Bild, wohl aus diesen Tagen, zeigt ihn in Hemd und Shorts, noch mit Verbänden um Arm und Knie, mit der schwarzen Augenklappe, etwas schmal geworden und noch sehr angegriffen, mit den Spuren des Schwerdurchlebten, aber doch mit seinem Lächeln über den Häuptern dreier seiner Kinder. Mit der täglichen Pflege der Verbände führt er ein planmäßiges Sich-üben weiter. In immer weiteren Gehstrecken sorgt er sich um seine Kräftigung, um sich wieder frei ohne Hilfe unter Menschen bewegen zu können. Beim Gehen im Albtal übt er sich im Entfernungsschätzen, um des verbliebenen einen Auges sicherer zu werden.

Am 20. Juli 1943 schreibt er mit der nun schon geschickten Linken einen längeren Brief an Rudolf Fahrner, mit dem er sich zu verschiedenen Arbeiten für den Delfin-Verlag äußert. Er schildert sein Befinden in seiner immer das Gute, das Bessere beschwörenden Art:

„Meine Kräftigung schreitet rüstig voran. Die weniger hohen Berge habe ich schon bestiegen und Stock brauche ich keinen mehr. In herzlichem Gedenken stets Ihr Claus."[8]

Am Ende des Monats macht er ohne Begleitung die Reise an den Bodensee zum Besuch bei Fahrner. Sie widmen sich, soweit zu erkennen, vor allem den im Brief angesprochenen Arbeiten für den Delfin-Verlag, mit denen sich Stauffenberg im Lazarett viel beschäftigt hatte. Von der Berufung zu Olbricht und den daraus erwarteten Möglichkeiten des Handelns, von denen er in München Fahrner gegenüber gesprochen hatte, ist bei dieser Begegnung offenbar nicht eingehender die Rede. Es wird jedoch Fahrners Besuch in Lautlingen verabredet, zu dem ihm noch eine eigene Benachrichtigung zugehen wird.

Am 9. August stellte sich Stauffenberg beim Chirurgen in München vor. Durch vorbereitende Operationen sollte die Angliederung einer Handgelenk- und Handprothese ermöglicht werden. Da noch Splittereiterungen im Gang waren, wurde eine weitere Wartefrist von vier Wochen auferlegt. Am 10. August war Stauffenberg in Berlin bei General Olbricht. Fahrner hatte er vom Reisevorhaben nach Berlin nicht gesprochen. Nicht zu erfahren ist, ob er die Fahrt aus eigenem Entschluß unternahm oder ob ihn eine Aufforderung aus Berlin erreicht hatte. Für Olbricht bedurfte es bei der Begegnung mit Stauffenberg wohl keiner Erkundung, ob sein künftiger Stabschef auch der Mann sei, den er brauchte. Des Grafen Wort muß ihn von Beginn an sicher gemacht haben. Er sieht den gesuchten Koordinator und die entschlossene neue Kraft der Offiziersverschwörung vor sich: so läßt er es ohne Namensnennung des schwerverwundeten Offiziers, aber mit bedeutender Erwartung auch zur zivilen Seite der Verschwörung, zu Goerdeler hin wissen.

Olbricht führt Stauffenberg mit Oberst von Tresckow zusammen, die sich von früheren Begegnungen und mutigen Stellungnahmen kennen. Tresckow, Ia bei Generalfeldmarschall Kluge an der Front im Osten, ist soeben von seiner schwerringenden Heeresgruppe weg, der er in täglichem Einsatz mehr als zwei Jahre gedient hat, zu einem Krankheitsurlaub, zugleich zur „Führerreserve" versetzt, am 29. Juli 1943 in Berlin eingetroffen.

Das Desastre, aus dem er kam, ließ ihn urteilen, daß „mit einem Zusammenbruch der Front im Osten in Bälde zu rechnen" sei. Der mit unaufholbar schweren Verlusten bestrittenen „größten Panzerschlacht" von Kursk in der ersten Julihälfte (Unternehmen „Zitadelle") waren neue massierte Angriffswellen der Russen gefolgt. Mit der Gewinnung des Orelbogens (13. Juli) haben sie die Initiative des Krieges im Osten endgültig an sich gerissen und sind im Vordringen. Die West-Alliierten haben am 10. Juli auf Sizilien Fuß gefaßt. Die zweite Front gegen Hitlers „Festung Europa" ist vom italienischen Süden her eröffnet. In Hamburg hat aus der Luft die alliierte „Operation Gomorrha" mit neuartigem sechstägigem Flächenbombardement die nachhaltigste Zerstörung dieser Stadt mit dem Tod von über 30 000 Menschen gebracht. Was würde noch folgen? Dies Gomorrha war es zuletzt, wie Tresckow aussprach, das ihn bestimmte, die Offizierskur in Schloß Elmau, die ihn erwartete, abzusagen und im Zentrum Berlin zu bleiben, um von hier auf ein „sofortiges Handeln" zu drängen.

Stauffenberg erfuhr durch ihn und General Olbricht von den Rückschlägen der Offizierskonspiration. Generalmajor Oster, seit vor dem Krieg ihr „Geschäftsführer" und Schützer bei der Abwehr, hatte – von der Gestapo belastet – ausscheiden müssen, wichtige Helfer um ihn waren gefangen gesetzt worden. Attentatsversuche von Seiten Tresckows und der mit ihm Verbündeten waren – unergründlich wie durch einen für Hitler und durch Hitler wirkenden Schicksalsbann – fehlgeschlagen. Tresckow konnte Stauffenberg davon berichten.

Am 21. März 1943 wurde Hitler nach einem Besuch bei der Heeresgruppe Mitte in Smolensk von Kluge und Tresckow am Flugzeug verabschiedet und einer seiner Begleiter, Oberst Brandt, nahm von dem Gehilfen Tresckows, Oberleutnant von Schlabrendorff, wie er es ihm beim Essen versprochen hatte, ein kleines Geschenkpaket mit zwei Cognac- oder Cointreau-Flaschen für Oberst Stieff ins Hauptquartier mit. Die enthaltene Bombe war auf 30 Minuten Zeitdauer eingestellt, das Flugzeug mußte in der Gegend von Kiew abstürzen. Doch Hitler kam heil in Rastenburg an und Schlabrendorff konnte durch rasches Handeln, da eine Verwechslung geschehen sei, von Brandt das Paket uneröffnet zurückerhalten und es im Nachtzug zurück zu Tresckow vorsichtig öffnen. Was war geschehen? Der Zeitzündermechanismus mit dem von der Säure durchfressenen Draht hatte funktioniert, die Feder war ausgelöst, der Schlagbolzen nach vorne geschlagen, das kleine Zündhütchen aber hatte seinen Dienst verweigert. Das Pulver war trocken...

Von einem zweiten Attentatsversuch acht Tage danach berichtete Tresckow. Er hatte von Generalmajor Schmundt vom Heerespersonalamt, mit dem er auf gutem Fuße stand, erfahren, Hitler werde am Heldengedenktag nach seiner Rede im Zeughaus in Berlin einen etwa halbstündigen Rundgang durch die Ausstellung der Beutewaffen und anderer Beutestücke antreten, die die Heeresgruppe Mitte aufzubauen hatte. Der Ic der Heeresgruppe Oberst Rudolf-Christoph Freiherr von Gersdorff schien Tresckow der Geeignete, Hitler und mit ihm Göring,

Himmler, Goebbels, Keitel durch die Ausstellung zu führen und dabei das selbstopfernde Attentat zu wagen. Gersdorff war dazu bereit. Mit zwei Bomben in der Manteltasche, die ihm Schlabrendorff im Hotel überreicht hatte, stand er am Eingang und erlebte, was kein Mensch erwartet hatte: Hitler „rannte" in zwei oder höchstens fünf Minuten, ohne die Objekte zu beachten, durch irgendeinen Zwang getrieben, durch die Ausstellung und erschien in Kürze wieder bei Verwundeten, Kriegsopfern und Festgästen vor dem Zeughaus. Gersdorff war mit seinen Zündern, die zehn Minuten oder in der Kälte noch länger zur Auslösung brauchten, ohne Chance. Auch die Vorbereitung dieses Attentats, die vielerlei auffällige Rückfragen erfordert hatte, blieb unentdeckt.

Tresckow aber hatte jetzt die Erkenntnis gewonnen, daß selbst bei gelungenem Anschlag ein Machtumbruch gescheitert wäre durch ungenügendes Vorbedenken, Vorplanen des Danach und fehlende Koordination der handlungsbereiten Gruppen. Hohe und höchste Führer waren trotz ihrer Einsicht ins Unheil Hitlerscher Befehlsgebung nicht zur Aufkündigung ihres Gehorsams und zum Gewaltschritt eines Umbruchs in der Führung zu bewegen. Um Marschall Kluge war eben ein neuer Gewinnungsversuch im Gang, dem Tresckow einige Chancen gab. Olbricht hatte ihn in einem durch Oberst Stieff übergebenen Brief beschworen, „die Führung des sich bildenden Komplotts zu übernehmen". Stauffenberg hielt nach seiner Erfahrung mit Manstein nichts mehr von solchen Versuchen: *die Obersten waren gerufen.* Durch sie mußte ein vom Zentrum des Heimatheeres entschieden geführter, autoritativ von oben sich durchsetzender Schlag den Umsturz erzwingen.

Vorarbeit hatte, wie Stauffenberg erfuhr, Olbricht soeben noch wohl mit Tresckows Unterstützung geleistet, indem der zum 31. Juli den Alarmplan „Walküre" nach aktuellem Stand hatte überarbeiten und an die Wehrkreisbefehlshaber herausgehen lassen. Der Mobilisationsplan „Walküre" Stufe I und II war von seinem Amt mit Einverständnis der höheren Stellen erarbeitet worden, um im Falle innerer Unruhen (etwa durch Sabotage- und Luftlandetruppen, durch Aufstände der Kriegsgefangenen und Fremdarbeiter) die im Heimatgebiet stationierten Ausbildungseinheiten des Heeres rasch zu kampfkräftiger Abwehr aufrufen und einsetzen zu können. Die Auslösung konnte im Ernstfall durch den Befehlshaber des Ersatzheeres in eigener Entscheidung ohne Rückfrage bei Hitler erfolgen.

Olbricht war bereit, „Walküre" (mit veränderten Vorzeichen) als Grundelement des Umsturzes in Form einer „Revolution von oben" zu nutzen. Eine Umpolung des Befehls für den Anlaß eines gewollten Umsturzes sollte zugleich mit der Generalstabsplanung des gesamten Vorgehens geleistet werden. Die Ausschaltung Hitlers durch ein zeitlich voraussagbares Attentat wurde für die Auslösung – entgegen Goerdelers Auffassung – von den Offizieren als Grundvoraussetzung angesehen.

Tresckow konnte Stauffenberg auch von seiner für das Gesamtgeschehen wichtigen Begegnung mit Oberst Stieff berichten, die nur kurz zurücklag. Stieff war in tief gewissensgegründeter Oppositionshaltung gegen Hitler seit Kriegsbeginn. Er war als Leiter der Organisationsabteilung des Generalstabs im Oberkommando des Heeres an die Stelle von Stauffenbergs früherem Chef Mueller-Hillebrand getreten und hatte von Zeit zu Zeit Zugang zu den Lagebesprechungen mit Hitler, an den sonst dank eines gestuften Wach- und Schutzsystems nur ausgesuchte Offiziere und die bewährtesten Eigenen herankommen konnten. Stieff hat über die entscheidende Besprechung mit Tresckow (andere flüchtigere waren vorausgegangen) später im Verhör ausgesagt, Tresckow habe ihm erklärt, daß es angesichts des verlorenen Krieges „historische Pflicht der Generalstabsoffiziere" sei, Hitler durch ein Attentat zu beseitigen:

> „Er (Tresckow) habe sich bei den Besprechungen , zu denen er als Ia der Heeresgruppe Mitte mit seinem Oberbefehlshaber befohlen war, davon überzeugt, daß ein Anschlag auf den Führer bei der Lageerörterung durchaus möglich sei."[9]

In einem Brief vom 5. August 1943, der später durch Rothfels veröffentlicht worden ist, sagt Stieff seiner Frau, daß er „sich keiner Verantwortung, die einem das Schicksal abfordert, entziehen wolle". Tresckow hatte aus seinen Gesprächen mit ihm die Überzeugung gewonnen und hat offenbar auch Stauffenberg so berichtet, daß Stieff sich bereit gezeigt habe, den Anschlag in der Lagebesprechung zu übernehmen. Stauffenberg ist bei seinem Besuch in Berlin Stieff nicht mehr begegnet.

Tresckow, der Wohnung im Hause seiner Schwester in Neubabelsberg genommen hatte, war von hier aus für das neue Planen und die Kontakte der Offiziersgruppe auch zur zivilen Seite (Goerdeler) tätig. Ihn beschäftigte mit Wissen Olbrichts der Plan, den Botschafter Graf Werner von der Schulenburg über die Heeresgruppe Mitte hinter die russischen Linien zu schleusen und durch ihn eine Verbindung zu Stalin zu suchen, mit dem der Moskauer Botschafter bis zum Kriegsausbruch in einem nahen Verhältnis gestanden hatte. Vor allem wohl Goerdelers Einrede, der stets auf den Westen gerichtet blieb, beendete den Plan.

Aus den späteren Verhörsakten weiß man von einer Reihe von Geheimtreffen und -abreden, die durch Tresckow aufs Ziel einer nahen

Aktion hin neu zustande gekommen sind. Wichtig erscheint neben den Namen Beck, Goerdeler, Fritz-Dietlof von der Schulenburg, Stieff vor allem der Name des Generals Fellgiebel, der als oberster Chef des Nachrichtenwesens der Wehrmacht sich in das Planen mit einschloß und später von größter Bedeutung sein sollte. Doch gewinnt man aus den Berichten den Eindruck, daß man über alles Sprechen von der Notwendigkeit eines baldigen Eingriffs nicht hinausgekommen war und daß sich auf das Eingreifen des Einen, von Olbricht Neuangekündigten alle Erwartungen richteten.

Während seines kurzen Aufenthaltes in Berlin hat sich Stauffenberg mit einem weiteren Offizierskreis, soweit erkennbar, nicht getroffen. Wegen seines Armes, aus dessen Stumpfwunde noch immer Knochensplitter eiterten, stellte er sich, bevor er Berlin verließ, dem Chirurgen Professor Sauerbruch vor. Dessen Urteil: Die notwendige Operation sei frühestens in vier Wochen zu machen. Ihr müsse nach Angliederung einer „Sauerbruchhand" noch ein mehrwöchiger Aufenthalt in der Charité folgen. Der Oberstleutnant für nicht absehbare Zeit weiter dienstunfähig: Berthold Stauffenberg wird den Bruder, als er zu ihm nach Wannsee zurückkam, über solche Auskunft nicht frohlocken gesehen haben. Als Tag des offiziellen Dienstantritts bei Olbricht wurde der 1. Oktober festgehalten. Nach wenigen Tagen in Berlin kehrte Claus in sein Albtal zurück, es galt die Pflege des Armes. Er erwartete bei sich den Bruder in Lautlingen.

XI

GENESUNGSZEIT IN LAUTLINGEN

Im Dezember 1942 hat Major Graf Stauffenberg bei einem Gespräch in Berlin Generaloberst Halder deutlich werden lassen, daß er beim Planen einer Erhebung den Rat seines Bruders suche und gemeinsam mit ihm handle.

Ab Mitte August 1943 verbringt Berthold Stauffenberg drei Wochen eines von der Marine gewährten Urlaubs in Lautlingen. Frauen und Kinder von Berthold und Claus Stauffenberg sind mit als Gäste in den Ferien bei der Altgräfin Karoline. Niemand im Schloß außer den beiden Brüdern weiß vom erregenden Vorhaben, auf das sie zugehen, und es fällt im Umgang nicht auf, was sie sich gelegentlich mit ihren Redeblüten zustecken. Von den Themen, die sie, wenn sie unter sich sind, vornehmen, sind keine Auskünfte vorhanden.

Durch ein Telegramm, das mit dem Namen des Grafen Berthold am 2. September 1943 aufgegeben war, wurde Rudolf Fahrner nach Lautlingen geholt. Fast eine Woche war er mit den Brüdern zusammen als Gast im Schloß. Man liest darüber in einem Bericht aus dem Juli 1945, den er vor Entlassung aus amerikanischer Kriegsgefangenschaft auf Verlangen des Vernehmungsoffiziers über seine Begegnung mit Oberst Graf Stauffenberg niederschreiben mußte. Es heißt darin nach einer erhaltenen Durchschrift:

> „Bei Spaziergängen und an den Abenden nach der Arbeit ergaben sich Gespräche, aus denen ich noch mehr als in München auf das Reifen langgehegter Pläne schliessen konnte. Ich hatte den Eindruck, daß die neue Stelle des Grafen Claus im OKH den Ausgangspunkt zum Handeln zu bieten vermöchte. Ich fand ihn ganz mit Staatsfragen beschäftigt, aus allen Gebieten: Staat und Religion, Arbeiterfragen, Bauernfragen wurden viel besprochen.“[1]

Über seinen Eindruck von den Gesprächen setzt er hinzu:

> „Noch über meine ohnehin große Erwartung zeigten sich die beiden Grafen völlig frei von jeder standesmässigen oder beruflichen Befangenheit, freimütigst offen und weitblickend.“[2]

In dem Bericht wird auch ausgesagt, daß sie sich in den Stunden im Haus den dichterischen und wissenschaftlichen Arbeiten widmeten, die sie zusammen beschäftigten, daß sie aber außerhalb, bei ihren Gängen und ihrem langen Verweilen in der Landschaft („unter den Schäferbuchen"), sich über politische Fragen und Maßnahmen besprachen, die bei einem Sturz Hitlers zu lösen und zu ergreifen waren, und über Formen einer neuen Staatsgestaltung, wie man sie in der Folge sich vorstellen konnte.

In einer weiteren von ihm erbetenen Niederschrift hat Fahrner 1962 ohne Anspruch auf Vollständigkeit über die Lautlinger Gespräche und die ihm gestellten Fragen berichtet. Seine Aussagen als die des einzig Überlebenden haben bei aller persönlichen Nuancierung doch Zeugniswert für das um eine politische Übergangslösung und um eine neue staatliche Grundorientierung bemühte Vorgehen der Brüder Stauffenberg.

Nach der Auffassung Fahrners ging es für Claus Stauffenberg nicht um jetzt erst gesichtete Probleme staatlicher Art und der Gemeinschatftsbildung, wie sie die Kreisauer aus der Widerstandserfahrung heraus besprachen. Vielmehr waren es die Themen, die schon vordem, zumal in der Zeit der Beschäftigung mit Gneisenau, für ihn Gegenstand vieler seiner Gespräche mit dem Bruder Berthold, mit Frank Mehnert und mit Rudolf Fahrner gewesen waren bei ihren Erwägungen zu einem von menschlichen Leitbildern neu durchdrungenen Staat, dem sie unter Gewinnung einer geweckteren Jugend zustrebten. In der Fortführung dessen handelte es sich jetzt deutlich um ein neues Vergegenwärtigen des oft wie im Idealbild Erwogenen in der Realforderung des Tages, d.h. um ein Finden der Anregungen, mit denen Claus Stauffenberg nach einem Machtwechsel dem Widerstreit der Aufgaben und Auffassungen Richtung geben könne. Keinesfalls wollte er dafür fixierende Entscheidungen, festgelegte Programme. Dietz von Thüngen hatte einmal seinen Ausspruch überliefert,

> „... es wird höchste Zeit, es muß aber etwas Neues kommen, wir dürfen nicht ‚restaurieren', man kann die Geschichte nicht zurückdrehen, ich war nicht umsonst Soldat im Volke ... wir werden diese Führung in die Hand nehmen."[3]

Wo spontane Kräfte sich zeigten, sollte die Persönlichkeit geachtet sein, und nicht zuerst Partei- und Ideologierichtung erfragt werden. Später hört man Stauffenberg einmal im lebhaften Gesprächsfluß zu dem ihm kritisch verbündeten Peter Sauerbruch sagen:

„Wir beginnen eben dann eine große Fahrt; die wird teilweise rasendes Tempo annehmen und wieder mit anderen Perioden wechseln. Was dann alles wird, kann niemand wissen, und es kommt alles darauf an, daß dann die richtigen Persönlichkeiten von Können und Charakter an der richtigen Stelle stehen."[4]

Die Deutschen sollten – nach den Worten Fahrners – befreit werden von den eingefleischten, alles Neue hindernden bürgerstaatlichen Vorstellungsgewohnheiten, die vom 19. ins 20. Jahrhundert hinübergewachsen waren.[5] Man sprach die Erwartung aus, die Erneuerung, der man zustrebte, sollte noch in ganz andere Lebensschichten reichen als die „Revolutionen" von 1918 und 1933.

In der Niederschrift Fahrners ist kein unmittelbarer Bezug zur politischen Gegenwart, nichts Aufrührerisches gegen Naziterror und die Zeitgrößen zu erkennen. Man begegnet keinen Begriffen der Tageswelt, mit denen man Einstellungen als konservativ, revolutionär, liberal, national, sozial, elitär, paternalistisch zu bezeichnen versucht. Es sind einzig Leitgedanken, die man beim Versuch einer neuen Ordnung vor Augen halten wollte. Offenbar ist in ihnen gleich viel konservativer wie revolutionärer Elan, gleich viel nationaler wie sozialer Anspruch, gleich viel Demokratie wie ‚elitär' geführter Staat enthalten. Viel wird dabei von der geistigen Weite, Kraft und Bereitschaft der Menschen verlangt, die sich dafür einsetzen sollen.

Nicht von ungefähr kommt einem dabei in den Sinn – nicht dem realen Gehalt, sondern der Lust an der Gestaltung eines menschlichen Gemeinlebens nach –, was Rudolf Fahrner, gewiß mit Beistimmung seiner Freunde, als erhofftes Staatswirken Gneisenaus so in sein Gneisenau-Buch geschrieben hatte:

„Im Innern des Staates das Ganze verwandeln statt notdürftig am Einzelnen zu bessern, das Unrecht bekämpfen, weil es unfruchtbar ist, durch eine gerechte großzügige Ordnung des gemeinsamen Lebens Freude und Stolz in allen erwecken und höhere Geister zur Mittätigkeit anlocken, Hochherzige und Tüchtige überall an die Spitze stellen, den Übrigen Grundsätze und Lebensformen geben, die sie lieben und an denen sie wachsen können – das ist sein Staatsplan."[6]

*

Wenn man in der Fahrnerschen Wiedergabe des in Lautlingen Besprochenen nicht den auch im Hochgefühl nüchternen Ton vernimmt, den man von Claus Stauffenberg kennt, so darf man doch annehmen, daß das Ausgesagte auch seinen Vorstellungen entsprach und er es nicht als ideologische Rundwanderung auffaßte, sondern mit dem Handlungswillen seiner Person verband, die Großes im Blick hatte

Als Beispiele für Themen, die zu zweien oder dreien zwischen ihnen zur Sprache kamen, führt Rudolf Fahrner in seiner Niederschrift an:

> „Wie menschliche Existenz auch im Staat ohne Bindung an Göttliches nicht gedeihen könnte, und daß man niemand, der diese Bindung noch in den christlichen Kirchen fände, stören oder beeinträchtigen dürfe, wie man gewachsene Lebensformen und Lebenssitten nicht durch auf Vorteile berechnete Konstruktionen ersetzen könne, weil bestimmte Dinge des Wachstums bedürfen,
> wie es möglich sei, unter Menschen eines Volkes ein freies Verhältnis zu den mit Notwendigkeit sich immer wieder ergebenden Unterschieden an Stellung, Besitz und Ansehen zu begründen,
> inwiefern Einigungen unter den Völkern schon in den Völkern vorgegeben seien und vielleicht gerade spruchreifer als je, wenn sie von den jeweils Regierenden nicht hintertrieben, sondern gefördert würden, daß sich zum Beispiel die Gegensätze zwischen den europäischen Völkern in der Weise von Stammesgegensätzen austragen und fruchtbar machen liessen,
> wie man geeignete Kräfte aus allen Schichten zu Regierenden gewinnen könne: ob und wie es möglich sei, eine Volksvertretung in Deutschland vielleicht auf ganz andere Weise als durch politische Parteien bisheriger Art zu begründen, etwa aus den politischen Realitäten von Gemeinden, Berufsgruppen und Interessengemeinschaften, die dann im Parlament öffentlich für sich selbst einstünden und nicht durch Behandlung von Parteien mit Eigeninteresse oder durch Handel mit solchen Parteien ihre Ziele umwegig verfolgten,
> daß das Verhältnis von Unternehmern und Ausführenden in ihrer gemeinsamen Arbeit, in ihrer gemeinsamen Verantwortung gegenüber dem Ganzen und gegenüber der Menschlichkeit des Menschen zu begründen sei,
> über das Verhältnis von Technik, Industrie und Wirtschaft zum Staat: daß sie bei aller ihrer Bedeutung eine dienende Rolle spielen müssen, nicht eine wissentlich und systematisch Bedürfnisse erweckende und damit Menschen beherrschende,
> über die Kraft, die von freiwilligen Verzichten ausgeht: wie eine freiwillige Teilung des Großgrundbesitzes, die von den Besitzenden ausginge (dazu zeigten sich Ansätze), ein wirkungsreiches Beispiel geben und zu neuen sozialen Wirtschaftsformen führen könne,
> daß die führend Tätigen bei ihrem Erwägen und Handeln der Teilnahme von nicht Amtsgebundenen, von unabhängigen Geistern bedürften, wie frühere einsichtige Regierende sie auf mancherlei Art um sich versammelt haben,
> wie vorsichtig man mit Fixierungen und Dogmatisierungen sein müsse, da es immer darum ginge, in gegebenen Verhältnissen und mit gegebenen Menschen Möglichkeiten der Entfaltung zu eröffnen und offenzuhalten.“[7]

Seinen Bericht beschließt Fahrner mit dem Gedanken, bei dem er sich auch mit den Stauffenbergbrüdern einig ist:

„Die zu erwartende Lage nach dem Sturz Hitlers und nach der vorauszusehenden Niederlage im Kriege schien uns lange nicht dagewesene Möglichkeiten zu großen, nicht nur selbstsüchtigen Entschlüssen auch der Vielen, zur Verwirklichung neuer Ideen und zur Durchführung von Wandlungen vieler Art zu versprechen. Es galt sie zu benützen."[8]

Berthold Stauffenberg hatte gewiß Kenntnis der Entwürfe der Kreisauer, auf die sie sich im Blick auf das Danach für künftige Ordnungen geeinigt hatten. Ihn wie den Bruder beschäftigte heftiger die Erwägung, was zum sofortigem Handeln im Übergang zu planen sei. Bei Claus Stauffenberg war der Wille deutlich, zu Männern auf der zivilen Seite zu finden, die im Umsturz tatstark und schöpferisch sich durchsetzen könnten. Einen ihrer Art hat er vor Jahresausgang mit Julius Leber gefunden.

Die Aufzeichnungen Fahrners über die Gespräche in Lautlingen zeigen jedenfalls an, daß für Claus Stauffenberg, sobald er sich vor einer Gesamtverantwortung für eine deutsche Erhebung sah, neben dem militärischen Ziel der Ausschaltung Hitlers und seines Regimes die bewegendste Frage war: Wie führen wir Deutschland durch die Niederlage? Was geschieht durch uns in einem von Hitler befreiten Deutschland?

Bei den Gesprächen zu diesen Fragen muß von den Stauffenbergbrüdern und Fahrner das Fehlen von Frank Mehnert besonders stark empfunden worden sein. Er war ein halbes Jahr zuvor an der Ostfront gefallen, in Briefen bis zuletzt dem Werk der Freunde nah, eine im Widrigen sich stolz behauptende Natur, die vorm Schicksal keine Klage kannte. Claus Stauffenberg hatte ihn ein letztes Mal am 10. Januar 1942 in Rußland ausfindig machen und begegnen können. In „Erinnerung an Frank" liest man über die Begegnung in Groß-Born:

„Als er [Frank] abends in seinem Quartier bei einem Bauern war, hörte er Schritte, seinen Namen rufen und sah beim Hinausschauen die ragende Gestalt Claus Stauffenbergs in der Tür stehen. ‚Dass die wechselfälle des krieges' schrieb er danach, ‚doch auch zusammengehöriges manchmal in dieselbe gegend führen und eine kurze begegnung erlauben'."[9]

Im Umgang mit seinen Freunden hat Frank Mehnert schon Jahre vor dem Krieg mit großer Achtung von „einem Gneisenau-Enkel" (meist „Gn-Enkel") gesprochen, von dem noch viel zu erwarten und mit dem er im Bunde sei. Er hat nie seinen Namen genannt. Nach dem 20. Juli hat sich für manchen erst das Geheimnis gelöst.

Über den Gedanken eines „Staatswesens" zu urteilen, wie sie Fahrner nach den Gesprächen mit Claus und Berthold Stauffenberg überliefert hat, ist für die Heutigen schwierig, die mit einer ganz anderen, geänderten und stetig schneller sich ändernden Politik im Weltmaßstab konfrontiert sind.

Geht man von einem demokratischen Grundverständnis aus, wie es sich nach europäischen und amerikanischen Vorbildern auch in der Bundesrepublik Deutschland nach dem Krieg herausgebildet hat, so fällt das Lautlinger Programm ab. Es erscheint konservativ-idealistisch, zu Teilen konservativ-revolutionär, jedenfalls – mit dem heutigen Wort „paternalistisch" – auf die Verantwortlichkeit von oben handelnder Führungskräfte abgestimmt. Es sorgt sich nicht um den Pluralismus einer modernen, mit stetem Ausgleichsringen befaßten Massengesellschaft, desto mehr aber darum, daß die Besten dieses Volkes sich zur Sühnung der auf dem deutschen Namen lastenden Schuld einsetzen und seinen Lospruch erreichen sollten. Es geht ihnen um ein Wiederfinden und Schaubarmachen einer echten „Identität" der Deutschen, die großen Teilen der Jüngeren aus dem Bewußtsein heute verloren gegangen ist bei ihrer Hinwendung zu europäischen und transkontinentalen Bezügen. Die Brüder Stauffenberg hatten zutiefst diese „Identität", dies gegründete Sich-deutsch-fühlen. Sie waren überzeugt, durch ihr Handeln für die Deutschen und die übrige Welt Klarheit zu schaffen, sie wollten die Schuld, die sie als Schmach für ihr Land bedrückte, sühnend aufnehmen und Deutschland wieder als sich selbst achtendes, zu sich selbst stehendes Volk in der europäischen Völkerfamilie angesehen machen.

Im Zeitalter des Nordatlantischen Bündnisses und des Warschauer Paktes war aufgefallen, daß man in den Lautlinger Sätzen keinen Hinweis auf den künftig drohenden dualen Weltkonflikt findet. Dazu gilt zu wissen, daß für die Brüder Stauffenberg, wie es ihre Bemühungen mit ihren außenpolitischen Beratern (so mit Adam von Trott zu Solz, Werner von der Schulenburg) zeigen, die Anbindung an West oder/und Ost stets eine Handlungsfrage des Augenblicks, kein Essential war. Sie hielten an Deutschlands Eigensein nach West und Ost bei diesen Überlegungen zur Staatsgestaltung (August 1943) fest und suchten den Spielraum der Politik zu einer Kriegsbeendigung nach beiden Seiten zu erproben. Einen amerikanischen „way of life" sahen sie für Deutschland gleich fremd wie ein sowjet-russisches staatsgelenktes Lebensregime.

Fraglos enthalten die von Fahrner aufgeführten Punkte manches menschlich-ideell, fast urbildhaft Richtige, was heute noch so weit von einer Erfüllung entfernt ist wie zur Zeit, als es besprochen wurde. Dazu gehört, für uns Heutige am auffälligsten, der Passus „über das Verhältnis von Technik, Industrie und Wirtschaft zum Staat". Hier wird vor allem der uns trennende Zeitsprung deutlich. Wer vermöchte heute noch mit schlichtem Wort „Technik, Industrie und Wirtschaft" in eine „dienende Rolle" zu beordern, samt der ihnen zuarbeitenden Wissenschaft und dem mit ihnen abhängig verknüpften Staat? Wieviel wurde in dem von aller Welt abgesperrten, sich in seinem „totalen" Krieg ermattenden Deutschland des Jahres 1943 von solchen Problemen erst gesehen? Von einer die Grundfesten der Schöpfung zerstörenden Wissenschaft? Zwei Jahre danach stießen die Bombenwürfe von Hiroshima und Nagasaki das Tor eines anderen Weltalters auf und erwiesen jetzt erst die Abgründe und menschlichen Grenzentscheidungen, die bis heute von den völlig unfaßbar, unkontrollierbar gewordenen Interaktionen zwischen Wissenschaft, Staat, Wirtschaft aufgetan wurden bis hin zur möglichen Lebensvernichtung auf dem Planeten.

Schlimmstes hatten die ersten vier Weltkriegsjahre aus technischer Entwicklung gebracht, Menschenopfer ohne Zahl, Schlimmeres noch aus technischer Entwicklung drohte zu folgen. Wenn Claus Stauffenberg jetzt die Zeit für sein Eingreifen sah und damit seine Vorstellungen für die Erneuerung des Reiches verband, wozu ihm die Lautlinger Gespräche wohl ihre Hilfen gaben, so wird der nur Tatsachengläubige, dem die Person des Mannes nichts sagt, von all solchem Planen nichts halten und wird die, wie ihm scheint, überzogenen Berichte davon als Gedankeneskapaden eines genesenden Offiziers, als weltferne Idealismen, abtun. Wer dem Sinn der von Fahrner gegebenen Gedächtnispunkte zu folgen bereit ist, könnte bei den in Lautlingen miteinander Versammelten den echten Trieb vorfinden, für die in ihrer Anmaßlichkeit so versklavten Menschen ihrer Zeit noch einmal „Staat" von menschlichen Grundkräften her aufzubauen. So könnte es als bewundernswertes Wagnis erscheinen, wenn im äußersten Tief einer Kriegslage nicht nur der Entschluß zum militärischen Eingriff, sondern auch der Mut zu Entwürfen einer staatlichen Neugestaltung gefaßt und deren Vorbildhaftes auch über Deutschland hinaus gesehen werden konnte.

Ein solcher Versuch war, wie wir heute erkennen, nur noch 1943/44 vor Einbruch der atomaren Kriegsausweitung, vor Anbruch des Kernkraft-Alters denkbar. Er wurde von groß Denkenden unternommen – unsicheren Ausgangs, gewiß –, aber ehrend für ein Menschentum, das noch im 20. Jahrhundert mitten im drohenden Untergang für die Ehre seines Volkes dem Weg in den Tod nicht auswich.

XII

STAUFFENBERG UND TRESCKOW

Für Stauffenberg soll am 10. September 1943 die verschobene Operation in München stattfinden. Ein oder zwei Tage zuvor kommt er zu seiner Frau und den Kindern nach Bamberg. Ihr fällt der Ernst in seinem Gesicht auf und sie befragt ihn in ihrer frohen burschikosen Art leichthin: ob er denn wieder am „Verschwörerlesspielen" sich beteilige. Erstaunt, fast erschreckt, forscht er sofort nach, wodurch sie darauf komme, gibt aber bald zu, daß er an einer Konspiration teilhabe. Olbricht habe ihn darum gebeten, er habe zugesagt. Ihre weiteren Fragen, so nach Namen von Bekannten, die dabei wären, schnitt er ab und traf mit ihr die Verabredung „absoluter Uninformiertheit über die Konspiration". Sie sollte im Fall des Mißlingens auf ihn schimpfen und von Mitwissen unbelastet in der Lage sein, für die Kinder zu sorgen.[1]

Am 9. September – es ist der Tag, an dem die Alliierten auf dem italienischen Festland gelandet sind – sagt Stauffenberg zu maßloser Überraschung auch der Eigenen die Operation ab – er läßt aussprengen, ihm sei die Geduld gerissen, und fährt nach Berlin. Mit ungeheiltem rechtem Armstumpf und den streng geübten drei Fingern der Linken ist er doch Herr seiner Bewegungen. Er zieht in die Wohnung des Bruders in der Gartenvilla Tristanstraße 28 in Wannsee.

Am Abend dieses 9. September dröhnt aus dem Reichsrundfunk die Stimme Hitlers aus Anlaß der Kapitulation des bisher verbündeten Italien vor den Westmächten:

> „Mag jeder einzelne Deutsche, ganz gleich, wo er steht, sich dessen bewußt sein, daß von ihm selbst, von seinem Einsatz und seiner Opferbereitschaft die Erhaltung unseres Volkes, das Schicksal und die Zukunft vieler Generationen abhängen."[2]

Am folgenden Tag – offenbar der Grund der überstürzten Reise – trifft Stauffenberg mit Henning von Tresckow zusammen, der noch mit einigen Wochen Freistellung vor neuem Einsatz rechnen kann.

An den vor kurzem in Lautlingen begegneten Rudolf Fahrner schreibt er aus der Tristanstraße am 14. September, die Operation sei abermals verschoben worden, und er fährt in gewohnter Tarnweise fort:

„... und da hier dringende Arbeit vorliegt, bin ich den Bitten meiner Oberen gefolgt und nutze die Zeit zur Einarbeitung und Hilfe. Freilich muß ich auch befürchten, daß ich mich in nächster Zeit kaum Delfinischem widmen kann, doch liegt der Punier vor mir, auf daß er mich stets mahne. [Eine Arbeit über Hannibal, die er zur Durchsicht übernommen hatte, d. Vf.]."[3]

Am 20. September gibt Berthold von Stauffenberg eine gleiche Nachricht an Fahrner: „Die Operation wurde verschoben und er hierher berufen. Er haust jetzt auch in Wannsee."[4] Für Fahrner konnte nach dem Vorausgegangenen der Sinn nicht verborgen sein.

Ein mit äußerster Vorsicht begonnenes Zusammenwirken von Tresckow und Stauffenberg beginnt. Besprechungen in Wohnungen werden gemieden, ebenso Post und Telefon zu Verabredungen. An wechselnden Punkten treffen sie sich. Auf ihren Gängen im Grunewald und an der Havel reifen die militärischen Pläne des Umsturzes, werden nach mitgebrachten Stichwortzetteln, Unterlagen und Entwürfen die Befehlstexte verfaßt und an die helfenden Frauen weitergegeben, die, verborgen und kühn wie die Männer, sie zu schreiben sich erboten haben – mit Handschuhen, wie Tresckows Vorsicht ihnen zur Pflicht sich machte.

Eine von ihnen, Margarete von Oven, spätere Gräfin Hardenberg, hat eine Szene geschildert, die die nervliche Belastung bei der Gefährdung jeden Schrittes in jenem September zeigt und auch die beiden felderfahrenen Offiziere jäh erblassen ließ. Sie ging mit den beiden nach einer ihrer Besprechungen in der Trabener Straße nahe der S-Bahnstation Grunewald, die Planungsaufzeichnungen unterm Arm, als ein Mannschaftswagen der SS ihnen entgegenfuhr und jäh neben ihnen hielt.

„Als die SS-Leute herabsprangen, hielt jeder die Verschwörer für entdeckt und sich selber im nächsten Augenblick für verhaftet. Aber die SS-Leute achteten nicht auf die drei Personen und verschwanden in einem Haus. Selbst die beiden kriegsgewohnten Offiziere waren leichenblass geworden."[5]

Den Anteil jedes der Offiziere an dem uns bekannten Planungswerk zu scheiden, ist aus der Überlieferung nicht möglich. Gewiß hat jeder impulsiv seine eigenen Gedanken gegeben und das Wort des anderen dazu aufgenommen und erwogen. „Stauffenberg hat Tresckow gelegentlich als seinen Lehrmeister bezeichnet", liest man nach dem 20. Juli in den Kaltenbrunner-Berichten.[6] An manchen Stellen der verfaßten Befehle, nicht militärisch-technischer, sondern menschlich-begründeter Art, glaubt man Stauffenbergs Diktion zu begegnen. Zu glauben ist wohl der Nachricht, die beiden nach Stamm und Herkunft, aber auch in ihrer Weltauffassung so Verschiedenen – ein norddeutscher, preußisch geformter, gewissensbetonter Landedelmann, erfahren in den Dingen der Welt, und ein aus hellem und jungem Geist gewachsener Süddeutscher aus schwäbisch-fränkischem volksnahem Adelshaus – seien im gewagten Tun dieser Wochen sich „durch ein George-Gedicht besonders nahe gekommen."[7]

Die beiden Generalstäbler – wohl zu den besten ihrer Zeit zu zählen – standen vor der in der Kriegsgeschichte bisher gewiß einmaligen Aufgabe, die militärischen Ausgangspläne zu schaffen, durch die im hochgerüsteten, diktatorisch umklammerten und im weltweiten Kriegsgeschehen begriffenen Staat eine überfallartig handelnde Gruppe, ohne die Bevölkerung auf ihrer Seite zu haben, die Macht erringen sollte, bevor sich die weit überlegenen Gegnerkräfte formieren konnten. Und als Bedingung sollte gelten: die kämpfenden Kriegsfronten nicht zum Einsturz zu bringen und den Ausbruch eines Bürgerkrieges zu vermeiden.

Ob eine solche Aufgabe im Herbst 1943 überhaupt mit Generalstabsvernunft zu lösen war, mußte für die beiden Planenden offen bleiben. Ihre Bestimmung aber fühlten sie, gegen das freventlich menschenvernichtende System und die Schändung der deutschen Ehre ohne Aufschub vorzugehen und das Wagnis der Aufgabe auf sich zu nehmen.

So erarbeiten sie Pläne eines „Umsturzes von oben", der, vom Befehlshaber des Heimatheeres ausgelöst, die Ausschaltung des Staatsoberhauptes zur ersten Bedingung hat, sich legal auf dem dienstlichen Befehlsweg über die Wehrkreise und Militärbehörden durch die besetzten Länder hin durchsetzen soll in den Bahnen des unter anderen Annahmen entworfenen Planes „Walküre". Zur Erstauslösung ist Täuschung unumgänglich. Sie muß rasch durch unumwundene Erklärung des wirklichen Wollens abgelöst werden.

Zur Auslösung des Umsturzes werden von den Planenden die beiden Grundbefehle entwickelt, die am Tage X in kurzem Zeitabstand sich folgen sollen, der erste an die gesamte Wehrmacht, der zweite an die Wehrkreisbefehlshaber. Beide sind am 20. Juli durch Funksprüche verbreitet worden.

Der erste Grundbefehl des ausersehenen neuen Oberbefehlshabers beginnt mit Sätzen, die Stauffenbergs Hand spüren lassen. Er lautet[8]:

> „I. Der Führer Adolf Hitler ist tot.
>
> Eine gewissenlose Clique frontfremder Parteiführer hat es unter Ausnutzung dieser Lage versucht, der schwerringenden Front in den Rücken zu fallen und die Macht zu eigennützigen Zwecken an sich zu reißen.
>
> II. In dieser Stunde höchster Gefahr hat die Reichsregierung zur Aufrechterhaltung von Recht und Ordnung den militärischen Ausnahmezustand

verhängt und mir zugleich mit dem Oberbefehl über die Wehrmacht die vollziehende Gewalt übertragen.

III. Hierzu befehle ich:

1. Ich übertrage die vollziehende Gewalt – mit dem Recht der Delegation auf die territorialen Befehlshaber – in dem Heimatkriegsgebiet auf den Befehlshaber des Ersatzheeres unter gleichzeitiger Ernennung zum Oberbefehlshaber im Heimatkriegsgebiet,
in den besetzten Westgebieten auf den Oberbefehlshaber West (Oberbefehlshaber der Heeresgruppe D),
in Italien auf den Oberbefehlshaber Südwest (Oberbefehlshaber der Heeresgruppe C),
in dem Südostraum auf den Oberbefehlshaber Südost (Oberbefehlshaber der Heeresgruppe F),
in den besetzten Ostgebieten auf die Oberbefehlshaber der Heeresgruppen Südukraine, Nordukraine, Mitte, Nord und den Wehrmachtbefehlshaber Ostland für ihren jeweiligen Befehlsbereich,
in Dänemark, in Norwegen auf die Wehrmachtsbefehlshaber.

2. Den Inhabern der vollziehenden Gewalt sind unterstellt:
a) Sämtliche in ihrem Befehlsbereich befindlichen Dienststellen und Einheiten der Wehrmacht einschließlich der Waffen-SS, des RAD und der OT.
b) Alle öffentlichen Behörden (des Reichs, der Länder und der Gemeinden), insbesondere die gesamte Ordnungs-, Sicherheits- und Verwaltungspolizei,
c) alle Amtsträger und Gliederungen der NSDAP und der ihr angeschlossenen Verbände,
d) die Verkehrs- und Versorgungsbetriebe.

3. Die gesamte Waffen-SS ist mit sofortiger Wirkung in das Heer eingegliedert.

4. Die Inhaber der vollziehenden Gewalt sind für die Aufrechterhaltung der Ordnung und öffentlichen Sicherheit verantwortlich. Sie haben insbesondere zu sorgen für:
a) die Sicherung der Nachrichtenanlagen
b) die Ausschaltung des SD.
Jeder Widerstand gegen die militärische Vollzugsgewalt ist rücksichtslos zu brechen.

5. In dieser Stunde höchster Gefahr für das Vaterland ist Geschlossenheit der Wehrmacht und Aufrechterhaltung voller Disziplin oberstes Gebot. Ich mache es daher allen Befehlshabern des Heeres, der Kriegsmarine und der Luftwaffe zur Pflicht, die Inhaber der vollziehenden Gewalt bei Durchführung ihrer schwierigen Aufgabe mit allen zu Gebote stehenden Mitteln zu unterstützen und die Befolgung ihrer Weisungen durch die untergeordneten Dienststellen sicherzustellen.

Der deutsche Soldat steht vor einer geschichtlichen Aufgabe. Von seiner Tatkraft und Haltung wird es abhängen, ob Deutschland gerettet wird. Gleiches haben alle territorialen Befehlshaber , die Oberkommandos der Wehrmachtteile und die den Oberkommandos unmittelbar unterstehenden Kommandobehörden des Heeres, der Kriegsmarine und der Luftwaffe.

Der Oberbefehlshaber der Wehrmacht
gez. v. Witzleben
Generalfeldmarschall"

Im zweiten Grundbefehl an die Wehrkreisbefehlshaber, die für „Walküre" Verantwortlichen, war die absichernde Täuschung des ersten Befehls aufgegeben. Eine Folge von Sofortmaßnahmen war angeordnet, die deutlich machte, gegen wen sich das für legal erklärte Vorhaben richtete. Es waren sämtliche Gauleiter, Reichsstatthalter, Minister, Ober- und Polizeipräsidenten, Höhere SS- und Polizeiführer, Leiter der Gestapo- und SS-Dienststellen und Propagandaämter sowie die Kreisleiter der Partei ihres Amtes zu entheben und in gesicherte Einzelhaft zu nehmen. Außerdem waren die Dienststellen der Gestapo und des SD zu besetzen, ebenso die Konzentrationslager, wobei Kommandanten verhaftet, Wachmannschaften entwaffnet und kaserniert werden sollten. Verbände der Waffen-SS, deren uneingeschränkte Unterordnung zweifelhaft schien, waren rücksichtslos zu entwaffnen. „Energisches Zugreifen mit überlegenen Kräften, damit stärkeres Blutvergießen vermieden wird."[9] Am Ende des zweiten Grundbefehls stehen die Sätze:

„Bei Ausübung der vollziehenden Gewalt dürfen keine Willkür- und Racheakte geduldet werden. Die Bevölkerung muß sich des Abstandes zu den willkürlichen Methoden der bisherigen Machthaber bewußt werden."[10]

Auf die Grundbefehle sollte der Aufruf der weiteren Kräfte gemäß „Walküre" folgen. Für den Kampf in Berlin, wo die massiert gelagerten SS-, SD- und Polizeikräfte die schwerste Auseinandersetzung erwarten ließen, wurde ein eigener, in jedes Detail gehender Generalstabsplan ausgearbeitet, der die rascheste Mobilisationszeit, Gefechtsstärke und Bewaffnung der eigenen Kräfte, aber auch den frühestmöglichen Einsatzpunkt jeder Einheit im Zentrum Berlins nach Zeitplänen „Walküre I" und „Walküre II" einbezog.

Durch den häufigen Wechsel der Kommandeure und der Truppenbelegungen in den heranzuziehenden Heeresschulen (Krampnitz und Groß-Glienicke für Panzertruppen, Döberitz für Infanterie, Potsdam für Fahnenjunker und Unteroffiziere) war ein großes Moment der

Erschwerung gegeben, das Stauffenberg später in persönlichem, immer neu notwendigem Einsatz zu überwinden versucht hat. Schwer und nur geheim über Umwege zu erlangen waren die Auskünfte über die Standorte und Gefechtsstärken des Gegners.

Tresckow konnte im September seinen Vertrauten aus dem Stab der Heeresgruppe Mitte, Major Ulrich von Oertzen, zur Mitarbeit heranholen. Mit ihm zusammen hat Stauffenberg drei Tage im Berliner Wehrkreiskommando, geheim gedeckt durch den dortigen miteingeweihten Chef des Stabes, Generalmajor Hans-Günther von Rost, die konspirative Planungsarbeit vorangetrieben.

Aus den für Berlin erarbeiteten Befehlen ist von den Untersuchern nach dem 20. Juli eine „Anweisung für das Verhalten gegenüber der Waffen-SS" vorgelegt worden. Ob durch Tresckow oder Stauffenberg geformt – die „Anweisung" spricht die letzte Entschlossenheit der beiden Offiziere aus, die sie auch von den Ausführenden forderten. Deren Verhalten ist ihnen so wichtig, daß sie die Eröffnung, die dem SS-Führer über den militärischen Ausnahmezustand durch einen „energischen Offizier mit Begleitoffizier" zu machen ist, in wörtlicher Anrede geben:

> „Ihre Truppe hat bis zum Eingang weiterer Befehle in der Kaserne zu verbleiben und Ruhe zu bewahren. Sollte dieser Befehl nicht ausgeführt werden, wird die Truppe, die Ihre Unterkünfte umstellt hat und mit sämtlichen schweren Waffen schußbereit ist, mit allen Mitteln diesen Befehl durchsetzen. Ich muß Sie bitten, Ihre erforderlichen Befehle von hier aus in meiner Anwesenheit zu geben."

Die Anweisung fährt fort:

> „Bei Weigerung oder Widerstand ist der SS-Führer zu erschießen, die Wache zu entwaffnen und die Entwaffnung der gesamten Truppe zu erzwingen."[11]

Fünf andere Anordnungen, die später gefunden und – wohl nicht zutreffend – gesamt als „Standrechtsverordnungen 1–5" bezeichnet wurden, stammen wohl wie der „Befehl gegen die Partei, ihre Gliederungen und angeschlossenen Verbände" nur entwurfsweise aus dem ersten Zusammenwirken der beiden Offiziere. Ihre Formung erfuhren sie später im Oktober/November mit der juristischen Bearbeitung durch Berthold von Stauffenberg, der mit Rudolf Fahrner über Themen dieses Gebietes gesprochen hat. Fahrner schrieb dazu über das ihm zur Einsicht Vorgelegte:

> „Die Befehle ... enthielten außer den Weisungen auch jeweils eine kurze Rechts- und Sinnbegründung. Ich entsinne mich, zusammen mit Berthold Stauffenberg eine Reihe solcher Befehle, besonders für das Verfahren mit SS- und Polizeikräften, bearbeitet und die Maßnahmen zur Weiterführung oder Abänderung bisheriger Einrichtungen auf den verschiedenen Gebieten erwogen zu haben. Maßgebend erschienen uns dabei die Grundsätze, auch bei durchgreifendem Handeln gegen Verbrecher und ihre Helfer keine rechtlose Handlung zu dulden, sachlich Sinnvolles und Bewährtes nicht durch eine Bausch- und Bogenverdammung zerstören zu lassen."[12]

Als Einzelmaßnahmen findet man dabei genannt: Demonstrationen und Arbeitsniederlegungen wurden verboten. Die Dienststellen der Partei und ihrer Untergliederungen waren zu schließen. Es folgte der wichtige Passus: Ihre Akten waren sicherzustellen und durften unter Androhung schwerer Strafen nicht beiseitegeschafft oder verfälscht werden.

Der Gedanke einer deutschen Erhebung war für die Brüder Stauffenberg nicht zu trennen von der Forderung einer aus eigener, aus deutscher Initiative zu leistenden Rechtsherstellung und Sühnung.

> „Die Verbrechen und Vergehen des Mordes und der Freiheitsberaubung, der Erpressung, der Bestechung ..., die unter Macht- und Amtsmißbrauch gegen Wehrlose begangen wurden und die eine rasche Sühne erfordern, weil sie in hohem Maße die berechtigte Volksempörung hervorgerufen haben",

so heißt es in diesen Anordnungen, sollten zur Zuständigkeit der Standgerichte gehören, die mit Zuchthaus bis 15 Jahren, mit lebenslangem Zuchthaus oder mit dem Tode bestrafen konnten. Die Angeschuldigten sollten nicht in „Willkür- und Racheakten" einer Freisler-Justiz, sondern nach gültigen Rechtsnormen ihrer Strafe und raschen Aburteilung zugeführt werden. Um Gesinnungen sollte nicht gerechtet, Verbrechen und Korruption sollten offen gelegt, scharf verfolgt und gesühnt werden.[13] Eine rückwirkende Rechtsumbildung, wie sie nach dem Krieg durch die Vormacht der Sieger geschehen konnte, war durch diese Gedankengänge ausgeschlossen.

Während seiner verdeckten Arbeitswochen im septemberlichen Berlin hielt sich Stauffenberg offenbar von allen Begegnungen zurück, die nicht unmittelbar seinem Plan dienten. Mit Fritz von der Schulenburg kam er zusammen. Was unter der Sichtbarkeitsgrenze geschah, ist nicht zu sagen. Die Verhörsakten brachten nur ein Treffen mit Oberst Stieff und dem mithilfebereiten Nachrichtengeneral Fellgiebel zutage. Einiges von Stauffenbergs Dringlichkeit läßt der Vernehmungsbericht über die Aussage Fellgiebels erkennen: man habe sich darüber ausgesprochen, „daß ein Zusammentreffen der Russen, Engländer und Amerikaner in Berlin und eine Verwüstung Deutschlands verhindert werden müßten, und zwar durch einen gewaltsamen Umsturz". Fellgiebel wurde angegangen, für diesen Fall das Funktionieren des Nachrichtennetzes zu garantieren.[14]

Eine andere Überlieferung sagt über eine von Stauffenberg getarnt herbeigeführte Begegnung, daß er im Haus des Chirurgen Sauerbruch erschien (was nicht auffällig war) und den Hausherrn bat, sein Heim für eine geheimzuhaltende Unterredung zwischen ihm und dem Generalobersten Beck, den er noch nicht kenne, im Beisein von General Olbricht zur Verfügung zu stellen, „wobei sich allerdings (eine Stauffenbergsche Schnurre) noch die Schwierigkeit ergeben würde, daß ... der Hausherr zum Gespräch nicht zugelassen werden könne". Sauerbruch war bereit, brachte die Drei in einem Zimmer seines Hauses zusammen, „gab ihnen was zu trinken, ließ sie allein, und sie verbrachten einige Stunden miteinander". Ob dies die erste persönliche Aussprache Stauffenbergs mit Beck war – Sauerbruch macht es so glauben – und ob Beck beim Weggehen zum diskreten Gastgeber gesagt hat: „Stauffenberg ist bereit, die Aufgabe zu übernehmen", muß dem Urteil über die Glaubwürdigkeit des Berichteten überlassen bleiben.[15]

Auf einen Brief Olbrichts im August hatte Generalfeldmarschall von Kluge durch Stieff ausweichend geantwortet, offenbar mit Beistimmung Mansteins, den er durch den ihm vertrauten Ia bei Manstein, den eingeweihten Oberst Schulze-Büttger, hatte befragen lassen: eigenes Vorangehen nein, Mitgehen nach erfolgter Aktion ja. Jetzt war Kluge unerwartet im September wieder in Berlin. Er hatte dringend eine Aussprache mit Beck und Goerdeler im Haus Olbricht verlangt. Ihn trieb die schwere Krisenlage seiner Heeresgruppe um: Er hatte die Städte Smolensk und Roslawl vor der Übermacht der Roten Armee räumen müssen. Die Feindvorhuten hatten den Dnjeprübergang erzwungen. Keine Rücknahme der Fronten auf rechtzeitig auszubauende Defensivstellungen, die auch Beck für geboten erklärte, war bei Hitler zu erreichen. Kluge erklärte den Krieg für verloren, „wenn man nicht zu größeren Entschließungen käme" und sprach aus, „daß die Person des Führers notfalls mit Gewalt ausgeschaltet" werden müsse. Und noch einmal, auf einen Einwurf Goerdelers, „daß man auch vor der äußersten Gewalt nicht zurückschrecken dürfe."[16]

Der Oberbürgermeister entwickelte darauf seine Vorstellung einer politischen Lösung, die er in einem offenen Sprechen mit dem „Führer" sah, wofür er sich bereit erklärte. Die Verantwortung eines Attentates schob er auf die militärischen Führer ab, die es so weit hätten kommen lassen, und sprach von Hoffnungen, die er auf seine Beziehungen nach England setzte: die Briten würden zuletzt doch einen Seperatfrieden gewähren und die Unterstützung in der Abwehr der sowjetischen Bedrohung honorieren.

Von Goerdelers ausholender und mit wuchtiger Überzeugung vorgetragener Rede war der Marschall so beeindruckt, daß von seiner Mahnung zu einem Vorgehen bis zur äußersten Gewalt nichts mehr zu hören war und er sich mit der Zusage verabschiedete, „er werde mit seinen Kameraden das Weitere besprechen". Er kehrte zu seiner Heeresgruppe zurück. Vier Wochen danach ist er durch einen Autounfall für viele Monate ausgeschieden. Der Oberstleutnant Stauffenberg trat bei Kluges Besuch nicht in Erscheinung.

Mit Goerdeler hat Tresckow Stauffenberg wohl zu Ende des Monats September zusammengeführt. Vielleicht geht erst auf diese Begegnung die hoffnungsvolle Ankündigung Goerdelers an den ihm verbündeten Rechtsanwalt Josef Wirmer zurück, für die Staatsstreichplanung „sei jetzt ein besonders befähigter Generalstabsoffizier eingesetzt worden", der als Schwerkriegsverletzter für längere Zeit mit einem Frontkommando nicht mehr zu rechnen brauche.[17]

Für Tresckow schloß die gemeinsame Zeit mit Stauffenberg Ende September. Der Oberst hatte die Führung eines Infanterieregimentes im russischen Süden im Verband der Heeresgruppe Manstein zu übernehmen. Man sprach von einer bewußten Kaltstellung durch Obere, die von seiner Gefährlichkeit wußten. Vor Abgang übergab er an Stauffenberg „eine Originalpackung englisches Hexogen" mit Zündern, einen Sprengstoff, dessen Wirksamkeit er selbst erprobt hatte. Stauffenberg hat ihn für einige Wochen bewahrt. Stieff sollte der Empfänger werden.

XIII

1943/44

STABSCHEF IM ALLGEMEINEN HEERESAMT

Dem Allgemeinen Heeresamt, in das Stauffenberg als Chef des Stabes eintrat, war „die Personal- und Materialbewirtschaftung" des Heeres als Aufgabe gesetzt. Im 5. Kriegsjahr – nach den schwersten Einbußen im Osten, nach Ausfall des italienischen Verbündeten und beim Vordringen der alliierten Kräfte in Italien – hatte sich das Amt um die immer schwerer zu lösenden Probleme zu mühen, der in Abwehrkämpfen dezimierten Fronttruppe im Osten Ersatz für ihre Ausfälle an Menschen und Material zu beschaffen, den sie dringend forderte.

Schon im Sommer 1943 hatte Hitler nach dem Scheitern des Unternehmens „Zitadelle", der, wie sich erweisen sollte, letzten deutschen Großoffensive im Osten, die strikte Verteidigung auf der zuletzt eingenommenen Hauptkampflinie befohlen mit dem Gedanken, nach Art des Atlantikwalles einen „Ostwall" zu bilden, um sich in einer „Festung Europa" mit ihrer Tausende von Kilometern messenden Frontlinie einzuigeln und damit dem Feind, wie er sich ausdrückte, die „Nutzlosigkeit seiner Angriffe" vor Augen zu führen und den Westen zum Einlenken zu zwingen. Im November 1943 hatte er dazuhin durch seine „Weisung Nr. 51" den Schwerpunkt der militärischen Abwehr in den Westen verlegt. Durch Demonstration der deutschen Schlagkraft hinter dem „Atlantikwall" sollten die Briten verhandlungsbereit gemacht und vom schwierigen Waffenbündnis mit Sowjetrußland und Amerika „abgesprengt" werden.[1] Im Verlauf des Winters bahnte sich aber eine neue schwere Krise im Südteil der Ostfront an, zu deren Überwindung auch das Olbrichtsche Amt gefordert war.

Wie Stauffenberg davon betroffen war und wie er zur Kriegslage urteilte, ist aus der Aufzeichnung von Gesprächen zu erkennen, die zwischen ihm und dem Obersten i.G. Peter Sauerbruch im März 1944 stattgefunden haben und die aus späteren Vernehmungen Sauerbruchs durch die Verfolger der Verschwörer erhalten sind. Sauerbruch, Freund Stauffenbergs seit ihrer gemeinsamen Zeit beim Bamberger Reiterregiment, war 2. Adjutant beim Chef des Generalstabs Halder gewesen, als Stauffenberg Gruppenleiter in der Organisationsabteilung war. Er wurde im Februar 1944 in Berlin bei Löscharbeiten nach einem Luftangriff verwundet und für ein paar Wochen Genesungsdienst dem Amt Olbricht zugeteilt.

Stauffenberg spricht von der bevorstehenden Landung der Alliierten im Westen. Es müsse jetzt ein großer Entschluß fallen: alle Schulen, Inspektionen, Lehrgänge aufzulösen und alle verfügbaren Kräfte dem Ostheer zuzuführen. Der Entschluß aber bedeute, sich klar zu entscheiden, wie lange man den Krieg fortsetzen wolle. Denn die letzte Karte sei damit ausgespielt. Als Sauerbruch meint, das Geschehen hänge doch auch von den anderen Kriegführenden ab, setzt Stauffenberg dagegen, der Krieg sei weitgehend von einer militärischen Entscheidung auf die Möglichkeit (Notwendigkeit?) einer politischen Entscheidung übergegangen. „In uns wird [jedoch] niemand mehr einen Verhandlungspartner sehen."

Am Abend des gleichen Tages hört Sauerbruch das Wort seines Generalstabskameraden: „Es ist furchtbar, mit offenen Augen Deutschland einer Katastrophe zutreiben zu sehen." Als Sauerbruch noch einmal zu erinnern sucht, daß man von militärischer Seite aus noch erheblich größere Anstrengungen machen könnte, um der Katastrophe zu steuern, stimmt Stauffenberg zu. Dazu müsse aber zunächst einmal die Einheitlichkeit in der Führung hergestellt werden. Ohne sie sei eine totale Kriegsanstrengung nicht zu erreichen. Es sei ein Unfug, daß beispielsweise jeder Wehrmachtteil für sich, außerdem noch die Waffen-SS, ihre eigenen Dienststellen und Erprobungsstellen in der Heimat besäßen. Und wie sähe es mit der Führung im Osten aus! Man müsse wenigstens erreichen, daß in einer Zeit, in der uns das Wasser bis an den Hals springe, so gut wie möglich geführt würde, um wenigstens ein Zerreißen der Front zu verhindern. Dies wäre aber augenblicklich nicht der Fall.

Stauffenberg fragt in fast sokratischer Manier, ob Sauerbruch der Auffassung sei, daß der Russe wie die Westmächte im Verlauf des Jahres 1944 zur gleichzeitigen Großoffensive übergehen würde. Als Sauerbruch bejaht, Stauffenberg weiter: ob er mit einer weiteren Steigerung der gegnerischen Luftüberlegenheit rechne. Als Sauerbruch wieder bejaht, will Stauffenberg von ihm wissen, wie er somit die Gesamtlage beurteile. Seine Antwort: „Sehr gespannt, falls es nicht gelingt, durch Einsatz der Vergeltungswaffen eine Änderung herbeizuführen." Stauffenberg darauf, ob Sauerbruch wisse, wie die Vergeltung aussähe. Er könne aufgrund seines Einblicks nur sagen, der Vergeltungsschlag könne innerhalb des Gesamtkriegs allenfalls mit einer Attacke eines Kürassierregimentes verglichen werden, das in aussichtsloser Lage versucht, noch einmal die bereits entschiedene Schlacht zu wenden. Nochmals

Sauerbruchs Frage, ob Stauffenberg demnach den Krieg als verloren ansähe, und er bejaht es.

An einem der späteren Abende stellt Sauerbruch – so der Bericht – an Stauffenberg die Frage, wie er sich die Weiterführung des Krieges denke. Er erhält die Antwort: „Nur durch Änderung der Führung.“ Nur ein grundlegender Bruch mit dem derzeitigen Regime könne Verhandlungen mit der Feindseite möglich machen. Sauerbruch wendet ein, die Feinde dächten nicht an Verhandlungen, ihr Kriegsziel sei die Vernichtung Deutschlands, ein Wechsel im Regime sei unmöglich, das Heer ginge dabei zugrund, wer sollte an Stelle des Führers den Staat in die Hand nehmen? Den vorgetragenen Einwänden begegnet Stauffenberg unerwartet mit der einzigen Frage an Sauerbruch, was seiner Meinung nach das geringere Übel sei, ein sicherer oder ein nur möglicher Untergang? Auf Sauerbruchs Antwort: das zweite, stellt ihm Stauffenberg die Frage, ob er nicht der Ansicht sei, daß man aus dieser Tatsache als Offizier, der mit Verantwortung trage, seine Schlüsse ziehen müsse?

Als die beiden Generalstabsoffiziere wieder auf Führungsbelange zu sprechen kommen, äußert Stauffenberg, die Krise an der südlichen Ostfront sei doch eindeutig auf militärische Führungsfehler zurückzuführen. Auf Sauerbruchs Frage, ob er die Führung im Osten für unzureichend halte, erhält er die Antwort, er glaube, die „Masse der Feldmarschälle sähe die Lage wohl richtig und käme wohl auch zu einer richtigen Entschlußfassung, ein Durchdringen nach oben wäre aber unmöglich“. Der „Führer“ lasse sich von seinen eigenen Gedanken nicht abbringen.. Er höre nicht darauf, wie der Chef des Generalstabs des Heeres oder die Feldmarschälle die Lage beurteilten. Schon darin lägen unüberbrückbare Schwierigkeiten, daß der Chef des Generalstabs nur bezüglich der Ostfront etwas zu sagen hätte, während die anderen Kriegsschauplätze durch das Oberkommando der Wehrmacht direkt geführt würden. So werde nicht einmal der Vorteil der inneren Linie genutzt. Es sei traurig mitanzusehen, welcher Kuhhandel um jede Division, die von Osten in den Westen oder umgekehrt verschoben werden sollte, betrieben werde.

Sauerbruch konterte, wie der Bericht sagt, damit, daß dies alles daran liege, daß das Heer seine Belange nicht stark genug zu vertreten verstünde. Stauffenberg: da befände er sich wohl in einem Irrtum. Er stehe auf dem Standpunkt, daß es am „Führer“ selbst liegen müsse, wenn niemand mit seiner Ansicht bei ihm durchdringe.[2]

Sauerbruch, der mit Geschick den führertreuen Offizier spielt, hat den Untersuchern offenbar Eindruck gemacht. Er hat die Linie, jenseits derer er als Freund Stauffenbergs verdächtigt werden konnte, nie überschritten. Man weiß, daß er selbst einmal mit dem Gedanken eines

Pistolenattentats auf Hitler umgegangen ist. Jedenfalls hielt er bei mancher Skepsis im einzelnen zu Stauffenberg und wußte von den Plänen einer Erhebung.

Am Vorabend seiner Abreise war Sauerbruch mit Oberstleutnant i.G. Bernardis, bei dem er im Amt Olbrichts arbeitete, bei Stauffenberg im Haus der Tristanstraße in Wannsee. Nach plaudernd-scherzhaftem Eingangsgespräch, so sagt Sauerbruch bei seiner Vernehmung, kam Stauffenberg noch einmal auf den „ungeheuren Ernst der Lage", blieb den ganzen Abend ernst, sprach von „ungeheuren Schwierigkeiten, die er gerade in seiner Stelle im Allgemeinen Heeresamt zu überwinden habe, um wenigstens etwas für die Möglichkeit, die Katastrophe noch wenden zu können, zu tun." Sauerbruch bringt als seine Ansicht vor, für jeden Offizier komme es an seiner Stelle darauf an, sich so einzusetzen, daß er sich hinsichtlich der Erfüllung seiner Pflicht keine Vorwürfe zu machen habe. Stauffenberg endet: jedenfalls sei er gewillt, „alles zu tun, was in seinen Kräften stünde, um das Unglück einer völligen Vernichtung abzuwenden." Man liest von Sauerbruch weiter:

> „Ich verabschiedete mich am nächsten Morgen noch dienstlich bei ihm. Er war von großer Herzlichkeit, sagte, er habe keinen Zweifel, daß ich meine Sache draußen machen werde. Er hätte mich gerne dabehalten, aber man solle in das Schicksal nicht eingreifen. Ich bedankte mich bei ihm und reiste an die Front ab. Ich habe von Stauffenberg dann nichts mehr gehört."[3]

Wenn Stauffenberg den Krieg für verloren gab, so dachte er nie an eine Kapitulation. Es sollten so rasch als möglich mit dem Gegner Verhandlungen gesucht werden, um zu einem Ende des Krieges zu kommen und für beide Seiten weitere Blutopfer zu sparen. Gefordert war der Sturz des Regimes, mit dem der Gegner niemals verhandeln würde. Gefordert aber galt für Stauffenberg zugleich, die Fronten vor dem letzten Zusammenbruch zu bewahren, bis eine neue Führung Verhandlungen mit den Gegnern eröffnen konnte. So sah der Stabschef Olbrichts seine Aufgabe nach beiden Seiten: durch Ausschaltung Hitlers zur Einsetzung einer neuen Befehlsgewalt zu kommen, die aus dem Krieg herausführen konnte, sich zugleich aber voll für die Forderungen des Amtes einzusetzen, um die „Katastrophe noch wenden zu können".

*

Im großen Block der Bendlerstraße, wo der Chef der Heeresrüstung und Befehlshaber des Ersatzheeres, Generaloberst Fromm, seine Ämter bisher noch zusammenhielt, taten auch viele – auf den ersten Blick äußerlich nicht erkennbar – schwer kriegsverletzte Offiziere ihren Dienst. Stauffenberg ließ die Zeichen seiner Versehrtheit, wie man vernimmt, durch sein Auftreten und die Bewegtheit seiner Gebärde vergessen. Ein jüngerer Besucher, der ihm erstmals gegenübertritt, spricht beeindruckt von seiner trotz der schwarzen Augenbinde unzerstörbar-kraftvollen und adligen Erscheinung. Einer der älteren, ein General, der aus derselben Kavalleriebrigade wie Stauffenberg hervorgegangen ist und ihm dienstlich und kameradschaftlich mehrfach begegnet war, erzählt erinnernd von einem „letzten scharfen Gespräch", das er mit ihm als neuem Stabschef Olbrichts im November 1943 geführt hat.

> „Claus von Stauffenberg war ein glühender Patriot..., der aus seinem feuersprühenden Idealismus oder Fanatismus heraus zu allem fähig war. Ihm ging wirklich Deutschland ... über alles. Ich werde nie seine ... zornlodernden, zu allem entschlossenen Augen [sic] ... vergessen. Er barst förmlich vor Leidenschaft und Energie."[4]

Nach anderen Schilderungen entsprach der Umgangs- und Arbeitsstil des neuen Stabschefs etwa dem, wie man ihm beim Quartiermeister in St. Omer oder beim Ia im tunesischen Befehlsbus bei Sidi Mansur begegnet war. Eine eigene, herzhafte, nie gedrückte, mutschaffende Atmosphäre war um ihn, in der auch der von außen Kommende Offenheit, Kameradschaft, Entgegenkommen bei vorgetragenen Nöten und beim Fortgehen ein im Amtsgeschehen wohl selten erwartetes Erhobensein spüren konnte – im Kontrast zum Fatalismus und zum Gehetztsein im Leben draußen.

Man muß sich als Begleitung des Geschehens in Berlin im Winter 1943/44 die massierten, zeitweise allnächtlichen englisch-amerikanischen Bombenangriffe vorstellen, denen die Bevölkerung, soweit sie vermochte, in die Außenbezirke auswich oder aber mit einem unglaublichen Mut der Fatalität widerstand. Auch die Offiziere der Bendlerstraße wurden mit ihrem Personal in die Keller gezwungen, und da ganze Straßenzüge plötzlich unpassierbar waren und Verkehrsmittel ausfielen, wurden ihre Wege vom und zum Amt und zu wichtigen Begegnungen außerhalb, zumal in der verdunkelten Stadt, immer mehr zum Problem. Der Fahrer Stauffenbergs hat von solchen Nöten und Abenteuern, aber auch von der Gelassenheit und Unvorsicht erzählt, mit der sich sein Chef durch all dies hindurchfahren ließ. Er habe, auch wenn es laut zuging, in Kürze schlafen und jede freie Minute dafür nützen können. Man hat im Haus der Tristanstraße erlebt, wie er, bei einem schweren nachmitternächtlichen Bombenalarm geweckt, sich die Reitstiefel unter die Arme klemmte, zum Schutzraum im Garten wankte und prompt weiterschlief.

Der neue Ordonnanzoffizier, der im November zu ihm kam, wurde für Stauffenberg ein unersetzlicher Helfer und Freund im Zusammenspiel der Abteilung. Werner von Haeften war durch eine schwere Verwundung nicht mehr frontdienstfähig. Er war Oberleutnant d.R., zwei Jahre jünger als Stauffenberg und gehörte von Haus aus wie sein Bruder, der Diplomat Bernd von Haeften, durch den die Berufung wohl zustande gekommen war, zur Fronde gegen Hitler. Einen Eindruck von ihm in der Verschwörersphäre um Stauffenberg gibt ein Brief des ihm befreundeten Hauptmanns Helmut Cords:

> „Man glaubte zunächst gar nicht, welche Gedanken in seinem Kopf durchgearbeitet waren und wie weit er in so Verantwortungsvolles und Gefährliches hineingegangen war. Sein innerliches Freudigsein überwog und überstrahlte alles andere. Wie am ersten Abend fand ich ihn auch später nie gedrückt oder niedergeschlagen, wenn er auch ernst sein konnte. ... Er sagte nicht ein einziges Mal, wie weit er mit den Männern des späteren Zwanzigsten Juli liiert, wie weit er selbst einer dieser Männer war. ... Er hatte eine große Liebe zu seinen Freunden und tat für sie alles, was in seiner Macht stand. ...Selten sprach Werner darüber, daß er neben seinem offiziellen Dienst im Amt noch ganz anderes arbeitete. Ab und zu sagte er nur, daß es am Vorabend wieder einmal so spät geworden war, 12 Uhr, 2 Uhr, 3 Uhr. Nicht daß darüber auch nur einen Augenblick ein Ungehaltensein durchklang oder daß er vielleicht geklagt hätte, daß es ihm zuviel wäre. Jeden Morgen fuhr er pünktlich zum Amt – meist fuhr er selbst den kleinen Mercedes –, neben ihm Oberst Graf Stauffenberg, und wenn er mich auf dem Weg von der U-Bahnstation zur Bendlerstraße überholte, hielt er an, wenn noch Platz im Wagen war, oder er winkte mir wenigstens vergnügt zu.“[5]

Zu General Olbricht hatte Stauffenberg ein Verhältnis echter Wertschätzung und dankbar erwiderten Vertrauens, dem er vor den Mitoffizieren wie auch im persönlichen Umgang mit seiner Courtoisie Ausdruck gab. Während Olbricht fortlaufend für „Walküre“ besorgt blieb, versuchte er in steten Anläufen Generaloberst Fromm, den ihm übergeordneten Befehlshaber, auf die Gefahr nahdrohender Aufstände hinzulenken und ihn zu raschem „Walküre“-Einsatz bereit zu machen. Er schlug ihm vor, zu größerer Wirkung sich zum Oberbefehlshaber im Heimatkriegsgebiet ernennen zu lassen, um auch die Heimatorganisationen anderer Wehrmachtteile sowie der Waffen-SS unter seine Kompetenz zu bekommen. Fromm lehnte ab und ließ sich von Feldmarschall Keitel, der alles andere als sein Freund war, bestätigen, daß daran – selbstverständlich! – nicht gedacht sei.[6]

Man weiß von einem Gespräch, das Olbricht mit dem Generaloberst über die trostlose militärische Lage geführt und in dem er von ihm gefordert hatte, es müsse eingegriffen werden. Fromm hatte ihn angehört und mit den Worten verabschiedet: „Das war ein interessantes Gespräch. Also dann Heil Hitler!“[7] Fromm war schon im Jahr 1943 von Ulrich von Hassell, der sich ihm ähnlich wie Olbricht zu nähern versucht hatte, als „Konjunkturist“ und „Wetterfahne“ bezeichnet worden. Bemüht zu wissen und doch nicht zuviel zu wissen von dem, was um ihn an Putschgedanken umging, der mächtige Mann spielte genußfroh seine Rolle auf der eigenen Bühne. Doch hatte Stauffenberg im April 1944 einem Befreundeten gegenüber geäußert, daß Fromm auf der Seite der Verschwörer stehe. „Brauchst ihm ja nicht zu sagen, daß wir das Militär abschaffen wollen, aber sonst kannst Du ganz offen mit ihm reden.“[8]

Während sein Vorgänger zwei Jahre in der Stellung bei Olbricht geblieben war, sollte Stauffenberg schon nach neun Monaten unter vorgezogener Beförderung zum Oberst als Chef des Stabs zu Generaloberst Fromm aufrücken. Stauffenbergs Kommentar: Fromm wolle „das Spielzeug“ eben selber haben. Stauffenberg zeigte sich zuerst wenig geneigt überzuwechseln. Man erinnerte sich an sein drastisches Wort von früher: „Lieber schlage ich mir zehnmal in die Schnauze, als daß ich auch nur einen Finger für Fromm rühre.“ Jetzt sprachen alle Gründe für den Wechsel zu Fromm. Als Vertreter des Befehlshabers konnte er nach Auslösung des Staatsstreiches nach außen den Schein der Legalität wahren und man brauchte, falls Fromm auszuschalten war, nicht auch noch einen widerstrebenden Stabschef des Amtes zu entheben, was die Kommandeure der Wehrkreise befremden mußte. Ein weiterer Vorteil war, daß Stauffenberg als Nachfolger in seinem Amt bei Olbricht den Offizier berufen lassen konnte, den er als stärkste Kraft im Umsturz neben sich haben wollte.

Ehe Stauffenberg seine Zustimmung gab, ins Amt bei Fromm einzutreten, sprach er, wie aus mehreren Berichten hervorgeht, offen zu ihm: er glaube

> „nicht mehr, daß der Krieg gewonnen werden könne. Die Schuld an dieser Niederlage aber treffe niemand anders als Hitler. Er fühle sich aus Loyalitätsgründen verpflichtet, dem Generaloberst zu sagen, er plane einen Staatsstreich“.

Fromm hörte ihn, wie es heißt, ohne zu widersprechen an. Seine Ansicht sei nicht eben gerade sehr verschieden von derjenigen Stauffenbergs. Er danke ihm für seine Offenheit. Er möge an seine Arbeit gehen.[9]

Als Stauffenberg schon im Vorzimmer des Befehlshabers amtete, kam der Berliner Polizeipräsident Graf Helldorf, der im Einvernehmen mit

Stauffenberg handelte, mit dienstlichen Fragen zu Fromm, Fragen, die sich für ihn bei einem „Walküre"-Alarm ergaben. Auch er wies mit Sorge auf die Lage in Berlin mit seinen knapp einer Million ausländischer Arbeiter hin. Der Generaloberst sagte zu ihm: „Das Beste wäre, Hitler nähme sich das Leben."[10]

Aus diesen Tagen des Juli 1944 ist ein anderes Wort Fromms überliefert, das zeigt, daß er von den Vorgängen um ihn wußte. Er warf Olbricht im Gespräch einmal zu: „Vergeßt um Gottes Willen den Wilhelm Keitel nicht, wenn ihr euren Putsch macht."[11] In anderer Version: „Wenn ihr euer komisches Attentat macht, vergeßt mir meinen Freund Wilhelm Keitel nicht."[12]

*

Als Stauffenberg ins Olbrichtsche Amt einzog, werden wohl kaum mehr als drei Offiziere des Hauses von seinem geheimen Vorhaben Kenntnis gehabt haben. Wieviele es am 20. Juli waren, ist nicht zu sagen, gewiß mehr als die, die durch ihr Mithandeln erkannt worden sind, doch eben so gewiß waren es verschwindend wenige der im Haus Diensttuenden. Eine ganze Anzahl Offiziere im Amt Olbricht war für den Ausbau des Alarmplanes „Walküre" tätig, ohne dessen mögliche Usurpation durch aufständische Offiziere zu ahnen.

Das Umsturzplanen Stauffenbergs ging auf ein „Handeln von oben". Er verlangte nicht Werbung um eine möglichst große Zahl von Mitwissern und Zugehörigen wie bei einer auf Umsturz bedachten Partei, einer Volksbewegung, sondern vorsichtiges Knüpfen eines Netzes unter wenigen nach ihrer Haltung Geprüften. Sie konnten, wenn man so sagen will, nur von Mund zu Ohr gefunden werden. Man entdeckt bei den meisten der durch Stauffenberg Gewonnenen eine persönliche Bindung an ihn aus Verwandtschaft, Freundschaft, Kriegskameradschaft oder noch aus der Berliner Akademie- und Bamberger Ausbildungsgemeinschaft. Die nach dem 20. Juli die Verhöre führten, stellten mit pflichtmäßiger Entrüstung, in Wahrheit des öfteren tief betroffen fest, daß für Offiziere der Stauffenbergschen Verschwörung Freundschaft und Kameradschaft höher galten als ihr „Eid gegenüber dem Führer und die Treue zum nationalsozialistischen Reich."[13]

Maria Gräfin Stauffenberg hat aus dem Winter 1943/44 berichtet, daß ihr Schwager Claus einmal bei einem nächtlichen Bombenangriff auf Berlin lange auf ihrem Balkon in Wannsee unterm gluthellen Himmel gestanden und für sich Verse gesagt habe, die sie nicht kannte. Beim Eintreten habe er ihr das Buch geholt und ihr das Gedicht gezeigt: „Der Widerchrist". Es könne ihm die, die er brauche, finden helfen. In der Tat war dieses Gedicht Georges wie ein geheimes Erkennungszeichen der Stauffenberg-Verbündeten und hat ihm Menschen gegen Hitler zugeführt. So zitierte er es einmal bei einem Gespräch mit Oberstleutnant Bernardis. Ein Zeuge berichtet: „Ohne es zu kommentieren ließ er das Gedicht wie eine Frage im Raum stehen. Er vertraute der Macht des dichterischen Wortes, den noch zögernden Bernardis zu überzeugen.“[14]

Dietrich Bonhoeffer, der mannhafte Theologe im Widerstand, hatte einen Hinweis auf den großen Verführer, den Widerchristen gegeben, wenn er es ein Zeichen der Welt um ihn nennt, „daß das Böse in der Gestalt des Lichts, der Wohltat, des geschichtlich Notwendigen, des sozial Gerechten erscheint“ und sich als Fortschritt legitimiert.[15]

Während der Theologe den Wertewandel durch den Verführer in seiner Sprache zeigt, erscheint im Gedicht eine große mythische Gestalt, die sich überall, nicht nur im christlichen Raum gegen Christus verwirklichen kann, die die Gegenkräfte als Empörer gegen sich wachrufen muß.

DER WIDERCHRIST

„‘Dort kommt er vom berge – dort steht er im hain!
Wir sahen es selber – er wandelt in wein
Das wasser und spricht mit den toten.‘

O könntet ihr hören mein lachen bei nacht:
Nun schlug meine stunde: nun füllt sich das garn –
Nun strömen die fische zum hamen.

Die weisen die toren – toll wälzt sich das volk –
Entwurzelt die bäume – zerklittert das korn –
Macht bahn für den zug des erstandnen.

Kein werk ist des himmels das ich euch nicht tu.
Ein haarbreit nur fehlt und ihr merkt nicht den trug
Mit euren geschlagenen sinnen.

Ich schaff euch für alles was selten und schwer
Das Leichte – ein ding das wie gold ist aus lehm –
Wie duft ist und saft ist und würze –

Und was sich der große profet nicht getraut:
Die kunst ohne roden und säen und baun
Zu saugen gespeicherte kräfte.

Der Fürst des Geziefers verbreitet sein reich –
Kein schatz der ihm mangelt – kein glück das ihm weicht
Zu grund mit dem rest der empörer!

Ihr jauchzet – entzückt von dem teuflischen schein –
Verprasset was blieb von dem früheren seim
Und fühlt erst die not vor dem ende.

Dann hängt ihr die zunge am trocknenden trog –
Irrt ratlos wie vieh durch den brennenden hof ..
Und schrecklich erschallt die Posaune."

Wenn der Major oder Oberstleutnant Stauffenberg bei seinen Reden unter Offizieren einmal Georgesche Verse sagte, so wurden sie nicht wie Rezitationen spielerisch gewählter Lyrik empfunden, sondern als unmittelbarer Ausdruck seiner inneren Bewegung, für die sich Verse des Dichters wie ein andermal Kraftworte des Kavalleristen in die gesteigerte Augenblicksrede drängten.

Eine Mitgliedschaft einer Konspiration um Olbricht, Tresckow, Stauffenberg gab es nicht. Jedes Glied des Netzwerkes hatte seinen eigenen Bezug zur Mitte, d.h. bei den weitaus meisten zu Stauffenberg als dem Inspirator und Lenker des Ganzen. Nur durch ihn konnte, von seiner Mittestellung in Berlin aus, der auf seine Person hin ausgerichtete Verschwörerkreis, der sich selbst nicht überschaute, zur Aktion gerufen und vorangeführt werden. Bei solchen Voraussetzungen drang Stauffenberg auf die auch im militärischen Geheimdienst eingehaltene Regel: daß jeder irgendwie, ob zentral oder peripher Beteiligte, nur das erfahre, was zur Erfüllung seines Auftrags erforderlich sei.

Die Gestapo ist bis zum Ende nicht in die Geheimniswahrung um Stauffenberg eingedrungen, und es wurden bei ihr nach dem 20. Juli Selbstvorwürfe bei größtem Erstaunen laut, wie so etwas geschehen konnte. Auf Befragen hat dazu im Verhör Graf Schulenburg, der von der Mitte aus urteilen konnte, eine gestufte Erklärung gegeben, die sich im Wortlaut der Kaltenbrunner-Berichte so ausnimmt:

„In gewisse Dinge wurden nur ganz wenige eingeweiht, z.B. in die Sprengstoffrage. Ein größerer Kreis wurde in den Attentatsplan eingeweiht, aber auch dieser Kreis war noch sehr klein. Wieder ein etwas weiterer Kreis wurde über die Tatsache unterrichtet, daß ein gewaltsamer Umsturz gestartet werden sollte, wobei die Frage offen blieb, inwieweit der Führer ausgeschaltet werden sollte.
Endlich der Kreis von Personen, mit denen nur über den Ernst der Lage, katastrophale Verschärfung und Notwendigkeit des militärischen Ausnahmezustandes gesprochen wurde. Nur der wurde unterrichtet, der mit einer Sache unmittelbar zu tun hatte, und nur insoweit, als es erforderlich war."[16]

Bei der Vielzahl der täglichen Auftritte um ihn waren für Stauffenberg stets auch solche, bei denen er sich zur Erkundung und vielleicht auch

Gewinnung des anderen gefährlich vorwagen mußte, im Amt und außerhalb. Daß er als Beweger einer gegen den Staatschef gerichteten Verschwörung solange unerkannt bleiben konnte, dazu werden die von Schulenburg genannten Regie- und Tarnregeln das ihre beigetragen haben. Im Umgang mit den Nächsten gab es einen Code verblümter Wortwahl. Mit Fremderen vermied Stauffenberg jeden Anschein, sie überzeugen zu wollen. Er bezog sie so in seine eigenen Gedanken ein, daß sie verantwortlich von sich aus den Schluß finden konnten. Der Fahrer neben ihm und Ordonnanz bei den täglichen Diensten, der Schwabe Schweizer, wußte nichts von einer Konspiration, wie oft er ihn auch zu gefährlichsten Begegnungen und wie oft er den Sprengstoff – ohne Wissen – über die Straßen Potsdams und Berlins zu bringen hatte. Besuchern, die als Empfohlene zu ihm kamen, sprach Stauffenberg überraschend unverhüllt zur Sache, um die es ging, in Achtung vor seinem Gegenüber. Er ist offenbar nie enttäuscht worden. Auch wo Angesprochene sich seinem Ansinnen entzogen – man weiß nur von ganz wenigen – kam keinem von ihnen die Untreue einer Anzeige in den Sinn, zu der sie in diesem Staat todverpflichtet waren. Und wenn Stauffenberg zur Zeit der Krimkatastrophe im Spätfrühling 1944, die er durch Hitler verschuldet wußte, zu einer Sekretärin im Amte äußerte: „Es ist wohl einmalig in der Geschichte eines Volkes, daß sein Führer immer die Anordnungen erteilt, die sein Volk ständig dem Untergang näher bringen“[17], so sieht man ihn im lebendigen Wirken seines Tages, getragen vom Vertrauen derer, die ihn umgaben.

Bei seinem Eintritt ins Amt in der Bendlerstraße muß Stauffenberg, gedrängt von der als äußerst kritisch erachteten Kriegslage, das Ziel vor Augen gehabt haben, in kürzestmöglicher Frist, seien es vier Wochen, die zum Ausbau von der neuen Stellung her notwendig erschienen, den Umsturz auszulösen. Man hat bewundert, wie kräftig und schwungvoll der schwerversehrte Graf Stauffenberg die Arbeitslast übernahm, die einem Chef des Stabes bei Olbricht in der bedrohlich absinkenden Lage des Reiches zukam. Man hat nicht geahnt, daß ihm bei seiner Amtseinführung das noch größere Ziel vor Augen stand, in 4 bis 6 Wochen zum Umsturz im Reiche zu kommen. Davor galt es ihm, die noch offen stehenden Probleme des Ablaufs und der Zusammenstimmung zu lösen, und für bestimmte Knüpfungsstellen im Netz die noch fehlenden, für eine spezielle Aufgabe unersetzlichen Kräfte zu finden, die, ob mehr oder minder eingeweiht, Entscheidendes zum Umsturz beitragen mußten. Da es kein „Kriegstagebuch“ der Verschwörung gibt, sind Stauffenbergs Aktionen, die er in diesen Wochen mit seinen dienstlichen Aufgaben verbinden mußte, später nur zufalls- und bruchstückweise, meist bei Vernehmungen einzelner Beteiligter, die in den Tod zu gehen hatten, bekannt geworden. Es sind nur wenige, die in ihrem Mitwissen nicht erkannt, nicht gefaßt worden sind, und die nach dem Krieg die Vorgänge von ihren Erlebnissen her schilderten. Vieles wird stets, wie auch der Zufall spielt, unaufgehellt bleiben. Folgende Einzelzüge lassen sich erkennen:

Stauffenberg suchte von Anfang an Verbindung zum Amt Ausland/Abwehr, wo eine größere Offiziersgruppe nach General Osters erzwungenem Abgang weiter für die Opposition arbeitete. Unter ihnen fand er, durch Hauptmann Gehre vermittelt, wirksame Helfer, die vieles aus ihren Erkundungen, auch über die aktuelle Lage bei der SS beibrachten.

Die Stärke des „Walküre"-Einsatzes konnte Stauffenberg steigern durch Herausgabe einer Verordnung, nach der auch die im Reichsgebiet zur Auffrischung, Neuaufstellung oder Umgliederung liegenden Einheiten des Feldheeres im Alarmfall dem Befehlshaber des Ersatzheeres zur Verfügung zu stehen hatten.

Stauffenberg mühte sich, die im Grundbefehl II vorgesehenen Verbindungsoffiziere zu finden und zu verpflichten, die in den Wehrkreisen (19 mit Einschluß von Böhmen-Mähren und dem Generalgouvernement Polen) im Alarmfall sofort neben ihren Wehrkreisbefehlshabern für die Einheit des Handelns mit Berlin einzustehen hatten. Für diejenigen unter ihnen, die nicht am Ort ihrer Bestimmung waren, war (durch von Haeften) sicherzustellen, daß zu jeder Zeit ein abrufbereiter Wagen mit Fahrer bereit stehe, sie von wo auch immer an die Seite ihres Wehrkreisbefehlshabers zu bringen. Stauffenberg verlangte jetzt zugleich, von der zivilen Seite (Goerdeler) die Aufstellung der Politischen Beauftragten für die Wehrkreise zu erfahren und die einzelnen mit Namen ihm zu nennen.

Ständig blieb er dabei, beobachten zu lassen, wo sich in der Führung der Schulen und in der Truppenbelegung der Standorte wichtige Änderungen ergaben und wo für den plötzlich eintretenden Alarmfall Eingriffe, Abhilfe, Stützungen notwendig erschienen oder wo er selbst durch persönliches Zugehen auf einen Truppenführer, auch bei beiläufigem Anlaß, ihn zur Einreihung zu gewinnen versuchen mußte.

Die Aufgabe, den im Heimatgebiet verfügbaren Generalfeldmarschall zu finden, der im Alarmfall im Oberkommando in Berlin gegenwärtig sein mußte, um den mit seinem Namen gezeichneten Grundbefehl I an die Wehrmacht herauszugeben, wurde in den ersten Oktobertagen durch General Olbricht gelöst. Feldmarschall Erwin von Witzleben, bis März 1942 Oberbefehlshaber West, dann aus gesundheitlichen Gründen verabschiedet, seit Stalingrad in erneutem Einvernehmen mit Beck und Olbricht, gab seine Zusage. Hauptmann Ulrich Wilhelm

Graf von Schwerin-Schwanenfeld wurde beauftragt, ihn im Ernstfall sofort heranzubringen.

Neue Zusammenkünfte führten Stauffenberg mit den Chefs der Nachrichtentruppen der Wehrmacht und des Heeres (den Generalen Fellgiebel und Thiele) zusammen. Ein überfallartiges Vorgehen in dem ihnen erreichbaren Nachrichten- und Fernmeldewesen sollte entwickelt werden. Im Alarmfall mußte das Führerhauptquartier in Ostpreußen vom Nachrichtennetz isoliert und der Zentrale der Verschwörung in Berlin die Handlungsfreiheit für die Herausgabe der vorbereiteten Befehle und Aufrufe gegeben werden.

Vorrangig beschäftigte Stauffenberg, den Handlungsplan und vor allem die Offiziere zur Übernahme der Rundfunksender und des Deutschen Nachrichtenbüros im Alarmfall aufzustellen. Ein Zufall führte ihn im Oktober mit Oberst i.G. Kratzer zusammen, Gruppenleiter im Amt Wehrmachtpropaganda, den er seit seiner Bamberger Zeit kannte und mit dem er sich mehrfach im offenen Gespräch begegnet hatte. Der Oberst dachte an eine bloße Verhaftung Hitlers und mußte darauf von Stauffenberg hören, daß das seiner Meinung nach keine Lösung sei, das führe nur zu einem Bürgerkrieg, denn „die Jugend sei noch weitgehend hitlerisch verseucht, die HJ, die SS, der größte Teil der SA glaubten noch an die Sendung ihres Führers. Hitler müsse fallen."[18] Dies von Stauffenberg mehrfach so gehörte Urteil, zusammen mit der Eröffnung, daß Männer wie Olbricht und Stieff in der Verschwörung mitwirkten, überzeugte den Oberst Kratzer. Er erklärte sich dafür gewonnen, nach dem ihm beschriebenen Auftrag mit Truppen des Generals Thiele im Alarmfall zur Besetzung des Deutschlandsenders und des Senders Nauen vorzugehen. Es hieß in dem Auftrag: „Dem verantwortlichen Offizier werde ein versiegeltes Schreiben übergeben, das im Sender zu öffnen und wiederholt auszustrahlen sei."[19]

Eine weitere schwierige Aufgabe war, die fachkundige entschlossene Persönlichkeit zu finden, die das Deutsche Nachrichtenbüro (DNB) im Alarmfall sofort übernehmen konnte. Georg Holmstein hat geschildert, wie er, aus gesellschaftlich beiläufigem Anlaß von dem ihm unbekannten Oberstleutnant Stauffenberg zum Gespräch geladen, in den Bann des bezwingenden Mannes und des ihn geleitenden Haeften geriet und sich nach kurzer Bedenkfrist bereit erklärte, wenn ein Wechsel einträte und ein Kommando mit einem Leutnant bei ihm erschiene, sich verantwortlich des DNB zu bemächtigen.[20]

Größte Bedeutung maß Stauffenberg der Vorbereitung der Texte zu, die als Aufrufe an das Heer wie an das Deutsche Volk im Alarmfall vorliegen mußten. In der zweiten Oktoberhälfte wurde Rudolf Fahrner zur Arbeit daran gerufen.

Durch persönliche Kontakte mußte versucht werden, Beziehungen auch zur Marine herzustellen (Marineoberstabsrichter Stauffenberg, Korvettenkapitän Kranzfelder, Fregattenkapitän Sydney Jessen, Kapitän z.S. Kupfer[21]) und – kaum zu leisten – zu Görings Luftwaffe (Major Georgi). Aufschlußreich ist, wie Berthold Stauffenberg seinen Marinekameraden Kranzfelder, der im Politischen Referat der Seekriegsleitung, damals noch am Tirpitzufer, Dienst tat, für die Verschwörung gewann. Es ist eine Niederschrift darüber in den Vernehmungsberichten enthalten. Es war im Oktober 1943. Stauffenberg unversehens in einem kurzen Wortwechsel: „Eigentlich müßte der Führer weg." Als Kranzfelder meint, daß „für so etwas ... sich wohl niemand finden lassen" werde, Stauffenberg lakonisch: „Doch, solche Leute gibt es. Die Generäle machen nicht mehr mit." Und Stauffenberg führt kritisch aus,

> „daß der Führer Weisung gegeben habe, jeden Handbreit Boden zu halten. Es verbrauche dies die letzte Kraft der Truppe. Es sei richtiger, sich frühzeitiger abzusetzen und an geeigneter Stelle neuen Widerstand zu leisten. Die Generäle an der Ostfront seien leider zu feige, um sich beim Führer durchzusetzen."

Kranzfelder hört dann vom Grafen Berthold die Worte, die in Einstimmung mit dem Bruder gesprochen waren: Wenn es so weiter gehe, breche die Ostfront zusammen, bevor es gelinge, den östlichen und den westlichen Feind gegeneinander auszuspielen. Eine Hoffnung, mit einem der beiden Gegner in Verhandlung zu kommen, sei nur gegeben, solange die Fronten intakt blieben ... Nach den Verhöraussagen Kranzfelders hielten die beiden Brüder zu dieser Zeit ein Paktieren mit den Sowjets für einen Weg in den Untergang, während sie Verhandlungen im Westen für möglich fanden, „da England eine Auslieferung Europas an die Sowjets sich nicht leisten könne". Mit Hitler freilich würden die Briten niemals verhandeln, und das Reich sei für sie nur bündnisfähig, solange es den Bolschewismus wirksam bekämpfen könne.[22]

Kranzfelder ist dem Oberstabsrichter zum Freund geworden. Man hat seine Nähe zu den Stauffenbergen entdeckt, und er ist nach dem 20. Juli außer Berthold Stauffenberg als der Einzige von der Marine hingerichtet worden.

Zum Aufbau einer im Umsturz aktiven Gruppe in Paris fand Stauffenberg als entschlossene Kraft seinen Vetter, den Oberstleutnant der Reserve Dr. Caesar von Hofacker, den er im Oktober 1943 bei einer Familienfeier in Berlin traf. Der Militärbefehlshaber Frankreich, General Karl-Heinrich von Stülpnagel, der seit Juli 1943 in erneut aufgenommenem Konspirationsgespräch mit Beck und Olbricht stand, hatte in

Hofacker, der als Leiter der Wirtschaftsabteilung zu seinem Stabe gehörte, einen mit starkem Willen mahnenden Vertrauten und ungestüm drängenden Berater.

Zum wichtigsten in der Vorausarbeit für ein Umsturzgeschehen gehörte für Stauffenberg die sofort mit dem Staatsstreich zu vollziehende radikale Änderung der Befehlsverhältnisse in der Führung der Wehrmacht und des Heeres, durch die das in den Untergang führende, von ihm selbst nicht mehr durchschaute Befehlschaos Hitlers sofort abzulösen war. Einen der Begeisterung fähigen Helfer bei diesem Thema fand Stauffenberg in Major Hans-Jürgen Graf Blumenthal, der 1941 nach schwerer Verwundung ins Olbrichtsche Amt gekommen war, als Leiter der Chefgruppe Ersatzwesen und Allgemeine Heeresangelegenheiten. Wie wichtig Stauffenberg die Zusammenarbeit mit ihm war, zeigt, daß er ihn häufig aus seinem Ausweichlager Düppel (gelegentlich von einer vereinbarten Stelle, wo der Major im Trainingsanzug erschien) zu sich holen ließ. Nach dem 20. Juli lag der Gestapo ein „Erlaß über die vorläufige Kriegsspitzengliederung" vor, als dessen Verfasser Blumenthal erkannt worden ist.[23]

Major Blumenthal hat offenbar zum Staunen der Verhörbeamten überzeugend über seine Arbeiten an der neuen Kriegsspitzengliederung gesprochen und hat dabei Stauffenbergs leidenschaftliche Beteiligung hervorgehoben. Für eine geordnete Überleitung des Reiches aus dem nicht zu gewinnenden Krieg in einen nicht unwürdigen Frieden, ja auch für ein Waffenstillstandsangebot sah Stauffenberg als Vorbedingung, daß zuvor eine „der militärischen Vernunft folgende Struktur in der Führung der Streitkräfte" geschaffen werde. Für ihn war die Kapitulation eines zerrütteten deutschen Heeres undenkbar.

Stauffenberg hatte während des Oktobers den ihm von Tresckow übergebenen Sprengstoff in seiner Nähe oder in einem Ausweichversteck in Potsdam zu lagern und auch vorm Mitwissen der Nächsten zu schützen. Er mußte bedacht sein, das ganze Paket rechtzeitig dem Empfänger im ostpreußischen Hauptquartier selbst zu überbringen.[24] Zu der Anspannung, unter der er damit zu leben hatte, wird in diesen Wochen die ihn erregende Vorstellung gekommen sein, es werde der, auf dessen Tat man baute, als einzelner sich nicht stark genug zum Handeln erweisen. Man hat wenig Einblicke in die Vorgänge. Oberst Stieff scheint die Bedingung gestellt zu haben, das Attentat nicht allein ausführen zu müssen. Oberst d.G. Joachim Meichßner, früher im Amt von Olbricht, jetzt im Oberkommando der Wehrmacht, hat nach Gesprächen mit Stauffenberg und Olbricht seine Bereitschaft zum Attentat erkennen lassen. Er rückte im November 1943 in eine höhere Stelle im Wehrmachtführungsstab vor, und es war zu erwarten, daß ihm seine Stellung als Chef der Organisationsabteilung jetzt öfter Zugang zu Hitler verschaffen würde.[25] Stauffenberg blieb, wie sich erkennen läßt, noch um weitere Anläufe bemüht, unterstützt von Fritz-Dietlof von der Schulenburg, der einen starken Rückhalt auch bei jungen Offizieren seines Potsdamer Regiments hatte. Noch Ende Oktober war es, daß sich einer dieser jungen Offiziere – es war Hauptmann Axel von dem Bussche – nach einer Aussprache mit Stauffenberg in seinem Sinn zu handeln bereit erklärte. Ende Oktober ist der Sprengstoff nach Ostpreußen überbracht worden.

*

Der Tag mit einer gedrängten Folge von Begegnungen mit Menschen und von erregenden Entscheidungen schloß für den Olbrichtschen Stabschef nicht mit seiner Rückkehr nach Wannsee. Abends und nachts blieb er von der einen wie der anderen Seite gleich gefordert. Einen Blick in seinen persönlichen Raum erlaubt, was als Auskunft des in Wannsee mitwohnenden Nikolaus Grafen Üxküll, des Bruders der Mutter der Stauffenberge, aus dem Oktober 1943 überliefert ist. Seine Tochter Olga von Saucken hat auf eine Anfrage von Joachim Kramarz das Folgende erwidert:

> „Ich darf Ihnen in etwa wiedergeben, was mein Vater mir sagte, als er mir das erste Mal im Oktober 1943 von der Verschwörung sprach. Er sagte: Ich habe seit Jahren die Jungen (damit waren auch noch meine anderen Vettern Hofacker, Yorck und sein jüngerer Freund Schulenburg gemeint) immer wieder zu überzeugen versucht, dass in Deutschland etwas aus eigener Kraft gegen dieses Regime unternommen werden muss. Jetzt endlich ist es so weit. Leider muss ich Dir bekennen, dass ich es jetzt für zu spät halte, der Zeitpunkt ist verpaßt, aber natürlich stehe ich jetzt, [obwohl] ich das glaube, voll und ganz zu der Sache, denn wenn ich auch jetzt keine tatsächliche Chance mehr sehe, so hat es doch wenigstens den einen Sinn, dass wir der Welt zeigen, dass wir wenigstens versucht haben, diese Verbrecher aus eigener Kraft loszuwerden.
>
> Wenn diese ganze Verschwörung überhaupt noch eine winzige Chance hat, dann erst, seit Claus dazugestossen ist. Er ist jetzt die treibende Kraft, die Kraft, die überhaupt erst all unseren jahrelangen Bemühungen eine Form gegeben hat. Er ist jetzt auch der Finger am Drücker. Ich bin schon alt, ich sehe im Moment meine Hauptaufgabe in der Sorge für Claus. Denn ohne ihn hat die Sache kein Herz und (keinen) Kopf. Er ist ja so behindert. Und es scheint mir schon eine nützliche Sache, für sein körperliches Wohl tätig zu sein. Ich helfe ihm im Badezimmer, beim Anziehen etc. Es ist unglaublich, wie dieser Mann diese ungeheuren Anstrengungen aushält. Denn sowohl seine reguläre Tätigkeit als auch die geheime erfordern ja eine leistungsstarke Person. Aber er hat eine unglaubliche Fähigkeit to

relax. Er kommt nach Hause und bringt es fertig, nach einem minutenlangen Schlaf wieder ganz taufrisch zu sein und bereit, in höchster Konzentration Besprechungen zu führen. Obwohl wir wirklich die meiste Zeit in größter Anspannung leben, so bricht doch oft der alte Claus mit seinem dröhnenden, ansteckenden Gelächter trotz allem durch."[26]

Üxküll, Oberst a.D., Edelmann alten österreichischen Schlages, sorgte, jetzt 66jährig, für die tägliche Pflege seines Neffen. Sie waren sich blut- und charakterverwandt als „heitere, lebensbejahende, begeisterungsfähige Menschen", wie man in dem gleichen Bericht liest. Es ist derselbe „Onkel Nux", der Jahre vor dem Krieg schon bei Stauffenbergs Vettern Caesar Hofacker und Peter Yorck gedrängt hatte, daß Deutschland aus eigener Kraft sich des Hitlerregimes und seiner Verbrecher entledigen müsse, derselbe, der mit Fritz Schulenburg im Herbst 1939 nach dem Polenkrieg, bei seinem Neffen Claus, dem Rittmeister, in Wuppertal erschienen war mit dem Verlangen, er müsse so rasch wie möglich eingreifen. Im Mai 1943 hatte er sich im Münchner Lazarett beim gleichen Andringen vom Schwerverletzten die Zusage geholt. Jetzt hielt Üxküll offenbar die Zeit für ein Eingreifen für zu spät. Trotzdem stand er in einer Art Beglückung durch den Neffen, wie es in dem Bericht heißt,

„voll und ganz zu der Sache, denn wenn ich auch jetzt keine tatsächliche Chance mehr sehe, so hat es doch wenigstens den einen Sinn, daß wir der Welt zeigen, daß wir versucht haben, diese Verbrecher aus eigener Kraft loszuwerden."[27]

Graf Üxküll hat später vor Gericht mit seinen Argumenten und in seiner Haltung seinen Stolz auf die von Stauffenberg versuchte Erhebung so bekundet, daß er sich damit das Todesurteil, dem er wohl entgehen hätte können, selbst bewirkt hat.

Claus Graf Stauffenberg war von den Bedenken des ihn umsorgenden, übrigens hochgeschätzten Oheims nicht berührt: ein „Zu spät" ließ er nicht gelten, er lebte im vorstürmenden Handeln. Den Eindruck davon gewinnt man durch einen anderen Bericht aus diesen Tagen, durch Aufzeichnungen von Rudolf Fahrner.

Vom Bodensee telegraphisch hergerufen, kommt Fahrner nach einer Nachtfahrt in der Frühe des 24. Oktober 1943 in die Tristanstraße. Er wird von Stauffenberg hochgestimmt-nüchtern und mit seinem Lachen empfangen: Die Aktion stehe bevor in etwa 10–14 Tagen. Der Graf bittet ihn „nicht ohne ritterliche Entschuldigung", beim Entwurf der Aufrufe mitzuwirken, die man bei Beginn der Aktion brauche, einen „An das kämpfende Heer", einen „An die Deutschen". Stauffenberg bespricht dann mit ihm seine Wünsche und Gedanken dazu und gibt ihm einige bisherige Entwürfe als Unterlage. Von den militärischen Vorbereitungen, insbesondere von Namen der Beteiligten, wurde nicht gesprochen. Einzig erinnerte sich Fahrner des Namens Stieff, der fiel, als des mit dem Anschlag Befaßten, und daß es trotz merklicher Zurückhaltung Stauffenbergs doch zu „keineswegs ängstlich geführten Geprächen“ kam.

> „Ich wurde gewahr, daß alle Kreise von der Linken über die Mitte bis zur Rechten in die geplante Erhebung einbezogen waren und daß man dafür sorgte, die rückschrittlichen Anschauungen gewisser alter, zum Teil sehr alter Teilnehmer zwar wegen der Notwendigkeit ihrer Teilnahme zu schonen, doch entsprechend zu paralysieren.“[28]

Alles schien geordnet und Stauffenberg jetzt als der Verantwortende, Lenkende darum bemüht, im Umsturz die rechte Sprache zu den Deutschen zu finden. Zu den Aufrufen schreibt Fahrner im Juli 1945 nieder:

> „Der Entwurf, den ich zu bearbeiten hatte, wurde nach einigen Vorschlägen und Beratungen etwa wie folgt aufgebaut: Es wurde ohne weitere Erklärung mitgeteilt, daß Adolf Hitler tot sei. Dann kamen einige Sätze der Abrechnung mit der Parteiführung und eine kurze Bezeichnung ihres bisherigen Verhaltens und ihrer Pläne für die Zukunft. Aus der Art ihres Verhaltens und ihrer Zunkunftspläne wurde die Pflicht und Notwendigkeit des Eingreifens abgeleitet. Der unterzeichnete Chef der Übergangsregierung (sein Name wurde mir nicht genannt) versicherte, daß er und die Männer, die sich ihm zur Verfügung gestellt hatten, nichts für sich wollten und nicht aus persönlichem Ehrgeiz gehandelt hätten. Sobald als möglich (oder mit einer anderen Formulierung: nach Rückkehr der Soldaten in die Heimat) würde die Nation zur freien Entscheidung über die künftige Verfassung des Staates aufgerufen werden. Er gelobte für sich und seine Mitarbeiter in allem unbedingt gesetzlich zu verfahren, nichts zu tun oder zu dulden, was gegen göttliches und menschliches Recht verstiesse. Er verlangte dafür unbedingten Gehorsam für die Zeit der Übergangsregierung. Es folgte die Ankündigung einer hinreichenden Sühne für die unter der Parteiherrschaft begangenen Verbrechen. Willkürliche Einzelrache wurde feierlich untersagt, da nur die Bindung ans Recht bei der Vergeltung wieder ein rechtliches Leben begründen könne. Dann folgte die Verkündigung, daß die Übergangsregierung alles tun werde, um so schnell als möglich den äusseren Frieden zu erlangen. Daß er nach dem Geschehenen nicht ohne größte Opfer und Einbußen für Deutschland zu erwarten sei, wurde klar herausgestellt, dagegen aber die Wahrheit gesetzt, daß wie der Einzelne so auch ein Volk alles, auch das Schlimmste, mit freiem Mute ertragen und mit unverbrüchlicher Hoffnung auch in die Zukunft schauen könne, wenn es wieder gereinigt, entsühnt und versöhnt mit den göttlichen

Mächten sein Schicksal auf sich zu nehmen vermöge. Am Schluss stand ein Aufruf an die Männer und ein besonderer an die Frauen, dem aufs äusserste gefährdeten Vaterland, da es nun wieder wert sei, mit ganzer Seele zu dienen.
Der Aufruf an das Heer war sehr ähnlichen Inhalts. Nur galt die Abrechnung mehr dem besonderen Wahnsinn der Kriegshandlungen, der Absage an alle Eroberungsgelüste und an die Bedrohungen anderer Völker, und das Gelöbnis der neuen Regierung besagte, daß sie keines deutschen Mannes Leben mehr einsetzen würde, es sei denn, soweit es unbedingt zum unmittelbaren Schutze der Heimat, der Frauen und Kinder nötig sei. Kein guter Warner und keiner, der sich weigerte, den Wahnsinnsgeboten einer maßlosen Machtgier zu gehorchen, würde mehr entehrt und verjagt werden. Besonnene Führer würden die Heere sobald irgend möglich in die Heimat führen. ... Bis dahin sollten die Soldaten ausharren."[29]

Die Entwürfe zu den drei Aufrufen – Fahrner hatte noch einen dritten, „An die deutschen Frauen", vorgeschlagen und vorbereitet – wurden vor den Brüdern, vor dem Grafen Üxküll, vor Gräfin Mika, der Frau von Berthold Stauffenberg, und vor einer Fahrner nicht bekannten Frau vorgelesen. Sie wurden von Claus Stauffenberg übernommen. Fahrner sollte sich rasch aus Berlin entfernen. Er hatte seine Konzepte in der Wohnung eines Freundes, der nichts vom Vorgang erfuhr, in der Nacht vor seinem Weggang verbrannt. Er war am 2. November wieder in Überlingen am See, offenbar in gespannter Erwartung. Gräfin Nina schildert, wie sie einmal von einem Besuch in Berlin zurück gekommen sei „mit einem Rucksack voller Konzepte", die sie in Bamberg zu verbrennen hatte, da in Wannsee Zentralheizung war und man wegen des Hausmeisters nichts unauffällig vernichten konnte.[30]

XIV

VERLORENE ZEIT – VERLORENES PLANEN

Die 10 oder 14 Tage bis zur Aktion, von denen Stauffenberg Fahrner gegenüber gesprochen hatte, verstrichen. Vier Wochen vergingen. Unter den Vorgewarnten wachsende Spannung, Unruhe. Keine Auslösung kam. Alles blieb: im Öffentlichen der Glaube an den großen Führer und Feldherrn, die geforderte Zuversicht auf den verheißenen Sieg und stummes Tragen der Lasten des Kriegs. Am heftigsten litt eben die Stadt Berlin, in der die Alliierten – nach einem Tagebucheintrag von Goebbels unterm 24. November – durch intensive Bombardierung schwere Schäden angerichtet hatten.[1]

Warum keine Auslösung kam, was im Geheimen geschah – und nicht geschah, ist bis heute nie klar erhellt worden. Hatte Oberst Stieff nicht vermocht, eine innere Tathemmung zu überwinden und mit einer Sprengladung in der Mappe bei einer Lagebesprechung gegen Hitler vorzugehen? War dabei bedeutsam, daß der zweite, der zur Sicherheit mit einer eigenen Sprengladung mithandeln sollte, Oberst Meichßner, zu der Zeit ausfiel oder nicht verfügbar war? Als andere angesprochene Helfer von der Organisationsabteilung her findet man den mit Stauffenberg auf Grund familiärer Beziehungen bekannten und befreundeten Major i.G. Kuhn, Gruppenleiter bei Stieff, und mit ihm den seit Afrika für Stauffenberg wirkenden Oberleutnant von Hagen genannt.

Sie wurden von Stieff vor seinem Urlaub beauftragt, den Sprengstoff sicherzustellen. Sie taten es, indem sie ihn wohlverpackt unter einem hölzernen Wachtturm im Hauptquartier vergruben. Der Vorgang, nicht die Offiziere, wurde von der Feldpolizei festgestellt. Weiterungen daraus, so auch die Weitergabe des Sprengstoffes an den Geheimdienst, konnten im Zusammenwirken eingeweihter Stellen vom Chef der Heerwesenabteilung Oberst Radke und von dessen Abwehroffizier Major Schrader verhindert werden. Die Hälfte dieses englischen Sprengstoffes ist später zu Stauffenberg zurückgekehrt und, wie angenommen wurde, von ihm verwendet worden. Hagen wagte für Kuhn, vom Abwehrchef der Heeresgruppe Mitte, Major von Oertzen, autorisiert, eine Reise von „Mauerwald" nach Minsk zum Pionierbataillon des Freundes von Kuhn, des Majors Knaak, zu unternehmen, um dort drei Sprengbüchsen mit Brennzündern neu in Empfang zu nehmen.[2]

Von Stauffenberg kam, wie angenommen wird, der Gedanke der Sprengung bei einer Vorführung, die sein Amt vor Hitler vorzusehen und die die Organisationsabteilung im Hauptquartier noch im November durchzuführen hatte. Es handelte sich darum, neue Uniform- und Ausrüstungsstücke, die man nach den Erfahrungen des Ostheeres geschaffen hatte, durch Angehörige der Truppe unter Vorangang von Offizieren der Organisationsabteilung Hitler zur Billigung vorzuführen. Die Mitanwesenheit von Himmler und Göring war dabei anzunehmen.

Axel Freiherr von dem Bussche, der einzig Überlebende aus diesen Attentatszusammenhängen, hat darüber berichtet. Wir sehen ihn, den 24jährigen Hauptmann, von den Kämpfen an der russischen Mittelfront durch Stauffenberg hergerufen, von Schulenburg eingeführt, bei einer geheimen Erstbegegnung mit Stauffenberg im Ausweichlager des OKH in Düppel (Berlin-Zehlendorf).

Nachdem von dem Bussche ein Jahr zuvor in Dubno in der Ukraine, offenbar durch ein Versagen der sonst rigoros durchgeführten Abschirmung, Zeuge einer grauenhaften Massenvernichtung jüdischer Bevölkerung durch die ukrainische SS geworden war und er sich als Heeresoffizier ohnmächtig gesehen hatte, einzugreifen, war seine Gewissensentscheidung gegen Hitler, den Vernichter des deutschen Namens, der deutschen Ehre, gefallen und Stauffenbergs Planen ergriff ihn als tief Verbündeten und zu jeder Gegentat Bereiten. Auch die bewußte Hergabe des eigenen Lebens, die dabei vielleicht unausweichlich war, konnte ihn nicht anders bestimmen. Er fand in dem, der ihm „im hellen Glanz sicherer Gelassenheit" entgegenkam, die gleiche Hingabefähigkeit an die große Tat, die von Stauffenberg, wie er sah, doch gewiß ein viel Größeres an Mut und Entscheidung verlangte. Noch wurde von den beiden, vielleicht auch bei ihrer zweiten Begegnung im November, die Gewissensfrage eines Tyrannenmordes von der Haltung der beiden Kirchen her besprochen. Von dem Bussche gehörte dem protestantischen Bekenntnis an. Stauffenberg muß ein zuständiges Wissen von beiden Kirchen her vorgetragen und mit der Klarheit seiner Haltung überzeugt haben.

Die Möglichkeit eines Pistolenattentats, die dem Frontoffizier vielleicht näher schien, wurde erwogen und aus vielfachen Gründen abgelehnt. Dafür bringt Stauffenberg ein Handeln bei der Uniformvorführung ins Gespräch. Von dem Bussche ist zur Prüfung der Umstände und zur Vorbereitung mehrfach zwischen Berlin und Ostpreußen unterwegs. Er wird sich klar, „daß man nur mit vollem Einsatz seiner selbst handeln darf und muß", und er fordert statt des englischen Sprengstoffs, der über Tresckow und Stauffenberg gekommen und mit

Zeitzündung versehen war, eine deutsche Sprengladung, die im Augenblick zu betätigen ist und deren Zündung im Sekundenbruchteil hörbar nur verzischt. Sie wurde beschafft und sollte um den Bauch gebunden werden.

Stieff, der nach einer früheren Überlegung, mit Bussche zusammen und wie er mit Sprengstoff ausgerüstet, an der Vorführung hätte teilnehmen sollen, hat sich zurückgezogen. Er fuhr am 20. November – wohl nur für kurz – in Urlaub. Der Hauptmann nimmt die Alleintat an. Vom 23. November an ist er im „Mauerwald" zur Auslösung bereit. „Die sonnigen Spätjahrtage im Wald- und Seenland", so liest man bei ihm, „sind getragen von der hellsichtigen Klarheit, die der Soldat vor dem Angriff kennt."[3]

Hitlers Erscheinen zur Vorführung war zugesagt. Die Ankunft der aus Berlin erwarteten Uniformen und Ausrüstungsstücke verzögert sich, bis über Oberst Stieff aus Berlin die Nachricht kommt, sie seien beim Bombenangriff in Berlin mit dem Eisenbahnwagen, der sie bringen sollte, völlig vernichtet worden und in Kürze, besonders das Lederzeug, nicht zu ersetzen. Von dem Bussche meinte, man hätte etwas Beliebiges zeigen können, aber die Vorführung unterblieb und der Hauptmann kehrte zu seiner Truppe zurück.

Längst hatte man absichtsvoll alle Möglichkeiten durchforscht, wie dem durch dichteste und kampfkräftige Abschirmung Geschützten beizukommen wäre, der zudem jede Abrede nach Zeit und Ort abrupt ändern oder brechen konnte, wenn er seinen engsten Bezirk verließ. Außer für die hohen Offiziere im Generals- oder Oberstenrang, mit denen er sich bei der täglichen Besprechung der Kriegslage körpernah zu begegnen hatte, die alle als mit Sorgfalt gewählt gelten konnten und doch durch die tägliche Kontrolle an den Sperrkreisen zu gehen hatten, gab es von Seiten des Militärs keinen Zugang zu ihm. Den Raum seiner „Wolfsschanze" in Ostpreußen und seines Berghofs in Berchtesgaden verließ er jetzt selten mehr, um irgendwo hervorzutreten.

Nur in den Tagen, in denen sich von dem Bussche bereit machte, ihn bei der Vorführung der Uniform zu erwarten, geschah die Ausnahme, die ein unerwartetes Licht wirft auf die Gefolgschaft der jungen Generation hinter dem Führer: Hitler taucht plötzlich in Breslau, dem nicht luftgefährdeten, auf und hält dort in der Jahrhunderthalle am 20. November 1943 eine bejubelte Durchhalterede vor Tausenden von Offiziersanwärtern.[4] Keiner konnte so wenig darüber erstaunt sein wie Stauffenberg. Er hatte immer schon, wenn statt eines Attentats eine andere Lösung gefordert wurde (Gefangensetzung Hitlers im Führerhauptquartier, Aburteilung durch ein Gericht oder ähnliches), auf die jüngere Generation der Offiziere gewiesen, die nach Jahren in Hitlerscher Schulung nie von ihm lassen werde, solang er am Leben sei. Der Bürgerkrieg sei dann unvermeidbar, wie er es auch zu Oberst Kratzer ausgesprochen hatte.

Die Uniformvorführung galt als auf einen späteren, noch nicht festgelegten Termin verschoben. Stauffenberg ruhte inzwischen nicht, andere Wege zu finden. Eine Vorwarnung, die er an Goerdeler, der die Nachrichtenmitte für die Politischen Beauftragten war, nach dessen eigener Bekundung für den Termin 25.–27. Dezember ausgab, läßt erkennen, daß er mit der Auslösung des „Walküre"-Alarms rechnete, diesmal nicht anläßlich einer Vorführung, sondern durch eine in einer Aktenmappe in die „Führer-Lage" eingebrachte Sprengladung. Eine ungewisse Überlieferung (durch den auf Agenten-Berichten fußenden Amerikaner Allen W. Dulles, US-Geheimdienstchef in der neutralen Schweiz) läßt für uns offen, ob es Stauffenberg selbst war, der an Stelle von Olbricht in einer über Mannschaftsreserven anberaumten Besprechung am 26. Dezember 1943 in der Wolfsschanze vorzutragen hatte und dabei die Mappe bis in den Vorraum des Lagezimmers mit sich führte, als im letzten Moment die Besprechung abgesagt wurde.[5] Die Vorgänge sind nicht überzeugend zu erkennen. Stauffenberg müßte sich zur Selbstopferung bereit gefunden haben. Nach Angaben Stieffs und des eingeweihten Leutnants Ewald Heinrich von Kleist erklärte sich Stauffenberg zu dieser Zeit trotz dringlicher Abmahnung dazu entschlossen, den Anschlag auf Hitler selbst zu übernehmen. Kleist sagt dazu in seinem Bericht:

> „Dies ist aber stets mit dem Hinweis abgelehnt worden, daß er ein zu wichtiger Mann in diesem Zusammenhang wäre und daß sein Leben als ‚Geschäftsführer' der ganzen Unternehmung zu wichtig sei."[6]

Auf Vorwürfe Goerdelers wegen der erfolgten Fehlalarmierung und auf sein Drängen, eine andere als die Attentatslösung zu suchen, soll ihm Stauffenberg erklärt haben, „er werde eher selbst das Attentat ausführen, als sich auf eine andere Lösung einzulassen."[7]

Im Januar 1944 schien die Uniformvorführung wieder näherzurücken. Stauffenberg versuchte, von dem Bussche wieder von der Truppe herzuholen. Doch wurde dies durch den Divisionskommandeur vereitelt: seine Bataillonsführer hätten nicht „als Modelle für Uniformvorführungen in Ostpreußen zu dienen". Kurze Tage danach wurde der Hauptmann im Kampfraum Newel an der härtestens umkämpften Nahtstelle zwischen den bedrohten Heeresgruppen Nord und Mitte schwer verwundet. Er verlor ein Bein und gewann sich das Ritterkreuz neben dem Goldenen Verwundetenabzeichen. Er erzählte später, der kleine Koffer mit der „Bombe" – es muß der für ihn beschaffte deutsche Sprengstoff gewesen sein – habe ihn durch die deutschen Lazarette begleitet, bis er sie im Herbst 1944 in einen See werfen konnte.[8]

Als der Rückruf von dem Bussches sich nicht erreichen läßt, hat Stauffenberg – am 28. Januar 1944 – in Stunden eines langen Gesprächs Leutnant Ewald Heinrich von Kleist, von dem Bussches Alters- und Regimentskameraden, bei sich, den Schulenburg rasch aus einem Heimaturlaub gerufen und zu Stauffenberg geführt hatte. Kleist gab von Stauffenbergs Worten solchen Bericht:

> „Das Jahr werde in Kürze als Folge der jüngsten Beschlüsse der Feindmächte auf der Konferenz in Teheran Entwicklungen bringen, die jedes Eingreifen in Deutschland sinnlos und unmöglich machten. Für sie, die sich als Führer dieses Heeres und dieses Volkes in solcher Not ansehen müßten, liege jetzt alles daran, zur Tat zu kommen. Alles sei vorbereitet, aber das Attentat wolle und wolle ... nicht gelingen. Jetzt biete sich in Kürze eine Möglichkeit, die man unbedingt ergreifen müsse. Er dränge Kleist nicht, er frage ihn nur, ob er es sich zutraue und ob er etwas in sich finde, was ihn zu diesem Weg verpflichte, der vielleicht seine Selbstaufopferung nötig mache."[9]

Es handelte sich wieder um die Uniformvorführung, die jetzt nahe schien und bei der der Wagende durch eine um den Leib gebundene Sprengladung Hitler, Himmler und Göring zugleich zu vernichten hoffen konnte.

Kleist fühlte nicht wie von dem Bussche eine Verpflichtung aus dem Grauenhaft-Erlebten. Er erbat 24 Stunden Bedenkfrist und begab sich aufs heimatliche Gut Schmenzin, um das Wort des Vaters zu erfragen, des mit jedem Zoll echten aufrechten Preußen und unerschütterten Aufrührers gegen Hitler seit Anbeginn. Er erklärte es dem Sohn beim ernsten Gang durch ihr Land als seine Pflicht, der Forderung eines solchen Augenblicks, wenn sie an ihn komme, nicht auszuweichen. Wer dabei versage, würde nie mehr froh sein in seinem Leben. Der Leutnant kam mit seiner Bereiterklärung zu Stauffenberg.

Die Vorbereitungen in Berlin wurden diesmal ohne Alarmierung Goerdelers durch persönliche Begegnung Olbrichts und Stauffenbergs mit dem tätig Verbündeten in der Konspiration, Generalmajor von Rost, getroffen. Von Rost, wie erinnerlich Chef des Stabes beim Wehrkreiskommando III (Berlin), widerriet das Unternehmen wegen des ungünstigen Zeitpunktes, wie der Offizier, der ihn ins Olbrichtsche Dienstzimmer begleitete und der später überlebte, berichtet hat. Von Rost wurde durch Olbrichts sehr persönlich gesprochene Worte gewonnen: die militärische Situation Deutschlands sei in der Tat total verfahren, aber noch könne die Substanz Deutschlands gerettet werden. Er sehe keinen anderen Ausweg aus der kommenden Katastrophe als den Staatsstreich. Er wisse wohl, welche Folgen das Mißlingen für ihn und auch für seine Familie haben werde, aber er sei trotzdem bereit, den Kopf hinzuhalten.[10] Stauffenberg erläuterte das Vorhaben, eine diesmal vom Rüstungsministerium geplante Vorführung, bei der die Möglichkeit bestehe, „die Nummern 1–3" zu treffen. Von der Bendlerstraße weg begab sich von Rost zur Stadtkommandatur, um mit den Eingeweihten, Generalleutnant von Hase, Wehrmachtkommandant von Berlin, und dessen Ia, Oberstleutnant i.G. Schöne, das Einzelne zu besprechen

Die Vorführung, die um den 11. Februar 1944 durch Vermittlung Stieffs erwartet wurde, kam nicht zustande. Aus welchen Gründen, ist nicht mehr feststellbar: nach der einen Version, weil „sich ergab, daß an den Kerl niemand mehr heranzubringen war", nach der anderen, weil Stieff, der eben am 1. Februar Generalmajor geworden war, in letzter Stunde das Ausbleiben Himmlers erfuhr. Der Sprengstoff verblieb bei Stauffenberg und ist Kleist nicht zu Gesicht gekommen.[11]

Stauffenbergs Mühen, zum Umsturz zu kommen, ging weiter. Wo immer er war, blieb er auf der Suche nach dem Offizier, der es vermöchte, gegen Hitler vorzugehen. Eine bezeichnende Szene ist durch einen der drei Beteiligten, der überlebte, überliefert worden. Stauffenberg fuhr mit Oberst Meichßner, jetzt Leiter der Berliner Standortstaffel des Wehrmachtführungsstabes, und mit dem Rittmeister d.R. Paulus van Husen, der in einer Dienststelle des OKW in Berlin tätig war (er gehörte zum Gesprächskreis der „Kreisauer"), im selben Schlafwagenzug von Berlin nach Ostpreußen. Husen war bekannt, daß Stauffenberg schon vor Monaten mit Meichßner „Fäden angesponnen" hatte um die Möglichkeit eines Attentats. Nun zog er, so beginnt die Schilderung van Husens,

> „zwei Flaschen Burgunder aus seinem Koffer und sagte: ‚Jetzt werden wir uns mal mit Meichßner unterhalten' und holte diesen in unser Abteil. Dann begann er eine allgemeine Erörterung der militärischen und politischen Lage und in einem verdeckten Katz-und-Maus-Spiel stand die Frage klar im Raum: Wie kann man Hitler am besten beseitigen? Als die Flaschen geleert waren, und Meichßner in sein Abteil zurückging, fragte Stauffenberg ihn, ob er ihn nicht demnächst bei Brücklmeier sehen würde, worauf Meichßner ausweichend antwortete. Stauffenberg blieb nur noch die Feststellung: ‚Man sieht es klar, er will nicht mehr.'"[12]

Meichßner hatte, wie man aus Aussagen Stieffs und Wirmers in den Verhörsberichten zu entnehmen meint, „die lange Wartezeit nervenmäßig nicht ausgehalten". Er sei „in der letzten Zeit nervlich stark abgefallen ..., weil er infolge übermäßiger Arbeitsbelastung angefangen hatte, sich mit Alkohol und anderen Reizmitteln anzustacheln."[13]

Es ist überliefert, daß aus der nächsten Umgebung Stauffenbergs Oberleutnant von Haeften ernsthaft erwog, den Anschlag auf Hitler selbst auszuführen. Ihm muß, aus religiöser Grundüberzeugung, der Gedanke an ein Attentat durch Sprengung, das Unschuldige mit in den Tod riß, schwer geworden sein. Er hielt an dem Gedanken eines Pistolenattentates fest, dem keine Chancen und zunächst auch keine Möglichkeiten gegeben schienen. Nicht durch ihn, sondern durch einen jüngeren Offizier, wiederum von der Heeresgruppe Mitte, sollte durch eine plötzliche Initiative Tresckows der Pistolenanschlag gewagt werden.

Tresckow war nach vierwöchigem Frontdienst als Regimentskommandeur aus dem russischen Süden am 20. November (als von dem Bussche sich zur Sprengung im Hauptquartier bereitmachte) als Chef des Generalstabes der 2. Armee zur Heeresgruppe Mitte zurückbeordert worden. Seiner am Südflügel der Heeresgruppe kämpfenden Armee stand Schwerstes bevor, nachdem der Zusammenhalt mit der zuletzt bis zu den Karpaten zurückgeworfenen Heeresgruppe Nordukraine zerrissen war. So sehr sich Tresckow in den stets wechselnden Katastrophenlagen seiner Leidenschaft der Truppenführung ergab, so sehr ließ ihn die tägliche Erfahrung mit der Starre der obersten Führung, die maßloser Opfer nicht achtete, den raschen Umsturz fordern. Man liest davon, wie er von der Truppe her auf verschiedenen Wegen, so über den ihm nahbekannten Chef des Heerespersonalamtes, Generalmajor Schmundt, und über den Chef der Operationsabteilung im OKH, Generalleutnant Heusinger, sich darum bemühte, in eine zentrale Dienststellung zu gelangen, die ihn die alles hindernde Barriere um Hitler durchdringen lassen konnte, um Mann gegen Mann zur Tat zu kommen:

Man muß sich ihn im Gebundensein beim täglich Geforderten zugleich so erschüttert davon denken wie Stauffenberg, daß nichts vom Planen gegen Hitler gelang. So nur ist seine blitzschnelle Reaktion zu verstehen, als er am 9. März 1944 im Armeeoberkommando erfährt, übermorgen werde der Oberbefehlshaber, Feldmarschall Busch, zur Lagebesprechung auf dem Obersalzberg von Hitler erwartet. Tresckow erscheint, von Major von Oertzen begleitet, zu Mittag bei der Heeresgruppe im Vorzimmer des Marschalls und verlangt dessen persönlichen Ordonnanzoffizier Rittmeister Eberhard von Breitenbuch zu sprechen. Breitenbuch, 1940 Ordonnanzoffizier bei Witzleben, seit August 1943 bei Kluge, seit dessen Abgang bei Busch, ist seit Beginn auf der Seite der Konspiration. In seinem Schlafzimmer wird er von Tresckow beschworen, sich bei seinem Auftritt mit Busch vor Hitler seiner großen

Verantwortung gegenüber dem Vaterland bewußt zu werden. Auf ihn komme es jetzt an, ob der unselige Krieg mit den Bombenangriffen auf Frauen und Kinder und mit weiteren Hunderttausenden Gefallener weitergehen sollte, und Oertzen zieht lachend eine Bombe aus der Aktentasche.

Breitenbuch, des Dinges unkundig, erwies sich zum Anschlag bereit, wollte ihn aber nur mit seiner Browning-Pistole ausführen, deren er sich sicher fühlte. Er traf dafür seine Vorbereitungen und noch am gleichen Tag, dem 9. März, war der Abflug von Minsk. Auf dem Berghof am 11. wurde ihm im Vorraum, als die fünf anderen Beteiligten zum Eintritt gebeten wurden (mit Busch zugleich Göring, Keitel, Jodl, Goebbels), unversehens und trotz Widerspruch des Marschalls die Tür gewiesen: „Heute bitte keine Ordonnanzoffiziere." Der Rittmeister, die entsicherte Pistole in der Tasche, hatte im großen Raum, den häufig Wachen durchgingen, die Rückkunft der Anderen abzuwarten. Was er dabei an entnervender Spannung mit der Vorstellung, vielleicht doch entdeckt zu sein, auszuhalten hatte, mußte ihm den Mut nehmen, als er kurze Tage danach wieder mit seinem Marschall auf dem Obersalzberg war. „So etwas macht man nur einmal", waren seine Worte.[14]

Tresckow machte sich selber den Vorwurf, daß man aus seinen Gesprächen mit Berlin (Stauffenberg?) Verdacht geschöpft und die Sicherheitsvorkehrungen verstärkt habe. Oder war es der oft beschworene sechste Sinn Hitlers, der ihn entgehen ließ? (Der Feldmarschall Busch im übrigen blieb – der Seltenen einer – bis zuletzt in Hitlers Gunst. Breitenbuch bezeugte es, der noch der beiden letzte Begegnung in Berlin im April 1945 erlebt hat, und Busch war noch immer von der „Großen Wende" und dem Sieg durch Hitler überzeugt.[15])

Wenn Fritz-Dietlof von der Schulenburg, um die Geheimhaltung im Kreise Stauffenbergs befragt, im späteren Verhör ausgesagt hat: „In gewisse Dinge wurden nur ganz wenige Personen eingeweiht, z.B. in die Sprengstoffrage"[16], so sind darin gewiß auch die wenigen eingeschlossen, die mit unausgesetzten Mühen einen Anschlag auf den Unerreichbaren ins Werk zu setzen versuchten. Wie vieles, was erwogen und nach kritischem Urteil verworfen, was angebahnt wurde und mißlang, wie vieles an Aug-in-Aug-Begegnungen stattfand, in denen ein ethisches und vaterländisches Verhalten zur Prüfung stand, wie oft sich ein entschiedenes Wollen in Lähmung und Kräfteversagen verlor, – davon ist heute vieles nicht mehr zu erkennen. Gewiß ist nur, daß die, die von der lenkenden Mitte her für ein Umsturzgeschehen wirkten, keinen Tag in ihrer Entschlossenheit wankten, auch als man durch das lange Warten auf die Aktion des Militärs von der Seite der nichtmilitärischen Verschworenen Vorwürfe und Anklagen erhob. Die Gefahr der Entdeckung der staatsfeindlichen Konspiration wuchs mit jedem weiteren Tag. Eine Äußerung Himmlers, des obersten SS-Führers, zu Admiral Canaris, damals noch Abwehrchef, – sie war im Januar 1944 –, ging unter den Eingeweihten um: man kenne die Umtriebe um Beck und Goerdeler und werde rechtzeitig den Herren das Handwerk legen.

XV

DIE FRAGE DER POLITISCHEN GESTALTUNG

Bei den Planungsgesprächen im September 1943 hatten Tresckow und Stauffenberg in den Grundbefehl II die Bestellung Politischer Beauftragter für die Wehrkreise aufgenommen, die von der ersten Stunde an als Verwaltungschefs und politische Berater der Wehrkreisbefehlshaber bereitstehen sollten. Der Auftrag, sie zu finden, war an Goerdeler gegeben worden, der wie von Beck angenommen, die weitesten Verbindungen zur politischen Opposition hatte. Er bekam von Beck zugleich den Auftrag, eine Regierungsliste zusammenzustellen und alle Vorbereitungen zu treffen: „der militärische Sektor werde nun bald zur Aktion schreiten."[1]

Schon nach den ersten Wochen bei Olbricht war zu erkennen, daß sich Stauffenberg nicht auf den „militärischen Sektor" beschränken ließ und Mitsprache auch in der politischen Gestaltung verlangte. Er versuchte jetzt selber mit den Kräften der (im Untergrund wirksamen) zivilen Opposition bekanntzuwerden und sie mit seinem Planen zu verbinden. Über den ihm von Beck und Goerdeler vermittelten Menschenkreis hinaus fand er durch Umhören und eigene Initiativen weitere Verbindungen, die ihm halfen, das Unternehmen auch nach anderen Seiten hin zu weiten und zu stärken.

Im November forderte er, wie man in der Überlieferung vermerkt findet, durch den Grafen Schulenburg „ultimativ" von Goerdeler die Namensliste der Politischen Beauftragten: „es würde gegen Hitler nur gehandelt, wenn die Liste übergeben sei."[2] Bei Goerdeler Befremdung: man erwartete vom befähigten Offizier den militärischen Vollzug, nicht die politische Einmischung. Bei Wilhelm Leuschner und Jakob Kaiser, den beiden Führenden aus der früheren Gewerkschaftsbewegung, Abwehr und Verweigerung: man hatte die Namen der zur Teilnahme Bereiten vor jeder Gefährdung durch Weitergabe an militärische Stellen zu schützen, über deren Vorgehen Unklarheit bestand. Joseph Wirmer, der im katholischen Widerstand tätige Berliner Rechtsanwalt, fand einen Weg der Vermittlung. In seinem Beisein übernahm Ulrich Wilhelm Graf Schwerin von Schwanenfeld erstmals die für Stauffenberg bestimmte Liste aus der Hand von Jakob Kaiser in dessen Berliner Wohnung. Änderungen wurden mit Goerdeler durch Schwerin und

Schulenburg besprochen. Die endgültige Liste brachte Goerdeler Ende November in eigener Person zu Stauffenberg, wie er sie auch Beck überbrachte. Stauffenberg wünschte sich die Begegnung mit den ihm in der Liste genannten Persönlichkeiten und plante, sie „kurz vor dem Anschlag in Berlin zusammenzurufen und über ihre Aufgaben in Kenntnis zu setzen". Der Plan sei aufgegeben worden, wie Berthold Stauffenberg später im Verhör aussagte, „da eine solche Versammlung zu stark aufgefallen wäre".[3]

Durch den Gang Goerdelers zu Stauffenberg, den er in Erwartung einer nah-angesagten Aktion, vielleicht in Selbstüberwindung, tat, ist erkennbar das Wirken der Opposition gegen Hitler in eine neue Phase getreten. War die Konspiration, um die Worte eines Zeithistorikers zu gebrauchen,

> „bisher von dem mit einigen Gewerkschaftsführern operierenden ehemaligen Leipziger Oberbürgermeister dominiert und von dem abgetretenen ‚Denker-General' alter preußischer Schule eher symbolisiert als geführt[4]"

worden, so war nun auch das Mitspracherecht in der politischen Führung von dem Einen übernommen, der das militärische Vorgehen und das staatlich-politische Planen des Danach zu verantworten verlangte.

Wie aber sollte der in seinem Dienst in der Bendlerstraße höchst angespannte Offizier eine Verantwortung für das Ganze übernehmen können? Erst bei späteren Untersuchungen des Gerichts kam durch Aussagen der zumeist danach nicht Überlebenden zutage, mit welcher Intensität sich Stauffenberg um die Auffindung der ihm wichtigen, im Untergrund wirkenden Männer und um ein Erkennen ihrer Haltung und ihrer Bereitschaft gemüht hat.

Im öffentlichen Bereich gab es auch im Jahr 1943/44 keine Opposition gegen Hitler und seinen Staat. Verdeckte Opposition wurde von der Staatspolizei ständig beobachtet bei der Gruppe von Staatsbürgern, die als hohe Beamte oder Offiziere dem NS-Staat legitim gedient, dann aber durch Protesthandlungen oder -haltungen ihre Stellung verloren hatten – zu nennen Ludwig Beck, Ulrich von Hassell, Johannes Popitz, Jens Jessen (die Mitglieder in der Berliner „Mittwochsgesellschaft" waren), Franz Halder und Carl-Friedrich Goerdeler. Zu ihrer Gruppe gehören auch die später erst ‚Enttarnten' mit und um Canaris und Oster, die als Reserveoffiziere oder Sonderführer sich länger oder kürzer in humanitär tätiger Opposition erhalten konnten – zu nennen Graf Moltke, der im Januar 1944 ausscheiden mußte, und die von ihm aus verschiedenen Berufen Zusammengeführten, vom sozialen Gewissen neu erregten Jüngeren. Eine andere, nicht kleinere Oppositionsgruppe war in der Überwachung der Geheimpolizei erfaßt, schien aber nicht mehr strengster Obsorge zu bedürfen. Es war die Gruppe der einstmals aktiven Führer der Linken und der Gewerkschaften, die man im Großen und Ganzen durch lange Jahre der KZ-Haft gebrochen, in ihrem Zusammenhalt zersprengt und nun als private Einzelne ins Kriegsgeschehen eingegliedert wußte und nicht mehr als Gefahr wertete. Kommunisten schienen durch eine neuere Polizeiaktion ausgeschaltet.

Stauffenberg hat zu allen drei Gruppen der Opposition Verbindung und Zugang gefunden.

Die Knüpfung solcher Verbindungen verdankte er, wie im militärischen Feld, Freunden oder durch seine Person gewonnenen Helfern. Man findet unter ihnen wiederum genannt den Grafen Fritz-Dietlof Schulenburg, mit dem er sich politisch wie menschlich aufs engste zusammenfand und wie mit keinem die empfindlichsten Fragen behandeln konnte, dann den ihm zum Freund gewordenen Grafen Schwerin, den er schon bei der ersten Begegnung vor kritischen Ohren mit dem „Du" langen Vertrauens begrüßt hatte, dann den für ihn stets offenen Vetter Peter Graf Yorck, der sein Haus als wichtigen Treffort auch für den Moltkekreis bereithielt, schließlich und ihm nicht am unwichtigsten den im Auswärtigen Amt tätigen Legationsrat Eduard Brücklmeier, der Bürgschaften und Wege öffnen konnte zu den Kreisen der Gewerkschaftsbewegung und der Linken. Ein wichtiger Vermittler, zugleich aber auch ein von ihm gehörter Lehrer und Berater wurde für ihn der von Hitler einst berufene und als Aufrührer entlassene Direktor des Instituts für Welthandel und Seeverkehr in Kiel, Professor der Staats- und Wirtschaftswissenschaften, Jens Jessen, der mit seinen Vorstellungen eines nationalen Sozialismus dank seines tathaft-impulsiven Wesens in der Opposition von rechts oder links Gehör und Freunde fand. Mit Jessen zu nennen ist, durch den bestärkenden Einfluß, den er auf Stauffenberg ausgeübt hat, Wilhelm Ahlmann, der gleich dem ihm befreundeten Jessen an die 50 Jahre alt, doch seit seinem 21. Jahr blind, aus dem inneren Licht eines das Leben besitzenden Weisen zur Frage eines neuen Staatsaufbaus und einer Erhebung für Stauffenberg offenbar viel beigetragen hat. Ahlmann sah sich im Gefolge des 20. Juli gezwungen, zur Waffe gegen sich selbst zu greifen, „um, ein spätgeborener Stoiker, die eigene Freiheit zu retten und um die Verschwiegenheit für seine Freunde zu wahren".[5]

Mit besonderem Interesse suchte Stauffenberg Begegnungen mit Männern der früheren Linken, soweit sie ihm möglich wurden, und der Gewerkschaftsbewegung. So mit Wilhelm Leuschner, Jakob Kaiser, die auch zu Goerdeler Beziehung fanden, und mit Hermann Maaß, dem ehemaligen sozialdemokratischen Geschäftsführer des Reichsausschusses der deutschen Jugendverbände. Allen Zeugnissen nach war für Stauffenberg die für ihn eindrucksvollste und bestimmende Begegnung im außermilitärischen Personenkreis die mit Julius Leber.

Der als sozialdemokratischer Reichtagsabgeordneter und Wehrexperte, als Vorkämpfer mit dem „Lübecker Volksboten" seinen Weg genommen hatte, wurde vor der Tür des erstberufenen Hitlerschen Reichstags verhaftet, vier Jahre unter schwersten Kerkerbedingungen gehalten. Er ging ungebrochen daraus hervor, stark geworden durch Erfahrungen, die ihn über alles Schnöde, was mit ihm und um ihn geschah, hinausgehoben hatten. Sie gaben ihm auch tiefere Erkenntnisse über die Schwäche seiner eigenen Partei inmitten des Weimarer Systems und über die Wege zu einer besseren Staatsgestaltung der Deutschen, die ihnen bisher verwehrt geblieben war. Der haßvolle Richter, vor dem er später stand, hat ihn im Vortrag vor einem kleinen Kreis als die stärkste Erscheinung am politischen Horizont bezeichnet und ihn den „deutschen Lenin" benannt.[6]

Eine Stelle, die man bei ihm findet, geschrieben in der Anfangszeit im Konzentrationslager, könnte auch den späteren Leber bezeichnen:

> „Wie wenig die äußere Welt die Vorgänge versteht, beweist ihr Reagieren auf die sogenannte Greuelpropaganda. Als ob das Entscheidende wäre, daß Juden, Sozialdemokraten und Pfarrer mißhandelt wurden, oder ob es viel zu sagen hätte, daß ich und Hunderte oder Tausende im Gefängnis sitzen. Das ist nicht sehr wichtig. Nicht einmal für uns, die Hauptleidenden selbst. Wir haben vier Jahre Krieg mit demselben Gleichmut ertragen, wie wir jetzt diesen Umschwung über uns ergehen lassen. Wesentlich ist einzig und allein das Schicksal des Volkes und seine Beziehung zur Freiheit und Menschlichkeit... Und nur das interessiert uns."[7]

Mit einem Politiker, der mit einer solchen inneren Souveränität, wie hier ausgesprochen, sich zum Hüteramt für das Schicksal seines Volkes bekennt, mußte sich Stauffenberg rasch zusammenfinden, ohne sich aufzugeben. Er hat von ihm, dem 16 Jahre Älteren, vieles an Erfahrung gewonnen. Erstaunlich ist, wie so manches von dem in den Lautlinger Leitlinien Ausgesprochenen sich mit dem Denken Lebers verbinden läßt. Gewiß war Stauffenberg mehr von der Hingabe an die lebendige Umformung des inneren Staatsbaus durch das Heranführen und Erwecken einer neuen staatstragenden Schicht bestimmt. Aber jeder von beiden kam dem anderen entgegen. So konnten sie bei Abweichungen im einzelnen als eines Sinnes gelten, und es geschah, daß hinter Leber, wenn er bei Aussprachen mit heftigen Attacken hervortrat, von der Goerdeler-Seite stets Stauffenberg als Urheber vermutet wurde.

Als entscheidendes Wort Lebers zum Umsturz und dem Danach wird dies überliefert:

> „Um zum Umsturz zu kommen, würde ich mit dem Teufel paktieren. Was danach kommt, regelt sich von selbst, wenn von uns der Wille zur Verantwortung, zur Gestaltung als zwingende Lebensbedingung empfunden wird."[8]

Man könnte hier eine Entsprechung zu Gedanken Stauffenbergs sehen, der seinen politischen Gesprächspartnern immer wieder, und oft zu ihrem Unwillen, die Forderung nahegebracht hat – man weiß es von Jakob Kaiser, Leuschner, den über Yorck erreichten „Kreisauern", auch von Goerdeler –: keine vorgeformten Programme, kein Verhaftetbleiben im Parteidenken, keine Rückkehr zu Weimar, sondern ein Neufinden aus vollem Ergreifen des Augenblicks. In der vertrauten Privatdiktion zwischen Stauffenberg und Leber: „Keine Revolution der Greise!"[9] Im Vorblick auf die neue Aufgabe spricht Leber vom neuen Staat, „für den wir einen neuen positiven Inhalt und eine neue Formulierung finden müssen."[10]

Um Leber auch in seinem Nahsein zu Stauffenberg zu verstehen, muß man sich an eine Stelle jener Niederschrift erinnern, die er 1933 als schon Unfreier und Geschundener verfaßt hat. Er fordert da auch in der politischen Welt den ersten Rang für die großen, schaffenden Naturen, die kommen, wo kein Kluger sie ahnt, und nach dem Höchsten greifen, ohne vom Ausgang zu wissen. Er sagt von sich, wenn es ihm nicht vergönnt sein sollte, wieder festen Boden in seinem Sinn zu bekommen, sei er nach Nietzsches stolzem Wort bereit zum Untergang: „Ich weiß keinen besseren Lebenszweck, als am Großen und Unmöglichen, animae magnae prodigus, zugrunde zu gehen."[11]

Man hatte zuvor einmal bei ihm lesen können – Zeugnis dieser stolzen Mannesnatur:

> „Entschlüsse sind weniger frei als wir glauben. Sie sind aus dem Charakter geboren, in der Menschenbrust bestimmt, durch die Sterne, die dort leuchten oder auch nicht leuchten... Ich weiß, daß es jetzt für mich nur eine große Aufgabe gibt: den Glauben an mich selbst nicht zu verlieren... Ich habe Dir schon einmal geschrieben, daß es doch nur eigentlich eine echte Rechtfertigung für das Leben gibt, nämlich das Erhelltsein dieses Lebens durch eine tiefe Leidenschaft, durch eine Gefühlskraft, die alle Gänge und Räume des inneren Wesens erhellt und dadurch erst Wirklichkeit werden läßt. Die Haltung zum Dasein wird ganz allein bestimmt durch eine solche Kraft. Wer sie nicht hat, der lebt nicht oder er lebt doch nicht anders als der Wurm, der noch dasselbe Leben hat, wenn man ihn halbiert...

Ich gehe in mein Gefängnis mit erhobenem Haupt ohne Depression ... Eine ganz große Aufgabe vor mir selbst, vor Dir und vor einem Ideal bleibt zu erfüllen. Die Tiefe des Schicksals, das ich jetzt zu durchleben habe, möge mich darauf vorbereiten."[12]

Der unklaren Vorstellung von Massenherrschaft, über die die frühere Sozialdemokratie nicht hinausgekommen sei, stellt er die einzelnen „kämpferischen Persönlichkeiten" gegenüber, die als die Führenden vom Volk berufen, solang sie im Amt sind, regieren und die Gewalt nach ihrem eigenen Willen und Gewissen anwenden, sie aber auch ablegen sollen, „wenn die Vertrauensströme in der Bevölkerung eine andere Richtung einschlagen". Sie müssen, so schreibt er, als Erzieher ihres Volkes unter Umständen auch gegen dessen Neigung etwas ins Werk setzen.[13]

Wie bei den Kreisauern und den Stauffenbergbrüdern findet man bei Leber die Auffassung, „daß die Diktatur nicht über Nacht auf demokratische Verhältnisse umgestellt werden könne". „Wie bei einer Entziehungskur schwebte ihm ein langsam fortschreitender Abbau der unumschränkten Exekutivgewalten des Naziregimes vor."[14] Die Deutschen sollten zu einer Demokratie, die noch nie ihr eigen war, erst von oben geleitet werden. Es sollte aber jedenfalls im Umsturz bei der Auflösung der diktatorischen Macht ein Aufstand losgebundener Mächte verhindert werden, der, wie Leber und seine Freunde fürchteten, kommunistisch genützt zum Chaos führen konnte.

Es hatte auch Lebers, des Sozialdemokraten, Zustimmung, wenn Stauffenberg im Gespräch am 1. April 1944 den jungen Major Roland von Hößlin, der das Ritterkreuz trug, am meisten mit diesen Vorstellungen gewann:

„Stauffenberg meinte, wir trieben auf einen militärischen Zusammenbruch hin. Infolgedessen könnten in Deutschland eines Tages chaotische Zustände einreissen wie 1918. Das Ersatzheer sei dann als einzige Macht in der Lage, die Ordnung aufrecht zu erhalten. Das Offizierkorps dürfe dann nicht wieder versagen und sich die Initiative aus der Hand nehmen lassen wie 1918, sondern müsse aus eigener sittlicher Verantwortung heraus handeln."[15]

Andere Lehre und Weite im politischen Urteil brachte für Stauffenberg nach seinem Bekanntwerden mit Leber der Besuch seines Vetters Caesar von Hofacker, der, von seinem Dienst beim Militärbefehlshaber in Paris beurlaubt, im Dezember/Januar 1944 einige Wochen in Berlin war und in neuer Heftigkeit zum Staatsstreich drängte. Mit ihm zusammen erschien Stauffenberg, wie Goerdeler später selbst bekannte, bei ihm in Leipzig. Der Oberbürgermeister schloß weiterhin Attentat und jedes Gewalthandeln gegen Hitler aus und sprach von einer Niederkämpfung Hitlers durch Einsatz einer fordernden Gewaltrede, zu der er vor ihn treten wollte. Illusionär erschien, was der nationale Mann, der von seinen Auslandskontakten so vieles zu versprechen wußte, jetzt noch als Bedingung von den Kriegsgegnern fordern zu können glaubte. Hofacker brachte ihn außer Fassung, als er feststellte, Elsaß-Lothringen müsse bei Frankreich bleiben. Nach dieser Begegnung sah sich Stauffenberg bei aller Achtung des mutigen Mannes noch zwingender als zuvor auf die Notwendigkeit seines Zusammenwirkens mit Julius Leber gewiesen, für den es indes auch feststand, daß Elsaß-Lothringen an Frankreich zurückgegeben werden müsse.

Eine Bereicherung und Hilfe bei allen außenpolitischen Erwägungen Stauffenbergs bedeutete, als er zu Adam von Trott zu Solz Verbindung gewann. Dieser war Legationsrat im Auswärtigen Amt, gleichaltrig mit Stauffenbergs Ordonnanzoffizier Werner von Haeften. Durch ihn und dessen Bruder Hans-Bernd von Haeften, Vortr. Legationsrat im Auswärtigen Amt, der lang schon unter den Verbündeten gegen Hitler stand, war Adam Trott Stauffenberg genannt worden. Leber, der Trott schon von früher kannte, diente als Bürge für die Begegnung.

Trott hatte durch seine Auslandsreisen 1938/39 an den Versuchen teilgehabt, die englische Gegenseite von den Kriegsabsichten Hitlers zu überzeugen, und war jetzt bei seinen amtlich begründeten Reisen nach Schweden und in die Schweiz bemüht, durch Kontaktpersonen bei der englischen Regierung endlich Gehör zu finden für die Ernsthaftigkeit im Wollen und in der Schlagbereitschaft der deutschen Militäropposition, deren Unterstützung er als dringende Aufgabe den Alliierten klarzumachen suchte. Abgesandter seines Amtes, zugleich aber auch Abgesandter der deutschen Erhebungsbewegung, mußte er eine Sprache führen, die dem offiziellen Auftrag glaubhaft entsprach und keinen Anlaß zu Argwohn von deutscher Seite gab, und er mußte deutlich genug und überzeugend sein, um mit dem, was er der Gegenseite verdeckt vortrug, aufgenommen zu werden und nicht doch als verkappter Emissär Ribbentrops Verdacht zu erregen. Daß er Landesverrat vermied, war wohl keine Frage. Noch im Juni 1944 konnte er Stauffenberg Einblicke in die unrührbar abweisende Haltung der Gegenseite vermitteln, die auf ihren Absprachen von Casablanca und Teheran bestand.

Später, als sich die Akten des Foreign Office öffneten, wurde man auch in England der Verkennung Trotts gewahr, der als leidenschaftlicher Deutscher und zugleich Europäer einen sehr anderen Weg für dies Europa hätte anregen können.

In Verona vor der Wahl stehend, hätte Trott noch im Mai 1944 aus seiner Gefährdung heraus die Freiheit wählen können, indem er als Diplomat nach Rom, das eben vor dem Fall stand, zurückgekehrt wäre. Er kam zu den schwerringenden Freunden nach Berlin zurück und war mit bei den Nächsten um Stauffenberg in der Tristanstraße, die die Entscheidungen der letzten Tage trugen. Er ist nach dem 20. Juli rasch erkannt und noch im August, bald nach Hans-Bernd von Haeften, hingerichtet worden. Über sein Verhältnis zu Claus Stauffenberg schließt ein Bericht mit den Worten:

> „Diese Freundschaft, die die schöpferische Zukunftshoffnung in ihm – allen Widerständen und Aussichten zum Trotz – neu belebt haben muß, mag wie ein letztes Geschenk des Himmels gewesen sein, der diesem außerordentlichen und so früh abgebrochenen Leben auch diese irdische Erfüllung noch gewähren wollte.“[16]

Trotz aller Hemmungen und Enttäuschungen, die kamen, hielt Stauffenberg fest am Entschluß, den militärischen Staatsstreich zu erzwingen und mühte sich dazu um jeden möglichen Schritt einer Verwirklichung. Als wie wichtig er daneben das Zusammengehen mit den Verbündeten auf der zivilen Seite nahm und wie viele gefahrvolle Wege er dafür als Offizier in seiner hohen Stellung ging, ist erst den Späteren deutlich geworden, als zu dem wenigen, was ein oder zwei überlebende Gesprächszeugen zunächst in der Nachkriegsbücherflut berichteten, die „Kaltenbrunner-Berichte“ kamen, die als Auszüge, später gänzlich, soweit erhalten, aus Vernehmungen der später zumeist zum Tod geführten Beteiligten veröffentlicht worden sind. Ergänzungen dazu fanden sich im schriftlichen Nachlaß-Werk Goerdelers, das während seiner langen Gefängnismonate entstanden ist.

Auch wenn man von der besonderen psychologischen Bedingtheit solcher persönlicher Äußerungen vor Gericht und der Möglichkeit von Schutzbehauptungen ausgeht, und wenn man besondere Absichten oder auch reines Unverständnis bei den die Aussagen Redigierenden annehmen kann, so behalten die Auskünfte doch ihren Wert. Gleichgültig, ob der Graf Stauffenberg in den Aussagen Lob oder Kritik erfährt: sein leidenschaftlicher Einsatz bei diesen Begegnungen mit den zivilen Verschwörern wird überall erkennbar.

Er schwieg ihnen gegenüber über sein militärisches Handeln und alle Mißgeschicke der vergeblichen Versuche. Man versteht daraus, daß sich unter den mit Ungeduld Drängenden (es waren wohl nicht nur Goerdeler und Leuschner) bei der um sie wachsenden Entdeckungsgefahr immer wieder Murren, Mißtrauen, Abfallneigung erhob, zumal bei solchen, die bei Stauffenbergs Art der Leichte den Ernst nicht sehen konnten, mit dem sein über die Mitternächte reichender Tageslauf gefüllt war. Darin galt ihm zuoberst die Geheimhaltungssorge, ohne die das gemeinsame Werk verloren war. Der Stabschef mußte im Umgang mit draußen auf Integrität seiner Person und auf die Heimlichkeit seiner Wege zu sicheren Trefforten bedacht sein. Dafür blieben in der verdunkelten Stadt zumeist nur Stunden der Nacht, etwa noch durch Bombenalarme gestört, die eigene Probleme des Entdecktwerdens aufgaben. Allein im Januar 1944 war Berlin von sechs massierten Luftangriffen mit Tausenden von schweren Bombern der Alliierten hart betroffen und in größeren Bezirken zertrümmert worden.

Die Frage, welche politische Anschauung Stauffenberg bei diesen Begegnungen als sein „Bekenntnis" vertrat, geht fehl. Er liebte die Herausforderung im Gespräch, oft auch als „advocatus diaboli". Er folgte der Eingebung durch den Augenblick und durch sein Gegenüber, wo er sich aufgerufen fand. Er verwarf nicht des Anderen politische Meinung, sondern griff ein, wenn er Sinn dabei verletzt glaubte: so wenn er bei einem Sprecher der Linken der pauschal gewohnten Herabsetzung des Adels begegnete, der in ihm gewiß keinen angestammten Fürsprecher hatte, der aber jetzt beim neuen Handeln eine erstaunliche Gefolgschaft um ihn bildete. So wenn er bei einem anderen auf die Überschätzung dessen stieß, „was das Volk denkt", nach dem der Handelnde sich zu richten habe. So wenn er bei einem anderen der freigeistigen, rein rationalen Erfindung eines neuen Staatswesens begegnete, ohne Achtung und Wissen von den religiösen Glaubenskräften, die in einem Volk noch lebendig sind. Keines dieser Urteile ist absolut zu nehmen bei ihm, der von früh auf Menschen höher wertete als Meinungen und Ideen, die sie vertraten.

Jedenfalls wurde in den Gesprächen und Auseinandersetzungen deutlich, daß für Stauffenberg die Sorge um das Nationale, Deutsche und der die Gemeinschaft bauende soziale Impuls gleich mächtig waren. Dafür sprechen auch die Verhörsaussagen seines Bruders Berthold.

In der Zeit des April und Mai 1944 arbeitete Stauffenberg, wie aus dem später aufgefundenen Tagebuch des in der Bendlerstraße mittätigen Hauptmanns d.R. Hermann Kaiser hervorging, „fieberhaft für einen möglichst baldigen Umsturz"[17]. Die Frage eines Verhandlungsfriedens mit den Alliierten gewann vorrangige Bedeutung. In den Kreisen um ihn wurde, wie Berthold Stauffenberg aussagte, über Beziehungen gesprochen, „die zu Eisenhower liefen oder aufgenommen werden sollten"[18]. Trott hatte von einer Sondierung, die er, vielleicht von Leber gebeten, bei einer seiner Reisen in die Schweiz unternahm, Ungünstiges über die Bereitschaft der westlichen Alliierten, vor allem der USA, berichtet. Goerdeler vertrat günstigere Deutungen der außenpolitischen Lage und baute darauf eigene Verhandlungsvorstellungen.

Zum Austrag kamen die Gegensätze und kritischen Kontroversen bei einer Zusammenkunft Mitte Mai, von der man durch Aussagen bei späteren Vernehmungen weiß. Rechtsanwalt Wirmer hatte in seinem Haus Goerdeler, Leber, Jakob Kaiser, Leuschner und Schulenburg zusammenführen können. Aus Aussagen der Beteiligten, die alle den Tod fanden, liest man, im Kreise dieser Männer „lag wegen des ständigen Hinausschiebens der Aktion gegen Hitler sicherlich viel Unruhe ... Der Unmut richtete sich gegen die Soldaten, kam aber selbstverständlich auch Goerdeler gegenüber zum Ausdruck." Der Sturm entlud sich zwischen Goerdeler und Leber. Goerdeler wollte seine jüngsten Pläne für eine neue Regierung verlesen und durchsprechen. Leber schnitt das Vorhaben ab und überraschte mit der Erklärung,

> „‚daß sich eine Totalbesetzung Deutschlands nicht mehr abwenden läßt, ganz gleich, ob vorher noch ein Regierungswechsel erfolgt oder nicht.' Goerdeler widersprach dieser Auffassung und forderte eine rasche Änderung des Regimes unter Aufrechterhaltung eines militärischen Widerstandes, der es nicht zur Totalbesetzung kommen läßt."[19]

Dem Mißtrauen gegenüber dem Militär – es wurde nicht der Name Stauffenberg ausgesprochen – gab Leuschner noch Ausdruck mit seiner Frage, ob es überhaupt noch Sinn und Zweck habe, sich auf ein Handeln des Militärs einzustellen. Er habe nach den vielen ergebnislos verstrichenen Terminen keinerlei Zutrauen mehr. Im Hinblick auf die unmittelbar bevorstehende Invasion im Westen wurden Zweifel laut, ob der Anschlag nicht verspätet komme und völlig nutzlos bleiben werde. Doch zuletzt fand man sich doch zur Einstimmung, zusammenzubleiben und die Fühlungnahme mit den Militärs aufrechtzuerhalten, damit für den Fall des militärischen Zusammenbruchs vorsorglich die neue Regierung gebildet und ihre Politik festgelegt sei.[20] Daß Leber und Schulenburg im Sinne Stauffenbergs gewirkt haben, ist auch aus der verflachenden Diktion der Verhörsberichte zu erkennen.

Am 26. Mai spricht Stauffenberg in der Bendlerstraße im Dienstzimmer von Hauptmann Kaiser mit Goerdeler, der ihm tags zuvor in einem Brief die 11 Punkte hatte übermitteln lassen, „worüber mit der Feindseite verhandelt werden sollte". Die Realitätsferne der Goerdelerschen Maximalforderungen ließ erkennen, daß Goerdeler unbeeindruckt geblieben war von der Zurückweisung durch Leber und von dessen Erklärung, daß sich eine Totalbesetzung Deutschlands nicht mehr abwenden lasse. Die Reaktion Stauffenbergs auf die Punkte ist nicht bekannt. Doch hat Goerdeler nachher seinem Vertrauensmann Kaiser erklärt, Stauffenberg brauche man nicht anzutreiben, da er den Umsturz ehrenwörtlich versprochen habe.[21]

In diesen Tagen brachten zwei Offiziere – Oberstleutnant Klamroth und Oberleutnant von Hagen – die in Stieffs ostpreußischer Wohnung gelagerten Sprengmittel, von ihm veranlaßt, in ihren Aktentaschen im Kurierzug nach Berlin. Sie übergaben sie Stauffenberg, der sie in seinem Dienstzimmer in eine Schublade legte. Auf die Frage nach dem Verwendungszweck, die der eine von ihnen (Hagen) an Stauffenberg richtete, erhielt er (nach seiner präzisen Aussage) die Antwort:

> „Ich habe einen Anschlag auf den Führer und seine nähere Umgebung vor. Dies ist nötig, weil sonst der Krieg bestimmt verloren geht."

Es war der 25. Mai 1944.[22]

Am Abend eines der folgenden Tage Ende Mai suchte Stauffenberg Leber auf. Oberst Hansen von der Abwehr und der für die Lufthansa in Spanien tätige Otto John begleiteten ihn. Es gab eine eingehende Besprechung über die Lage und über ein Vorgehen zum Brückenschlag zu den Gegnermächten. Der naherwarteten Landungsoperation im Westen gab Stauffenberg eine Erfolgschance von 50:50. Er nahm an, daß nach einem ersten Scheitern der Invasion, das die Angreifer hohe Verluste kosten mußte, Friedensverhandlungen mit den Alliierten leichter in Gang zu bringen seien. In jedem Fall aber sollte rasch ein Zugang zur Gegnermacht gefunden werden, wie Stauffenberg es sich vorstellte, durch sofortige Begegnung führender Militärs („Feldherr zu Feldherr"). Aufsehen erregte ein von ihm beigebrachter Agentenbericht aus der Türkei, der aussagte, daß die sowjetische Führung, über den Westen enttäuscht, die Invasion der Verbündeten nicht mehr im Jahr 1944 erwartete. Mußte man also auch das Ausbleiben der Invasion und das umso entschiedenere Vorbrechen einer russischen Generaloffensive bedenken, die den Vorteil nutzen konnte, daß ein erheblicher Teil der an sich schon beschränkten deutschen Kräfte im Westen gebunden blieb? Stauffenberg drang darauf, sich jedenfalls nach Westen und Osten offen zu halten und nach beiden Seiten Zugangswege zu erkunden. Leber, Hansen und John sprachen für eine militärische „Westlösung". Sie konnte auch darin bestehen, durch eigene Maßnahmen den Angreifern im Westen die Chancen zu raschem Vordringen zu geben, die deutschen Kräfte aber zur Abwehr im Osten zu versammeln, an der, wie man glaubte, den Westalliierten viel doch gelegen sein mußte. Die Möglichkeiten des kommenden Geschehens wurden nach ihrer Wahrscheinlichkeit durchdacht und durchgeprüft. Stauffenbergs Auffassung unterschied sich wohl in dem einen Punkt von der Lebers, daß er noch nicht vom

Gedanken abließ, Deutschland oder die Wehrmacht in der Hand ihrer Führer als „einsetzbaren Machtfaktor" zu erhalten und aus der Ausnutzung der Gegensätze im feindlichen Lager für ein Nachkriegs-Deutschland Möglichkeiten zu gewinnen.

Im Geist und in der Gedankenführung nah den Gesprächen, die bei Leber geführt worden sind, ist eine ohne Namen überlieferte Aufzeichnung, die in ihrer generalstabsmäßigen Fassung, ihrer Diktion und Sachlichkeit verblüfft. Man weiß nicht, für welchen Zweck sie entstanden ist, an wen gerichtet. Das Original, ein sechsseitiges Schriftstück, ist offenbar nicht erhalten. Es hat ein besonderes Schicksal gehabt. Es fiel in der Nacht des 20. Juli in der Bendlerstraße der Gestapo in die Hände. Stauffenberg hatte es im Tumult eines Schußwechsels verloren. Ein in zehn Punkten gefaßter Auszug ist in den Kaltenbrunner-Berichten erhalten.

> „Bei Fortsetzung des gegenwärtigen Kurses ist eine Vernichtung der materiellen und blutsmäßigen Substanz unausbleiblich.
> Das drohende Verhängnis kann nur durch Beseitigung der jetzigen Führung abgewendet werden.
> Die vom Nationalsozialismus vertretenen Ideen sind großenteils richtig gewesen, nach der Machtergreifung jedoch ins Gegenteil verkehrt worden.
> Die neue Führerschicht stellt in der Voranstellung eigensüchtiger Interessen, im Aufkommen von Korruption und Bonzentum eine Herrschaft der Minderwertigen dar.
> Ein wesentliches Moment für die schlechte Gesamtlage ist in der Behandlung der besetzten Länder zu sehen.
> Den Anfang vom Ende der gesamten militärischen Entwicklung bildet der russische Feldzug, der mit dem Befehl zur Tötung aller Kommissare begonnen hat und mit dem Verhungernlassen der Kriegsgefangenen und der Durchführung von Menschenjagden zwecks Gewinnung von Zivilarbeitern fortgesetzt wurde.
> Die Führung ist nicht in der Lage gewesen, den Zweifrontenkrieg zu vermeiden.
> Das derzeitige Regime hat kein Recht, das ganze deutsche Volk mit in seinen Untergang hineinzuziehen.
> In Ausnutzung der Gegensätze im feindlichen Lager bestehen verschiedene politische Möglichkeiten. Diese werden jedoch mit jeder militärischen Schwächung, insbesondere mit einem Wirksamwerden der Invasion, geringer. Daher ist rasches Handeln erforderlich."[23]

Wir wissen heute nicht die Gründe für die Abfassung des Papiers und die Absichten, die damit verbunden waren. Sicher ist nur, daß auch der Auszug, der uns erhalten ist, die Art Stauffenbergs in umwegloser schlicht-klarer Formulierung aufweist und ein Manifest seines Wollens darstellt. Der einschränkende Hinweis auf das „Wirksamwerden der Invasion" kann an ein Abfassungsdatum vor Beginn der Invasion denken lassen, aber auch ein solches unmittelbar danach, solange den Feindkräften noch nicht gelungen war, aus den gewonnenen Brückenköpfen auszubrechen. Daß der Text für Stauffenberg auch danach noch ein entscheidendes Dokument bedeutete, kann man daraus erschließen, daß er ihn am 20. Juli bei sich getragen hat.

Dem Text vorangestellt ist in den Kaltenbrunner-Berichten als Grundforderung Stauffenbergs der Satz:

> „Nach einem Regierungswechsel ist es das wichtigste Ziel, daß Deutschland noch einen im Spiel der Kräfte einsetzbaren Machtfaktor darstellt und daß insbesondere die Wehrmacht in der Hand ihrer Führer ein verwendbares Instrument bleibt."

Allem nach hielt Stauffenberg bei entschlossener Führung die Voraussetzungen dafür im Mai 1944 noch für gegeben. Die Kriegslage zeigte sich für kurze Zeit – bei allem Vorausdrohenden, besonders von der russischen Mitte her, wovon Stauffenberg durch Tresckow wußte – eben noch relativ stabil. Die große sowjetische Winteroffensive war nach fünfmonatigem wechselreichem Kampf unter Verlust der Ukraine an den Grenzen von Rumänien und Ostgalizien zum Stillstand gebracht worden. Eine schon 12 Tage umschlossene deutsche Panzerarmee (die 1. unter Generaloberst Hube) hatte den Ring sprengen, sich nach Westen zu einer gemeinsamen Abwehrfront mit der Heeresgruppe Nordukraine zurückkämpfen und damit ein „zweites Stalingrad" vermeiden können. Eine Landung der Alliierten in Nordfrankreich war indessen ausgeblieben. Und noch wurde die Front in Italien südlich von Rom gehalten.

Eine andere schriftliche Ausarbeitung Stauffenbergs, deren Text heute nicht bekannt ist, hatte in den gleichen Tagen des Mai eine besondere Auswirkung für ihn. Noch als Stabschef Olbrichts hatte er eine Denkschrift für Generaloberst Fromm zu verfassen, die nach oben weiterging. Sie kam Hitler vor Augen – „endlich ein Generalstabsoffizier mit Phantasie und Verstand", soll er dazu bemerkt haben[24] – und sie bewirkte, daß Fromm, den Hitler jahrelang nicht vor sich haben wollte, wieder zu Besprechungen gerufen und Stauffenberg dazu vorgemerkt wurde.

Aus der gleichen Zeit wird über ein Gespräch berichtet, das der Reichsführer-SS Himmler mit Generaloberst Guderian führte, worin es darum ging, einen geeigneten Nachfolger für den noch amtierenden Chef der Operationsabteilung im OKH, Generalleutnant Heusinger, zu finden. Himmler stimmt sofort zu, als Guderian ihm Stauffenberg „als das ‚beste Pferd' des Generalstabes" vorschlägt.[25]

Stauffenberg ist Himmler, wie er selbst erzählt hat, erstmals am 7. Juni bei einer Lagebesprechung auf dem Obersalzberg persönlich begegnet. Sie hätten über Belangloses gesprochen, indes der andere ihm zuvorkommend in den Mantel half. Ob das Gespräch Himmler/Guderian dem kurz vorausgegangen war?[26] Ist Legende, was sich an Stauffenbergs Erzählung anschließt: Auf dem Weg zum Flugplatz habe Himmler die Mappe Stauffenbergs getragen – nicht zu dessen Freude, da er Sprengstoff mitgenommen hatte, „um seine Nerven zu erproben", und Himmler habe nachher die Mappe unzart auf den Boden gesetzt?[27]

XVI

Juni 1944

DIE INVASION

Am 30. Mai war Stauffenberg zu Besprechungen mit Generalfeldmarschall Keitel und dem Chef des Heeresstabes beim OKW, Generalmajor Buhle, in Berchtesgaden, am 31. Mai wieder in Berlin. In der Frühe des 1. Juni stieg er in Bamberg aus dem Nachtzug, wenige Ruhetage bei der Familie zu verbringen. Sein Kommen war bekannt geworden und ungebetene Gäste erschienen, die aus einer Begegnung mit ihm Zuspruch und Hoffnung erwarteten. In einigen Wendungen der Gespräche, die erhalten sind, folgt man Stauffenbergs Redespiel mit überraschend offenen Erklärungen zur Lage und verhüllendem Schweigen über eigene Vorhaben. Zu einem Bericht eines Besuchers über Kontakte nach Großbritannien, die über Stockholm liefen, Stauffenberg knapp: „Schön wärs, ... aber ich glaube nicht daran, obwohl man alles tun muß, um die Karte bedienen zu können, falls sie wider Erwarten von Stockholm ausgespielt werden sollte." Der andere: „Das heißt erst einmal die Front halten?" Stauffenberg:

> „Das heißt es. Hitler schickt die Einheiten planlos zwischen dem Osten und dem Westen hin und her. So sind sie nirgends dort, wo sie gebraucht werden. Ich habe sie griffbereit im Kopfe, lauter unsinnig von ihm vertrödelte Reserven, deren Zahl Sie erschrecken würde."

Der andere: „Und erfreuen, Graf Stauffenberg, wenn Sie sie zusammenfassen können." „Wenn, Herr Hielscher! Sie sehen das große Bild. Ich sehe den heutigen Tag, und morgen werden wir weitersehen. Das ist alles, was wir vermögen." Und so war der störende Besucher entlassen, der als ein bejahrter Jugendbewegter sich etwas phantastisch-aufrührerisch mit Vorstellungen eines neuen Reiches, eines neuen Europa trug und in Stauffenberg seinen neuen Mann zu finden hoffte. Nur hatte ihm gleich mißfallen, daß Stauffenberg „von der christlichen Neuordnung des Abendlandes" sprach, während die „hellenischen Bilder ... von den Wänden seiner Arbeitsstube herabschauten", und er ging mit der Gewißheit, daß dieser Stauffenberg zum Umsturz nicht willens oder nicht fähig sei.[1]

Aus München war der Jesuitenpater Alfred Delp angereist, der, lange schon dem Kreis um Moltke zugehörig, Stauffenberg noch nie begegnet hatte. Seit Moltkes Verhaftung waren seine Kontakte nach Berlin selten geworden, und er war beunruhigt über das Schicksal der Umsturzpläne. Er ließ sich an einem Nachmittag durch einen Boten bei Stauffenberg anmelden und wurde von ihm am späteren Abend zu längerem Gespräch aufgenommen, das den gleichen Charakter exakter Belehrung zur Lage und des eigenen Undurchschaubar-Bleibens hatte. Der Pater war, als er eine Stunde vor Mitternacht ging, überzeugt und angetan von dem Sprechenden. Stauffenberg aber sah die grenzenlose Unvorsicht eines solchen Besuchs und hat sich in Berlin nach seiner Rückkehr bei Yorck über das Verhalten Delps beschwert.[2]

Ein weiterer Besucher, von dem wir wissen, war der frühere bayrische Gesandte bei der Reichsregierung, Oberst a.D. Franz Sperr, der einen eigenen größeren Oppositionskreis in Bayern um sich gesammelt hatte. Delp hatte ihn zur Begegnung mit Stauffenberg aufgefordert. Er kam am 6. Juni um 15 Uhr in die Wohnung Stauffenbergs. In der Frühe des Tages waren amerikanische, englische und kanadische Streitkräfte unter dem Schutz einer gewaltigen Flotte und Luftmacht in der Normandie an Land gegangen. Stauffenberg war sofort benachrichtigt worden. Er teilte das Gehörte seinem Besucher mit und gab ein düsteres Bild der Gesamtlage:

> „Insbesondere werde der Mannschaftsersatz 1945 zu einem Engpaß werden, dem gegenüber die Materialfrage kaum ins Gewicht falle. Man müsse weitere unnütze Opfer vermeiden. Notwendig sei eine innenpolitische Änderung, und zwar durch Ausschaltung des Führers, um die Möglichkeit herbeizuführen, Frieden zu machen."

Nur kurz wurde zur politischen Zielsetzung eines Umsturzes gesprochen. Der Gesandte hatte davon schon von Moltke und Schulenburg gehört. Dem Gericht, das später über Delp und Sperr den Tod verhängte, sind die Bamberger Besuche der beiden ein wichtiges Beweismittel geworden.[3]

Als Stauffenberg Sperr verabschiedet hatte, folgte am späten Nachmittag oder Abend des Tages die Aufforderung aus Berlin an ihn, am nächsten Tag, dem 7. Juni, mit Generaloberst Fromm in Berchtesgaden zum Vortrag bei Hitler zu erscheinen. Er bestieg um 2 Uhr morgens den D-Zug in Bamberg und wurde von München im Dienstwagen nach Berchtesgaden gebracht.

Die Versammlung mit Hitler fand am Nachmittag auf dem Obersalzberg in Hitlers „Berghof" statt. Sie war als dringende Sonderbesprechung zur neuen Kriegslage und zur Frage der Ersatzzuführung für Frankreich für einen eingeschränkten Kreis angesagt. Reichsmarschall

Göring, der Reichsführer-SS Himmler, Generalfeldmarschall Keitel und Rüstungsminister Speer waren erschienen.

Stauffenberg war zum erstenmal mit Hitler und den Größen seines Gefolges in einem Raum. Die Atmosphäre schien ihm, wie er später sagte, „faul und verrottet". Die da um Hitler waren, empfand er – außer dem Minister Speer – als krankhaft, wie Psychopathen vom Bann des Einen eingenommen. Göring war geschminkt. Stauffenberg sagte auf die Frage seiner Frau, wie denn Hitler auf ihn gewirkt und ob ihn nicht das Auge beeindruckt habe: „Gar nichts! Nichts ... Wie hinter Schleiern."[4] Zur Begrüßung bei der vorangehenden Lagebesprechung habe Hitler mit beiden Händen seine Linke ergriffen. Während man sich im Lagevortrag allseits über den Tisch beugte, sei ihm aufgefallen, mit welchem Zittern seiner rechten Hand Hitler die Karten verschoben habe und wie er, plötzlich auffahrend wie gestört, über die Länge des Tisches hin einen forschenden Blick zu ihm geworfen, sich dann nach kurzem Sichern dem Vortragenden wieder zugewandt habe.[5] Wie oft hatte Stauffenberg die Erfahrung gemacht, daß es Hitler gelang, die vor der Tür noch klar und nüchtern urteilenden, zum Aufbegehren entschlossenen Offiziere, eh sie sich dessen versahen, umzuwandeln und als Hörige in sein Denken einzuspinnen – er gebrauchte dazu öfter ein derbes Wort von der Straße. Bei sich selber beobachtete er fast mit Erstaunen, daß nichts von solcher Wirkung auf ihn überging. Von allen, die an der Besprechung teilgehabt hatten, seien nur zwei – er nannte Heusingers Ia von der Operationsabteilung des Heeres, Oberst Brandt, und sich – fest und nüchtern geblieben und nicht ins Schwimmen gekommen. Die Erfahrung seiner selbst war ihm wichtig, wichtig auch die Erkundung der äußeren Gegebenheiten um Hitler, von denen durch Stieff oftmals die Rede gewesen und der Mythos der Unnahbarkeit Hitlers genährt worden war. Davon sprach er jetzt in nonchalanter Art so: „daß man in unmittelbarer Nähe des Führers recht zwanglose Bewegungsmöglichkeiten habe."[6]

Konnte man hinter dem leichten Wort ahnen, daß Stauffenberg selbst sich bereit mache, gegen Hitler vorzugehen? Davon hat er als erstem, so viel wir wissen, Peter Yorck gegenüber eine Andeutung gemacht, mit dem er am vierten Tag nach Beginn der Invasion zusammen war. Er stellte ihm die Frage, die jetzt alle in der Konspiration Befaßten bewegte, ob der Umsturz angesichts der neuen Lage noch sinnvoll sei. Yorck gab zu bedenken, es seien jetzt durch einen Umsturz keine anderen Friedensaussichten vorhanden als die durch eine bedingungslose Kapitulation zu erwartenden. Stauffenbergs Erwiderung darauf ist nicht wiedergegeben. Jedenfalls sprach er vom raschest möglichen Handeln, dem er zustrebe, und bat Yorck um sein Bereitsein dazu. Yorck war im Übergangsregiment als Staatssekretär des Reichskanzlers vorgesehen. Er stellte sich in voller Bereitschaft zu Stauffenberg und dem Gedanken eines in äußerster Lage unabweislichen Attentats als Auslösung und Auftakt einer deutschen Erhebung. Für Yorck unerwartet muß Stauffenbergs eigene Bereitschaft dazu angeklungen sein, „weil rasches Handeln erforderlich sei".

Vielleicht mag ihm dabei in Erinnerung gekommen sein, daß Stauffenberg Wochen vorher ihn in heller Empörung eingeweiht hatte, ihm sei eben ein Schreiben über den Tisch gelaufen, mit dem Transportraum für 40 000 oder 42 000 ungarische Juden gefordert worden sei, die zur „Sonderbehandlung" in Auschwitz anstünden. Sofort müsse mit diesem System Schluß gemacht werden.[7]

Stauffenberg suchte die rascheste Verbindung zu Tresckow, der, eben zum Generalmajor befördert, bei seinem Armeeoberkommando in Ostrowo ostwärts von Warschau war. Er sollte in diesen Tagen, wie Stauffenberg erfuhr, bei einer Armeeführerbesprechung dabei sein, die der Generalstabschef Zeitzler im OKH „Mauerwald" in Ostpreußen anberaumt hatte, zu der er aus Berchtesgaden kommen wollte. Oberleutnant Graf Lehndorff, auf dessen Schloß Steinort im Gebiet von „Mauerwald" die Besprechung stattfinden sollte, war eben dienstlich in Berlin. Ihm gab Stauffenberg eine Wortbotschaft zum Treffen mit Tresckow mit. Er brachte bei nächster Gelegenheit dessen Antwort zurück, die der Erwartung Stauffenbergs entsprach. Sie enthielt, wie man durchs Tresckows Ordonnanzoffizier später erfuhr, die Bestätigung, das Attentat müsse durchgeführt werden, koste es was es wolle. Sollte es nicht gelingen, so müsse der Staatsstreich trotzdem versucht werden. Und Tresckow machte dazu den auch in Berlin erwogenen Vorschlag: im Westen, indem man etwa durch falsche Befehlsgebung ein Loch an der Invasionsfront aufreiße, den Krieg unmittelbar zu beenden und sich mit den eigenen Kräften im Osten stark zu machen, bis sich die Angelsachsen Deutschlands bemächtigt hätten. Sein Vorschlag an Stauffenberg: sofort zu Feldmarschall Rommel, Oberbefehlshaber der kampfführenden Heeresgruppe B an der Front in Frankreich, zu reisen, um mit ihm über eine solche aktive Kampfbeendigung zu sprechen.

Tresckow ließ in seiner Antwort keinen Zweifel: Es komme jetzt für die in der deutschen Widerstandsbewegung Verschworenen nicht mehr wie in der ganzen Zeit zuvor auf einen erreichbaren praktischen Zweck an, sondern einzig darauf, daß sie „vor der Welt und vor der Geschichte unter Einsatz des Lebens den entscheidenden Wurf gewagt" hätten. Alles andere sei daneben gleichgültig.[8]

Durch Vernehmungsaussagen von verschiedenen Beteiligten sowohl der militärischen wie der zivilen Seite ist später erst erkennbar geworden, mit welch ausgreifenden Aktivitäten Stauffenberg in den Juniwochen nach Invasionsbeginn, die auch dienstlich größten Einsatz von ihm forderten, auf den Staatsstreich zuging und die letzten Vorbereitungen traf.

In rascher Folge wird noch einmal der auf „Walküre“ gebaute Generalstabsplan vom vergangenen Herbst durchkontrolliert. Vielerlei Versetzungen waren inzwischen vorgegangen. Nachfolger mußten in ihrer Haltung erkundet und gegebenenfalls angesprochen werden. Für neu erkannte Aufgaben waren weitere junge Offiziere durch von Stauffenberg gelenkte Versetzungen nach Berlin heranzuziehen. So konnte der aus dem Bamberger Kavallerieregiment 17 stammende Major Freiherr von Leonrod, bisher als Verbindungsoffizier in München betraut, jetzt als Adjutant Olbrichts vorgesehen, unauffällig rasch zu einem Adjutantenlehrgang bei der wichtigen Truppe in Krampnitz beordert werden. Leonrod konnte als seinen Nachfolger in München noch vor dem 1. Juli seinen Regimentskameraden Hauptmann Max Ulrich Graf von Drechsel-Deuffenstetten finden, mit der gleichen Vorgabe von Ziel und Gründen, die Stauffenberg bei seinem Zugehen auf junge Kräfte gebrauchte. Am wichtigsten war, den mit den Berliner Umsturzplänen seit September 1943 vertrauten Major Ulrich von Oertzen jetzt aufs rascheste nach Berlin zu holen. Er war mit Tresckow im Abwehrkampf im Osten und konnte durch dessen Vermittlung noch in den letzten Junitagen zur Planüberprüfung und zu seinem kommenden Führungsauftrag bei der Panzertruppenschule Krampnitz in Berlin sein. Die beim Umsturz an die Deutschen zu richtenden Aufrufe lagen noch vom Herbst 1943 vor. Sie entsprachen nicht mehr der Lage. Sie auf den neuesten Stand zu bringen, sollte Rudolf Fahrner aus Athen gerufen werden.

Als die gesteigerte Arbeit zur Revision des „Walküre“-Planes noch lief und Stauffenberg eben darauf ausging, sich von der zivilen Seite her den Abschluß der Vorbereitungen für eine sofort bereite Regierung und Regierungserklärung versichern zu lassen, traf bei ihm über geheime Polizeikanäle die Nachricht ein, die die Katastrophe der gesamten Konspiration bedeuten konnte und seine rasche Aktion forderte: Oberst Wilhelm Staehle, Kommandant der Invalidensiedlung Berlin-Frohnau, der in nahem Kontakt zu Goerdeler stand, war am 12. Juni von der Geheimen Staatspolizei abgeholt worden. Die Vorgeschichte dazu ging Monate zurück und zeigte im Besonderen, welcher Gefährdung die in der Konspiration Mittätigen stets ausgesetzt blieben.

Stauffenbergs bewährter Verbindungsoffizier im Amt Abwehr, dem er während des Winters viele Hilfen verdankte, Hauptmann Ludwig Gehre, hatte im März 1944 nach den beiden Chefs Canaris und Oster, gleichfalls belastet, ausscheiden müssen. Er war knapp vor seinen Häschern im Untergrund verschwunden. Stauffenberg baute danach mit

Oberst Georg Hansen, bisher noch Amtsnachfolger von Canaris, und mit SS-Gruppenführer Arthur Nebe, dem Chef des Reichskriminalamtes, die beide zur Konspiration standen, ein besonderes Nachrichten- und Warnsystem auf. Unter wechselnden Schützern blieb Gehre irgendwo in oder um Berlin monatelang vor der seine Fährte angestrengt suchenden Gestapo verborgen. Einer, der ihn verbarg, ein Vertrauter von Oster, war Oberst Staehle. Er wußte durch Goerdeler Bedeutendes vom Umsturzplan, das von ihm erpreßt werden konnte. Stauffenberg mußte zur Aufklärung handeln. Er konnte den Chef des Heeresjustizwesens, Generalrichter Karl Sack, mit dem er sich konspirativ einig wußte, bitten, Staehle aufzusuchen, um ihn ausführlich über seine Vernehmungen durch die Geheime Staatspolizei zu befragen und zu klären, „ob Staehle auch nach Goerdeler gefragt" worden sei. Dies wurde von Staehle, als der Generalrichter ihn aufsuchte, bejaht. Offenbar ließ Stauffenberg über Ludwig Beck Kenntnis davon zu Goerdeler gelangen, zusammen mit seinem Wunsch, Goerdeler möge auf „größere Verschwiegenheit" achten.[9]

Gehre fiel einige Zeit nach dem 20. Juli doch seinen Häschern in die Hände und wurde mit den anderen bei der Abwehr Betroffenen Canaris, Oster, Dohnanyi, Bonhoeffer, Strünck und eben dem Generalrichter Sack wenige Wochen vor Kriegsende hingerichtet.

Goerdeler war in den Tagen, in denen der Alarm um Staehle spielte, in Berlin. Man weiß von einer wahrscheinlich durch Stauffenbergs Drängen zuvor schon ausgelösten Aussprache am 16. Juni im Hotel Esplanade, zu der sich Goerdeler fast mit demselben Menschenkreis wie vier Wochen zuvor begegnete. Nur Leuschner war nicht unter den Teilnehmern, wurde aber danach unterrichtet. Das inzwischen geglückte Fußfassen der Alliierten in Frankreich bestimmte den härteren Aufprall der Meinungen, auch in Bezug auf die außenpolitischen Möglichkeiten. Leber, inzwischen d'accord als vorgesehener Innenminister, urteilte über Gordeler: „In der Außenpolitik Illusionist, in seinen wirtschaftlichen Auffassungen überlebt und insgesamt an die Großindustrie gebunden", und er trat offenbar gegen heftigen Widerstand im Kreise für den „Verzicht auf Ostpreußen, Elsaß-Lothringen, den Sudetengau usw." ein, die nicht zu halten seien. Für die Innenpolitik trug er Forderungen vor, die er als „radikales sozialistisches Programm", wie es genannt wurde, für den Fall notwendig fand, daß der Umsturz erst nach dem militärischen Zusammenbruch erfolge. „Eine Einigung von aus verschiedenen politischen Richtungen stammenden Menschen" sollte dann einer neuen Reichsregierung helfen, die Grundlage für eine neue Volksbewegung zu schaffen. Er legte dazu Aufrufentwürfe vor, in denen die unveräußerlichen Freiheitsrechte, Wiederherstellung von Recht, Gesetz und

Ordnung enthalten waren. „Es folgten wirtschaftliche Fragen, insbesondere die Sozialisierung der Grund- und Schlüsselindustrien. In Rassen-, Glaubens- und Klassenfragen enthielt der Aufruf eine Toleranzerklärung und verlangte unter anderem die Wiederherstellung der jüdischen Rechte."[10]

Wenn Leber ein „radikales sozialistisches Programm der neuen Regierung" forderte, so war es, „um dem Kommunismus den Wind aus den Segeln zu nehmen", den er mit dem Vormarsch der Roten Armee, mit der Propaganda des „Nationalkomitees Freies Deutschland" und mit der vorhersehbar durch die Kriegsverelendung geschaffenen revolutionären Situation herankommen sah. Er trat für eine Fühlungnahme mit deutschen Kommunisten ein, „für einen abtastenden Kontakt mit der illegalen Leitung der KPD in Berlin". „Er wollte wissen, was die Kommunisten vorhätten, und es kam ihm darauf an, der Übergangsregierung zusätzliche Schwierigkeiten zu ersparen". Von seiner eigenen KZ-Erfahrung her hatte er die Vorstellung, es könnte gelingen, etliche der ehemals aktiven Kommunisten für die neue Volksbewegung zu gewinnen und sie damit vor der Gefahr eines national-deutschen Bolschewismus zu feien, den er mit dem Sieg der Sowjets und der Propaganda des „Nationalkomitees" herankommen sah (und der dann von Stalin wirklich inszeniert worden ist).

Für Goerdeler und den ihn im Esplanade begleitenden Max Habermann (vom ehemals Deutschnationalen Handlungsgehilfenverband) waren Lebers Ausführungen die Wiederkehr reinster alter SPD-Politik und Goerdeler vermutete hinter Leber wiederum den nicht anwesenden „politischen Offizier" Stauffenberg, dem er viel später noch „einen unklaren politischen Kurs mit Anlehnung an Linkssozialisten und Kommunisten" vorwerfen sollte. Einigungsversuche, auch mit neuen Entwürfen und durch Einbeziehung von Ludwig Beck, scheiterten. Stauffenberg, den man in größter Anspannung wußte, sollte doch zur Entscheidung angegangen werden. Er trat in einer Abendstunde mit dem Grafen Schwerin bei Wirmer ein, der ihm die Entwürfe Lebers mit dem Hinweis vorlegte, Leber beziehe sich auf des Offiziers Billigung. Der wiederum stellte klar, daß seine Einwilligung nicht ausdrücklich eingeholt sei. Am folgenden Sonntag, wohl den 25. Juni, konnte Stauffenberg bei einer Zusammenkunft mit Leber und Wirmer aus einem Vermittlungsvorschlag Wirmers die Einigung entwickeln, die beiden Seiten Genüge tat und fürs Handeln in allernächster Zeit die Grundlage bot. Goerdeler war ins Versteck ins ostpreußische Seebad Rauschen, das er liebte, ausgewichen mit vollkommener Resignation: „Man muß die Dinge eben treiben lassen." Er hatte soeben noch über eine Befragung in Stockholm erfahren, daß die Gegnerseite sich jeder Verhandlung mit der Konspiration verschließe. „Mit Erbitterung sprach er vom Versagen der Generalität, mit Skepsis und Mißtrauen von der Politik Stauffenbergs."[11]

Unabhängig von den Nachrichten Goerdelers suchte Stauffenberg durch eigene Erkundung zu erfahren, wie jetzt aufs rascheste, wenn die Notwendigkeit einträte, ein Eintritt in Verhandlungen mit militärischen Führern der Feindseite im Westen zu gewinnen sei. Versuche dazu, die zuvor auf einen Zugang zum Oberkommandierenden der alliierten Expeditionsarmeen, General Eisenhower, und zum Generalstabschef der amerikanischen Armee, General Marshall, gerichtet waren, hatten kein Ergebnis gebracht.

Mitte Juni findet man Stauffenberg in neuer Beratschlagung mit Trott zu Solz und Oberst Hansen. Trott, der durch seine Tätigkeit Einblicke in die Telegramme der deutschen auswärtigen Vertretungen hatte, machte seine Erkenntnisse daraus regelmäßig Stauffenberg zugänglich. Er hatte soeben in einer Denkschrift „Europa zwischen Ost und West" (oder auch „Deutschland zwischen Ost und West"), die später aus dem Besitz des Grafen Schwerin der Gestapo in die Hände fiel, heute aber nicht erhalten ist, seine Auffassung zur außenpolitischen Lage in dem Sinne dargelegt: England könne nicht zulassen, daß Sowjetrußland bei einem siegreichen Kriegsausgang seine fraglose Vormacht über ganz Deutschland, ja bis zum Atlantik ausdehne. Es müsse darauf ausgehen, Deutschland als einzige Gegenkraft in Europa gegen Rußland auszuspielen. Dazu sei nötig, daß bei einem Regierungswechsel in Deutschland nicht an einen Diktatfrieden nach dem Muster von Versailles, sondern an einen ehrenvollen Frieden mit Deutschland gedacht werde, allenfalls unter Abtretung Ostpreußens an Polen. Trott sah darin den einzigen Weg staatsmännischer Vernunft, den er den Briten mit dieser Denkschrift vor Augen bringen wollte, auf den er aber bei seiner Kenntnis der britischen Intransigenz wohl wenig vertraute.

Stauffenberg, der Trotts Festlegung auf den Westen in dieser Form nicht mitmachte, deutete immerhin verschiedene Äußerungen Churchills, die ihm bekannt wurden, in dem Sinne, daß der Premier nach dem Siege sehr rasch das Steuer herumwerfen und der russischen Expansion Grenzen setzen könne. Jedenfalls schien ihm jetzt im Gespräch mit Trott und Hansen eine noch einmal frisch eingeholte Erkundung bei der Feindseite dringend erforderlich. Trott konnte mit vorgeschobenen Gründen bei seinem Amt schon für den 19. Juni eine Reise nach Stockholm erreichen. Stauffenberg hatte ihm erklärt: „Ich muß wissen, wie sich England und die USA benehmen, wenn Deutschland zur Aufnahme kurzfristiger Verhandlungen genötigt sein sollte" (so in den Berichten der Gestapo-Verhöre).[12] Am selben Tag flog Otto

John, der Syndikus der Lufthansa in Spanien, auf Veranlassung des Obersten Hansen, in dessen Abwehrorganisation er eingegliedert war, nach Madrid. Er sollte, wie er später erklärte, durch seine Verbindung zum amerikanischen Militärattaché ausfindig machen, „ob und welche Möglichkeiten bestünden, um mit Eisenhower im Falle eines erfolgreichen Staatsstreiches gegen Hitler über einen Waffenstillstand zu verhandeln. Die Verhandlungen selber sollten von Oberst Hansen als Bevollmächtigtem von Generaloberst Beck geführt werden", ausdrücklich auf der militärischen Ebene wie Stauffenberg es wollte, unter Ausschaltung aller Zivilisten und Politiker.[13]

Noch war Stauffenberg Mitte Juni nicht bereit zu einer „Westlösung", wie sie ihm eben noch auch Tresckow vorgeschlagen hatte: durch Kampfverzicht in Frankreich den westlichen Alliierten eine Besetzung Deutschlands zu ermöglichen, solange man im Osten die Front noch halten werde. Stauffenberg glaubte oder hoffte zu dieser Zeit noch immer, im Westen ohne völlige Preisgabe einen Waffenstillstand erreichen zu können, der den Deutschen die Möglichkeit, aber auch im Interesse der Westmächte die Verpflichtung geben sollte, den Widerstand im Osten fortzusetzen. Es wird eine Meinungsäußerung von ihm berichtet, wohl aus den späten Tagen des Juni, als der breite Durchbruch der Russen durch die deutsche Mittelfront begonnen hatte, die Alliierten in ihren normannischen Landungsräumen aber noch eingeschlossen waren: „daß kein alliierter Heerführer angesichts der katastrophalen strategischen Lage der angelsächsischen Streitkräfte gegenüber Rußland nicht notwendig zum Einlenken gegenüber Deutschland bereit sein würde."[14]

Anders als Stauffenberg sah Leber, mehr als Realpolitiker, Mitte Juni die Lage. Er gab, wie man liest, Adam von Trott bei seiner Ausreise nach Stockholm die Empfehlung mit, keine auf Spaltung der Alliierten gerichtete Politik zu betreiben. Die Chance liege jetzt einzig darin, eine nach der Ausschaltung Hitlers aus den Initiativen des Widerstandes gebildete Regierung auszurufen und deren offenes bedingungsloses Waffenstillstandsangebot zu unterbreiten. Eine solche Regierung mußte, so glaubte Leber, eine wenn auch begrenzte Partnerschaft und Anerkennung bei den Siegermächten finden. Alles Parlamentieren, um der Ausweglosigkeit einer bedingungslosen Kapitulation zu entgehen, lehnte er ab: der Krieg müsse raschestens, wie auch immer, zu Ende gebracht werden, um Deutschland nicht weiter dem Elend und den maßlosen Blutopfern in Wahn und Sinnlosigkeit zu überlassen.[15]

In diesen Tagen meldete sich bei General Olbricht der Oberst im Generalstab Albrecht Ritter Mertz von Quirnheim als designierter Nachfolger Stauffenbergs, der von der Junimitte ab schon inoffiziell bei Fromm arbeitete. Ihn hatte Stauffenberg dem General als den

Geeignetsten für die Stelle und als die beste Kraft für ihr Vorhaben vorgeschlagen. Das Heerespersonalamt war dem Wunsche Olbrichts gefolgt. Mertz war Jahrgangskamerad und Freund Stauffenbergs aus der Zeit der Kriegs-Akademie. Der Dienst hatte sie seither nie mehr auf Dauer zusammengeführt. Er nahm Wohnung bei Stauffenberg im Haus der Tristanstraße.

Unerwartet kam in den gleichen Tagen, am 23. Juni, der Dritte hinzu, mit dem Stauffenberg und Mertz im gleichen Hörsaal der Schule die führende Gruppe gebildet hatten, Oberst i.G. Eberhard Finckh. Er war bisher als Oberquartiermeister einer Heeresgruppe im Südabschnitt der Ostfront gewesen und war jetzt in gleicher Funktion zum Oberbefehlshaber West, Generalfeldmarschall von Rundstedt, nach Frankreich gerufen. Nach den dienstlichen Gesprächen im Amt bei Olbricht nahm Stauffenberg ihn zu sich und „ging ohne Umschweife auf sein Ziel los". Er bestürzte ihn durch schonungslose Offenheit: die Lage im Osten sei unhaltbar, der Durchbruch im Westen nur noch eine Frage der Zeit. Er schloß, vielleicht auch auf die Befehlshaber in Frankreich blickend – so verzeichnen es die späteren Verhörbeamten – :

> „Wir haben ja keine richtigen Marschälle mehr! Alle haben die Hosen voll und widersprechen nicht dem Führer, wenn er etwas befiehlt. Sie bringen ihre Ansichten über den Ernst der Lage nicht genügend zur Geltung."[16]

Er werde jetzt selbst entscheidend handeln. Er begrüße es, daß er – Finckh – nach dem Westen versetzt sei, da er dort dringend einen zuverlässigen Freund brauche. Es bestehe die Absicht,

> „sofort mit den Westmächten in Friedensverhandlungen einzutreten. Mit Rußland werde das wohl unmöglich sein, da die Russen dazu kaum bereit sein würden, während mit den Westmächten bereits Fühlung in dieser Richtung aufgenommen sei."

Finckh war seiner Natur nach, man kann wohl sagen: Feuer und Flamme für den Staatsstreich und die Erhebung.

Stauffenberg fuhr nach dem Zusammentreffen mit Finckh noch in der Nachmitternacht zu ein paar Tagen Urlaub, der ihm wegen der bevorstehenden Beförderung zum Oberst i.G. zustand, zu Frau und Kindern nach Bamberg, wo er frühmorgens am 24. Juni eintraf. Kurz zuvor – die Rote Armee hatte am 22. ihre Großoffensive begonnen – muß er, wie das Kaisersche Tagebuch auswies, als Zusammenfassung eines Vortrages im Amt den Satz gesagt haben: „... die Personalersatzlage sei so, daß ganz in Kürze Schluß sei."[17]

Finckh war an diesem Tag, dem 24. Juni, noch zu einem Kurzbesuch im Oberkommando des Heeres in Ostpreußen, vor allem wohl im Amt des Generalquartiermeisters. Zweien der dort tätigen, ihm bekannten und in der Konspiration mitwissenden Offiziere – einer war der Hauptmann Julius Speer, den wir im Gespräch mit Stauffenberg im Januar 1942 begegneten – gab er Bericht von dem bei Stauffenberg Gehörten und zeigte ihnen den von Witzleben unterzeichneten ersten Befehl für den Staatsstreich, den ihm Stauffenberg mitgegeben hatte.

Tags darauf, Sonntag, den 25. Juni, meldete sich der neue Oberquartiermeister bei Generalfeldmarschall Rommel, Oberbefehlshaber der Heeresgruppe B an der Invasionsfront, im Schloß von La Roche-Guyon, überbrachte die neuesten Nachrichten aus dem OKH über die Bedrohung im Osten und über seine Begegnung mit Stauffenberg. Stauffenberg und Rommel hatten sich zuletzt bei dessen abruptem Abschied aus Afrika gesehen. Der Marschall erklärte sich auch jetzt gegen ein Attentat. Hitler müsse, wenn nötig durch Heranführung von Panzertruppen, festgesetzt und später vor ein Gericht gestellt werden. Immerhin schien es deutlich, daß Rommel sich den Auffassungen Becks und seiner Verbündeten genähert hatte und sich im entscheidenden Augenblick nicht entziehen werde. Bei Hofacker und Stülpnagel fand Finckh offene Aufnahme und schloß sich mit ihren Initiativen zusammen.

Drei Tage vor der Rückkunft von Finckh hatte Rommel zusammen mit dem OB West, von Rundstedt, vor Hitler auf dem Obersalzberg in Berchtesgaden zu erscheinen. Sie beide hatten elf Tage zuvor Hitler bei seinem einzigen Aufenthalt im vorbereiteten Hauptquartier im französischen Margival vorgetragen, die Lage mache eine möglichst schnelle Beendigung des Krieges unausweichlich. Hitler hatte sie angeherrscht: „Kümmern Sie sich um Ihre Invasionsfront." Jetzt auf dem Berghof erhielten sie – wohl nicht zufällig – keine Gelegenheit, mit Hitler allein zu sprechen. Eine Entscheidung fiel nicht. Gewiß ist nur, daß Rundstedt infolge seiner Äußerung, er glaube nicht mehr an den Endsieg, abgelöst und am 3. Juli durch den von seiner Verletzung (s. S. 172) genesenen Feldmarschall von Kluge als Oberbefehlshaber West ersetzt wurde. Konnte darin eine Hoffnung für die Konspiration gesehen werden?

In Bamberg erreichte Stauffenberg das Telegramm, durch das er zum 1. Juli „zum Chef des Stabes des Chefs der Heeresrüstung und Befehlshabers des Ersatzheeres" unter gleichzeitiger Beförderung zum Oberst im Generalstab ernannt wurde.[18]

Seit dem 26. Juni zeichnete sich an der russischen Front bei der Heeresgruppe Mitte mit einer raumgreifenden Umfassung durch die Sowjets die Gefahr einer Katastrophe ab, die an Größe der von Stalingrad gleichkommen, ja sie übertreffen mußte. Ob Stauffenberg Informationen darüber noch in Bamberg bekam, ist nicht bekannt. Er beendete seinen Urlaub und war, nach durchfahrener Nacht, wieder in Berlin. Er hatte vor seiner Frau und den Seinen von dem, was unmittelbar vor ihm stand, geschwiegen. Es war ein Abschied ohne Wiederkehr.

Die durchkommenden Nachrichten von der im Osten heraufziehenden Katastrophe machten neue Anläufe auf Stauffenberg rege. Kaum war er aus Bamberg zurück, trat Goerdeler bei ihm ein, der sein erzwungenes Abseits in Ostpreußen nicht länger ertragen hatte und über Leipzig angereist war. Er drängte unbändig, jetzt müsse vom Militär gehandelt werden. Doch dachte er selbst noch immer daran, Hitler zu „stellen", allenfalls zu zernieren, und bot seine Hilfen zur Außenpolitik an. Stauffenberg teilte ihm mit, daß nunmehr eine direkte Möglichkeit gefunden sei, eine Mitteilung nach drüben gelangen zu lassen. Sie werde „in etwa 8 Tagen bei Herrn Churchill auf dem Tisch liegen".[19] Welche Mitteilung gemeint sein konnte, ist bis heute wohl nicht geklärt, da Belege von der englischen Seite fehlen. Einen gewissen Hinweis gibt, daß Goerdeler Hauptmann Kaiser erklärte, „daß von höchster englischer Seite Erkundigungen" über die Konspiration eingezogen worden seien: Stauffenberg habe

„a) eine Liste von Männern übermittelt, die die zukünftigen Verhandlungspartner Englands sein sollten
b) den Wunsch, daß Österreich beim Reich bleibe
c) die Bitte, daß die Abrechnung mit den Kriegsverbrechern der künftigen deutschen Regierung überlassen bleiben sollte."[20]

Art und Form der übermittelten Punkte können auf Stauffenbergs Urheberschaft deuten. Goerdeler vermutete, daß die Verbindung über den Potsdamer Regierungspräsidenten Gottfried Graf Bismarck-Schönhausen gefunden worden sei, in dessen Haus Stauffenberg vielmals Gast war. Graf Bismarck hat eine Untersuchung der Geheimen Staatspolizei zu bestehen gehabt, die den Verdacht gegen ihn nicht hat bestätigen können, so sehr man sich bemühte, Landesverrat aufzudecken. Er kam frei. Goerdeler verärgert, erzürnt über die Eigenmächtigkeit, mit der Stauffenberg und die „junge oder Grafengruppe", wie er sie pauschal ansprach, in seinem Rayon vorgingen, eilte zu Beck, um ihn „auf die Gefahren und Unzulänglichkeiten" von Stauffenbergs Vorgehen aufmerksam zu machen. Beck beschwichtigte und meinte, „man solle diesen jungen Heißspornen nicht zuviel Zügel auflegen."[21] Er nennt ein wenig später Stauffenberg „den einzigen Aktivisten im OKH". „Er ist mir in den letzten Monaten eine außerordentliche Hilfe gewesen. Praktisch hat er die ganze Last der Vorbereitung getragen."[22]

Eine andere Überlieferung läßt annehmen, mehr wohl nicht allerdings als dies, daß man im Kreis von Beck und Stauffenberg neben den Versuchen im Westen auch nach Möglichkeiten zu Verhandlungen mit der sowjetischen Seite geforscht hat. In Frage stand, ob dazu eine Verbindung zum „Nationalkomitee Freies Deutschland“ (NKFD), vielleicht auch zum „Bund deutscher Offiziere“ hilfreich sein konnte, in denen sich nach Stalingrad Kriegsgefangene mit in Rußland lebenden deutschen Kommunisten unter sowjetischer Ägide vereinigt hatten. General d.Art. Lindemann, seit 1943 mittätig in der Verschwörung, soll seinem Sohn (nach dessen Aussage vor der Gestapo) im März 1944 „die Möglichkeit eines Kompromißfriedens mittels des Nationalkomitees Seydlitz geschildert“ haben.[23] Eine Verbindungsaufnahme war bis in den Juni 1944 nicht gelungen, weil nach einer Angabe von Mertz sich kein Pilot fand, der bereit war, hinter den russischen Linien zu landen. Die Angabe entstammt einem Gespräch, das Mertz von Quirnheim nach seinem Eintritt bei Olbricht am 25. Juni 1944 mit seiner Schwester Gudrun Korfes, der Frau des in Stalingrad in Gefangenschaft geratenen Generalmajors und Mitglieds des NKFD, Otto Korfes, geführt hat. Sie berichtet in eidesstattlicher Aussage davon und bezieht das von Mertz im Wir-Ton Vorgetragene auf seine Übereinstimmung mit Stauffenberg.

Mertz sprach Frau Korfes von der hoffnungslosen militärischen und politischen Lage – der Großangriff der Russen gegen die deutsche Heeresgruppe Mitte hatte vor drei Tagen begonnen. Die Worte von Mertz: „Hitler ist ein Verbrecher oder Wahnsinniger, wahrscheinlich aber beides. Er muß beseitigt werden, um den aussichtslosen Krieg zu beenden.“ Wie die Schwester weiter ausführt, zeigte sich Mertz gut unterrichtet über die Tätigkeit des Nationalkomitees und sah es als eine starke Hilfe bei dem Versuch an, Deutschland vor der Katastrophe zu bewahren. „Wir versuchen seit langer Zeit Verbindung aufzunehmen“ – bisher ohne Erfolg. „Wir müssen zu Frieden und Verhandlungen mit der Sowjetunion kommen, um Deutschland vor dem Untergang zu retten.“[24]

Es ist wahrscheinlich, aber nicht erweisbar, daß die Entsendung Trotts nach Stockholm, wo früher schon vergebens einmal ein Zugang zu Alexandra Kollontai, der russischen Botschafterin, versucht worden war, neben der Erkundung nach Westen zugleich den Auftrag enthielt, nach Möglichkeiten sofortiger Verhandlungen mit der Stalinschen Regierung zu forschen und sich über das Verhalten der dortigen deutschen Kriegsgefangenen-Vereinigungen zu informieren.

Trott fand jedenfalls bei seiner Mission in Schweden (er meldete sich am 3. Juli zurück) keine neu sich öffnende Möglichkeit zu einem

Zugang nach Westen noch nach Osten. Zur Frage des Nationalkomitees hatte er sich neuere Flugschriften verschafft, für ihn am wichtigsten die im März 1944 ausgegebenen und seither gültigen „25 Artikel zur Beendigung des Krieges". Sie machten ihm deutlich, daß den Offiziersbünden ihre eigene Initiative, ihr politischer Impuls zugunsten Deutschlands fast ganz genommen und ihnen einzig ein propangandistischer Nutzeffekt für Sowjetrußland abverlangt war. Wie anders war noch das „Manifest des NKFD an die Wehrmacht und an das deutsche Volk" aufgenommen worden, das bei der Gründungskonferenz bald nach Stalingrad beschlossen worden war – immerhin von Offizieren wie Seydlitz, für die auch Beck und Stauffenberg Wertschätzung hatten und mit denen man sich in oppositionellem Sinn verbunden glauben konnte. Jetzt ist nach Trotts Erkundung die Ablehnung eines Zusammenwirkens mit dem NKFD bei Beck und Stauffenberg (und auch bei Mertz?) entschieden. Man liest, mehrfach bezeugt, Stauffenbergs Bekräftigung: „er halte nicht viel von Proklamationen hinter Stacheldraht."[25] Eine Verbindung ist nie zustande gekommen, so bemüht man sie als Beweis für Landesverrat bei Verhören nachher gesucht hatte. Dies besagt jedoch nicht, daß Stauffenberg von der Frage einer politischen Anbahnung zur Sowjetunion abgerückt wäre.

Trott hatte in solchem Sinn, wie erst später festgestellt wurde, in Stockholm über Mittelsmänner die Frage an die Sowjetvertretung richten können, „ob die Regierung Stalin einer deutschen Widerstandsregierung, die auch das linke Parteienspektrum in angemessener Weise beteilige, eine Chance geben würde." Die Antwort schien so, daß „eine solche Möglichkeit nach erfolgtem totalem Regimewechsel nicht ausgeschlossen wurde. Für Trott bedeutete sie eine Zusage".[26]

Das linke Parteienspektrum angemessen einzubeziehen, eine Öffnung nach links, war für Leber wie für Stauffenberg, wie auch den Lautlinger Sätzen zu entnehmen, ohne Diskussion gegeben. Ein Major, der im Amt Olbricht, ohne eingeweiht zu sein, Dienst tat, erinnerte sich in solchem Zusammenhang einer affektvollen Äußerung Stauffenbergs: „Das deutsche Volk besteht nicht nur aus adligen Offizieren und Krautjunkern", und er soll einmal gesagt haben, „daß in den KZ in der überwiegenden Anzahl anständige Menschen säßen."[27]

Mit dem Pädagogen Adolf Reichwein zusammen, der sich schon länger in geheimen Begegnungen um Solidarität unter sozialistischen Einzelgruppen bemühte, hatte Leber am 22. Juni die unter Gesinnungsfreunden, unter den Kreisauern und um Stauffenberg lang umstrittene erste Zusammenkunft mit Kommunisten des Untergrunds in der Wohnung eines Arztes im Osten von Berlin. Es war der Tag, an dem zugleich der Beginn des verhängnisvollen Krieges gegen die Sowjetunion zum dritten Male sich jährte und die schon vorerwähnte Großoffensive gegen die Mitte der Ostfront losbrach. Unheil folgte auch dieser Zusammenkunft, bei der entgegen der getroffenen Vereinbarung Leber von einem der beiden Kommunisten mit Namen begrüßt wurde und ein dritter zugegen war, von dessen Kommen man nicht gewußt hatte. Die Ergebnisse des Gesprächs waren unbedeutend. Zu einer zweiten Zusammenkunft, die verabredet wurde, ist Leber nicht mehr erschienen.

Dringliche Begegnung mit Stauffenberg suchte, sobald er aus Bamberg zurück war, der Generalquartiermeister im Oberkommando des Heeres, zur Zeit in Berchtesgaden, General Eduard Wagner, zugleich mit ihm der Waffengeneral der Artillerie im OKH, General Fritz Lindemann. Sie gehörten seit längerem überzeugt der Offiziersopposition an, ohne daß sie bisher außer diskreten Warnungen, die nur Gleichdenkenden deutlich waren, in ihren hohen Ämtern mit auffallenden Aktivitäten hervorgetreten wären. Wagner hatte schon früh als wohl umfassendster Kenner der deutschen Rüstungs- und Nachschubmöglichkeiten ein Ende mit Schrecken vorausgesagt, in das nach seiner Einsicht das maßlose dilettantische Eroberungsgebaren der Hitlerschen Kriegführung schließlich führen mußte. Er hatte noch häufigere Begegnungen mit Hitler als Lindemann und Stieff. Seit Herbst 1943 hatte er, auch mit starkem Einfluß auf Stieff, vor einem Attentat gewarnt, da beim Heer und beim Volk unter der Drohung von Casablanca keine Gefolgschaft zu erwarten sei, die Aktion sollte doch als Befreiung, nicht als Meuchelmord und „Dolchstoß" empfunden werden. Jetzt forderte er Stieff gegenüber einen Umsturz mit allen Mitteln, mit der Erklärung, es sei untragbar, „daß der Russe kämpfend in das Reichsgebiet eindringt. Es bedeute dies den absoluten Untergang."[28] Und er bat Stieff, ihn mit Stauffenberg zusammenzuführen.

Bei der Begegnung, die um den 28. Juni stattfand, und an der außer Stieff auch General Lindemann teilnahm, gab Stauffenberg zu erkennen, er werde als Stabschef der Erhebung, der in Berlin gefordert sei, zugleich die Rolle des Stoßtruppführers beim Attentat im Führerhauptquartier übernehmen, da niemand, der Zugang habe und auch bereit sei, sich finde. Man denkt bei diesem Bericht an Stauffenbergs Wort zu Nikolaus Üxküll im Münchner Lazarett: „Wo die Generäle nicht in der Lage sind, müssen die Obersten handeln."[29] Stauffenberg wies auf das Risiko hin, das mit Übernahme der Doppelrolle durch ihn gegeben sei, weswegen ihn früher Generaloberst Beck von einem solchen Schritt abgehalten habe. Jetzt, am äußersten Punkt, gebe es nur noch eins: zu handeln. Und man nahm sein Wort offenbar mit großer Erleichterung und Dank auf und sagte ihm jede nur mögliche Hilfe zu.

Sie wurde im einzelnen besprochen bei einer am 3. Juli folgenden Zusammenkunft in Berchtesgaden in der Wohnung Wagners, dem „Berchtesgadener Hof", wo Stauffenberg wieder mit den drei Generälen, dazu mit dem Nachrichtengeneral Fellgiebel und dem Adjutanten des Generalstabschefs des Heeres, Oberstleutnant i.G. Smend, zusammentraf – unter Tarnmaßnahmen, die Stauffenberg ungenügend fand. Berichtet wird von dieser Zusammenkunft durch Verhörsaussagen; Fellgiebel habe erklärt, „daß er das Nachrichtennetz der Wehrmacht gar nicht so in der Hand habe", wie dies von der Konspiration gewünscht sei. Stauffenberg gab zu verstehen, daß er sich „neue ausländische Sprengstoffe und englische Zünder verschafft hatte" – Sprengmittel, die er handhaben und auf die er sich verlassen konnte.[30]

Graf Lehndorff ging in den letzten Juni-Tagen wiederum als Bote nach Ostpreußen und konnte Tresckow am 1. Juli sprechen. Er erklärte ihm, daß von jetzt ab täglich mit dem Attentat zu rechnen sei. Stauffenberg werde selbst handeln, da außer ihm niemand, der Zutritt habe, bereit sei. Tresckow solle zunächst auf seinem Posten bleiben. Er werde durch ein Fernschreiben geholt werden, sobald der Marschall (Witzleben) den Oberbefehl übernommen habe.[31]

Später als erwartet traf Rudolf Fahrner in Berlin ein. Claus Stauffenberg hatte ihn durch einen eben nach Athen abgehenden Offizier, seinen eigenen Bruder Alexander, der in die Verschwörung nicht einbezogen war, durch ein Wort rufen lassen, das nur dem Empfänger in seiner Dringlichkeit erkennbar war: er möge sich gefälligst umgehend nach Berlin scheren. Fahrner hatte erst nach Tagen einen Flug erreichen können. In der Frühe des 30. Juni landete er in Berlin und gelangte über Straßen, die mit Rauch und frischen Trümmern die Folgen des Bombenangriffs der Nacht zeigten, nach Wannsee. Graf Claus empfing ihn noch im Bade und sprach ihm von der Verschwörung:

> „Alle bisherigen Attentate seien mißlungen durch von außen eintretende verhängnisvolle Hindernisse, durch Zurückscheuen eines Attentäters, der sich angeboten hatte, durch Hitlers planmäßiges oder instinktives Sich-Entziehen bei den sonst vorbereiteten Terminen.
> Die Kriegslage zwinge zu schnellstem Handeln ... Er stehe vor der Frage, ob er selbst das Attentat ausführen solle, der als einziger der Mitverschworenen noch Zugang zu Hitler habe, ob und wie sich die Ausführung des Attentats mit seinen Aufgaben nach einem Gelingen vereinen ließe?
> Er habe mich zu zwei Aufgaben gerufen: die Aufrufe müßten entsprechend der neuen inneren und äußeren Situation neu gefaßt werden, und ein Eid müsse entworfen werden, der auch bei allen Trennungen und Gefährdungen, die nach der zu erwartenden Niederlage und Besetzung Deutschlands

drohten, noch diejenigen verbinde, die eine deutsche Zukunft mittragen könnten."[32]

Und wohl schon bei der ersten Begegnung stellte Stauffenberg an Fahrner die von diesem nicht erwartete Frage, ob er unter seinen Freunden für ihn einen zuverlässigen Offizier habe. Er wolle möglichst wenige, das wisse Fahrner ja, der Gefahr eines Untergangs aussetzen. Aber er brauche rasch jemanden, den er dem Chef der Abwehr als Hilfe zur Seite stellen könne. Fahrner nannte ihm den beiden befreundeten Bildhauer, den jetzigen Oberleutnant Urban Thiersch, der nach Verwundung in Rußland derzeit beim Ersatztruppenteil in Regensburg sei. Durch Fernschreiben des Stabschefs des Ersatzheeres wurde Thiersch sofort berufen.

Stauffenberg nahm Fahrner mit in sein Amt und machte ihn mit seinem Ordonnanzoffizier von Haeften bekannt, der im Vorzimmer des Chefs, wie Fahrner beobachtete, die anflutenden Offiziere und Zivilisten aufzunehmen und für die Wartenden immer seine gute Laune und seinen Schalk bereit zu halten hatte. Der Professor schildert das Befreundete, das von Haeften ausging und das auch ihn im fremden Milieu rasch aufnahm. Den Obersten erlebte er als frohen jungen Souverän unter Offizieren jeden Ranges, unter denen er offenbar einzelne der ihm Verbündeten mit einem raschen Blick zu ehren verstand. Aus dem, was er hier sah, gewann Fahrner die Hoffnung, „daß sich alles noch wenden ließe" und daß Stauffenbergs Wirken „der Zukunft Gestalt und Sinn geben könnte".

Haeften war besorgt, für Fahrner die Gelegenheiten wahrzunehmen, bei denen er mit dem pausenlos in Anspruch genommenen Chef zusammen sein konnte. Öfter waren es die gemeinsamen Gänge in die Offizierskantine, wo gelegentlich auch der Stauffenberg-Bruder Berthold, der Marineoberstabsrichter, wenn er in Berlin war, zu ihnen stieß. Mit ihm wurde verabredet, daß Fahrner zuerst für zwei Tage und zwei Nächte zu ihm ins Barackenlager „Koralle" zöge, damit sie sich ungestört der Arbeit an den Aufrufen widmen könnten. „Koralle" hieß das 50 km im Nordosten von Berlin gelegene Ausweichlager des Oberkommandos der Kriegsmarine unweit Bernau. Graf Berthold konnte seinem zivilen Gast dort den Barackenraum des im Urlaub abwesenden Korvettenkapitäns Kranzfelder zum Wohnen anbieten. Fahrner schreibt über seine Tage im Marinelager:

„In der dortigen Seenlandschaft machten wir weite Gänge ... Wir überprüften noch einmal den Text von ‚Agis und Kleomenes', dem Delfin-Werk Franks, und Gesänge der Odyssee-Übertragung. Unsere eigentliche Arbeit aber galt den neuen Aufrufen und dem ‚Eid'."

Zu den Aufrufen führte Fahrner an anderer Stelle aus:

> „Es galt, die Aufrufe der neuen Lage anzupassen, innenpolitisch und außenpolitisch. Außenpolitisch hatte sich bei geheimen Verhandlungen gezeigt, daß die Westmächte jede Hilfe oder Unterstützung der deutschen Erhebung gegen Hitler ablehnten und die totale Niederwerfung Deutschlands jeder Verbindung mit einer deutschen Gegenbewegung gegen Hitler vorzogen. Die Fronten waren sehr viel näher gerückt. Innenpolitisch konnte von der nun so viele Schichten und Gruppen umfassenden Freiheitsbewegung heraus noch anders gesprochen werden als im Oktober 1943. Die Abrechnungen mit dem NS-Regime – die politischen und militärischen – wurden kürzer und schärfer. Vieles, was im Oktober noch eine Begründung verlangt hatte, bedurfte jetzt keiner mehr. Alles über das zu Erwartende, das zu Leistende, das zu Ertragende Gesagte, schon vordem nüchtern gehalten, wurde noch mehr ernüchtert, größte Schlichtheit und Kürze angestrebt ... “[33]

Graf Berthold Stauffenberg wußte in den Tagen, die er mit Fahrner verbrachte, davon, was für den Bruder bevorstand. Er hat ihm nicht davon gesprochen. Bei seiner Vernehmung am 21. Juli hat er erklärt, sein Bruder habe den Entschluß, selbst das Attentat auszuführen, vor etwa vier Wochen gefaßt, „als sich ihm durch Ernennung zum Chef des Stabes beim Generalobersten Fromm hierzu die Möglichkeit bot.“[34]

XVII

Juli 1944

CHEF DES STABES BEIM CHEF DER HEERESRÜSTUNG UND BEFEHLSHABER DES ERSATZHEERES

Zum 1. Juli drängten sich die Besucher um Oberst Graf Stauffenberg, um Glück zu wünschen zur Beförderung und zum Vorrücken ins hohe Amt. Wie viele, wie wenige unter ihnen mochten vom Planen wissen, mit dem er, der Neue bei Fromm, umging! Man wird lebendig ins Geschehen um ihn versetzt und gewinnt auch einen Eindruck vom Leben in Berlin, wie es damals einen von außen Kommenden aufnahm, wenn man die Schilderung des jungen Artillerieoffiziers Oberleutnant Urban Thiersch liest, der sich auf Initiative Fahrners, wie eben beschrieben, am 1. Juli beim Befehlshaber des Ersatzheeres zu melden hatte.

Er schildert den Alpdruck, die Ausweglosigkeit, Gehetztheit, die er bei seinem Ämter-Umgang in der Stadt empfand und sein freies Aufatmen, als er in der Bendlerstraße in die Atmosphäre um den Stabschef Graf Stauffenberg kam.

„Ich ging nach meiner Ankunft am 1. Juli durch verschiedene Teile der Hauptstadt, um mich bei einigen Ämtern zu melden. In den meisten Straßen konnte man – oft noch frische – Spuren der zerstörenden Bombenangriffe sehen, wie es mir bisher noch in keiner Stadt aufgefallen war. In gleicher Weise waren Kirchen wie Bauten der Verwaltung, Fabriken, Schulen und Wohnhäuser zu Ruinen oder auch dem Erdboden gleichgemacht worden. Die Schaufenster der Läden waren meist durch rohe Bretter ersetzt und boten keine Verlockungen mehr. Die Straßen schienen tagsüber eher verödet, nur in den späten Nachmittags- und Abendstunden überfluteten verwirrende Menschenmassen die Bahnhöfe und Straßen, die zu den Vororten führten, bestrebt, fern vom gefährdeten Zentrum eine ruhige Nacht zu haben. Beklemmend war es, die Menschen zu sehen, mit ihnen zu reden. Viele gingen wohl dem täglichen Gang der gewohnten Arbeit, der Pflicht vielleicht murrend oder nicht einmal murrend nach, andere, noch in unentwegtem Vertrauen auf das Heil des Vaterlandes und der Zukunft, mieden ängstlich jeden Gedanken an drohendes Unheil, noch andere sahen dieses Unheil, glaubten dabei aber, im eigenen untadeligen Ausführen der Pflicht einen Halt zu finden. Doch über allem lag lähmend bleiern ein Alp: das ausweglose Gehetzt-getrieben-werden.

Eine ganz andere Atmosphäre verspürte ich, als ich zur Bendlerstraße, zu dem Sitz des OKH, kam. Ich fragte mich zu den Räumen des Stabschefs durch, die im zweiten Stock zur Straße heraus lagen. In dem weiten, lichten, vornehmen Vorzimmer meldete ich mich an. Es war hier sehr belebt. Offiziere, meist mit den roten Streifen der Generalstäbler oder den Generalszeichen, wandelten auf und ab oder saßen auf den schmalen Polsterbänken, heiter oder auch heftig in Gesprächen."

Der Oberleutnant hatte einige Zeit gewartet, als ein junger Offizier aus Stauffenbergs Zimmer kam, ihn begrüßte – „als seien wir bekannt" (es war von Haeften) – und ihn in das Chefzimmer führte.

„Stauffenberg gab mir die linke Hand, strahlend lebhaft und mit einer Sicherheit, die einen glauben machte, seine schweren Verstümmelungen behinderten ihn nicht im mindesten. Er erkundigte sich freundlich, wie ich gereist und in Berlin untergekommen sei, und ließ mir Zigaretten anbieten. Die Art, wie er und sein Ordonnanzoffizier miteinander sprachen, hatte etwas so Freimütiges, wie ich es unter Soldaten selten und nur im Feld erlebt habe."

Immer neue Anrufe am Telephon unterbrachen ihrer beider Gespräch und ließen Thiersch Zeit zur Beobachtung.

„Es war ein Vergnügen zu beobachten, mit welcher Intensität er die Unterredungen führte, knapp und sicher in Anordnungen, mit natürlicher Höflichkeit gegenüber Personen wesentlichen Einflusses, dabei immer souverän. Freilich vermochte ich nicht auf den Zusammenhang der Worte zu achten, da mich seine Erscheinung zu sehr fesselte. Sein mächtiges Haupt stand in schönem Verhältnis zum Körper, er trug die Reithose mit den roten Streifen und einen leichten weißen Rock. Die Gesichtsfarbe war von gesunder Frische, das gesunde Auge strahlte ungehemmt wie von innerem Feuer, man mochte glauben, unabhängig von heiteren oder ernsten Erregungen, die sein Antlitz bewegten. Die andere Gesichtshälfte, mit der schwarzen Klappe vor dem Auge, weniger aktiv wirkend, doch von eigentümlicher Gewalt durch kühne Formen, Schädelbau und Prägung des Lebens, gab seiner Erscheinung vor allem, wenn man sie durch eine Wendung nur von dieser Seite sah, etwas weit Entrücktes, Monumentales."

Stauffenberg wendet sich vom Fernsprecher wieder zu seinem Besucher und führt ohne Umschweife zur Sache mit seinem beliebten Eingangswort „Gehen wir in medias res. Ich betreibe mit allen mir zur Verfügung stehenden Mitteln den Hochverrat." Er spricht von der unentrinnbar hoffnungslosen militärischen Lage. Ein Umsturz vermöge daran nichts zu ändern, aber er könne erreichen, daß viel Blut gespart und ein letztes furchtbares Chaos vermieden werde. Die Schmach der gegenwärtigen Regierung müsse beseitigt werden. Es sei fraglich, ob es gelinge, fügt Stauffenberg mit Ernst hinzu, doch schlimmer als ein Mißlingen sei, der Schande und dem lähmenden Zwang tatenlos zu verfallen. Nur Handeln vermöge innere wie äußere Freiheit zu gewinnen.

Was diese Worte einer für ihn plötzlichen Eröffnung bei dem jungen Offizier vermochten, bekannte er später mit den Sätzen:

> „Waren diese Gedanken ganz nach meinem Herzen ausgesprochen, so gab noch etwas anderes den Antrieb, ohne Rücksichten Kräfte und Leben hier einzusetzen: von Stauffenberg ging keine Suggestion, keine Magie aus, aber man spürte bei ihm unangreifbare geniale Kräfte, die wünschen ließen, ihn an lenkender Stelle zu sehen, und die verhießen, daß es eine Lust sein müsse, für ihn, mit ihm zu wirken. Der Bann, daß heute nur niedere, rohe Kräfte etwas auszurichten vermöchten, schien, wenn man auf ihn schaute, gebrochen. Seine Gestalt gab die Gewähr, daß stärkste, lebendige Kraft sich mit höchster natürlicher Noblesse vereinigen kann.
> Ich fühlte mich an eine Darlegung erinnert, die ich einmal bei Jean Paul gefunden hatte, etwa in dem Sinn: daß das Genie im Gegensatz zum Talent eine unteilbare, einfache Kraft sei, die man nicht in Einzelkräfte aufspalten und darum nicht unterdrücken könne."[1]

Kurz wurden mit Stauffenberg noch Aufgabe und Dienststellung besprochen, für die Thiersch gedacht war, und er wurde gebeten, im Vorraum zu bleiben, bis Oberst Hansen, sein künftiger Chef, eingetroffen sei.

Beim Warten im Flur, der durch drei geöffnete Glastüren Verbindung zum großen Vorzimmer hatte, glaubte Thiersch bei allen, die sich hier unterhielten und warteten, eine unbewußte Spannung zu beobachten, die sich erhöhte, wenn Stauffenberg manchmal aus seiner Tür herauskam, um jemand zu begrüßen oder zu sich zu holen. Seine freimütige und herzliche Art dabei schien ihm die anderen zu bestimmen, ob er mit Jüngeren oder auch Ranghöheren sprach.

Einmal kommt Stauffenberg auf Thiersch zu mit einem Mann, wie er schreibt: „von schlanker hoher Gestalt von nördlichem Typ mit Augen, die sinnend auf Weitentferntes gerichtet schienen. An der Art, wie sie miteinander sprachen, war eine besondere gegenseitige Achtung zu spüren. Auch ich mußte annehmen, sie seien sich lange vertraut. Es war Oberst H." Stauffenberg klärte rasch, was an Entscheidungen anstand.[2] Sofort beim Umsturz sollte Oberst Hansen dem Plan gemäß in Madrid die Verhandlungen mit den militärischen Führern der Gegnerseite aufnehmen.

Gegen Mittag erlebte Thiersch, wie sich eine größere Anzahl von Offizieren im Vorzimmer versammelte: Der scheidende Chef des Stabes wollte sich verabschieden, der neue seine Mitarbeiter begrüßen. Bei geschlossenen Türen konnte der Oberleutnant nur beobachten, wie Stauffenberg nach der Ansprache des Generalmajors hervortrat. Es war für ihn zu spüren, wie die Aufmerksamkeit der Versammelten rege wurde. Stauffenberg war ganz Mittelpunkt. Er sprach frei und sicher, manchmal sein Haupt leicht zurücklehnend. Bald öffneten sich die Türen wieder, und alles strömte zu den eigenen Diensträumen zurück, die meisten heiter bewegt von seinen letzten, wohl scherzenden Worten.[3]

Ob der neue Chef bei Fromm überzeugt zu Hitler stünde, die Frage wurde gewiß nicht laut, auch nicht, als sich der Besucherstrom – Militärs und Zivilisten – um ihn in Kürze mehrte und der Generaloberst kritisch fragte, „was denn alles bei Stauffenberg aus- und eingehe". Nur den mit den Räumen im Amt Vertrauten fiel bald auf, daß in seinem Dienstzimmer eine Veränderung war. Das obligate Führerbild, das er an seinem Schreibtisch sich gegenüber hatte, war abgenommen. Er hatte es hinter sich an der Wand befestigen lassen. Kam nun ein Offizier zu ihm und beschwerte sich über einen ihm merkwürdig oder unsinnig erscheinenden Befehl oder Sachverhalt, so wies Stauffenberg, so liest man bei einem, der es erlebte, mit einer wiederholten Bewegung seines rechten Armstumpfes, die den Ärmel seines Uniformrockes in der Luft bizarre Formen beschreiben ließ, über seinen Rücken nach hinten an die Wand und sprach grimmig die Worte: „Jener hat befohlen..."[4]

Die von Fahrner und Berthold Stauffenberg in Bernau erarbeiteten Entwürfe wurden mit Claus Stauffenberg besprochen. Er legte sie, wie Fahrner den Eindruck hatte, auch anderen Beteiligten vor. In der für gültig erklärten Form wurden sie dann von Fahrner in der Seekriegsleitung der Sekretärin des Grafen Berthold diktiert. Die früheren Fassungen wurden vernichtet. Eines der beiden neugeschriebenen Exemplare wurde in der Bendlerstraße verwahrt, das andere blieb zu etwa nötigem Ersatz im Schrank des Marineoberstabsrichters von Stauffenberg. Es ist später kurz vor Eindringen der Geheimen Staatspolizei durch die Sekretärin Maria Apelt, wie sie bezeugt hat, vernichtet worden. Andere Manuskripte und Drucke, die deutlich auf das Zusammenwirken des Marineoberstabsrichters mit dem Gast Professor Fahrner hinwiesen, hat die Sekretärin wie zufällig in ihrer Tischschublade liegen lassen. Sie konnte damit der Staatspolizei glaubhaft machen, daß sich die Gemeinschaftsarbeit der beiden auf rein wissenschaftlichem Gebiet bewegt habe. Sie selbst ist als die Schreibende der Aufrufe nie erkannt und ist zu keiner Verantwortung gezogen worden.

Das zweite Exemplar der Aufrufe, das in der Bendlerstraße bereitlag, wurde wohl am Abend des 20. Juli im Zuge einer Verbrennung von Papieren, wie sie in einem Raum bei Olbricht wie im Chefzimmer von

Fromm bezeugt ist, vernichtet. Es ist bei keiner Nachforschung mehr aufgetaucht. Andere Entwürfe, vor allem von Goerdeler in Zusammenarbeit mit Beck, aber auch aus anderer Hand, sind erhalten geblieben.

„Der Eid", den Stauffenberg Fahrner zu entwerfen aufgab, sollte dem politischen Ethos Ausdruck geben, an dem sich die jetzt zur Tat Verbündeten auch unter fremdem Gebot erkennen und mit dem sie sich auch als die wenigen zusammenfinden könnten im unbeirrbaren Glauben an die Zukunft der Deutschen. Es sollten keine ideellen Glaubensformeln sein, sondern Formen menschlichen Sich-Bekennens, Schwurformen des Sich-Zusammenschließens zum Bewahren der Verantwortung für die Deutschen in den Wirrungen einer Zeit, in der sich Sinne und Herzen trennen und nicht mehr zueinander finden konnten. Fühlbar ist, daß Stauffenberg selbst weiß, daß er und vielleicht manche seiner „Pairs" im nahen Kampf untergehen können. Die Sätze sind erhalten:

„Wir glauben an die Zukunft der Deutschen.

Wir wissen im Deutschen die Kräfte, die ihn berufen, die Gemeinschaft der abendländischen Völker zu schönerem Leben zu führen.

Wir bekennen uns im Geist und in der Tat zu den großen Überlieferungen unseres Volkes, das durch die Verschmelzung hellenischer und christlicher Ursprünge in germanischem Wesen das abendländische Menschentum schuf.

Wir wollen eine Neue Ordnung, die alle Deutschen zu Trägern des Staates macht und ihnen Recht und Gerechtigkeit verbürgt, verachten aber die Gleichheitslüge und beugen uns vor den naturgegebenen Rängen.

Wir wollen ein Volk, das in der Erde der Heimat verwurzelt, den natürlichen Mächten nahe bleibt, das im Wirken in den gegebenen Lebenskreisen sein Glück und sein Genüge findet und in freiem Stolze die niederen Triebe des Neides und der Missgunst überwindet.

Wir wollen Führende, die aus allen Schichten des Volkes wachsend, verbunden den göttlichen Mächten, durch grossen Sinn, Zucht und Opfer den anderen vorangehen.

Wir verbinden uns zu einer untrennbaren Gemeinschaft, die durch Haltung und Tun der Neuen Ordnung dient und den künftigen Führern die Kämpfer bildet, derer sie bedürfen.

Wir geloben

untadelig zu leben,
im Gehorsam zu dienen,
unverbrüchlich zu schweigen,
und füreinander einzustehen."[5]

Es gibt eine Überlieferung, die die Stauffenbergschen Gedanken in ihrer Fortwirkung zeigt. Als Graf Schulenburg um diese Zeit seinen verwundeten Freund und Regimentskameraden Axel von dem Bussche in Insterburg besuchte, äußerte er zu ihm, wenn es nicht mehr gelinge zur Tat zu kommen, müsse man sich einen Eid geben und zu einem „Orden" zusammenschließen, um nach dem Zusammenbruch Deutschlands unter dem Zwang von zu erwartenden Besatzungsmächten ohne äußeres Band eine Gruppe von Männern zusammenzuhalten, die voneinander wisse und unverrückbar am Vaterland festhalte.[6]

Vor den Verhörsbeamten gab Schulenburg den an den Eid erinnernden Satz zu Protokoll: „Wir wollten eine Führerschicht, die das Vorbild in Haltung und Tat ist."[7] Stauffenberg maß dem „Eid", an dem Korrekturen von seiner Hand bekannt sind[8], wohl noch eine größere Bedeutung zu als den Entwürfen zu den Aufrufen. Im bestmöglichen Versteck sollte er überdauern. Fahrner fand ein solches bei einer anschließenden Reise ins Dachsteingebirge.

Zwischen den Brüdern und Fahrner bewies sich wieder während der Arbeit an den verlangten Entwürfen und den sie beschäftigenden Aufgaben für den Delfin-Verlag die geistige Gemeinschaft der früheren Jahre und des Lautlinger Sommers. Neben den schon genannten Arbeiten gab es eine andere, die Alexander Stauffenberg aus Athen, wo er beim Artilleriekommandeur des LXVIII. Armee-Korps Dienst tat, den Brüdern durch Fahrner hatte überbringen lassen. Es war eine Dichtung über den Tod von Stefan George, bei dem alle drei Brüder gegenwärtig gewesen waren: „Der Tod des Meisters". Der letzte Abschnitt, um die Jahreswende 1943/1944 entstanden, war den Brüdern so noch nicht bekannt. In ihm war im Gedenken an den vor zehn Jahren gestorbenen George die Zeitlage erwogen und mit ihr die Erscheinung der beiden Brüder und die Bedeutung, die ihnen der Dichter-Bruder im jetzigen Geschehen zumaß – Anruf und Preis zugleich. Es war darin, ohne daß der Verfasser vom nahen Umsturzgeschehen wußte, die Erwartung einer befreienden Tat des Claus zu spüren, die den Bruder Alexander während seiner verschiedenen Einsätze an der Front immer schon erfüllt hatte. Er war in die Verschwörung nicht einbezogen worden, weil durch sein enthusiastisches Bekennertum gegen Hitler die Gefahr vorzeitiger Entdeckung den anderen Brüdern zu groß erschien.

Er war erst im Juni 1944 nach Athen versetzt worden. Freunde, die mit ihm in den Wochen in Athen zusammen waren, erinnerten sich der in einer abgelegenen Taverne häufig emphatisch zitierten oder auch nur im Rhythmus gepochten attischen Trinkskolien auf die Tyrannenmörder in der Hölderlinschen Fassung: „Schmücken will ich das Schwert mit der Myrthe Ranken." Sie wußten so wenig wie er, wie nah ein Befreiungsversuch zu hoffen war.

Fahrner hatte die Dichtung Alexander Stauffenbergs bei seinem Kommen den beiden Brüdern übergeben. Er dachte, später die Gedanken darüber mit ihnen auszutauschen. Aber es konnte geschehen, daß der Graf Claus „zwischen sich jagenden Tagesaufgaben eingehend" zu Fahrner über die Verse sprach, und dem mußte fast unvorstellbar erscheinen, wie der Oberst bei seinen gefüllten Tagen sich eine so ins einzelne gehende Kenntnis der Dichtung hatte verschaffen können. Fahrner schreibt in seinen Erinnerungen:

> „Claus war in jenen Tagen auf dem Untergrunde großen Ernstes sehr heiter und trotz größter Inanspruchnahme geistig ganz frei, sprühend und ergiebig. Nicht selten hatte er erhellende Worte und Wendungen, die ganze Problemwelten erledigten. Keine Beratung ohne Lachen, ganze Folgen von schlagenden, aber indirekten Bezeichnungen, in die Mitte treffenden Umschreibungen, und immer jene lachend herbe, durch und durch wohltätige Unverborgenheit im Bezeichnen des Wirklichen, die eine Signatur seiner Redeweise war. Vor, nach, zwischen den Anforderungen seiner Stabschefstellung und denen seiner Stellung in der Mitte der Erhebungsbewegung, ... zwischen Beratungen, Besuchen, Telefongesprächen, Befehlen, Planungen – immer war er wie unbemüht, ganz gegenwärtig offen und antwortreich für geistige Fragen, aufnahmefähig für Berichte von geistiger Tätigkeit und ratskräftig daran teilnehmend."[9]

Aus den Gesprächen mit Stauffenberg, mehrfach auch im Zusammensein mit dem im Hause wohnenden Mertz von Quirnheim, entsinnt sich Fahrner des Folgenden:

> „Von den Mitverschworenen der geplanten Erhebung wurden mir wenige genannt. Mit großer Wärme sprach Claus des öfteren von Julius Leber, von dem er sich für die Zeit nach dem Attentat vieles erhoffte. Ich hatte den Eindruck, daß er für sich im Künftigen mit einer nahen Zusammenarbeit mit Leber rechnete, in ihm den eigentlichen Gefährten sah und ihn sich als Kanzler dachte. Es war deutlich, daß er Goerdeler nicht schätzte, es war deutlich, daß er Beck, dessen Bedeutung voll ehrend, doch in seinen Schranken klar erkannte. Er durchschaute die vielen verschiedenen Befangenheiten der Menschen, die sich im Widerstand begegneten, aus ihren Herkünften und aus ihrer inneren Artung, und er war selber auf eine zaubrische Weise unbefangen und unbedingt, so daß er einem den Glauben erweckte, daß er künftige Weisen des Lebens mit der gleichen Gabe neu begründen konnte. Er hatte die Wirkung, daß sich durch ihn bedeutende und aus innerer Tiefe lebende Menschen zeigten und sich um ihn sammelten, so daß man die vielverdunkelte Substanz unseres Volkes erscheinen sah.

Sehr herbe Worte sagten Berthold und Claus über manche Gegenfiguren der Erhebung. So über Dönitz, dem sie ganz verblendete Heftigkeit in seiner Anhänglichkeit an Hitler vorwarfen, und über den Feldmarschall Erich von Manstein, der sich der Erhebung verweigert hatte und sich auf die Versicherung beschränkte, sich nach dem gelungenen Umsturz der neuen Staatsführung zu unterstellen. Nur mit Hohn sprachen sie von Generaloberst Fromm, dem Befehlshaber des Heimatheeres ..."[10]

Wenn Fahrner später vor Freunden von seinen Berliner Tagen erzählte, durfte die Geschichte nicht fehlen, wie Claus, Mertz von Quirnheim und er auf dem Balkon in der Morgensonne frühstückten und Claus, vor den honigbegierigen, stichfreudigen Wespen flüchtend scherzte: Das sei der Vorteil seiner Verwundung, daß er jetzt ohne Sorge vor Mißdeutungen seine ganze Feigheit vor Wespen, die er immer hätte verbergen müssen, offen an den Tag bringen könne.[11]

Von einer Begegnung mit dem Grafen Berthold in der Tristanstraße in eben diesen, auf eine Entscheidung zudrängenden Tagen, spricht Urban Thiersch in einem späteren Brief:

„Er [Berthold St., d.Vf.] hatte mich mit einem Freunde [es war Rudolf Fahrner, d.Vf.] von der Bahn abgeholt und war von echter, innerer Heiterkeit, wie es sich auch in seinen gelassen-vornehmen Bewegungen und dem leichten Gang aussprach. Wir sassen unter dichtem Schatten einer Kastanie auf der hohen Terrasse des Hauses in Wannsee, fast wie im Wipfel des Baumes und beschäftigten uns mit einer Übertragung der Odyssee in ganz diesem Werk gewidmetem Gespräch. Seine Bemerkungen waren sparsam: mit welcher Sicherheit fand er die Stellen, die der einfachen homerischen Gebärde noch nicht entsprachen und sie vielleicht ‚poetisierend' wiedergaben. Wie gelang es ihm oft, durch Ausschöpfen einer Nuance aus dem Griechischen, den dichterischen Klang eines Verses zu heben.
Da er am Mittag wieder zu seinem Amt zurückkehren mußte, begleiteten wir ihn zum Bahnhof. Als sich der Zug langsam in Bewegung setzte, lehnte er sich leicht aus dem Fenster. Seine dunklen Augen leuchteten zugleich ruhig und lebhaft – es schien wie unbewußt die Ahnung eines unabwendbaren Schicksals und eines letzten Blicketauschens darin zu liegen. Er winkte uns zum Abschied, und wir sahen noch lange die Gebärde seiner schlanken Hand."[12]

Wir hören nicht davon, daß das nahe, sie alle drei als Mitwisser, ja als Mithandelnde ergreifende Ereignis in ihrem Gespräch berührt worden ist. An der Arbeit, die sie sich auf dem Altan vornehmen, sind sie mit völliger Hingabe tätig. Und doch ist auch zu erfahren, daß Berthold einmal in dieser Zeit, als ihm der Bruder das Attentatsvorhaben für den nächsten Tag bedeuten läßt, zu seiner Frau Mika (Maria), der Mutter seiner zwei Kinder, die Worte sagt:

> „Das Furchtbarste ist zu wissen, daß es nicht gelingen kann, und daß man es dennoch für unser Land und unsere Kinder tun muß.“[13]

Am 3. Juli war mit dem Fall von Minsk, der Hauptstadt von Weißrußland, die am 22. Juni eröffnete große Durchbruchs- und Umfassungsschlacht der Russen gegen die Heeresgruppe Mitte ans Ziel gelangt: Sie hatten, wie sich fand, 28 deutsche Divisionen in kaum mehr als 10 Tagen zersprengt und vernichtet und waren im Vordringen gegen die deutschen Grenzen, was Tresckow schon im Vorjahr als unabweisbar prophezeit hatte. Der Druck auf die Bevölkerung von Osten her, erste Panikerscheinungen eines von den Ortsgewaltigen unterdrückten Rückflutens forderten vorausschauendes, planendes und praktisches Eingreifen des Befehlshabers des Ersatzheeres: Hilferufe um Verhaltensanweisungen und Unterstützung kamen pausenlos bei Stauffenberg an.

Am frühen Abend des 4. Juli war er aus der Bendlerstraße nach Hause gekommen, um noch mit Fahrner zusammenzusein, der am nächsten Morgen abfahren sollte. Er erging sich mit ihm durch die Villenstraßen und Gärten in Wannsee. Sehr ernst faßte er Fahrner die Lage in klaren Punkten zusammen: was bevorstand, was noch zu gewinnen, was offen sei, was er selbst auf sich zu nehmen habe. In einem Bericht über das Zwiegespräch, der 1950 niedergeschrieben wurde, sagt Rudolf Fahrner:

> „Es ging noch einmal um die in all diesen Tagen von so mancher Seite herandringende Frage, ob bei den fortgeschrittenen Kriegsereignissen, die eine vollständige Besetzung Deutschlands in nicht allzu langer Zeit doch unausbleiblich machten, die Erhebung noch sinnvoll und man nicht besser nach der Besiegung Hitlers von außen her mit ungebrochenen Kräften zur Stelle sei. Dagegen stand einmal der Gedanke, wieviel an Substanz, besonders wieviel an Menschenleben und Menschenglück, und nicht nur auf deutscher Seite, auch durch ein Handeln im jetzigen Augenblick noch gerettet werden könnte, dann aber noch schwerer wiegend das Wissen, daß es nicht nur um äusseren Erfolg, sondern um ein Gebot der inneren Reinigung und um ein Gebot der Ehre gehe ...
> Noch tiefer aber beschäftigte uns auf diesem Gange die andere Frage, ob beim Versagen aller anderen Möglichkeiten Claus selbst ... das Attentat auf Hitler ausführen solle ...“[14]

Auch bei diesem Gespräch ist Stauffenbergs Art erkennbar, nach einer klaren Schilderung der Lage und der in ihr auftretenden Fragen den andern seine unvoreingenommene Antwort finden zu lassen, zu welcher Entscheidung er komme. Die seine, die längst feststand, hielt er zurück.

Fahrner bekennt, wie schwer ihm antwortend die Entscheidung wurde. Nach seiner Überzeugung durfte sich der Mann, von dem der Sinn und das Gelingen der Erhebung als einzigem abhing, nicht opfern. Und doch verlangte das Gebot der Ehre und der Reinigung die Tat. Unbeschreiblich der Ausdruck im Antlitz des anderen, als er, so sagt Fahrner, diesem mit entschiedenem Ja antwortete und sich damit ihrer beider Einklang vor dem fordernden Schicksal erwies.

Fahrner schildert dann, wie sie, nachdem sie heimgekehrt sind und auch der Bruder Berthold gekommen ist, mithörende Zeugen der fast ununterbrochen an den Frommschen Stabschef gerichteten Ansprüche, Klagen, Hilferufe, Forderungen werden, die er in einer Kette von Ferngesprächen, Anrufen und Gegenanrufen, zu bewältigen hat.

> „Man sah mehrere Stunden hindurch – nur wenige Worte wurden zwischen den Gesprächen gewechselt – in abgründiges Geschehen: Not der Front, vor allem im Osten, die aus unhaltbarer Lage nach Stärkung und Ersatz rief, Not der fliehenden Deutschen, die sich, Männer, Weiber und Kinder, zu vielen Tausenden vom Osten her ins Reich retten wollten, um nicht schwergereizten Gegnern in die Hände zu fallen, und gegen deren Einströmen sich die eigene Front wehren mußte, um nicht zerfasert zu werden, zu gleicher Zeit scharfe Reibungen zwischen den Verteidigungsbeauftragten der Partei- und Rüstungsinstanzen, die unter sich einen Krieg im Kriege führten, Schläge der Luftangriffe mit ihren Folgen für Menschen und dringend bedurfte Sachen. Schwierigkeiten im Heimatheer, Hemmungen bei der Durchführung von Befehlen, dazwischen Persönliches von Bekannten, Befreundeten, Schönes und Schlimmes, Anklagen, Troste, Verzweiflungen, kühne Wegfindungen, Ausharren, Rettungen. Das alles war wie im Spiegel aus den Erwiderungen zu erraten und doch wirklich da. Mit Leib und Gliedern war Claus in Bewegung: sitzend, über einen Tisch lehnend und manchmal liegend, stehend, Schritte an der Telefonschnur gehend. Was er sagte, zeigte ihn mitdenkend, mitfühlend, vordenkend ..., eine Frage bis zur Klärung durch mehrere Gespräche verfolgend, zu anderem überspringend, erledigend ..., bestärkend ..., ablehnend.
>
> Es war 11 Uhr nachts, als wir zum Essen kamen und zum Wein, der dank befreundeter Spender noch nicht fehlte. Es folgte eine stille, große Nacht. Die Betrachtung und Besprechung des Dichtwerks von Alexander Stauffenberg vereinigte uns jetzt alle drei. Die Brüder teilten sich ihre Eindrücke und Gedanken mit, die ich schon aus Besprechungen zu zweien kannte, und daraus ergaben sich neue Erwägungen ... Von dem einen Werk und dem dazu Bemerkten kamen wir zu manchen großen dichterischen Fragen, und das uns ganz Bewegende hielt uns lange fest, bis wir zum Ausgang zurückkehrten und das besprochene Werk zum Abschluß unseres Zusammenseins uns noch einmal vorlasen. Der neue Tag war schon nahe, als wir uns zu kurzer Ruhe trennten.
> Claus bestand auf meiner Abreise.“[15]

XVIII

„DER RUBIKON IST ÜBERSCHRITTEN"

Als Oberst Graf Stauffenberg am Morgen nach der Verabschiedung Fahrners – es ist Mittwoch, der 5. Juli – zum Amt kommt, wird er von einer ersten Alarmmeldung empfangen: Adolf Reichwein ist in der Nacht von der zweiten Begegnung mit den „Illegalen" nicht heimgekehrt. Der Geheimen Staatspolizei ist der gefürchtete Einbruch gelungen.

Adam Trott kommt und berichtet Stauffenberg von seiner Erkundung in Schweden. Während sie noch im Gespräch sind, kommt Theo Haubach, Nahverbündeter als Sozialist in Kreisau, der vor einer Begegnung mit den Alt-Kommunisten entschieden gewarnt hatte. Er ist bestürzt: In der Frühe des Tages ist Julius Leber von zuhause weg verhaftet worden. Man hört zu wiederholten Malen Stauffenbergs erschütterten Ruf: „Wir brauchen Leber. Ich hole ihn raus, und ich hole ihn raus!"[1] An Lebers Standhaftigkeit, auch im Gewaltverhör, konnte Stauffenberg nicht zweifeln, aber jeder Tag Zögerung bedeutete Gefahr für die Kraft und das Leben des befreundeten Mannes wie für die Aussichten der Erhebung.

Noch vor Abend dieses Mittwochs ging beim Frommschen Stabschef die Aufforderung ein, am nächsten Tag in Berchtesgaden zu sein und Hitler über die Neuaufstellung von Heeresverbänden vorzutragen.

Mit dem Flug am 6. Juli beginnt die Reihe der vier, den 20. Juli miteinschließenden Auftritte, zu denen Oberst Graf Stauffenberg ins Hitlersche Hauptquartier gerufen worden ist. Soweit es sich um Lage- und Sonderbesprechungen handelte, sind sie zeitlich festgelegt durch Aufzeichnungen der Stenographen. Zeiten von Ferngesprächen sind bei den Vermittlungen verzeichnet. Topographische Skizzen suchen Bauten, zurückzulegende Wege, bestehende Sperrkreise zu verdeutlichen. Augenblickssituationen und -motivationen der Handelnden und eintretende Zufälle sind trotz dieser Gegebenheiten nicht klar erkennbar. Fehldeutungen sind wohl nicht auszuschließen. Doch gewinnt man, im Ganzen genommen, eine ausreichende Vorstellung davon, was Stauffenberg und die mit ihm waren, im Ansturm der zwei Wochen zu bestehen hatten.

Am 6. Juli, an dem Stauffenberg mit seinem Begleiter Haeften zum Berghof kam, waren Sonderbesprechungen angesagt, zu denen die

Teilnehmer jeweils durch Verfügung Hitlers berufen wurden. Himmler und Göring waren nicht zugegen. Die Besprechungen, an denen sich Stauffenberg mit seinem Vortrag zu beteiligen hatte, fanden von 17.05 Uhr bis 18.00 Uhr und über die bei Hitler beliebte Mitternachts- und Nachmitternachtszeit von 23.55 Uhr bis 0.50 Uhr statt. Stauffenberg trug beim Kommen in der Mappe den Sprengstoff, der mit Zeitzünder auszulösen war.

Was hat Stauffenberg an diesem Tag geplant? Sicher nicht: den Anschlag auf Hitler auszuführen. Einen Probegang für sich und den begleitenden Offizier unter den Ortsbedingungen des Berghofs? Seine Begegnung mit Generalmajor Stieff, die der Gestapo bekannt geworden ist, hatte gewiß mehr Hintergründe, als aus Stieffs Schutzbehauptungen im Verhör zu erkennen ist. Stauffenberg, auf seine Aktenmappe weisend, zu Stieff: „Ich habe das ganze Zeug mit". Stieff später zu ihm: „Lassen Sie die Finger gefälligst davon."[2] Offenbar hat der General im neuerlichen Gespräch mit Stauffenberg abgelehnt, selbst an ein Attentat zu denken und den Sprengstoff dafür zu behalten.

Am Tag danach, dem 7. Juli, fand die langhin verschobene Uniformvorführung im Schloß Kleßheim bei Salzburg statt, zu der Hitler vom Berghof herab erschien. General Stieff war der Leitende bei dieser Vorführung. Sie lief ohne Störung. Gewiß um Erkundungserfahrungen reicher kam Stauffenberg an diesem Tag mit der beladenen Mappe nach Berlin zurück und sprach, wie man aus einer Mitteilung Sebastian Haffners liest, „mit spürbarer Bewegung und sprühender Ungeduld von der Lage in den Bergen" und erklärte, er müsse nunmehr auch dies selbst übernehmen.[3]

Von General Olbricht war inzwischen dem Chef der Nachrichteninspektion in der Bendlerstraße der Auftrag erteilt, in Kürze 20 Offiziere bereitzustellen, es hieß: „zur nachrichtentechnischen Betreuung zu schützender Objekte"[4].

Stauffenberg besucht eigens die Panzertruppen-Schule in Krampnitz, um sich ihrer Einsatzfähigkeit zu vergewissern. Er begegnet von früher ihm befreundeten Offizieren. Einer von ihnen, Oberst Momm, Kommandeur der Reit- und Fahrschule in Krampnitz, läßt überraschend ein Pferd bringen: Der Versehrte soll wie früher sich im Sattel fühlen. Welcher Beifall, als ihm noch die Piaffe gelingt.

Am Tag nach seiner Rückkehr aus Berchtesgaden findet man Stauffenberg zum Wochenende vom 8. zum 9. Juli mit einigen seiner Leutnante (L. Hammerstein, Kleist, Oppen) auf dem Gut Altfriedland des Herrn von Oppen in Mecklenburg, wo sich ihm anders als in Berlin Stunden „zu gründlichem und unbelauschtem Gespräch"[5] mit „Fritzi" Schulenburg ergaben, der als Staatssekretär neben Leber als Innenminister für später genannt wird. Durch die Unvorsicht seiner Attacken war Fritz-Dietlof Himmler verdächtig geworden und jüngst von ihm auf einen Außenposten in Lyon befohlen worden. Noch hat er sich bis zu diesem Tag der Abreise zu entziehen gewußt in täglicher Erwartung von Stauffenbergs Handeln. Schulenburg strebte zum hohen Ziel und er wußte vom drohenden Absturz. Er war ein der Dichtung offener Mensch.

Gräfin Alice Hardenberg erzählt von einem Besuch Schulenburgs in Bukarest im August 1942, als er sich schon dem Zugriff der Gestapo nahe glaubte. An einem festlichen Abend im Haus des Gesandtschaftsrates las er den Versammelten das Georgesche Gedicht „Der Gehenkte" vor. „Doch vor den letzten Zeilen:

‚Als sieger dring ich einst in euer hirn
Ich der verscharrte – und in eurem samen
Wirk ich als held auf den man lieder singt
Als gott ... und eh ihrs euch versahet ... biege
Ich diesen starren balken um zum rad'

stockte er, klappte das Buch zu und ging hinaus. Dort fand ihn Hardenberg weinen."[6]

Katastrophennachrichten kamen indessen immer neue vom Osten: Die Russen hatten mit mehreren Stoßkeilen die Weichsel erreicht. Besorgte Beurteiler wie Beck nahmen an, daß sie die unerwartete strategische Lage nutzen und, ohne sich um ihre noch zurückbleibenden Flügel zu kümmern, den Angriff auf das Reichsgebiet vortreiben würden: In längstens zehn Tagen hätte man dann die russischen Panzerkräfte vor Berlin zu erwarten. Bei Kowel und Dünaburg jedenfalls zeichnete sich „ein zweites Stalingrad" für die Heeresgruppe Nord mit ihren 250 000 Mann ab, die in Kürze die Landverbindung zum Reich verlieren mußten.

Vom Tag, an dem Stauffenberg wieder ins Amt kam (Montag, 10. Juli) sagt der Bericht des früher genannten Oberleutnants Thiersch, daß man in der Bendlerstraße durch die Alarmnachrichten der russischen Fronten von äußerster Sorge ergriffen war und davon sprach, es müsse unbedingt gehandelt werden, vielleicht morgen oder am folgenden Tag. Und von Haeften sagte zu Thiersch zu dessen großer Überraschung: Stauffenberg werde es selbst tun. Er (Thiersch) möchte seinen Vorgesetzten, Oberst Hansen, davon unterrichten. Thiersch fährt fort:

„Ich wartete noch, um Stauffenberg selbst zu sehen, der schließlich in ernstem Gespräch mit zwei Begleitern festen und ruhigen Schrittes den Gang entlang kam. Es gab eine nur kurze Begrüssung, da dringende Aufgaben ihn beschäftigten. In diesem Augenblick schien eine schwere dunkle Last auf ihm zu liegen."[7]

Schon am folgenden Tag wurde Stauffenberg erneut zum Vortrag auf den Berghof gerufen. Er sprach, da von Haeften nicht abkömmlich war, den Hauptmann Friedrich Karl Klausing vom Stab des Olbrichtschen Amtes an, ihn zu begleiten und Wagen und Flugzeug für ihn bereit zu halten zur raschen Umkehr nach Berlin. Der in Stalingrad Verwundete sagte zu, auch als der Oberst ihn nochmals fragte, ob er sich klar sei, was er mache.[8] Hoepner und Witzleben wurden zum kommenden Tag alarmiert, die Kette der geheimen Durchsagen lief nach Verabredung von Person zu Person.

Angesichts der Kräfte, die der Zweitmächtigste im Staat, der Reichsführer-SS Himmler, bei einem Umsturz aufzubieten hatte und die eben durch die Aufstellung neuer SS-Divisionen eine bedeutende Steigerung erfahren hatten, war von Beck, Olbricht, Mertz, Wagner an Stauffenberg die Forderung ergangen, und sie war eben auch durch die Marschälle Kluge und Rommel erneuert worden, daß gegen Hitler nur gehandelt werden dürfe, wenn mit dem gleichen Schlag Himmler (möglichst auch Göring) ausgeschaltet werden könne.

Am Dienstag, den 11. Juli, flog Stauffenberg wieder nach Oberbayern und kam mit seinem Geleiter Klausing auf den Obersalzberg zu Hitlers Berghof. Die Sprengladung war in seiner Mappe. Als man sich versammelte, wurde schon vor der „Lage" bekannt, daß Himmler nicht teilnehme. Stauffenberg gab es noch vor Eintritt in die Besprechung an Olbricht nach Berlin durch. Der Alarm wurde abgeblasen. Wie es Stauffenberg zumute war, sagt sein Wort, das er beim Eintritt dem General Stieff zuwarf, der außen blieb: „Herrgott, soll man nicht doch handeln?"[9]

Die „Morgenlage" dauerte nach der Aufzeichnung des Stenographen von 13.07 Uhr bis 15.30 Uhr. Danach fuhr Stauffenberg mit Hauptmann Klausing, der die Zeit über mit bereitem Wagen auf dem Parkplatz vor dem Berghof gewartet hatte, zu einem Mittagessen in der Jägerkaserne Frankenstrub. Dort trafen sie die Generale Fellgiebel und Stieff und Oberstleutnant Klamroth, Stauffenberg besprach die „Abschirmung der Verstärkerämter München und Salzburg" und forderte von Fellgiebel erneut, daß er nach dem Attentat

„das Nachrichtennetz so sicher stellen sollte, daß alle notwendigen Anordnungen und Benachrichtigungen der Verschwörer reibungslos durchkommen, alle anderen Benutzer aber abgeschaltet werden."[10]

Als er vom Tisch aufstand und sich zum Gehen wandte, trat zu ihm (wie jener als einzig Überlebender der Szene berichtet hat) der Oberleutnant Stahlberg, der ihm vor eineinhalb Jahren Zutritt und Gespräch bei Generalfeldmarschall Manstein vermittelt und seitdem nichts von Stauffenbergs Planen gewußt hatte. „Herr Oberst, meine Gedanken sind jetzt sehr intensiv bei Ihnen und mit Ihnen". Darauf Stauffenberg: „Ich danke Ihnen für so ein Wort. Ich kann so ein Wort gebrauchen." Stahlberg hatte durch Fellgiebel, der auf Stauffenbergs Rückkehr wartete, von dessen Vorhaben mit der Aktenmappe gehört, und sein Herz ging schneller, wie er sagte, als plötzlich Stauffenberg mit der Mappe in der Tür erschien.[11]

Am späten Abend war Stauffenberg wieder in Berlin. Caesar von Hofacker erwartete ihn, der in der Frühe des Tages, des 11. Juli, aus Paris eingetroffen war mit katastrophalen Meldungen aus dem Westen, wie sie vom Osten gekommen waren. Noch am 9. Juli hatte Stauffenbergs Vetter den Marschall Rommel gesprochen, der ihm versichert hatte, die Front sei nur noch „maximal 14 Tage bis 3 Wochen" zu halten.[12] Beim Oberbefehlshaber West, von Kluge, war, von der Ostfront von Tresckow entsandt, dessen Freund Oberst Georg Frh. von Boeselager erschienen, um den Marschall „unter Darlegung der Lage im Osten...zu beschwören, die Front im Westen zu öffnen und nicht gegen Engländer und Amerikaner, sondern gegen Hitler zu schlagen". Kluge hatte abgelehnt: er brauche keine Lücken mehr aufzureißen. Es sei nur eine Frage kurzer Zeit, bis es den Engländern und Amerikanern gelingen werde, den Durchbruch zu erzwingen. Ihn aufzuhalten, sei wegen der totalen Luftüberlegenheit des Gegners, die den Nachschub und jede eigene Operation verhindere, unmöglich. Er selbst sei zwar Oberbefehlshaber West, sei sich aber seines Stabes in keiner Weise sicher und fühle sich so eingeengt, daß er von sich aus nichts mehr unternehmen könne. Nach Hofackers Meinung waren beide Feldmarschälle, Kluge und Rommel, nach gelungenem Attentat zur Unterstützung des Staatsstreiches bereit.[13] Tatsächlich brachen die Alliierten am 1. August bei Avranches zur entscheidenden Rückeroberung von Frankreich durch.[14]

Hofacker ging, wie angenommen wird, wohl mit Stauffenberg zusammen, noch in derselben Nacht zu Beck und trug mit seinem Bericht aus Frankreich seine Überzeugung vor, daß weder ein Sieg-Friede noch ein Kompromiß-Friede mehr möglich sei. Es gehe nur noch darum, die unvermeidliche Niederlage so erträglich wie möglich zu gestalten und den militärisch verlorenen Krieg politisch zu liquidieren. Das Ziel sei eine rechtzeitige Kapitulation, um Deutschland eine einigermaßen annehmbare Stellung in Mitteleuropa zu erhalten.[15] Stauffenberg konnte zu diesem Gespräch eine Meldung aus Madrid beitragen, die Oberst

Hansen am gleichen Tag über einen Abgesandten von Otto John erhalten hatte: die Feindmächte bestünden auf der bedingungslosen Kapitulation, ein Separatfrieden mit dem Westen sei unmöglich. Nach einem Umsturz seien die Wege für Verhandlungen sofort begehbar. Die Chancen blieben offen.[16] Becks Entschluß bei diesem Gespräch, der Stauffenbergs und Trotts Vorschlag entsprach: „daß sofort nach der Machtübernahme hervorragende Unterhändler nach London und Moskau entsandt werden sollten"[17]. Beck wollte sich darum kümmern. Stauffenberg dachte an eine Begegnung von Militär zu Militär. Der Gedanke einer „Westlösung" mit dem Ziel, die Abwehr im Osten zu erhalten, wurde aufgegeben, auch gegen den zu erwartenden Widerspruch Goerdelers.

Stauffenberg hat wohl bei diesem Gespräch und seiner Schilderung des Tageshergangs von Beck die Zustimmung erhalten, daß auch ohne Gegenwart Himmlers nunmehr gehandelt werden müsse.

Am Tag, der dem Gespräch bei Beck folgt – es ist der 12. Juli –, spricht man von der Bedrohung Ostpreußens: Die sowjetischen Panzerspitzen gehen über Wilna und Grodno in Richtung auf die deutsche Reichsgrenze vor. Goerdeler, mit Leib und Leben Ostpreuße, läßt über Hauptmann Kaiser Stauffenberg zu höchster Eile mahnen. Es gäbe jetzt nur noch eins: „nach vorn durchbrechen, d.h. nunmehr gewaltsam vorzugehen."[18] Er muß wohl Stauffenberg selbst noch gesprochen haben. Aber er sagte nachher „halb lächelnd und halb traurig" zum Leutnant Hammerstein: „Die machen es nie" und zu einem anderen „mit müdem Achselzucken": „Angeblich soll es ja nun stattfinden, aber..."[19] Seine Hoffnung war gebrochen, sein Vertrauen auf Stauffenberg enttäuscht.

So empfing er am gleichen Tage den Mann der Abwehr, den eben nach langem Fernsein aus Zürich herangereisten deutschen Vizekonsul Hans-Bernd Gisevius, der, seit Vorkriegstagen dem Kreis um Canaris, Oster und Beck angehörig, nichts von den neuen Vorgängen in der Konspiration wußte. Jetzt wurde er durch den resignierenden Goerdeler gegen Stauffenberg, den ihm anmaßenden „politischen Offizier", mit seinem „überheblichen Eigensinn" eingestimmt. Goerdeler gab wohl zu: „Beck hält viel von ihm, und in der Tat ist er ein sehr mutiger und energischer Mann ..." Was Gisevius aber als erster Geschichtsschreiber dieser Tage und mit aufsehenerregenden Aussagen als Zeuge der Anklage im Hauptkriegsverbrecherprozeß in Nürnberg später ans Licht gab, war als herostratisch manipulierte, bloße Chronik von Ereignissen, die vielfach einer ernsthaften Prüfung nicht standhielt, zunächst nicht erkennbar und wurde als authentisches Zeugnis der Widerstandsbewegung von der Öffentlichkeit begierig aufgenommen. Man wird bedenken müssen, daß Gisevius mit beiden Seiten, so mit der Abwehr der

Wehrmacht und dem amerikanischen Spionagedienst in Verbindung stand und sie nicht ohne Geschick gegeneinander ausspielte. Ein englischer Historiker (Edward Crankshaw) hat für Gisevius die Bezeichnung gefunden: „Der geborene Zwischenträger, ein vollendeter Intrigant.“[20]

Gisevius wurde durch Beck an Stauffenberg gewiesen, dem er, frisch aus der Schweiz kommend, als Informierter und Informant amerikanischer Spionageorganisationen um Allen Welsh Dulles, den Sonderbeauftragten Roosevelts in der Schweiz, Mitteilungen bringen sollte. Stauffenberg verabredete sein Kommen mit Oberst Hansen zusammen noch für die späte Nacht dieses 12. Juli in der Kellerwohnung des gleichfalls zur Abwehr gehörigen Hauptmanns Dr. Theodor Strünck, der soeben mit Gisevius aus der Schweiz gekommen war. In den Gesprächen, ehe Stauffenberg erschien – Goerdeler war nicht anwesend –, wird beredet worden sein, daß Goerdeler Gisevius als Staatssekretär wünschte, Stauffenberg aber für diese Stellung deutlich Yorck begünstigte (der bisher noch keine Zusage dazu gegeben hatte), und daß Gisevius in gleich handfester Art wie Graf Helldorf ein Zusammengehen mit „Linken“ und Gewerkschaftsgruppen ablehnte.

Stauffenberg kam nach Mitternacht, erschöpft vom langen Tag, „warf sich in einen Holzsessel“, ließ sich einen Kaffee reichen und sagte ohne große Umschweife und Achtungsbezeugungen, aber auch ohne Vertraulichkeit zu dem ihm erstmals begegnenden Gisevius: als Stabschef beim Befehlshaber des Ersatzheeres wolle er sich bei ihm, „der aus der Schweiz komme“, über die Lage informieren und „seine Eindrücke hören.“[21] Was dieser dann in längerer Darlegung unter reichlicher Nennung seiner Vertrautheit mit Dulles vortrug – Stauffenberg lächelte, wie Gisevius später schreibt, „vielsagend vor sich hin“ –, war laut Angabe von Strünck und Hansen, daß es die Möglichkeit einer Separatverständigung mit den Westmächten gäbe.[22] Gisevius dachte offenbar wie Goerdeler: Ein Waffenstillstand sollte ausgehandelt werden, gemäß dem die britisch-amerikanisch-kanadischen Armeen in Frankreich stehen bleiben und das deutsche Westheer zur Abwehr der Russen abziehen lassen sollten. Hitler habe solche Rettung zu akzeptieren oder, durch die befreite Volksstimmung gezwungen, zurückzutreten. Dies war vielleicht das „nach vorne durchbrechen“, für das sich Goerdeler stark gemacht hatte. Stauffenberg fragte dagegen Gisevius, ob er von der Lage im Osten wisse, vom Untergang der Heeresgruppe Mitte, vom Vorstoßen der Russen bis an die Weichsel, ja bald bis an die Oder. Er frage sich, ob nicht alle Politik bald mit dem Osten zu machen sei. Er sei innerlich noch nicht entschieden. Er übernehme ihm (Gisevius) „gegenüber die Rolle eines advocatus diaboli“, ihm liege einzig daran, „die Antithese klar herauszuarbeiten.“[23] Für Gisevius ist es genug, die Mär vom ostorientierten, machthungrigen Generalstabsobersten in die Welt zu setzen.

Nach dem ergebnislosen Nachtgespräch im Hause Strünck, bei dem Stauffenberg auf das Hereindrängen der Russenheere gewiesen hat, kommt am 13. Juli die Nachricht, Wilna sei gefallen, Bialystok kurz vor dem Fall. Im entgegengesetzten Westen, im Raum von Caen, in schweren Wochen aufs Härteste umkämpft, verabschiedet sich an der Invasionsfront indessen von Rundstedt, als OB West durch von Kluge abgelöst, von der 12. SS-Panzerdivision „Hitler-Jugend“, die bis zum Fall der Stadt mit schwersten Verlusten gekämpft hat, mit diesen Worten an ihren Kommandeur:

> „Ihre Soldaten besitzen die Begeisterung der jungen Regimenter von Langemarck, sind ihnen jedoch an Ausbildung weit überlegen und werden vor allen Dingen von fronterfahrenen Offizieren und Unteroffizieren geführt. Es ist ein Jammer, daß diese gläubige Jugend in so aussichtsloser Lage geopfert wird.“[24]

Und es wird in der Besprechung im Beisein des Kommandierenden Generals des I. SS-Panzerkorps, SS-Obergruppenführer Sepp Dietrich, deutlich, daß die Führer der SS-Panzerdivisionen – 6 von ganzen 10 sind in Frankreich in schwerstem Einsatz – gleich den Kommandeuren des Heeres die Art der Kriegführung in der Normandie verurteilen und ihre Truppen für jede Änderung fest in der Hand haben. Einem von Kluge und Rommel gegebenen Befehl zum Abbruch der Kämpfe in Frankreich würde danach die Truppe, aus ihrer hoffnungslosen Unterlegenheit gelöst, gefolgt sein.

Hofacker bringt neuesten Bericht darüber nach Berlin. Von diesen Truppen her drohe bei einem Umsturz keine Gefahr.[25] Aber Rommel forderte, wie jetzt auch Kluge, der für ihn (Hofacker) unerreichbar gewesen sei, eine Auslösung von Berlin und dem Hauptquartier aus. Feldmarschall Rundstedt, so wurde von seinem Chef des Generalstabes Blumentritt berichtet, hätte vor seinem Abgang auf seine zornigen Vorwürfe vom Chef des Oberkommandos der Wehrmacht Keitel die verzweifelte Frage gehört, was sie denn machen sollten, und Rundstedt hätte, will man seinem Stabschef glauben, ingrimmig ins Telefon gebrüllt: „Was ihr machen sollt? Schluß sollt ihr machen mit dem Krieg, ihr Idioten!“[26]

Als Hofacker schon in Berlin war, kam – am 14. Juli – aus Frankreich die Nachricht, der neue Oberbefehlshaber Kluge lasse im Einverständnis mit Rommel eine Blitzumfrage bei Armeeoberbefehlshabern und Kommandierenden Generälen durchführen, wie lange nach ihrem

Urteil die Front noch zu halten sei. Er wolle sich mit den Ergebnissen und einem gemeinsamen Schritt aller Befehlshaber an Hitler wenden und ihm befristete Forderungen stellen. Auch Rommel machte sich zu einem solchen Schritt bereit.[27] Er hat, wie sein Generalstabschef Generalleutnant Speidel später Bericht gab, am 15. Juli ein Fernschreiben an Hitler diktiert, worin er – er nannte es im Einverständnis mit Kluge ein Ultimatum – darlegte, daß die Front mit den vorhandenen Kräften („97 000 Mann Verluste bei 6 000 Mann Ersatz, 225 Panzer-Verluste, 17 Ersatz") nicht mehr gehalten werden könne, der Feind in absehbarer Zeit – in 14 Tagen bis drei Wochen – durchbrechen und in die Weite des französischen Raumes stoßen werde. Die Truppe kämpfe „allerorten heldenmütig", der „ungleiche Kampf" neige „dem Ende entgegen". Und Rommel schloß mit dem Appell an Hitler:

> „Ich muß Sie bitten, die politischen Folgerungen aus dieser Lage unverzüglich zu ziehen. Ich fühle mich verpflichtet, als Oberbefehlshaber der Heeresgruppe dies klar auszusprechen. Rommel Feldmarschall."[28]

Speidel hat, wie er sagt, den Marschall bewogen, das Wort „politisch" herauszulassen, um Hitler nicht „unnötig" zu provozieren. Eine Äußerung Rommels vom 16. Juli zu einem Generalstabsoffizier einer ihm unterstellten Luftwaffenfelddivision besagt für den Fall der Ablehnung des Ultimatums durch Hitler: „Dann mache ich die Westfront auf, dann gibt es nur noch eine wichtige Entscheidung, nämlich wir müssen dafür sorgen, daß die Angloamerikaner eher in Berlin sind als die Russen."[29] Nachdem Rommel am 17. Juli durch schwere Verwundung ausgefallen war, ist das Fernschreiben von Kluge am 21. Juli an das OKW weitergegeben worden. Kluge hat am Abend des 19. Juli Rommels Gefechtsstand in La Roche-Guyon übernommen. Von hier aus ist sein entscheidendes Nein für die Erhebung des 20. Juli ausgegangen.

Am 14. Juli erscheint in Berlin der SS-Gruppenführer und Generalleutnant der Polizei Arthur Nebe bei General Olbricht. Die im Umsturz zu vollziehenden Maßnahmen gegen Gestapo, SD, Teile der Kriminalpolizei und gegen die höheren Führer der Allgemeinen SS und der Parteigliederungen werden erneut durchgesprochen: Nebe wird 12–15 zuverlässige Kriminalbeamte für Sonderaufgaben bereithalten, wenn es gilt, NS-Größen zu verhaften. Alle Einheiten der Waffen-SS, so auch die Panzerdivisionen, treten in die Reihen des Heeres. Für Frankreich sollte es damit, wie eben berichtet, kein Problem geben.[30]

Am Mittag erhält Stauffenberg den Befehl, am nächsten Tag, dem 15. Juli, gemeinsam mit Generaloberst Fromm zum Vortrag bei Hitler zu erscheinen. Das höchst dringliche Thema ist: Stellungsbau und

Auffangorganisation im Osten, da das Eindringen des Feindes ins Reichsgebiet unmittelbar droht. Hitler hat, der Gefahr nahrückend, am gleichen Tag, dem 14. Juli, sein Hauptquartier von Berchtesgaden nach Ostpreußen in die „Wolfsschanze" zurückverlegt.

Für Stauffenberg kam der Umzug sehr ungelegen. Er kannte die „Wolfsschanze" nach dem Zustand des Dezembers 1942. Seither hatte sich vieles verändert, noch waren Umbauten im Gang. Stauffenberg hatte vor allem keine Kenntnis von Örtlichkeiten und Bauten, wo Hitler jetzt die Lagebesprechungen abhielt, auch nicht von den neueingeführten Sperrkreisen und Kontrollen. Er blieb auf die Eingebung des Augenscheins und des Augenblicks angewiesen.

Noch am Abend des 14. wird in einer Konferenz von Olbricht mit Stauffenberg und Mertz von Quirnheim der schwerwiegende Entschluß gefaßt, die Alarmierung von „Walküre" zwei Stunden vor dem erwarteten Attentatstermin auszulösen, um für das Herankommen der Heereseinheiten genug Zeit offen zu halten. Von wem der Vorschlag ausgegangen ist, ist nicht bekannt. Alle sind bereit, auf das Letzte zu gehen. Die vorgesehenen Alarmierungen der Beteiligten nehmen ihren Gang.

Am Samstag, den 15. Juli, fliegt Stauffenberg morgens mit Generaloberst Fromm und Hauptmann Klausing von Berlin nach Ostpreußen, in der Aktentasche die Sprengsätze. Er ist entschlossen und offenbar nun autorisiert, zu handeln, auch wenn der Reichsführer-SS fernbleibt.

Das Flugzeug mit den drei Offizieren landet 9.35 Uhr auf dem Flugplatz in Rastenburg. Sie werden von einem Offizier des Lagerkommandanten im Wagen abgeholt und die etwa 6 km lange Strecke ins Führerhauptquartier gebracht, wo im Kasino ein Frühstück vorbereitet ist. Die weiteren Hergänge dieses Tages sind für die Späteren nicht vollständig zu fassen, vielerlei Widersprüche in Zeugenaussagen sind nicht aufzulösen.

Ein Augenblick ist im Photobild des Hitlerschen Leibphotographen aufbewahrt. Es zeigt Hitler en face mit Schirmmütze unter Bäumen herankommend, an Generalfeldmarschall Keitel vorbei, der rechts im Bild steht, dem in Rückansicht gezeigten, leicht vorgeneigten General der Flieger Bodenschatz die Hand drücken. Zur linken Seite von Bodenschatz steht gerade aufgerichtet, mit Profilansicht von rechts mit dem unbeschädigten Auge, Stauffenberg. Zwischen Bodenschatz und Stauffenberg weiter hinten, es ist nur der Kopf sichtbar, Hitlers Marineadjutant, Konteradmiral Jesko von Puttkamer. Im Hintergrund der Szene der unter reichlicher Tarnung verborgene „Gästebunker", den Hitler sich zum Wohnbunker gewählt hat und der auch zu Sonderbesprechungen dient. Aus dessen Tür, die hinter Hitler und einer ihn im

Abstand begleitenden SS-Leibwache sichtbar ist, scheint Hitler eben gekommen zu sein. Die Begegnung findet auf dem Vorplatz der im Bild nicht erscheinenden „Lagebaracke" statt, in die Hitler mit dem Offiziersgefolge nun eben eintreten wird, nachdem er auch Stauffenberg mit Handschlag begrüßt hat. Die Zeit dieser Szene wurde festgestellt, es ist etwa 13.05 Uhr. Unterm rechten Arm trägt Stauffenberg keine Aktenmappe, der linke ist nicht zu sehen, er wird wohl zur erwarteten Handbegrüßung mit Hitler frei sein. Alle drei sichtbaren Offiziere sind nicht „umgeschnallt". Sie haben Koppel und Mützen abgelegt. Der Gesichtsausdruck Stauffenbergs ist, soweit zu erkennen, ernst, ohne sein oft gesehenes Lächeln, der Blick aus dem Augdunkel ist auf Hitler gerichtet. Stauffenberg fällt im Bild auf durch seine schlanke hohe Gestalt.

Das Bild ist im Sondersperrkreis Hitlers aufgenommen, der erst neu um seinen Wohnbunker (dem früheren Gästehaus) und die daneben gestellte Lagebaracke (in der Form einer sog. Speerbaracke) errichtet wurde und nur nach strenger Ausweiskontrolle zu betreten war. Stauffenberg ist innen ohne Klausing, dem er den Auftrag gegeben hat, vom Lage-Beginn an mit fahrbereitem Wagen auf dem Parkplatz der Wehrmachtadjutantur – etwa 400 Meter entfernt – zu warten.

Nach dem Bild ist anzunehmen, daß Stauffenberg beim Ankommen Mütze, Koppel, Mappe im Vorraum der Lagebaracke abgelegt und sich noch einmal nach außen begeben hat, vielleicht mit Keitel zusammen zur Vorstellung vor Hitler? Fromm fehlt auf dem Bild. Stauffenberg hat an diesem Tag die Lagebaracke zum erstenmal betreten, sie wurde erst nach seiner Zeit im Hauptquartier errichtet. Ihre innere Beschaffenheit und etwa gegebene Möglichkeiten zu unbeobachtetem Rückzug sind ihm unbekannt. Ob es in der Situation so gegeben war, daß er nicht schon zu Anfang die gezündete Bombe ins Besprechungszimmer einbringen konnte (wenn er es geplant hatte), ist nicht zu sagen.

In den Aufzeichnungen des stenographischen Dienstes sind die Besprechungen notiert, an denen Stauffenberg an diesem Tage teilzunehmen hatte. Es fällt dabei die Unterteilung in drei, nach Personenkreis verschiedene Besprechungen auf zum Unterschied zu Lagebesprechungen anderer Tage, die in einer Folge abgewickelt wurden, wie es Stauffenberg auch am 11. Juli mit einer Gesamtdauer von fast 2 ½ Stunden erlebt hatte.

Es ist notiert:

– eine durch Hitlers Hast verkürzte „Lagebesprechung" von 13.10 Uhr bis 13.40 Uhr,

– eine unerwartet festgesetzte „Sonderbesprechung", bei der Stauffenbergs Vortrag die Mitte zu bilden hatte, über das Hitler beim Rückfluten im Osten besonders interessierende Thema Stellungsbau und Auffangorganisation von 13.40 bis 14.20 Uhr,
– eine daran anschließend geforderte „Sonderbesprechung" mit Generaloberst Fromm von 14.20 bis 14.25 Uhr.

Belegt sind zwei Telephongespräche Stauffenbergs während des Frühstücks im Kasino, etwa 10.30 Uhr mit den Generälen Stieff und Fellgiebel, und zwei Telephongespräche mit der Bendlerstraße in Berlin mit General Olbricht oder Oberst Mertz. Das erste etwa um 13.20 Uhr, mit dem Stauffenberg, als er kurz nach Beginn den Besprechungsraum verlassen hatte, vom bisher Nicht-Gelungenen sprach, aber an der Erwartung des Gelingens festhielt, das zweite etwa um 14.30 Uhr, mit dem er das für den Tag endgültige Scheitern mitteilte und damit Olbricht das Signal zur Rücknahme des seit drei Stunden laufenden „Walküre"-Alarms gab.

Gegen 11 Uhr dieses 15. Juli war Stauffenberg mit Fromm zusammen zu Generalfeldmarschall Keitel in dessen OKW-Bunker gerufen worden. Er hatte nach der Sitte in kurzen Zügen zum Thema seines Vortrags zu berichten. Es handelte sich um die Aufstellung von 15 neuen Divisionen, die als „Volksgrenadierdivisionen" zum Einsatz kommen sollten. Es war gefordert, sie in truppendienstlicher Hinsicht und in der Gerichtsbarkeit Himmler, also der SS und nicht dem Heere, zu unterstellen.

In einer nur aus dem Verhör des Hauptmanns Klausing bekannten Aussage findet man Stauffenberg „nach einer ersten Besprechung" – wohl der genannten mit Keitel vor der „Lage" – auf dem Wege zu einer geplanten weiteren Besprechung mit dem „Reichsführer-SS", einer Besprechung, die Himmler vielleicht seinem Erscheinen bei der „Lage" vorgezogen hat.[31]

Bekannt ist vom gleichen Tag eine Besprechung Hitlers mit Himmler, bei der neben anderem, was man lieber vorm Heer zurückhielt, die gleiche Frage der Aufstellung von neuen Truppenverbänden besprochen wurde.[32]

Ob die bedrohliche Entwicklung der Absichten Himmlers den Generalquartiermeister, der Stauffenbergs Zorn teilte, zu dem Schritt bestimmt haben kann, Stauffenberg gerade für diesen 15. vor einem Attentat auf Hitler zu warnen, wenn nicht der Reichsführer-SS mit unterginge? Wagner hat noch am Abend des 14. den Oberst Hahn, der von Berlin nach Ostpreußen flog, beauftragt, die Generäle Stieff und Fellgiebel aufzusuchen und durch sie Stauffenberg im obigen Sinne warnen zu lassen. Stauffenberg müßte davon bei seinem Telefongespräch am

Vormittag erfahren haben. Eine Auswirkung auf sein Vorgehen kann mit Sicherheit ausgeschlossen werden. Auch bei den Nachforschungen der Gestapo hat sich kein Hinweis auf Unterlassung des Attentats wegen des Fehlens Himmlers ergeben.[32a]

Zuletzt wird nur die Begründung übrig bleiben, die Claus Stauffenberg seinem Bruder Berthold am Abend nach dem Scheitern gegeben hat,

> „daß plötzlich eine Besprechung angesetzt worden sei, bei der er selbst habe vortragen müssen, so daß er keine Möglichkeit gehabt habe, das Attentat zu verüben."[33]

Die Rücknahme des „Walküre"-Alarms wurde durch Olbricht gemeistert, ohne daß bedeutendere Schäden entstanden. Der General gab den Alarm als Probealarm aus und machte sich mit zwei Begleitoffizieren sofort nach Stauffenbergs Meldung auf zur Besichtigung der aufgerufenen Einheiten aus Potsdam, Glienicke, Krampnitz, Döberitz. Er fand vorzügliches Gelingen, ließ Einheiten an sich vorbeifahren, und sprach den Kommandierenden seine Anerkennung aus mit der Erklärung, mit so kurzfristigem Einsatz des Ersatzheeres müsse jetzt, sei es bei einer Krise im Osten, sei es bei feindlichen Truppenlandungen oder bei inneren Aufständen etwa durch die vielen Fremdarbeiter in Berlin, immer gerechnet werden.[34] Der Einsatz Olbrichts gelang, nur von der Seite des ihm auch bei einem solchen Alarmbefehl vorgesetzten Generalobersten Fromm, der die Vorgänge durchschaute, gab es harte Rüge.

Stauffenberg ist in diesen Tagen im Amt von unverändert sprühender Frische. Ewald Heinrich von Kleist, damals Oberleutnant und stets Stauffenberg verfügbar, hat sich noch spät so ausgesprochen, jener Oberst Stauffenberg sei von ungeheurem Charme, von glühenden Idealen beseelt und doch wie keiner klar und fähig zur präzisen Tat gewesen, bei stärkster Erregung, wenn man den Blasebalg seiner Brust arbeiten gesehen habe, sei er immer beherrscht geblieben.[35] Kein Gedanke eines Unterliegens sei einem, wenn man mit ihm war, nahe gekommen. Einer besorgt ihn mahnenden Stimme einer Sekretärin seines Amtes erwiderte er in diesen Tagen:

> „Es geht jetzt nicht mehr um den Führer, nicht mehr um das Vaterland, nicht um meine Frau und meine vier Kinder, sondern es geht jetzt um das ganze deutsche Volk."[36]

Bernd von Pezold hat das Wort Stauffenbergs bewahrt, das er in diesen Tagen zu dessen Frau sagte:

„Es ist Zeit, daß jetzt etwas getan wird. Derjenige allerdings, der etwas zu tun wagt, muß sich bewußt sein, daß er wohl als Verräter in die deutsche Geschichte eingehen wird. Unterläßt er jedoch die Tat, dann wäre er ein Verräter vor seinem Gewissen."[37]

Stauffenberg nahm sich in den bedrängten Tagen noch Zeit, dem Berliner Bischof Kardinal Graf Preysing, der krank im Hermsdorfer Krankenhaus lag, seinen Besuch zu machen. Er sprach mit ihm kein Wort von einem bevorstehenden Staatsstreich oder Attentat, geschweige daß er auch nur andeutend eine seelsorgerliche Billigung einer solchen Tat zu erwirken versuchte, wie der begleitende Monsignore bekundet hat. Doch führten sie das Gespräch über äußere und innere Schicksale Deutschlands bis zu einem Punkt, daß an einer tiefer gefühlten Einstimmung in der Haltung kein Zweifel blieb. Der Bischof hat ihm den Segen seiner Kirche nicht vermitteln können, aber ihm seinen eigenen priesterlichen Segen gegeben, wie er der Mutter des Grafen nach dem Zusammenbruch mitgeteilt hat.[38]

Am Sonntag, den 16. Juli, war Stauffenberg schon am Vormittag bei Beck in dessen Wohnung. Wir wissen wenig von ihrem Gespräch. Wahrscheinlich ist, daß Beck ihm von seiner Begegnung und Einigung mit Goerdeler vom Vortag sprach. Die vermeinten Zeichen der Auflockerung der Gegnerfronten, die auch durch Trott aufgezeigt waren, hatten Goerdeler dazu gebracht, die Gedanken einer reinen „Westlösung" aufzugeben und einer vermittelnden Lösung zuzustimmen: unmittelbar nach dem Staatsstreich nach beiden Seiten zu verhandeln. Die Verhandlungen mit dem Osten sollte Botschafter a.D. Friedrich-Werner Graf von der Schulenburg führen, unter Mitwirkung des Generals Köstring für den militärischen Teil. Den Botschafter wünschte Goerdeler jetzt auch zum Außenminister statt des erst vorgesehenen von Hassell. Beck stimmte dem im Gespräch mit Stauffenberg „unter ausdrücklicher Ablehnung einer Westlösung"[39] zu und versprach, mit Schulenburg und Hassell am nächsten Tag in solchem Sinn zu sprechen.

Am Abend des Sonntag, des 16. Juli, versammelten sich im Haus der Tristanstraße mit Claus und Berthold Stauffenberg noch einmal die Nächsten aus dem inneren Umkreis, die ganz dem Gedanken der Erhebung lebten: „Fritzi" Schulenburg, Adam Trott, Ulrich-Wilhelm Schwerin, Peter Yorck, Ulrich Mertz, Caesar Hofacker, Georg Hansen. Alle Beteiligten haben den Tod gefunden, aber einzelne von ihnen haben auf Befragen der Verhörsbeamten Auskünfte über die Gespräche gegeben. Danach ging es wohl am meisten um die rascheste und wirksamste Form der Kriegsbeendigung.

Hofacker legte die Lage im Westen dar und kam darin, mit Kluge und Rommel einig, zum Urteil, daß der Nachschub des Feindes in etwa 14 Tagen eine solche Übermacht an Menschen und Material geschaffen haben werde, daß die sich in der Abwehr verzehrende Invasionsfront bei der totalen gegnerischen Luftherrschaft nur noch sechs Wochen gehalten werden könne.

Trott sprach von seinen Erfahrungen in Schweden und den Beobachtungen der ersten Juliwochen, die ihn neuerdings eine konziliantere Haltung der Regierungen in West und Ost annehmen und ihn den Ratschlag Stauffenbergs unterstützen ließen, die Verhandlungen nach Beseitigung des Regimes von Militär zu Militär zu führen, im Westen wie im Osten. Aber nur rasches Handeln könne in der Krise noch Heil bringen. Wie aber, wenn sich kein Attentat mehr herbeiführen lasse? Alle anderen denkbaren Wege zum Umsturz und zur Kriegsbeendigung wurden besprochen. So eine Westlösung nach den früheren Vorschlägen Tresckows, bei der die Heerführer im Westen zur Kampfeinstellung und zur Truppenrücknahme zu gewinnen sein mußten, so eine „Berliner Lösung“: Die Wehrmachtnachrichtenverbindungen sollten für mindestens 24 Stunden blockiert und währenddem von Berlin aus über die Heeresgruppen Frontrücknahmen eingeleitet werden, die nachher vom Führerhauptquartier aus nicht mehr aufgehalten werden konnten. Das Risiko eines Mißlingens mit chaotischen Folgen schien bei beiden Entwürfen, die einem Wunschdenken näher waren als den Realitäten, derart groß, daß sie verworfen wurden. War dagegen jetzt nicht das geringere Übel, ohne Versuch eines Umbruchs auszuhalten und die Endschicksale des Kriegs über Deutschland kommen zu lassen, wie sie kommen mußten? Dazu aber war keiner der Versammelten bereit, die sich um anderer Werte willen in die nun alle umdrohende Gefahr begeben hatten und für Deutschland und die Rückgewinnung seiner Ehre zu handeln entschlossen waren. Es schien wohl zuletzt allen kein anderer Weg denkbar als bei der zentralen Lösung zu bleiben: dem Erhebungsversuch gemäß dem „Walküre“-Plan nach gelungener Ausschaltung Hitlers.

Die Blicke blieben auf Stauffenberg gerichtet. Vor seiner ungebrochenen Bereitschaft, es noch einmal zu versuchen, hatten Bedenken offenbar nicht mehr Gewicht. Es gab nur noch ein Vorangehen durch ihn, und die Teilnehmer dieser Runde schienen, so ist der Eindruck aus Berichten, auf eine Stufe gehoben, wo jeder von ihnen, auch wenn sie kaum Glauben an ein Gelingen haben konnten, das Gemeinsamsein mit ihm und das gemeinsame Handeln aus der Größe der Not Deutschlands heraus bejahte, wofür ihm vielleicht das eigene Lebensopfer in dieser Stunde nicht mehr fern sein mochte.

In der Woche, die mit dem 17. Juli begann, wurden durch Olbricht noch einmal gedrängte Überprüfungen der „Walküre"-Funktionen durchgeführt und die Erfahrungen des zurückgerufenen Probealarms vom Samstag ausgewertet. Oertzen wurde von Olbricht zur Panzergrenadier-Ersatzbrigade „Großdeutschland" im 100 km entfernten Cottbus entsandt, der neben der Schule von Krampnitz wohl wichtigsten Einheit im Alarmfall mit ihren 7 000 bis 8 000 Mann. Ihre augenblickliche Gliederung, ihre Führung und Bewaffnung, ihre möglichen Anmarschzeiten waren neu zu erkunden, ihr jetzt verantwortlich Befehlender (Oberstleutnant Stirius) war – besonderer Wunsch – noch zu Stauffenberg zu rufen. Er war nicht eingeweiht. Bedenken wegen des neuen Kommandeurs des Berliner Wachbataillons, Major Remer, dem unterm Befehl des Stadtkommandanten von Hase eine wichtige Aufgabe zugedacht war, sollten geprüft werden.[40] Von Oertzen sollte ihn unter Umständen ersetzen.

Unruhe kam auf, als durch Nebe die bei der Gestapo eben beschlossene Verhaftung Goerdelers bekannt wurde, Folge der am 12. Juni erfolgten Verhaftung von Abwehr-Oberst Staehle, die Stauffenberg zuvor mit Sorge erfüllt hatte. Goerdeler kam ins OKH zu Hauptmann Kaiser. Er brannte vom Gedanken schnellster Aktion, er wollte mit Beck zu Kluge fliegen. Stauffenberg sagte ihm, er halte nichts davon und bat ihn, „sich schleunigst unsichtbar zu machen und nicht durch längeres Herumfahren und Herumtelefonieren in Berlin die ganze Verschwörung zu gefährden". Er solle eine Fluchtadresse hinterlassen. Man werde ihn holen. Doch am 19. meldete er sich erneut aus Potsdam, mit dem Vorschlag an Beck, durch gemeinsame Vorsprache in La Roche-Guyon Kluge zur Aktion zu bestimmen.

In die Aufregung um Goerdeler traf eine andere. Korvettenkapitän Kranzfelder kam aus der Seekriegsleitung, um Stauffenberg im Auftrag seines Bruders Berthold zu sagen, in Potsdam begegne in Gesellschaftskreisen das Gerücht, noch in dieser Woche werde das Führerhauptquartier in die Luft gesprengt. Kranzfelder stellte von sich aus die Frage, ob Stauffenberg „unter den jetzigen militärischen Umständen den Anschlag noch für richtig" halte. Stauffenbergs Antwort, die später die Gestapo aus Kranzfelders Worten aufzeichnete:

> „Da gibt es keine andere Wahl mehr. Der Rubikon ist überschritten."[41]

Zu Berthold zurück brachte er des Bruders Wort, es werde sein letzter Versuch sein. Noch am Abend kam Berthold Stauffenberg nach Berlin. Es war der 18. Juli.

In Frankreich waren Caen und St.-Lô gefallen: Es drohte der Durchbruch der Alliierten in den Großraum von Paris. An der russischen Südfront war die langerwartete, große Offensive losgebrochen mit der Stoßrichtung gegen die Karpaten und Rumänien. Der Druck auf die östliche Reichsgrenze wuchs von Tag zu Tag, die zuständigen Gauleiter und Statthalter wurden als „Reichsverteidigungskommissare" tätig.

Am Nachmittag dieses 18. Juli erschien bei Frau Annedore Leber in einem Krankenhaus eine Botin von Graf Schulenburg und Graf Stauffenberg mit Rosen: die Spur ihres Mannes sei gefunden, und sie brachte ihr das Wort: „Wir sind uns unserer Pflicht bewußt."[42]

Als Schulenburg um 17 Uhr zur Bendlerstraße kommt, erfährt er bei Oberst Mertz und Oberstleutnant Bernardis, die er im Zimmer von Olbricht findet, daß eben ein Anruf aus dem Führerhauptquartier eingegangen ist, der Stauffenberg zur Lagebesprechung am 20. Juli in die „Wolfsschanze" fordert. Man erwartet seine Ausführungen zur beschleunigten Aufstellung der Volksgrenadierdivisionen.[43] Bernardis ist dabei, ihm die Unterlagen dafür zu beschaffen. Der Oberst ist auf dem Weg ins Oberkommando in Zossen, um mit dem Generalquartiermeister Wagner letzte Abreden zu treffen, so auch über die absolut sichere Bereitstellung des Flugzeuges, das ihn in Rastenburg oder Lötzen zum Rückflug in Empfang nehmen muß. Wagner sagt es zu.[44]

Schulenburg fuhr noch am Abend zu Frau und Kindern auf das Gut Trebbow, feierte mit den Kindern, ohne daß sie vom Geschehen wußten, den um zwei Tage vorangeholten, frohen Geburtstag der Mutter, und war am Vormittag des 19. wieder in Berlin.

Stauffenberg blieb ohne Kontakt zu den Seinen. Durch Anruf in Bamberg erfuhr er, daß Frau und Kinder nach Lautlingen gereist und durch Bombenwirkungen auf Ebingen die Leitungen zu ihnen zerstört seien. Gräfin Nina hat erst am 21. Juli im Rundfunk vom Geschehen des Vortages gehört.

Am 19. Juli ist das Haus der Bendlerstraße von einer vibrierenden Unruhe erfüllt, die dem aus Cottbus kommenden Kommandeur der Ersatzbrigade „Großdeutschland", Oberstleutnant Stirius, auffällt und die ihm die im Haus Befragten auch nicht erklären können. Das Gespräch, in dem ihm Stauffenberg die Vorgänge des Übungstages (des 15.) und die Einsatzmöglichkeiten seiner Einheiten abfragte, wird häufig durchbrochen von Telephonaten, während deren Stirius jedesmal gebeten wird, im Vorzimmer zu warten. Stauffenberg gewinnt im Gespräch trotz der Störungen guten Zugang zu seinem Gast. Er vermeidet, ihn als Mitkämpfer einzuweihen, kann sich aber durch phantasievoll vorgetragene Eventualfälle – er stellt einen englischen Landungsversuch in der Elbemündung vor –, davon überzeugen, daß die Stiriussche Brigade als kampfkräftiger motorisierter Verband die „Walküre"-Ziele sicher und schnell erreichen wird. Die Brigade war durch Ausbildung und Ausrüstung und durch ihre Erfolge an der Front besonders herausgehoben. Stauffenberg ist auch in diesen bedrängtesten Tagen nicht von seiner Art abgegangen, die menschliche Begegnung mit den Kommandeuren für noch wichtiger zu halten als Stärkemeldungen und Mobilisierungspläne.

Sein Fahrer, der Gefreite Schweizer, wurde entsandt, in Potsdam eine Aktentasche abzuholen und in die Tristanstraße zu bringen. Er sollte sie für die Reise am nächsten Morgen bereithalten. Schweizer, der sein Schlafzimmer neben dem Stauffenbergs hatte und von dort ihm stets zur Hand war, stellte die Mappe unter sein eigenes Bett. Er wußte nur, wie er später angab, daß in der gut fünf Pfund schweren Mappe, wie er schätzte, ein oder zwei verschnürte Pakete waren. Was sie sollten, wußte er nicht.

Von Mittag des 19. ab gingen Alarmierungen nach allen Seiten, durch persönliches Weitersagen, eigens entsandte Boten, verschlüsselte Fernrufe. Witzleben, der eben in Berlin war, wurde persönlich von Schwerin informiert. „Herr Feldmarschall, es sind zu morgen Vorbereitungen zu treffen." Er war bereit, kehrte aber noch einmal nach Seesen zurück. Hoepner wurde in Berlin angetroffen und blieb. Major Hayessen vom Stab Olbrichts war um 16 Uhr beim Stadtkommandanten von Hase zur Vorbereitung aller Maßnahmen. Am frühesten von allen Beteiligten wurde der Chef des Stabes der Nachrichteninspektion bei Fromm, Oberst Haßel, schon um 12 Uhr durch General Thiele vom zu erwartenden Attentat in Kenntnis gesetzt. Vorausorientierung erhielten die Offiziere des Infanterieregiments 9 in Potsdam und Major von Leonrod in Krampnitz. Von Haeften blieb um die Alarmierung der Verbindungsoffiziere besorgt. Er übergab Klausing einen Faksimilestempel mit der Unterschrift Stauffenbergs. Mit ihm waren die Ausweise zum Passieren der Torwache in der Zentrale zu firmieren. Sie wurden bei Schwerin abgeholt. Otto John meldete sich am Abend aus Madrid zurück. Er wurde von Haeften gebeten, am folgenden Tag bereit zu sein zum Rückflug nach Madrid zur Verbindungsaufnahme mit den Alliierten. Klausing hatte sich am 19. krank gemeldet. Haeften wollte statt seiner die Begleitung ins Führerhauptquartier in die „Wolfsschanze" übernehmen.

Stauffenberg war an diesem 19. Juli im Amt voll in Anspruch genommen. Das Vorrücken der Russen gegen die reichsdeutschen Ostgebiete forderte Entscheidungen über die Befehlsbefugnis der zuständigen Wehrkreisbefehlshaber gegenüber den politischen Befehlsstellen der Gauleiter und Reichsverteidigungskommissare. Man liest davon in einem Bericht eines zur Konsultation nach Berlin entsandten Offiziers, der aus dem Osten an diesem Tag zu Stauffenberg kommt:

> „In der Frühe des 19. Juli fuhr ich mit der Eisenbahn von unserer Dienststelle im Osten nach Berlin. Ich hatte den Auftrag, beim OKH in der Bendlerstraße mit dem zuständigen Sachbearbeiter einige Fragen zu klären, welche die Zuständigkeit der Gauleiter und der Wehrkreisbefehlshaber in Oberquartiermeisterangelegenheiten betrafen für den Fall, daß die Sowjetstreitkräfte in die an der Ostgrenze des Reiches gelegenen Wehrkreise eindringen würden. Da schon in den Vormittagsstunden alliierte Bomberverbände über Berlin manövrierten, lag unser Zug stundenlang auf der Strecke und ich konnte erst gegen 14 Uhr in der Bendlerstraße eintreffen. Es wurde gerade neuer Alarm gegeben, und als ich die Treppe im Hauptblock emporstieg, kam alles eilig herunter, um die Luftschutzräume aufzusuchen. Der diensthabende Offizier stellte mir anheim, trotz Alarms nach oben zu gehen, wo ich den Ia treffen und sprechen könne. Dieser Ia war der Oberst Graf Stauffenberg."

Der Oberst, dem der Ankommende sein Begehren vorträgt, schlägt ihm vor, bis zur Besprechung am Nachmittag um 15 Uhr zu bleiben: „Dann können wir Ihre Angelegenheit gleich mit erledigen." Von dieser Besprechung, zu der sich etwa 30 Offiziere im großen Vorzimmer, Haeftens Wirkungskreis, versammeln, liest man weiter:

> „Graf Stauffenberg übernahm den Vorsitz und ließ mich an seiner Seite Platz nehmen. Er sah sympathisch aus. Hätte er nicht die Generalstabsuniform getragen, so hätte er mit dem schmalen, geistigen Kopf für einen Künstler oder Wissenschaftler gelten können. Das dunkle Haar und die schwarze Binde über dem Auge ließen sein Gesicht etwas blass erscheinen. Der künstliche Arm mit dem Lederhandschuh, Folgen einer schweren Verwundung auf dem nordafrikanischen Kriegsschauplatz, lag auf dem Tisch, als er zu sprechen begann.
>
> Graf Stauffenberg nahm meine angebotene Zigarette mit einem Lächeln und das Feuer mit einem Kopfnicken und begann, ruhig und gemessen über die einzelnen Punkte der Tagesordnung zu sprechen. Dazwischen rief er in launigem Ton einigen jungen Offizieren, die nicht recht still sein konnten, etwas zu, und es fiel mir im Lauf der Besprechung auf, wie er öfters mit einem ‚Ihr Kerle dahinten' seine engeren Kameraden vom Generalstab apostrophierte. Sonst führte er die Verhandlungen ruhig und sachlich, so daß die ziemlich lange Tagesordnung einschließlich meiner eigenen Angelegenheiten im Laufe von zwei Stunden erledigt war.
>
> Anschliessend verabschiedete ich mich und dankte ihm für die prompte Klärung der schwebenden Fragen. ‚Es hat aber noch Zeit damit', meinte er leichthin und begleitete seine Rede mit einer Bewegung seines gesunden Armes. Um so besser. Wie lange rechnen Sie noch? war meine

Gegenfrage. Vielleicht kommt es anders, als wir alle denken, erwiderte er mit einem vielsagenden Lächeln und reichte mir die Hand zum Abschied."

Der Verfasser des Berichts hat sich später zu vergegenwärtigen versucht, welchen Eindruck Graf Stauffenberg äußerlich gemacht hatte, als er ihm gegenüberstand und später neben ihm saß:

> „Nichts, nicht das geringste deutete darauf hin, was hinter seiner Stirn vorgegangen sein mußte. Er zeigte weder Nervosität noch Fahrigkeit, sondern trug eine absolute Ruhe und Gelassenheit zur Schau. Der Mann mußte sich mit übermenschlicher Kraft zusammengenommen haben, um nach außen einen ruhigen Eindruck zu machen. So, wie wir die Dinge heute sehen, mußte gerade in den Stunden, die ich mit ihm zusammen war, eine unerhörte Fülle von Erwägungen, Überlegungen, Zweifeln, Enttäuschungen, Sorgen und Ängsten auf ihn eingestürmt sein, die ihn zu dem Entschluß brachten, das zu wagen, was er am nächsten Tag gewagt hat."

Als am nächsten Tag der Name des Attentäters genannt wurde, war der Schreiber des Berichtes tief erstaunt, daß es derselbe Stauffenberg war, dem er tags zuvor begegnet war. Er schließt:

> „Hier wurde ein so unerhörter Einsatz gewagt, daß einem heute noch der Atem stockt, wenn man sich die Stunden und Minuten vergegenwärtigt, die dieser Mann, der führende Kopf der deutschen Freiheitsbewegung, in den Tagen bis zum Zwanzigsten Juli 1944 durchlebt haben mochte."[45]

Noch suchte Stauffenberg am Ende des erfüllten Tagespensums die Begegnung mit einem Freunde. Adam von Trott zu Solz berichtet am 21. Juli, als er noch in Freiheit war, einer Befreundeten von seinem ihn beglückenden Besuch. Kurz nach acht Uhr brach Stauffenberg vom Amt auf. Beim Durchfahren der Vorstädte (Dahlem?, Steglitz?) ließ er an einer Kirche halten, wo eben inmitten der hastenden und der Nacht entgegenbangenden Stadt Andacht gehalten wurde und er trat durch die offene Kirchentür ein. Eine Zeitlang stand er im hinteren Kirchenraum, dann kam er zum Wagen zurück und ließ sich nach Hause fahren. Den Abend war er allein mit dem Bruder.[46]

Wie viele der Mitwissenden, Befreundeten, zur Mittat Bereiten werden diese Nacht mit Bangen als ein Tor ins Offne, Ungewisse erlebt haben? Wer könnte von ihren Gesprächen wissen, die sie über die Stunden gebracht haben, in denen sie vielleicht noch einmal ihren Weg überschauten und sich vorgezeichnet fanden, von ihrem Volk vielleicht unverstanden und in Schmach ausgestoßen zu sein, obwohl sie sich zum Besten dieses Volkes eingesetzt hatten? Ob Kinder und Enkel – wie oft hatte Stauffenberg von ihnen geredet – ihnen einmal mehr Dank und Lob wissen konnten? In Berlin blieb auch diesmal nicht der nun fast schon allnächtige Alarm aus und trieb in die Keller.

Berthold Stauffenberg hatte an diesem Abend vor Augen, wie der Bruder die zwei Sprengstoffpakete mit Zündern noch einmal überprüfte, die für die drei Finger seiner Linken passend gebogene Flachzange, ohne die ihm eine Auslösung nicht möglich war, bereit legte, und das Ganze in der Mappe mit einem darüber gelegten frischen Hemd schloß. Wir wissen nicht, ob er dabei von der Schwierigkeit sprach, der er wieder begegnen mußte: Wie er – als Hauptperson von Besprechung zu Besprechung stets von Ordonnanzen und Adjutanten begleitet – die unbeobachteten Minuten zur Auslösung im richtigen Zeitpunkt mit dem richtigen Zeitzünder (mit 10–15 oder 30 Minuten) finden konnte – zur Wirkung bald nach Beginn der Besprechung, bei der er erscheinen, der er sich aber rasch wieder entziehen mußte?

Wahrscheinlich ist, daß diese Fragen jetzt zwischen den Brüdern zurücktraten und ihnen im Gespräch, vielleicht mit wenig Worten, ihr Lebensgeschick noch einmal vor Augen trat: Wie sie aus dem Glück der Freundschaft und eines vollen Lebens kommend durch die Not des Vaterlands ins Äußerste gestoßen, ihrem Gewissen und den Mitverbündeten treu, der niederen Tat um eines Hohen willen nicht ausweichen dürften und dafür vielleicht mit ihrem Untergang zahlen sollten.
Gewiß ist, daß ihnen das Gedicht, das ihnen seit der Jugendzeit mit Frank eines der geliebtesten war, gegenwärtig klang:

DER TÄTER

Ich lasse mich hin vorm vergessenen fenster: nun tu
Die flügel wie immer mir auf und hülle hienieden
Du stets mir ersehnte du segnende dämmrung mich zu
Heut will ich noch ganz mich ergeben dem lindernden frieden.

Denn morgen beim schrägen der strahlen ist es geschehn
Was unentrinnbar in hemmenden stunden mich peinigt
Dann werden verfolger als schatten hinter mir stehn
Und suchen wird mich die wahllose menge die steinigt.

Wer niemals am bruder den fleck für den dolchstoss bemass
Wie leicht ist sein leben und wie dünn das gedachte
Dem der von des schierlings betäubenden körnern nicht ass!
O wüsstet ihr wie ich euch alle ein wenig verachte!

Denn auch ihr freunde redet morgen: so schwand
Ein ganzes leben voll hoffnung und ehre hienieden.
Wie wiegt mich heute so mild das entschlummernde land
Wie fühl ich sanft um mich des abends frieden![47]

XIX

DER ZWANZIGSTE JULI

Bald nach sechs Uhr in der Frühe verließ Oberst Graf Stauffenberg zusammen mit seinem Bruder das Haus in Wannsee. Der Fahrer verstaute die Mappe im Wagen und sie fuhren zur Kuriermaschine auf den Flugplatz Rangsdorf, wo Generalmajor Stieff und Oberleutnant von Haeften zum Mitflug schon bereit standen. Haeften hatte in seiner Mappe die vom Amt gebrachten Papiere bei sich. Berthold Stauffenberg verabschiedete sich zur Rückkehr in sein Amt. Die Maschine ging am frühen Vormittag – es mag 10.15 Uhr gewesen sein – in Rastenburg in Ostpreußen nieder. Die Offiziere wurden von einem bereitstehenden Wagen in kurzer Fahrt zum Hauptquartier gebracht. Haeften blieb bei Stieff. Er sollte sich später an verabredeter Stelle bei Stauffenberg einfinden.

Nach seiner Meldung in der Kommandantur des Führerhauptquartiers begab sich Stauffenberg, vom Adjutanten des Kommandanten begleitet, ins nahe Kasino, wo man unter einer Eiche an einem Tisch mit anderen zusammen das Frühstück nahm. Stauffenberg ging, um einige Telephongespräche zu führen. Um 11 Uhr wurde er zur Besprechung beim Chef des Heeresstabes beim OKW, Generalmajor Buhle, seinem einstigen Vorgesetzten in der Organisationsabteilung des OKH, erwartet. Beim Gehen dahin wurde er von einem Ordonnanzoffizier begleitet und ließ sich von ihm seine schwere Mappe mit den Besprechungsunterlagen tragen, von der er, als der andere ihn darauf anspricht, zutreffend sagen kann, es gäbe heute auch viel zu besprechen. Sie treten bei der Baracke des Wehrmachtführungsstabes, in der mit Generaloberst Jodl auch Buhle residiert, in den inneren Sperrkreis ein. Da es heute um die vordringliche Frage der Aufstellung von Sperrdivisionen zum Schutz von Ostpreußen geht, ist der zuständige Wehrkreisbefehlshaber bzw. sein Chef des Stabes, Generalleutnant von Thadden, eigens zu Stauffenbergs Darlegungen berufen worden und ist bei Buhle mit anwesend.

Nach einer halben oder dreiviertel Stunde ging man ins Nachbargebäude, den massigen Bunker des Oberkommandos der Wehrmacht, zu Generalfeldmarschall Keitel. Oberleutnant von Haeften war inzwischen eingetroffen und wurde vom Adjutanten Keitels, Major John von

Freyend, in ein Wartezimmer im Bunker gesetzt. Stauffenberg gab vor Keitel einen Überblick über die Dinge, die er in der „Lage" vorzutragen hatte. Keitel drängte, und Stauffenberg erfuhr, daß der Beginn der Mittagslage von 13 Uhr auf 12.30 Uhr vorverlegt sei, da um 14.30 Uhr der Besuch Mussolinis erwartet werde. Es sollte nur das Dringlichste und vor einem eingeschränkten Teilnehmerkreis vorgetragen werden.

Als außen beobachtet wird, daß dem Triebwagen, der von „Mauerwald" her kommt, Generalleutnant Heusinger entsteigt, der in Vertretung des eben ausgeschiedenen Generalstabschefs des Heeres Zeitzler in der „Lage" vortragen wird, beendet Keitel die Gespräche und macht sich zum Aufbruch fertig. Eben hat Stauffenberg Keitels Adjutanten noch um die Möglichkeit gebeten, sich frisch machen und das Hemd wechseln zu dürfen. John zeigt ihm den dem Wartezimmer gegenüberliegenden Waschraum und stellt ihm zum Umziehen seinen nahebei gelegenen Schlafraum zur Verfügung. Haeften tritt heran und begleitet den Behinderten, was nicht auffallend ist, um ihm beim raschen Umziehen zu helfen. Sie packen in Eile die Mappen um, Aktenblätter fliegen übers Bett. Die eine Sprengladung – die mit dem 10-15 Minuten-Zünder – wird in Stauffenbergs Mappe verstaut. Ein Oberfeldwebel stürmt ins Zimmer, er stößt mit der Tür in Stauffenbergs Rücken. Er richtet im Auftrag von Keitels Adjutanten John aus, der Oberst möge noch vor der „Lage" General Fellgiebel anrufen, und er treibt zur Eile, die Herren warteten. Mit der Flachzange drückt Stauffenberg die beiden Zündstifte ein, schließt die Mappe, preßt sie unter den Arm und tritt mit John bald nach 12.30 Uhr aus dem OKW-Bunker.

Buhle, der gleichfalls verspätet ist, gesellt sich dazu, und Stauffenberg geht mit ihm in lebhaften Gesprächen, es mögen 300 Meter sein, durch die Kontrolle des Führersperrkreises zur Lagebaracke. Die Mappe, die zwei der Begleitenden ihm abnehmen wollen, behält er mit seinen drei Fingern unterm linken Arm. Haeften sammelt inzwischen, was in Johns Zimmer zurückgeblieben ist, und schiebt die zweite Sprengladung mit den zwei für 30 Minuten berechneten Zündern, mit in seine Mappe.

Vor der Lagebaracke übergibt Stauffenberg nun doch seine Mappe dem Keitelschen Adjutanten: „Könnten Sie mich bitte möglichst nahe beim Führer plazieren, damit ich für meinen Vortrag nachher alles mitbekomme?" Als Stauffenberg den Lageraum betritt, hat die Besprechung mit etwa 20 Teilnehmern schon begonnen. Vor der Mitte des langen Eichentisches, der auf zwei schweren Eichensockeln aufruht, Hitler, den Rücken zur Eingangstür, den Blick zu den vor ihm ausgebreiteten Karten gewandt: Er hört die Schilderung der Lage an der Ostfront, die rechts neben ihm der Chef der Operationsabteilung Heusinger gibt, unterstützt von seinem ihm zur Rechten agierenden Ersten Gehilfen Oberst Brandt. Keitel, links von Hitler, meldet ihm den eben eingetretenen Oberst Stauffenberg, dessen Vortrag erwartet wird. Hitler grüßt ihn, wie ein Bericht sagt, „mit dem üblichen prüfenden Blick wortlos". John hat Stauffenbergs Mappe, wie er ausdrücklich bezeugt, zwischen Heusinger und Brandt gelagert. Stauffenberg gelingt es, zu Brandts Seite zu kommen, wo er seine Mappe findet. Ob er versucht hat, sie näher zu Hitler zu legen? Da sie kurze Zeit danach an ganz anderer Stelle außerhalb des Tischsockels lag, muß sie von einem der Teilnehmer (Brandt?), dem sie hinderlich war, verschoben worden sein.

Stauffenberg muß rasch und unauffällig handeln: Sogleich wird er zum Wort gefordert werden. Er murmelt oder flüstert etwas zu Brandt, zieht sich unbemerkt zur Tür zurück, gibt dem Keitel-Adjutanten ein Zeichen, worauf der mit ihm auf den Flur hinaustritt. Er bittet ihn um Vermittlung eines Gesprächs zu General Fellgiebel, der nach ihm verlangt hat. Die Verbindung wird hergestellt. Der andere geht in die Besprechung zurück. Stauffenberg legt auf, ohne gesprochen zu haben und verläßt die Lagebaracke. Kaum ist er weg, wird er beim Vortrag Heusingers zur Frage des Truppenersatzes dringend verlangt. General Buhle kommt und sucht knurrend nach ihm. Der Telephonfeldwebel gibt Auskunft: Oberst Graf Stauffenberg sei weggegangen, er habe ihm beim Weggehen noch auszurichten gehabt, Herr Oberst möchte nach Beendigung der „Lage" zu Oberstleutnant Sander kommen – offenbar ein Hinweis für Stauffenberg, wo der abfahrbereite Wagen für ihn zu finden sei. Es ist um 12.40, 12.50 Uhr.

Stauffenberg steht 2–300 Meter entfernt mit General Fellgiebel vor der Baracke der Adjutantur, als eine Detonation die Luft erschüttert. Er zuckt heftig zusammen. Der dazutretende Sander, der vom Vorgang nichts weiß, sagt, daß es hier öfter passiere, daß durch Waldtiere eine Mine hochgehe. Stauffenberg sagt, er werde jetzt nicht mehr zur „Lage" zurückkehren, sondern zum Kommandanten des Lagers zum Essen fahren, der ihm hatte sagen lassen, er erwarte ihn. Er steigt mit Haeften zum Fahrer in den bereitstehenden Wagen. Ziel: Flugplatz.

Man wußte nachher: Stauffenberg fuhr am Einlaß des Führersperrkreises vorbei und sah in 50–70 Meter Entfernung auf die Lagebaracke. Nach dem Anblick, der sich ihm bot, mußte er die Gewißheit haben, daß die beabsichtigte Wirkung erreicht war.

Die Eile des Entkommens trieb voran. Von der ersten Sperrwache, die zu durchfahren war, war die Explosion zu beobachten gewesen. Alarm war noch nicht gegeben. Stauffenberg erklärte dem Wachhabenden in gebietendem Ton, daß er dringend zum Flugplatz müsse. Da er dem Offizier bekannt war, gab dieser den Weg frei. Anders am Außentor Süd beim Landhaus „Görlitz", 900 Meter weiter. Alarm war gegeben, der wachhabende Oberfeldwebel verweigerte jede Durchfahrt. Stauffenberg verlangte Telephonverbindung zur Kommandantur – ob er hoffen konnte, der als streng bekannte Lagerkommandant, mit dem eine Verabredung bestand, sei zur Unglücksstelle unterwegs? Er stieß am Telephon auf den Adjutanten, den Rittmeister, mit dem er gefrühstückt hatte, und konnte dessen Zustimmung erreichen. Er übergibt den Hörer dem Wachhabenden, der nun selbst den Befehl erhält, den Oberst passieren zu lassen. Doch ruft der Oberfeldwebel den Fahrer zu sich und weist ihn an, „aufzupassen", ohne mehr zu sagen. Stauffenberg wirft sich in den Wagen und treibt auf dem kurvenreichen Weg zur Eile. Irgendwo schleudert Haeften aus dem Rücksitz des Cabriolets einen schweren Gegenstand aus dem Wagen. Der Fahrer entsann sich später an den Vorgang, den er im Rückspiegel beobachtet hatte. Es wurde so die in Packpapier gewickelte, nicht benutzte zweite Sprengladung mit nicht ausgelöster 30-Minuten-Zeitzündung entdeckt.[1]

13.15 Uhr hebt das Flugzeug, eine He 111, die Wagner gestellt hat, mit Stauffenberg und Haeften vom ostpreußischen Boden ab. Zwei Stunden werden sie in der Luft sein zum Flug nach Berlin, ohne Funkkontakt zum Boden. Gibt es für Stauffenberg nach der Erregung der letzten Stunden ein erstes Aufatmen, etwas wie Stolz, daß es ihm gelungen ist, den zuvor Nie-Erreichten aus nächster Nähe zu treffen? Schon muß die Nachricht in Berlin sein: Ist die Aktion begonnen? Kommen Stauffenbergs Gedanken los von dem, was er hinter sich gelassen, vom Ort der Zerstörung, der Opfer – wie viele mußten es sein mit Ihm? Empfindet er noch beklommen, wie nah ein Scheitern war, als sie um ein Haar nicht aus dem Sperrgebiet entkommen wären, nachdem ihnen die Durchfahrt verweigert wurde an jenem Außentor Süd beim Landhaus „Görlitz"?

Dorthin ist eben, bald nachdem Stauffenberg durchgefahren ist, General Warlimont, stellvertretender Chef des Wehrmachtführungsstabes/OKW, verbracht worden. Gerade noch hat er, durch Keitel und Jodl getrennt, neben dem „Führer" gestanden und ist vom Sprengdruck weggeschleudert worden. Mühsam sucht er ein Erinnern. Später schreibt er davon:

„Der Gedanke, den Täter in den eigenen Reihen zu suchen, stellte sich auch dann nicht ein, als eine Rückschau den Oberst Graf Stauffenberg unter den nach dem Anschlag noch Gesehenen vermissen ließ. Dabei tauchte auch das bis heute unvergessene Bild wieder auf, wie Stauffenberg kurz nach Beginn der ‚Lage' hereingekommen war – mit seinen schweren Kriegsverstümmelungen eine Inkarnation des Kriegers, schreckerregend

> und achtunggebietend zugleich –, wie Keitel ihn vorgestellt und Hitler ihn mit dem üblichen prüfenden Blick wortlos begrüßt hatte. Bei dem allgemeinen Kommen und Gehen, das im Lageraum herrschte, mußte Stauffenberg dann wohl schon vor der Detonation davongegangen sein; weiter trugen die Gedanken nicht."[2]

In der Lagebaracke war um etwa 12.45 Uhr mit ohrenbetäubendem Knall und aufschießenden blauen Flammen die Explosion erfolgt. Im abziehenden schwarzen Pulverdampf erschien das aus leichten Stoffen gebaute Gehäuse wild zerrissen. Hervor kamen Menschen, die sich taumelnd mühten und sich halfen, ins Freie zu gelangen. Sanitäter waren zur Stelle, die Schwerverletzte ausgruben und bargen. Hitler kam, von Keitel gestützt, mit in Fetzen zerrissenen Hosen aus der rauchenden Stätte und wurde von Adjutant und Diener zum nahen Wohnbunker gebracht, wo die Ärzte Hasselbach und Morell ihn versorgten und er sich zum Besuch Mussolinis umzog. Er hatte einen Bluterguß am rechten Ellbogen, mit dem er sich über die ausgebreiteten Karten gestützt hatte, und Schürfwunden. Trotz beiderseits gesprengter Trommelfelle war sein Hörvermögen nicht beeinträchtigt, und er sprach bei vollem Bewußtsein, erregt und doch auch erleichtert: Er habe längst gewußt, daß in seiner weiteren Umgebung Verräter seien, und jetzt bestehe die Möglichkeit, die ganze Verschwörung auszuheben.[3]

Noch eine bis eineinhalb Stunden nach dem Geschehen tappte man im dunkeln, wer die Sprengung ausgelöst haben konnte. Deren Ausgangspunkt hatte man durch ein einen halben Meter großes Loch im Fußboden orten können. Erst als der Feldwebel Adam, der im Vorraum Telephondienst getan hatte, gehört und als seine Beobachtung bis zum „Führer" gebracht wurde, daß der Oberst Graf Stauffenberg während der Besprechung ohne seine Aktentasche (ohne Mütze und Koppel?) sehr eilig weggegangen sei, wurde die Aufmerksamkeit auf Stauffenberg gelenkt. Niemand hätte gegen den Hochverdienten einen Verdacht auszusprechen gewagt. Man glaubte ihn noch innerhalb der Sperre des Hauptquartiers und suchte ihn vergebens. Vom Flugplatz Rastenburg war zu erfahren, daß der Oberst abgeflogen sei mit dem Ziel Rangsdorf. Es wurde angenommen, er werde sich eher über die feindlichen Linien in Sicherheit bringen. Ein Befehl soll ausgegeben worden sein, seine He 111 abzuschießen, um seine Flucht ins Ausland zu hindern.[4] Jedenfalls befand sich Stauffenberg noch in der Luft, als die ersten Nachforschungen nach ihm begannen.

Ob er jetzt beim Anflug auf Berlin von der Aufgabe gepackt ist, die ihn fordert? Ist das Geschehen im Gang, wie weit voran? Gewiß eine Erlösung für ihn, als die He 111 zu Boden geht. Bis heute ist nicht gesichert, auf welchem der Berliner Flugplätze es war. Stauffenbergs Fahrer behauptete, es sei nicht Rangsdorf gewesen.

Haeften stürzt zum Telephon im Flughafengebäude. Er erreicht Olbricht und meldet mit der Rückkunft in gedeckten Worten das Gelingen, das vollzogene Attentat und den Tod Hitlers. Niederschmetternd aber, als er zu Stauffenberg die Nachricht bringt, es sei bis jetzt, Stunden nach der Sprengung, noch kein Alarm ausgelöst. Er werde sofort erfolgen. Der Fahrer Schweizer, mit dem in der Frühe die Abholung verabredet wurde, ist nicht da. Es gibt Verzögerung. Ein Dienstwagen der Luftwaffe bringt die Offiziere in die Stadt.

Eine genaue Chronik der Verläufe des Nachmittags und Abends ist bei hunderten oft ganz verschieden gewendeten Aussagen der Zeugen nicht zu erreichen. Widersprüche bleiben bestehen.

Um die Zeit, als Stauffenbergs Flugzeug in Ostpreußen aufstieg, muß schon eine erste Meldung des erfolgten Sprengstoffanschlags in Berlin angekommen sein. Aus der „Wolfsschanze" sprach Oberstleutnant Sander, dem es um die vom Adjutanten des „Führers" angeordnete Nachrichtensperre ging, dann nach ihm und unbemerkt von ihm General Fellgiebel, dem es um die Auslösung des Staatsstreiches ging, mit Generalleutnant Thiele, dem obersten, in der Konspiration mittätigen Nachrichtenchef in der Bendlerstraße. Kurz danach – man findet die Zeit 13.30 Uhr genannt – sprach Oberst Hahn, der oberste Nachrichtenoffizier im OKH „Mauerwald", der Vertraute Fellgiebels, ebenso mit General Thiele und mit General Wagner im OKH-Quartier „Zeppelin" in Zossen (Berlin). Die Worte sind nicht bekannt. Überliefert ist Fellgiebels sarkastisch verschlüsselte erste Telephonnachricht an Hahn, von „Wolfsschanze" nach „Mauerwald": „Es ist etwas Furchtbares geschehen: Der Führer lebt. Alles blockieren." Jedenfalls muß für die Empfänger in Berlin deutlich geworden sein, daß ein Attentat stattgefunden habe, daß es gescheitert und Hitler am Leben sei und daß eine Nachrichtensperre folge. Sander, der kurz nach dem Attentat zum kaum beschädigten „Führer" gerufen war, um den von ihm gewünschten Auftritt im Rundfunk vorzubereiten, hat vielleicht über seinen nachrichtentechnischen Auftrag hinaus Thiele auch wissen lassen, Hitler werde am Rundfunk sprechen.

Sicher ist, daß von seiten Fellgiebels und Hahns die erste Durchsage das Signal zur Auslösung, nicht zur Unterbindung des Staatsstreiches bedeutete. Es kam auf diese Durchsage alles an, weil durch die anschließend von Fellgiebel befohlene Nachrichtenblockierung für die nächsten Stunden eine Kommunikation unmöglich oder nur für hohe Stellen erreichbar war. Wenn Fellgiebel Wert darauf legte, schon mit der ersten Meldung nach Berlin das Scheitern des Attentats nicht zu verschweigen, so konnte es dabei seine Absicht sein, auf die absolute Dringlichkeit eines von keinen Gerüchten beirrbaren Handelns während der Nachrichtensperre hinzuweisen. War dies bei verschlüsselter Durchsage genügend deutlich gemacht? Wurde auf die Tatentschlossenheit des das Gespräch aufnehmenden Generals blindlings vertraut?

Thiele fühlte sich nicht zum Handeln aufgerufen. Da Hitler nicht tot und offenbar noch aktionsfähig war, wartete er ab und verließ, um in sich Rat zu finden, zerquält für gut eine Stunde das Amt. Olbricht und Mertz und mit ihnen Generaloberst Hoepner, der inzwischen bei Olbricht eingetroffen war, blieben ohne Nachricht, die sie von 13 Uhr ab begierig erwarteten. Nach 14 Uhr, als Thiele unauffindbar war, soll nach einer unbeglaubigten Version Olbricht durch General Wagner aus Zossen vom Scheitern des Attentats unterrichtet worden sein.[5]

Olbricht, der noch im Bann seines vor fünf Tagen glimpflich vertuschten „Walküre"-Alarms stand, war bei den Angaben, die er erhielt, nicht bereit, sich an Fromm zu wenden, um den Staatsstreich auszulösen. Er wurde von Hoepner bestärkt. Um 15.15 Uhr kam Thiele mit der Nachricht, daß ein Kommuniqué aus dem Führerhauptquartier im Rundfunk erwartet werde. Graf Schulenburg, der inzwischen bei Olbricht eingetroffen ist, sieht, wie diese Ankündigung „die älteren Mitglieder der Verschwörung stark irritiert".[6] War der Anschlag erfolgreich, so konnte kein Kommuniqué mehr erscheinen, war nichts geschehen, warum dann ein Kommuniqué? Mertz ist unbeirrt. Er spricht gesondert mit Olbricht und fordert sofortiges Handeln. Gut zweieinhalb Stunden sind seit dem Attentat vergangen. In das Zimmer von Olbricht, wo sich Hoepner aufhält, bringt Thiele neue Nachricht: er habe Verbindung mit dem Führerhauptquartier bekommen und erfahren, es sei im Besprechungssaal eine Explosion erfolgt, eine größere Anzahl Offiziere sei schwer verwundet oder tot. Thieles Botschaft, die von Hitler offenbar kein Wort enthielt, wirkt nicht zur Ermutigung.[7]

Da kommen Olbricht und Mertz zu Hoepner zurück. Eben ist der Anruf Haeftens eingegangen als erste authentische Mitteilung vom erfolgten Attentat: Hitler tot, Stauffenberg heil zurück. Dazu gibt es in den Verhörsakten die Aussage eines im Bangen dieser Stunden Beteiligten, des Grafen Schulenburg: „Tatsächlich ist die Mitteilung erst durch einen Anruf von Haeftens nach 15 Uhr erfolgt, als die Maschine in Rangsdorf gelandet war."[8]

Jetzt sprach Hoepner dafür zu warten, bis Stauffenberg da sei, damit man klar sähe.[9] Olbricht wandte ein, das könne eine halbe bis dreiviertel Stunde dauern. Er bespricht sich kurz mit Mertz in dessen Zimmer. Und kommt zurück, entschlossen zu handeln und Stauffenberg nicht erst abzuwarten. Er geht nach vorn in die Diensträume von Generaloberst Fromm, der eben dabei ist, einen Vortrag zu hören. Er bittet ihn zu unterbrechen und sagt ihm, als sie allein sind, Hitler sei einem Attentat zum Opfer gefallen, Fellgiebel habe die Nachricht gegeben. Er schlage vor, „Walküre“-Alarm auszulösen.

Fromm, überrascht oder nicht, zögerte: Er könne sich zu einem solchen Schritt nur entschließen, wenn er sich vom Tod Hitlers überzeugt habe. Olbricht, durch von Haeften des Todes von Hitler gewiß, mußte erwarten, daß auch Fromm mitgehen werde, wenn er die gewünschte Bestätigung bekomme. Fromm griff selbst zum Fernsprecher, verlangte ein Blitzgespräch zum Führerhauptquartier. Zu seinem Erstaunen wurde es sofort – es war 16.10 Uhr – hergestellt, und Keitel, der doch an der „Lage“ teilgenommen, meldete sich. Er bestätigte Fromm, daß ein Anschlag stattgefunden habe, doch der Führer lebe und sei kaum verletzt. Er unterrede sich eben mit Mussolini, während er (Keitel) in der Besprechung mit Marschall Graziani sei. Später werde er ihm Genaueres sagen. Und er fügte noch die Frage an: „Wo ist übrigens Ihr Chef des Stabes, der Oberst Graf Stauffenberg?“ Fromm entgegnete, er sei noch nicht wieder bei ihm eingetroffen. Olbricht verließ das Zimmer, ohne sich seine Bewegung anmerken zu lassen.[10] Nach geraumer Zeit kehrt er zu Hoepner zurück mit den Worten: „Der Fromm will nicht unterschreiben.“[11]

Inzwischen hat Oberst Mertz, ohne Olbricht abzuwarten, zusammen mit dem Oberstleutnant Bernardis und den Majoren Oertzen, Hayessen und Harnack die Bewegung in Gang gebracht, in die Olbricht nun mitgerissen wird. Das Stichwort „Walküre II“ wird ausgegeben, die Bewachung des Bendlerblocks wird durch Hauptmann Klausing geordnet, die jüngeren Offiziere Fritzsche, Kleist, Oppen und Ludwig von Hammerstein werden zu Diensten im Haus gerufen, der Nachrichtenoffizier Oberst Haßel bürgt für die Dienste seines Amtes. Die telephonischen Verbindungen zum Hauptquartier des OKH in Zossen (General Wagner), vor allem umgehend zu Feldmarschall Kluge in Frankreich und später zur Heeresgrupe Nord in Rußland, mit der Generaloberst Beck dringend zu sprechen verlangt, sind ihm in Auftrag gegeben.

Olbricht geht ein zweitesmal den langen Flur und die fünf Stufen nach vorn zu Fromm, wird von ihm unter Hinweis auf Keitels Durchsage wiederum abgewiesen. Da erklärt er ihm, das Stichwort für innere Unruhen an die stellv. Generalkommandos sei gegeben. Fromm empört aufspringend: Wer habe es gegeben? Olbricht: „Mein Chef des Stabes, Oberst Mertz von Quirnheim.“ Fromm befiehlt, ihn herbeizuholen und setzt ihn, als er sich zu seinem Handeln bekennt, ohne weitere Worte gefangen: „Mertz, Sie befinden sich in Schutzhaft.“[12]

Beim Zurückgehen trifft Olbricht im Flur auf Stauffenberg und Haeften, die die Treppe heraufgestürmt kommen. Er nimmt sie mit in sein Zimmer, wo auch Hoepner ist, und Stauffenberg gibt kurzen Bericht:

> „Ich habe alles das von außen gesehen. Ich habe außerhalb der Baracke zusammen mit General Fellgiebel gestanden. Da ist eine Explosion in der Baracke erfolgt, und da habe ich nur noch gesehen, wie eine große Anzahl Sanitäter herübergelaufen sind, Wagen hingebracht worden sind. Diese Detonation war so, als ob eine 15-cm-Granate hineingeschlagen hätte: Da kann kaum noch jemand am Leben sein."[13]

Berthold Stauffenberg gab dazu tags darauf im Verhör noch an, sein Bruder habe ihm bei der Rückkehr aus Rastenburg rasch erklärt, daß er die Zünder betätigt, die Mappe mit dem Sprengstoff liegengelassen, sich daraufhin entfernt und noch vor dem Verlassen der „Wolfsschanze" eine ziemlich heftige Detonation gehört habe.[14] Nach Stauffenbergs erstem Bericht erklärt Olbricht: „Der Fromm ist verrückt. Er will mir den Mertz verhaften ... Stauffenberg, kommen Sie mit. Wir müssen gleich wieder hinüber."[15]

Fromm, Olbricht, Stauffenberg sitzen am runden Tisch in der Mitte des Dienstzimmers von Fromm, Mertz auf einem Stuhl an der Wand. Stauffenberg bestätigt Fromm, daß Hitler tot sei. Er habe es selbst miterlebt, und als Fromm weiterforscht, sagt Stauffenberg, sich etwas emporrichtend „mit einer schrecklichen Stimme kühl die Worte": „Ich habe es getan." Und wieder verweist er auf die Wirkung der 15-cm-Granate: „Niemand in jenem Raum kann mehr leben." Fromm dagegen: Keitel war in jenem Raum, Keitel lebt, er hat mit ihm gesprochen, auch Hitler lebt. Das Attentat ist gescheitert. Und zu Stauffenberg: „Dann wissen Sie ja, was Sie zu tun haben." Stauffenberg: „Das werde ich nicht tun." Fromm heftig: „Stauffenberg, haben Sie eine Pistole?" Stauffenberg verneint, Fromm ruft Mertz zu, eine zu holen. Mertz trocken: „Ich bin in Schutzhaft." Stauffenberg darauf: „Wenn hier einer in Schutzhaft genommen wird, dann sind Sie es, Herr Generaloberst." Fromm springt auf, ballt Fäuste gegen Stauffenberg, macht einige Schritte zur Tür des Adjutanten und ruft nach einer Pistole. Im selben Augenblick stürzt Stauffenberg zu der andern, von seinem Dienstzimmer herkommenden Tür, die eben von außen aufgerissen wird: Offiziere, voran Haeften, mit gezogenen Pistolen. Vor ihren Läufen wird Fromm nach rückwärts ins Innere des Zimmers gedrängt und danach im Nachbarraum – später in seiner Dienstwohnung – unter Bewachung gestellt, ohne daß ihm mögliche Aktivitäten über einen geheimen Treppenaufgang, wie sich später herausstellte, unterbunden wurden. Um 17 Uhr etwa wird Hoepner von Olbricht nach vorne geholt. Er übernimmt, versehen mit einer Ernennungsurkunde, die er gewünscht hatte, das Amt Fromms als „Oberbefehlshaber im Heimatkriegsgebiet" und Herr über die „Walküre"-Maßnahmen. Stauffenberg ruft die Gruppenleiter des Hauses bei ihm zusammen und Hoepner hält (nach seiner eigenen späteren Wiedergabe) die folgende kurze, nicht eben mitreißende, allzu ehrlich Unsicherheit offenbarende Ansprache:

„Meine Herren, der Führer ist tot. Der Feldmarschall von Witzleben hat den Oberbefehl über die Wehrmacht übernommen und mich hierher gesetzt als Vertreter von Generaloberst Fromm, der die Geschäfte nicht führt: Ich bitte Sie, ebenso treu und zuverlässig wie bisher zu arbeiten."[16]

Entschieden und in tiefem Ernst wirkt Generaloberst Beck, der bald nach Stauffenberg in Zivil im Haus erschienen war und nach Hoepner kurz das Wort nimmt:

„Wir stehen an der Schicksalswende. Die militärische Lage ist an allen Fronten so gut wie hoffnungslos, und jeder Tag, der weiter vergeht, bringt neue Niederlagen, neue Verluste und weitere Zerstörungen des Reiches. Dies ist durch militärische Maßnahmen nicht mehr abzuwenden ... Es ist die Pflicht von Männern, die ihr Vaterland wirklich lieben, jetzt für dieses Ziel die letzte Kraft einzusetzen. Wenn uns das nicht gelingt, nun, dann haben wir wenigstens unsere Schuldigkeit getan."[17]

Inzwischen sind immer mehr der Hergerufenen und Mitverschworenen eingetroffen: Berthold Stauffenberg, Schulenburg, Yorck, Gerstenmaier, Leonrod, John, Georgi. Begleitet von Gisevius erscheint der Polizeipräsident von Berlin, Graf Helldorf. Olbricht unterrichtet ihn in dienstlichem Ton vom erfolgten Attentat und von der Verhängung des Belagerungszustandes. Beck weist auf das Ungeklärte der Lage hin, besteht aber auch gegen Helldorf darauf, daß unter allen Umständen gehandelt werden müsse, wie wenn Hitler tot sei.[18] Helldorf geht so in sein Amt zurück. Auch als im internen Kreis Zweifelsfragen wegen Hitler sich vorwagen, erklärt Beck entschieden:

„Für mich ist dieser Mann tot. Davon lasse ich mein weiteres Handeln bestimmen. Von dieser Linie dürfen wir nicht abweichen, sonst bringen wir unsere eigenen Reihen in Verwirrung. Ein unwiderleglicher Beweis, daß Hitler – und nicht sein Doppelgänger – lebt, kann vom Hauptquartier frühestens nach Stunden geführt werden. Bis dahin muß die Berliner Aktion abgeschlossen sein."[19]

Ein SS-Offizier, von seinem Adjutanten begleitet, verlangt im Auftrag Himmlers den Obersten Graf von Stauffenberg zu sprechen. Stauffenberg empfängt sie in aller Form und bittet sie, mit ihm in sein Zimmer zu kommen. Als er zurückkehrt, sagt er lachend, wie Gisevius gehört haben will: Herr Pifrader habe ihn wegen seines auffallend eiligen Rückfluges aus dem Hauptquartier befragen sollen. Zur Antwort habe er ihn eingesperrt. Bei der Stelle, die den SS-Oberführer entsandt hatte, war man offenbar noch der Auffassung, daß es sich um eine Einzeltat des Generalstabsobersten gehandelt habe, den es geheim festzunehmen gelte. Auch das vor der Torwache vergebens wartende SS-Geleit wurde festgesetzt.[20]

Der Befehlshaber des Berliner Wehrkreises, General von Kortzfleisch, der in Person zur Bendlerstraße kommt und zu Fromm steht, wird festgehalten und nach einem Ausbruchsversuch in der Adjutantur Olbrichts unter Bewachung eines Leutnants gegeben. Generalleutnant Karl Freiherr von Thüngen, Inspekteur des Wehrersatzwesens, steht bereit, ihn zu ersetzen. Das Wachbataillon „Groß-Deutschland" übernimmt nach dem Alarmplan „Walküre" die Umschließung des Regierungsviertels. Die Aussendung der Grundbefehle an die Wehrkreisbefehlshaber hat in der Nachrichtenzentrale begonnen. Mit Paris ist Verbindung geschaffen. Die Eingriffe, die seit dem Fromm/Keitel-Gespräch vom Führerhauptquartier ausgehen, haben bisher (bis gegen 18 Uhr) keine bedeutendere Störung im Ablauf der Maßnahmen gebracht.

18.45 Uhr wird die auftraggemäße Besetzung des Deutschlandsenders durch eine Einheit aus Cottbus gemeldet. Der Major Jacob hat mit einer gut bewaffneten Truppe das Funkhaus an der Masurenallee besetzt und sich die dortigen SS-Wachen unterstellt. Er ist aber zu mehr, der technischen Kontrolle des Senders, nicht imstand, da der durch General Thiele zugesagte Nachrichtenoffizier nicht erschienen ist.[21]

Dem Führer einer Einheit der Wehrmachtpropaganda-Abteilung, die die Sender Königswusterhausen und Nauen übernehmen soll, wird, als er sich in der Bendlerstraße meldet, von Olbricht bedeutet, daß es noch zu früh sei und keiner, „der nicht eingeweiht sei, nun in die Sache hineingezogen werden soll".[22]

Nach 18 Uhr strahlt der Rundfunk das seit drei Stunden angesagte Kommuniqué aus, das dann mehrfach wiederholt worden ist:

> „Auf den Führer wurde heute ein Sprengstoffanschlag verübt. Aus seiner Umgebung wurden hierbei schwer verletzt: Generalleutnant Schmundt, Oberst Brandt, Mitarbeiter Berger. Leichtere Verletzungen trugen davon: Generaloberst Jodl, die Generäle Korten, Buhle, Bodenschatz, Heusinger, Scherff, die Admirale Voss, von Puttkamer, Kapitän zur See Aßmann und Oberstleutnant Borgmann. Der Führer selbst hat außer leichten Verbrennungen und Prellungen keine Verletzungen erlitten. Er hat unverzüglich darauf seine Arbeit wieder aufgenommen und – wie vorgesehen – den

Duce zu einer längeren Aussprache empfangen. Kurze Zeit nach dem Anschlag traf der Reichsmarschall beim Führer ein."[23]

Um dieselbe Zeit ließ sich ein Reserveoffizier des Wachbataillons, das nach Walküreplan das Regierungsviertel besetzt hielt, Leutnant Hagen, von seinem Kommandeur Major Remer die Erlaubnis zu einem Erkundungsgespräch bei Minister Goebbels geben, den er aus seiner zivilen politischen Tätigkeit kannte. Goebbels, durch Hagen alarmiert, rief geistesgegenwärtig den Major Remer zu sich und erreichte für ihn ein unmittelbares Telephongespräch mit Hitler, der sich mit ihm bekannter Stimme zu erkennen gab und ihm die „vollziehende Gewalt" in Berlin übertrug, mit der er als „Vorgesetzter auf Zeit" selbst über Generäle gesetzt war, und er befahl ihm, den Staatsstreich in Berlin niederzuwerfen. Remer zog seine Wachen von der Bendlerstraße zurück und bot alles auf, um die Führer der heranrückenden Einheiten zu informieren und sie zum Anhalten zu bringen.[24]

Um 19 Uhr geht von Stauffenberg ein Telegramm an alle Wehrkreiskommandos aus:

„Das durch Rundfunk bekanntgegebene Kommuniqué trifft nicht zu. Der Führer ist tot. Die angeordneten Maßnahmen sind mit höchster Beschleunigung durchzuführen. Der Befehlshaber des Ersatzheeres und Oberbefehlshaber im Heimatkriegsgebiet. Stab/Nr. 5000/44 geh."[25]

Bald nach 19 Uhr beginnen Stockungen im Ablauf, absichtsvolle Verzögerungen durch die von der Rundfunkdurchsage verunsicherten Befehlenden, Anzeichen, daß hohe Mitverschworene ihren Ausstieg vollziehen und bald auch durch Mittun auf der Gegenseite ihre Integrität noch herzustellen versuchen, so die Generäle Thiele und Stieff, etwas später von Thüngen und von Hase. Anrufe besorgter Wehrkreisbefehlshaber, die zu Hoepner, dem neuen Befehlshaber des Ersatzheeres, geleitet werden, werden, um die Anrufer „nicht in Konflikt zu bringen", von Hoepner mit lauen Ratschlägen zum Abwarten abgespeist.

Zorngeladen und voll Kritik kommt Generalfeldmarschall von Witzleben aus Zossen, wo er sich mit General Wagner besprochen hat, der nicht mehr bereit ist, mitzugehen und sich darüber mit Stieff verständigt hat. Witzleben, mit Mütze und Marschallstab, begrüßt kurz Stauffenberg, meldet sich achtungsvoll bei Beck, geht mit ihm zur Unterredung in die Frommschen Räume. Stauffenberg und danach auch Schwerin werden gerufen. Die beiden stehen wie „marmorne Säulen", während der Marschall eine schonungslose, mit Hieben auf den Tisch bekräftigte Manöverkritik niedergehen läßt, auf die Beck ebenso lebhaft erwidert. Als Witzleben nach dreiviertel Stunden das Haus wieder verläßt, ist deutlich, daß er das Unternehmen für gescheitert hält und sich nicht weiter beteiligen wird.

Während Mertz pausenlos mit dem militärischen Ablauf beschäftigt ist, Führer der Einheiten empfängt und einweist, Meldungen des Vormarsches aufnimmt, seine Reserven aussendet, wo Scheiterungen drohen, wird Stauffenberg unablässig an den Telephonen verlangt von den Wehrkreisbefehlshabern im Reich und in den besetzten Ländern, die die Befehle zu „Walküre II" erhalten haben und sich durch das um 18.30 abgehörte Rundfunkcommuniqué in Entscheidungsnot sehen.

Otto John, der für seinen Auftrag in Madrid in Wartestellung ist, beobachtet, wie Stauffenberg agiert:

> „Hier Stauffenberg – jawohl – ja, alles Befehl des BdE – jawohl, es bleibt dabei – alle Befehle sofort ausführen – Sie müssen sofort alle Rundfunk- und Nachrichtenstellen besetzen – jeder Widerstand wird gebrochen – wahrscheinlich bekommen Sie Gegenbefehle aus dem Führerhauptquartier – die sind nicht autorisiert – nein – die Wehrmacht hat die vollziehende Gewalt übernommen – niemand außer dem BdE ist autorisiert, Befehle zu erteilen – haben Sie verstanden? – Jawohl – das Reich ist in Gefahr – wie immer in Stunden der höchsten Not hat jetzt der Soldat die vollziehende Gewalt – ja, Witzleben ist zum Oberbefehlshaber ernannt – es ist nur eine formelle Ernennung – besetzen Sie alle Nachrichtenstellen – klar? – Heil!"[26]

Es sind viele Wartende, die dem unbändig Tätigen und lebhaft Bewegten, der oft in zwei Muscheln spricht, zuhören:

> „Keitel lügt – glauben Sie doch nicht Keitel – Hitler ist tot – jawohl, er ist bestimmt tot – das kann ich Ihnen nicht sagen – Fromm ist abwesend – jawohl, hier läuft die Aktion in vollem Umfang."

Bald spricht Stauffenberg in hartem Befehlston, bald freundschaftlich zuredend, bald beschwörend:

> „Nicht wahr, ich kann mich doch auf Sie verlassen – Sie müssen durchhalten – sorgen Sie dafür, daß Ihr Chef stark bleibt – Hayessen, ich verlasse mich auf Sie – Stieff ist ausgebrochen – bitte, enttäuschen Sie mich nicht auch noch – wir müssen durchhalten! – Wir müssen durchhalten!"

Einem Zögernden ruft er zu:

> „Es ist die Stunde, da der Offizier und der Offizier allein sich durchsetzen muß."[27]

Stauffenberg spricht zwischen 19 und 20 Uhr mit dem Chef des Stabes der Heeresgruppe Nord im Baltikum, Generalleutnant Kinzel, feit ihn gegen die Rundfunkdurchsage, spricht ihm von der neuen Regierung, die den Willen hat, zugleich mit der Auseinandersetzung im Innern auch den Kampf an den Fronten zu führen:

> „Nach Ansicht der neuen Führung kommt es für die Heeresgruppe Nord darauf an, in dem schon im OKH besprochenen Sinne zu verfahren, d.h. die Heeresgruppe unverzüglich zurückzuführen, um die Ostprovinz des Reiches zu retten.“[28]

Er übergibt an Beck, und Beck befiehlt der Heeresgruppe den Rückzug auf die Düna und nach Ostpreußen, um sie vor einer unermeßlichen Katastrophe zu bewahren. Kinzel begrüßt darin die einzig vernünftige Lösung. Bei einer Rückfrage im Führerhauptquartier zehn Minuten später erhält er aber eine Ablehnung – und doch hatte Generalleutnant Heusinger in der Lage sieben Stunden zuvor von der gleichen Notwendigkeit geredet, bis die Bombe seinen Satz zerriß:

> „Der Russe dreht mit starken Kräften westlich der Düna nach Norden ein. Seine Spitzen stehen bereits südwestlich Dünaburg. Wenn jetzt nicht endlich die Heeresgruppe vom Peipussee zurückgenommen wird, dann werden wir eine Katastrophe...“[29]

Die Katastrophe hat sich durch das Starrbleiben Hitlers ereignet; nach der Zerschlagung der Heeresgruppe Mitte der nächste gewaltige Rückschlag an der deutschen Ostfront in kürzester Zeit: Schon neun Tage später standen russische Verbände an der Ostsee zwischen der Heeresgruppe Nord und Ostpreußen. Von einer kurzen Unterbrechung abgesehen, blieb die Heeresgruppe mit weit über 200 000 Soldaten in Kurland abgeschnitten, allein bis zum Kriegsende.

Zur selben Stunde ließ sich Beck durch Stauffenberg mit General Stülpnagel in Paris verbinden, der sich Beck für alle Aufgaben unterstellte. Feldmarschall Kluge, zu dem das Gespräch nach La Roche-Guyon umgelegt wurde, blieb bei allen Beschwörungen durch Beck, solang er vom Tod Hitlers nicht überzeugt sein konnte, ausweichend. Beck, der den Marschall am längsten schon in der Konspiration wußte, fragte: Wiege es nicht gleich, ob dieser Mann tot sei oder schwer verwundet, wenn sie entschlossen handelten, um vollendete Tatsachen zu schaffen?[30]

Nach dem Gespräch mit Beck ging bei Kluge der erste, von Witzleben gezeichnete Grundbefehl ein und das von Stauffenberg ausgesandte Zusatzprogramm. Jetzt war Kluge, in echter militärischer Form ermächtigt, zum Handeln bereit. Er beriet sofort mit seinem Chef des

Stabes, General Blumentritt, die ersten Schritte zum Waffenstillstand: den Befehl zum Beschuß Englands mit Raketenwaffen aufzuheben, auf diesen Verzicht gestützt vom Gegner zu verlangen, den Luftkrieg einzustellen, dafür die kampflose Räumung der besetzten Westgebiete anzubieten. Neue Wirrung durch Befehle Keitels, vergebliche Telephonerkundung nach allen möglichen Seiten, bis es Kluge gelang, zu einem Eingeweihten im Hauptquartier in Ostpreußen vorzudringen: Generalmajor Stieff. Der bestätigt: Der Führer lebt und ist gesund. Stieff fragt, ob der Marschall nun doch mitmache. „Ja, wenn das Schwein tot wäre."[31]

Soviel im Innern des Reichs jetzt fehlging, bei Kluge lag die Entscheidung. Die Dinge um Stülpnagel nahmen erstaunlich guten Fortgang. Um 20.00 Uhr rief Oberst Mertz bestärkend aus Berlin nach Paris: „Panzer rollen, macht weiter wie bisher."[32] In wenigen Stunden waren durch die Truppen Stülpnagels SS und SD in Paris hinter Schloß und Riegel. In heißem Kampf, gleich dem Stauffenbergs in Berlin, kämpfte Cäsar Hofacker mit Stülpnagel zusammen um das Ja Kluges zur Erhebung im alten Normannenschloß La Roche-Guyon.

In Berlin traf um 20.35 Uhr bei Olbricht, der offenbar noch nicht als Mitaufrührer erkannt war, ein von Keitel gezeichnetes Fernschreiben des Führerhauptquartiers ein:

> „Der Führer hat mit sofortiger Wirkung den Reichsführer-SS zum Befehlshaber des Ersatzheeres ernannt und ihm alle entsprechenden Vollmachten gegenüber den Angehörigen des Ersatzheeres übertragen. Es sind Befehle nur vom Reichsführer-SS und von mir entgegenzunehmen. Etwaige Befehle von Fromm, von Witzleben oder Hoepner sind ungültig."[33]

Olbricht machte das Fernschreiben nur den Nächsten bekannt und entschied, daß es nicht weitergegeben werde. Aber die Nachrichtenzentrale handelte selbstmächtig oder, wie später offenbar wurde, unterm Befehl der zuvor zur Konspiration stehenden Generäle Thiele und Stieff, welch letzterer jetzt der Vermittlung befahl, Witzlebensche und Frommsche Befehle nicht mehr abzusenden. Nach 21 Uhr ging das Keitelsche Fernschreiben, das alle vorhergehenden aufhob, an alle 19 Wehrkreisbefehlshaber im Reich und in den besetzten Ländern.

Bis etwa um 22 Uhr war es um Stauffenberg und Olbricht, wie ein junger beteiligter Oberleutnant schreibt,

> „von keiner Seite zu Taten oder auch nur zu Äußerungen gegen das Unternehmen gekommen, obwohl alle wußten, daß der militärische Kopf bei uns in der Bendlerstraße war. Wohl sonderte sich natürlich eine Gruppe

der Zuschauer von der Gruppe der Beteiligten ab, aber zu Widersprüchen kam es während des ganzen Nachmittags und Abends nicht."[34]

Jetzt versammelte Olbricht, wie er zuvor schon mehrfach getan, die Offiziere seines Amtes bei sich und forderte sie auf, da die Truppe des Wachbataillons abgezogen sei, selbst den Schutz des Hauses zu übernehmen, teilte sie für ihre Aufgaben ein, ohne auf Widerspruch zu stoßen, und erklärte seinen Adjutanten, Oberstleutnant von der Lanken, zum Hauptverantwortlichen. Als die meisten gegangen waren, kamen einzelne, ihr Wortführer war Oberstleutnant Herber, zu Olbricht zurück und verlangten Aufklärung, was hier eigentlich gespielt werde. Olbrichts Worte waren etwa, wie einer der zu Stauffenberg Haltenden im Verhör angab:

„Meine Herren, wir haben schon lange Zeit die Entwicklung der Lage mit Sorge betrachtet. Es hat sich zweifellos eine Katastrophe angebahnt. Es mußten Maßnahmen ergriffen werden, um dieser Sache vorzugreifen. Diese Maßnahmen sind jetzt zur Auslösung gekommen. Ich bitte Sie, mich zu unterstützen."[35]

Die Erklärung Olbrichts, die er gefaßt und sicher, nur mit einer leichten Röte seines Gesichts gab, konnte in der Erregung nicht genügen. Eine Gruppe von vier oder fünf Offizieren gab sich das Wort, von ihrem Soldateneid nicht abzurücken und dem Putsch, der da offenbar vorging, schleunigst aktiv ein Ende zu machen, um nicht selbst noch als Beteiligte schuldig zu werden.

Im oberen Stock war, wie ein Augenzeuge der Vorgänge des Abends berichtet, „in einem hell erleuchteten Zimmer der Fußboden bedeckt mit fabrikneuen, noch eingefetteten Schußwaffen. Eine Stimme: ‚Die haben wir aus Spandau auf Umwegen noch gerade hierher durchschmuggeln können.'"[36] Die Offizierstruppe bewaffnet sich, hastet mit der jedem gestellten Frage: „Für oder gegen Hitler?" vor, drängt die im Flur Begegnenden alle ins Vorzimmer Olbrichts zusammen. Der vorangehende Oberstleutnant Herber erklärt General Olbricht, der ihm von seinem Schreibtisch entgegenkommt, nach kurzem Wort für verhaftet, läßt sich seine Waffe geben und verlangt nach Fromm.

In der Türöffnung von Mertz erscheint kurz Stauffenberg, „sein einziges Auge, dieses Auge, auf die Szene im Zimmer zielend, wie die Rohrmündung einer Waffe. Eine Sekunde. Dann war er verschwunden."[37] Man hält ihn fest, er macht sich frei und erreicht durch das Zimmer von Mertz den Flur. Eine Schießerei folgt zwischen Flüchtenden und Verfolgenden. Stauffenberg selbst soll, seine belgische Armeepistole mit seinem rechten Armstummel an den Leib pressend, mit den drei Fingern der Linken durchladend, geschossen haben. Daß er am linken Oberarm oder am linken Schulterblatt verwundet wurde, bezeugten später die Sekretärinnen von Mertz und Fromm. Er erreicht sein Dienstzimmer, ruft Haeften: „Gehen Sie heraus und machen Sie Ordnung“, und verlangt von der Sekretärin Fromms, erschöpft die Augenklappe abstreifend, rasch mit Paris zu sprechen: Sieht er dort noch Hoffnung? Werden sie den Umsturz schaffen? Wird dort gelingen, was hier verloren ist? Die Verbindung kommt nicht zustande.

Olbricht und Mertz sind in der Gewalt der Bewaffneten nach vorn ins Dienstzimmer Fromms gebracht worden. Der sie anführt, Herber, fordert vom Generalobersten Hoepner Auskunft über das, was hier vorgeht, durch die „Walküre“-Befehle sei der Nachschub für die Front unterbrochen worden. Er verlangt Fromm.

Bald tritt Fromm, mit Pistole bewaffnet, gefolgt von noch mehr Bewaffneten, durch die große Tür vom Kartenzimmer in sein eigenes Dienstzimmer. Vor dem runden Mitteltisch, an dem Olbricht sitzt, steht Stauffenberg, der „wütend und drohend“[38] auf den Herankommenden blickt. Er soll Haeften, der seine Pistole auf Fromm zückt, am Schuß gehindert haben. Links vom Eingang der Tisch, an dem, als einziger in Zivil, Generaloberst Beck sitzt. Unter dem Tisch verbrennen auf dem Fußboden, wie ein Beobachtender hinter Fromm bemerkt, mit gelber Flamme Papiere. Rechts von Stauffenberg, schweigend und abweisend zu Boden blickend, Mertz von Quirnheim, hinter ihm, mit den Händen auf dem Rücken leicht gegen die Wand gelehnt, Haeften.

> „Er sah mit fast geschlossenen Lidern vor sich nieder, in einem innern Gleichgewicht höheren Grades, das mich bei Unterhaltungen mit ihm früher schon angezogen hatte ... Ganz im Hintergrund, neben Fromms Schreibtisch am Fenster, ragte die große Gestalt des Generalobersten Hoepner, von einer Stehlampe von unten hell beschienen.“[39]

Fromm, so überlieferte Hoepner, habe gerufen: „So, meine Herren, jetzt mache ich es mit Ihnen so, wie sie es heute nachmittag mit mir gemacht haben.“ Die Waffen seien abzugeben. Sie seien auf frischer Tat des Hochverrats ergriffen worden. Ein Standgericht-Urteil werde gesprochen. Kurze Stille. Beck steht auf und sagt zu Fromm:

> „Mein lieber Fromm ... Ihr Urteil mag gerecht ... und mag auch notwendig sein ... Denken Sie an die Jahrzehnte unserer gemeinsamen Soldatenzeit ..., unsere lange ... lange Kameradschaft. Ich bitte Sie, mir zu gestatten, daß ich dieses ... Ihr Urteil ... selbst an mir vollziehe.“

Fromm schweigt. Aber dann nähert er sich Beck, gibt ihm seine Pistole und tritt wieder zurück. Als Beck die Waffe versunken vor sich hin und her wiegt und langsam entsichert, verbittet sich Fromm, daß er mit der Mündung auf ihn zeige, und treibt zur Eile. Beck spricht noch einiges, schießt, bringt sich aber nur eine Wunde am Kopf bei und taumelt, Stauffenberg springt ihm bei und hilft dem Vornübersinkenden in den Sessel. Etwas Blut rinnt ihm von der Stirn. Fromm befiehlt zwei Generalstabsoffizieren, Beck die Waffe wegzunehmen. Er wehrt sich und versucht es ein zweitesmal. Er bleibt am Leben. Später gibt ihm ein Feldwebel statt des beauftragten Offiziers, der es nicht vermochte, den Gnadenschuß.

Fromm zu den Anwesenden: „Und Sie, meine Herren, wenn Sie noch irgendetwas aufzuschreiben haben, Sie haben noch einen Augenblick Zeit." Olbricht äußert den Wunsch dazu, Fromm lädt ihn zum Sitzen ein: „Kommen Sie an den runden Tisch, an dem Sie mir immer gegenübergesessen haben", und er läßt, da ihm seine Füllfeder fehlt, sie ihm aus seinem Büro holen. Hoepner schreibt am Schreibtisch Fromms. Die anderen stehen schweigend. Fromm verläßt den Raum.

Inzwischen war noch ein Zug der Waffenmeisterschule eingetroffen und sollte durch Mertz zur Verteidigung des Hauses eingeteilt werden, als ein Kompaniechef des Wachbataillons mit stärkeren Kräften anrückte, das Haus mit einer Postenkette abschloß, Eingang und Nachrichtenbunker in Besitz nahm und mit Verhaftungen begann.

Fromm kam, von größter Eile getrieben, zurück und verkündete, ein Standgericht, von ihm berufen, habe soeben das Todesurteil gesprochen gegen vier Offiziere: „den Oberst im Generalstab Mertz, General der Infanterie Olbricht, diesen Oberst, dessen Name ich nicht mehr kenne, und diesen Oberleutnant." Hoepner war ausgenommen. Er hatte ein Gespräch mit Fromm im Nebenraum erbitten können, der ihm Selbsthinrichtung oder Verhaftung anbot. Er wurde ins Wehrmacht-Untersuchungsgefängnis abgeführt.

Jetzt sprach Stauffenberg, wie sich einer der Zeugen aus der Erinnerung aufzeichnet:

> „Alles, was heute geschehen ist, wurde durch meine Befehle veranlaßt. Nur das, was ich sagte, wurde getan. Alle haben als Soldaten, als meine Untergebenen, nur auf mich gehört, so wie sie es mußten. Sie trifft darum überhaupt keine Schuld. Ich bin es allein, der alles zu verantworten hat. Ich allein bin daher schuldig."[40]

Der dies wiedergibt, sagt: „Der Ton dieser Worte war eindeutig und bestimmt. Die Sätze hämmerten wie der Befehl eines hohen Offiziers, der präzise ausdrückt, was er will."

Der Generaloberst antwortete nicht, sondern gab dem neben ihm stehenden Leutnant des Wachbataillons, der schon bestimmt war, den Befehl, das Urteil im Hof zu vollstrecken. Noch einmal wies er ihm in der großen Zahl der Anwesenden die vier Verurteilten: „Dieser Herr hier, der Oberst, dieser General mit dem Ritterkreuz, dieser Oberst im Generalstab und dieser Oberleutnant." Er trat zur Seite. „Langsam, aber nicht zögernd, gingen Stauffenberg , Mertz von Quirnheim, Olbricht und Haeften an ihm vorbei. Sie schritten ernst und mit innerer Haltung."[41]

Zur Exekution war von Fromm ein Boden- und Sandaushub bestimmt worden, der durch Grabungen im Hof des Bendlerblocks entstanden war. Das Hinrichtungskommando bestand aus zehn Unteroffizieren des Wachbataillons, befehligt von Leutnant Schady, der vor Ende im Krieg noch den Tod fand. Im Dunkel des Hofes war das grelle Licht von Autoscheinwerfern auf die Hinrichtungsstätte gerichtet, als die vier Offiziere hintereinander erschossen wurden. Ein Bericht sagt, Haeften habe sich, als die Reihe an Stauffenberg kam, vor ihn geworfen und sei niedergestreckt worden. Die nächste Salve habe Stauffenberg getötet. Als sein letzter Ruf wurden die Worte gehört: „Es lebe unser heiliges Deutschland!"[42]

*

Als die toten Offiziere noch auf der Erde und im Blute lagen, trat Generaloberst Fromm groß als der Gebieter aus der Tür, ging zur gegenüberliegenden Hofseite zum angetretenen Hinrichtungskommando. Er bekam von Schady den Vollzug gemeldet, sprach kurze Worte, brachte das „Sieg-Heil" auf den geretteten Führer aus und verschwand – zu Minister Goebbels, wo er verhaftet wurde. Er ist vor Kriegsende füsiliert worden.

Der Leichnam Becks wurde über die Treppe zum Hof gebracht – eine Schleppspur von Blut bezeichnete am nächsten Tag noch den Weg. Die fünf Toten wurden auf einem Lastwagen durch einen Feldwebel mit einigen Leuten zum Alten Matthäi-Friedhof in Berlin-Schöneberg gebracht, wo der Küster nächtens zu öffnen und die gerufene Polizei zu schweigen hatte. Vor Morgengrauen waren die Leichname, so wie sie waren, mit dem, was sie trugen – Olbricht mit Ritterkreuz –, in der Erde vergraben.

Unmittelbar nach Mitternacht, als man die vier Offiziere zur Exekution in den Hof geführt hatte, wurde über den Großdeutschen Rundfunk die Rede Hitlers übertragen, die er am frühen Abend in der „Wolfsschanze" gehalten hatte. Die in den Olbrichtschen Räumen entwaffnet festgehaltenen Offiziere waren inzwischen von SS-Truppen übernommen worden. Aus Lautsprechern tönten die Worte, die der dem Tod entkommene „Führer“ an das deutsche Volk und seine Soldaten in aller Welt richtete. Es hieß da:

> „Deutsche Volksgenossen und Volksgenossinnen!
> Ich weiß nicht, zum wievielten Male nunmehr ein Attentat auf mich geplant und zur Ausführung gekommen ist. Wenn ich heute zu Ihnen spreche, dann geschieht es aus zwei Gründen:
> 1. Damit Sie meine Stimme hören und wissen, daß ich selbst unverletzt und gesund bin.
> 2. Damit Sie aber auch das Nähere erfahren über ein Verbrechen, das in der deutschen Geschichte seinesgleichen sucht.
>
> Eine ganz kleine Clique ehrgeiziger, gewissenloser und zugleich verbrecherischer dummer Offiziere hat ein Komplott geschmiedet, um mich zu beseitigen und zugleich mit mir den Stab praktisch der deutschen Wehrmachtführung auszurotten.
> Die Bombe, die von dem Oberst Graf Stauffenberg gelegt wurde, krepierte zwei Meter an meiner rechten Seite. Sie hat eine Reihe mir treuer Mitarbeiter sehr schwer verletzt, einer ist gestorben. Ich selbst bin unverletzt bis auf kleine Hautabschürfungen, Prellungen oder Verbrennungen. Ich fasse es als eine Bestätigung des Auftrags der Vorsehung auf, mein Lebensziel weiter zu verfolgen, so, wie ich es bisher getan habe. Denn ich darf es vor der ganzen Nation feierlich gestehen, daß ich seit dem Tage, an dem ich in die Wilhelmstraße einzog, nur einen einzigen Gedanken hatte, nach bestem Wissen und Gewissen meine Pflicht zu erfüllen, und daß ich, seit mir klar wurde, daß der Krieg ein unausbleiblicher war und nicht mehr aufgeschoben werden konnte, eigentlich nur Sorge und Arbeit kannte und in zahllosen Tagen und durchwachten Nächten nur für mein Volk lebte.
>
> Es hat sich in einer Stunde, in der die deutschen Armeen in schwerstem Ringen stehen, ähnlich wie in Italien, nun auch in Deutschland eine ganz kleine Gruppe gefunden, die nun glaubte, wie im Jahre 1918 den Dolchstoß in den Rücken führen zu können. Sie hat sich diesmal aber schwer getäuscht. Die Behauptung dieser Usurpatoren, daß ich nicht mehr lebe, wird jetzt in diesem Augenblick widerlegt, da ich zu euch, meine lieben Volksgenossen, spreche. Der Kreis, den diese Usurpatoren darstellen, ist ein denkbar kleiner. Er hat mit der deutschen Wehrmacht und vor allem auch mit dem deutschen Heer nichts zu tun. Es ist ein ganz kleiner Klüngel verbrecherischer Elemente, die jetzt unbarmherzig ausgerottet werden.“[43]

Wie sollten diese Worte Berthold Stauffenberg treffen, wenn er sie mithören mußte: Der „Widerchrist“ in seiner Gleisnerei, sich aufspielend über die Empörer. Ein wie anderer Aufruf an die Deutschen war geplant gewesen!

Es gab ein langes Warten für die Gefangenen, Warten auf Tod oder Kerker, bis sie endlich von SS-Leuten auf Befehl des Sturmbannführers Skorzeny, zwei und zwei aneinander gefesselt, von oben über die gleiche Treppe wie die anderen an der nun leeren Hinrichtungsstätte vorbei ins Gestapo-Gefängnis der Prinz-Albrecht-Straße abgeführt wurden: Berthold Stauffenberg als einziger in Marineuniform, Schulenburg, Yorck, Schwerin, Bernardis, von der Lancken, Gerstenmaier, nur er in Zivil, und der fälschlich ergriffene Ordonnanz-Offizier Olbrichts, Rittmeister von Ramin.[44] Berthold Stauffenberg wußte bei diesem Weg nicht, was mit dem Bruder geschehen war. Er hat es bei seiner Vernehmung durch seine Frage an den Beamten erfahren.

Es war Mitternacht, als Generalmajor von Tresckow, Chef des Generalstabs der 2. Armee in Ostrowo (Ostpolen) die Gewißheit empfing, daß der letzte Versuch einer Erhebung gescheitert war. Er machte sich bereit, am Morgen den Tod in der vordersten Linie zu suchen, um seiner Verhaftung zuvorzukommen und um nicht, von der Folter erpreßt, Miteingeweihte verraten zu müssen. „Im Morgensonnenschein eines herrlich beginnenden Sommertages" – des 21. Juli – fuhr er, so der Bericht seines Gehilfen Schlabrendorff, mit zwei Wagen und Bewaffneten zu einer Erkundungsfahrt bei der 28. Jägerdivision, nahm von ihr den zur Verschwörung gehörenden Generalstabsmajor Kuhn mit, ließ Fahrzeug und Leute halten, wurde von Kuhn noch ein Stück begleitet und ging dann selbst in einem Waldstück weiter vor. Man hörte eine Schießerei, wie es den Zurückgebliebenen schien: von einem Partisanenüberfall, und fand den General durch eine Gewehrsprenggranate getötet, die Pistole neben sich. Man gab im Sprechfunk an die Armee: Generalmajor von Tresckow während einer Erkundungsfahrt im Wald nordostwärts Nowosiolski gefallen. Rühmender Tagesbefehl durch die 2. Armee: Tod des Besten unter ihnen, dem nachzueifern sei ... Aus den Nachmitternachtsgesprächen mit ihm hat Schlabrendorff die Worte überliefert:

> „Wenn Gott einst Abraham verheißen hat, er werde Sodom nicht verderben, wenn auch nur zehn Gerechte darin seien, so hoffe ich, daß Gott auch Deutschland um unsertwillen nicht verderben wird.
> Niemand von uns kann über seinen Tod Klage führen. Wer in unsren Kreis getreten ist, hat damit das Nessushemd angezogen.
> Der sittliche Wert eines Menschen beginnt erst dort, wo er bereit ist, für seine Überzeugung sein Leben hinzugeben."[45]

XX

„ZU GRUND MIT DEM REST DER EMPÖRER!"

In der Frühe des 21. Juli kam Himmler, Reichsführer-SS, nunmehr, wie er lange erstrebt, auch Oberbefehlshaber des Ersatzheeres, mit allen Vollmachten Hitlers ausgestattet, die Offiziersrevolte niederzuschlagen und die Empörer dem Strafgericht zuzuführen. Die in der Nacht im Matthäi-Kirchhof Vergrabenen ließ er ausgraben, „um einmal richtig festzustellen, wer es war", und gab den Befehl, die Leichname zu verbrennen und die Asche über die Felder zu streuen.

> „Wir wollen von diesen Leuten, auch von denen, die jetzt hingerichtet werden, nicht die geringste Erinnerung in irgend einem Grabe oder an einer sonstigen Stätte haben."[1]

Am Halse des Obersten Stauffenberg, so wurde berichtet, fand man ein kleines goldenes Kreuz an goldenem Kettchen. Man nahm es als Zeichen seines katholischen Glaubens – es war das Angebinde seiner mit 17 Jahren ihm Verlobten aus dem protestantischen Haus Lerchenfeld.

Ein „Ehrenhof" mit zwei Marschällen und sechs Generälen hatte die der Verschwörung überführten Offiziere zu wehrunwürdigen Verbrechern zu erklären, sie aus der Wehrmacht auszustoßen und sie dem Volksgerichtshof unter Roland Freisler als Präsidenten zuzuführen, der bereit stand, für den „Führer" ganze Arbeit zu leisten – dem Reichskriegsgericht war die Zuständigkeit genommen. Unter den 22 Offizieren, die am 4. August ausgestoßen wurden , waren Stauffenberg und die mit ihm Exekutierten.

Die Angehörigen der Familien, auch Kinder und alte Menschen, sollten in Sippenhaft genommen werden. Am 3. August rief Himmler vor versammelten Gauleitern aus: „Die Familie Graf Stauffenberg wird ausgelöscht bis ins letzte Glied!"[2] Um diese Zeit waren in Berliner Gefängnissen wohl 10 Personen der Familie Stauffenberg und ihrer nahen Verwandten, die nicht voneinander wußten.

Hinzugekommen war Alexander Graf Stauffenberg. Er tat, zuvor zweimal verwundet, in Athen Dienst als Leutnant beim Artilleriekommandeur des LXVIII. Armee-Korps, der ihn vor wenigen Monaten angefordert hatte.[3] Als die Nachricht des Putsches von Berlin kam, fiel für

Alexander überraschend der Name seines Bruders als des Attentäters und als eines der standrechtlich Erschossenen. Ein österreichischer Archäologe erbot sich, wie später den Eigenen bekannt wurde, ihm durch ein englisches Kommando, das auf der Peloponnes gelandet war, zur Flucht nach Ägypten zu verhelfen. Er wies es von sich. Er wollte sich allem, was folgen sollte, stellen. Seiner Frau Melitta, die als hochangesehener Flugkapitän, mit EK II und dem Fliegerabzeichen mit Brillanten dekoriert, mit Erprobungsaufgaben für die Göringsche Luftwaffe in Berlin arbeitete, konnte er am 25. Juli noch von Athen aus am Telephon mitteilen, daß für ihn die Reise nach Berlin bevorstehe. Im Gewahrsam einer Gruppe von Offizieren hatte er auf einer viertägigen Bahnfahrt Zeit, sich auf die an ihn kommenden Fragen vorzubereiten.

Ehe er ankam, war Gräfin Melitta in Berlin verhaftet worden. Am 27. Juli schreibt sie in ihrem kleinen Notizbuch, das sie bewahren konnte: „Abends endlich zur Vernehmung abgeholt [vom Gefängnis am Alexanderplatz zur Prinz-Albrecht-Straße]. Lange warten müssen. 2 Marineleute vor mir drin, einer gefesselt! B. [Berthold] soll mit verwickelt sein! Verhandlung sehr gut geführt. Verhör durch Regierungsrat Opitz. Stoß alter Akten, alles mögliche ausgegraben..., irgend eine Äusserung von Alex. O. scheint aber nichts auf den alten Kram zu geben. Georgekreis wird untersucht, wittern nun auch dahinter Politik."[4]

Graf Alexander wurde beim ersten Verhör, wie erwartet, zum Athener Professor Fahrner vernommen, dessen kürzliche Zusammenarbeit im Marinelager mit dem Grafen Berthold bekanntgeworden war. Der Befragte konnte sie als von wissenschaftlich künstlerischer Art aus George'scher Gemeinsamkeit ohne jeden politischen Bezug erklären, wofür auch die Manuskriptfunde in Bernau sprechen konnten. Der Vernehmende sah von einer weiteren Verfolgung der Spur ab, Fahrner blieb frei. Alexander Stauffenberg war keine Beteiligung am Putsch der Brüder nachzuweisen. Er blieb, bis Kriegsende von KZ zu KZ geschoben, in der Gewalt der Gestapo, bis seiner Gruppe der „Ehrenhäftlinge" im Gefahrenmoment der letzten Kriegstage sich von der bewachenden SS freizumachen und in den Alpen bei den Amerikanern Aufnahme zu finden gelang.

Melitta Gräfin Stauffenberg wurde nach sechswöchiger Haft auf Weisung Himmlers zu ihrer Arbeit bei der Luftwaffe entlassen. Als bewährte Pilotin, zumal von Sturzkampfbombern, war sie bei der Erprobung eines neuen, dringend benötigten Nachtfluggerätes nicht zu ersetzen. Nur hatte sie von jetzt ab den Namen Melitta Schenk zu tragen.[5]

Berthold Stauffenberg war 21 Tage in Kerkerhaft in einer Einzelzelle zur steten Verfügung des Chefs der Geheimen Staatspolizei in der Prinz-Albrecht-Straße. Von Mißhandlungen, wie sie in der Zeit andere, so in schwerster Art sein Vetter Caesar Hofacker, zu erleiden hatten, ist bei ihm nichts bekannt. Aus seinen Vernehmungen sind Angaben, teils in wörtlichem Zitat, erhalten geblieben in den Kaltenbrunnerschen Berichten, die an den Reichsleiter Bormann und durch ihn an Hitler gingen. Beim ersten Verhör über den Beginn der Vorbereitungen des auch für die Geheimpolizei völlig überraschenden Attentats, das kaum 24 Stunden zurückliegt, erklärt Berthold Stauffenberg für sich und seinen Bruder:

> „Bereits im Herbst vergangenen Jahres waren mein Bruder und ich uns darüber klar, daß der Krieg nicht gewonnen werden kann. Wir sahen deshalb die einzige Möglichkeit, zu einer einigermaßen tragbaren Lösung zu kommen, darin, mit unseren Gegnern bald Frieden zu schließen. Uns war klar, daß das mit dem bestehenden Regime nicht möglich war. Eine Ablösung des Systems war uns aber nur über den Tod des Führers denkbar."[6]

Zu seinem Verhältnis zum Nationalsozialismus befragt, äußert sich Stauffenberg, wie in ähnlicher Weise auch Nikolaus Graf Üxküll, Graf Schulenburg, Caesar von Hofacker, daß sie zu Beginn große Hoffnungen auf ihn gesetzt und erwartet hätten, daß durch ihn unter Mithilfe aller guten Kräfte ein neuer deutscher Rechtsstaat werden könne, daß sie aber zutiefst enttäuscht worden seien. Stauffenberg sagt aus:

> „Der Gedanke des Führertums, der selbstverantwortlichen und sachverständigen Führung, verbunden mit einer gesunden Rangordnung und dem der Volksgemeinschaft, der Grundsatz ‚Gemeinnutz geht vor Eigennutz' und der Kampf gegen die Korruption, die Betonung des Bäuerlichen und der Kampf gegen den Geist der Großstädte, der Rassegedanke und der Wille zu einer neuen deutsch bestimmten Rechtsordnung erschien uns gesund und zukunftsträchtig."

Es folgt wörtlich:

> „Statt berufener Führer kamen im allgemeinen kleine Leute an die Spitze, die eine unkontrollierte Macht ausübten. Gegen den Gedanken der Volksgemeinschaft wurde verstoßen, indem gegen die oberen Schichten und gegen die Intellektuellen gehetzt und überhaupt nach Möglichkeit das Ressentiment des Kleinbürgers geweckt wurde.
> Den Grundsatz ‚Gemeinnutz geht vor Eigennutz' verrieten die Führenden zum großen Teil selbst, indem sie eigene Interessen voranstellten und eine in diesem Umfang noch nie gekannte Korruption einsetzte."

Zum Rassegedanken sich erklärend, sagt Berthold Stauffenberg, den schwersten Verrat am Rassegedanken sehe er in diesem Krieg darin, daß „gerade das rassisch beste deutsche Blut unwiederbringlich hingeopfert wird." Mit der Feststellung: „Statt einer neuen Rechtsordnung kamen wir zur Rechtlosigkeit und sogar in weitem Umfang zum Verlust der Rechtsgefühle", spricht Stauffenberg die für ihn zentrale Anklage gegen Hitler und sein Regime aus: Sie haben dem deutschen Volk die Maßstäbe für eine Bindung an göttliches und menschliches Recht genommen und haben es ihrer Machtwillkür unterworfen. Der Angeklagte, der vor seinem Tod steht, spricht das richterliche Urteil:

> „Ein Regime, das so gegen seine eigenen tragenden Ideen handelt, hat sein Lebensrecht verwirkt."[7]

Die Frage der „christlich-konfessionellen Bindung des Verschwörerkreises" kehrt öfter bei den Verhören wieder. Bei den meisten der Vernommenen wird festgestellt, daß sie christlich, auch kirchlich gebunden sind, wofür auch Indizien gelten.

> „Von Stauffenberg, dessen Familie zahlreiche Beziehungen zur Kirche und zum Klerus aufweist, berichtet Kaiser, daß er stets ein goldenes Kreuz auf der Brust trug. Kaiser versieht die Eintragung in seinem Tagebuch, daß er dies einmal beim Waschen beobachtet hatte, mit der Bemerkung: ‚Ich finde das schön.'"

Es wird hervorgehoben, daß Stauffenberg, Yorck, Schwerin und Schulenburg etwa drei bis vier Wochen vor dem Anschlag „lang und breit" darüber gesprochen hätten, daß das „Christentum wieder die tragende seelische Kraft der Zukunft" sein solle.[8] In Graf Bertholds Aussage sind die Sätze vorangestellt:

> „Wir sind zwar nicht das, was man im eigentlichen Sinne gläubige Katholiken nennt. Wir gingen nur selten zur Kirche und nicht zur Beichte. Mein Bruder und ich sind der Meinung, daß aus dem Christentum heraus kaum noch irgend etwas Schöpferisches kommen könnte."

Man liest weiter, Stauffenberg habe erklärt, er sei Patronatsherr der Kirche in Lautlingen, und deshalb verpflichtet gewesen, dann und wann zur Kirche zu gehen. Der berichtende Verhörsbeamte schliesst daran aus seinem Adelsverständnis die Bemerkung, die Kirche sei traditionell der wesentliche Ort der Familienrepräsentation gewesen.

> „Wie hoch die Stauffenbergs den Wert der Kirche für das Verhalten der Untertanen ansetzten, zeigt sich darin, daß der Oberst von Stauffenberg,

obwohl er selbst kaum in die Kirche ging, seinen Fahrer Schweizer aufforderte, öfter in die Kirche zu gehen. Typisch dafür, wie starr bei den Stauffenbergs auf die Form gehalten wurde, ist die Aussage von Berthold Stauffenberg: ‚Meine Familie ist traditionsgemäß stark mit der katholischen Kirche verwurzelt. Es ist immer Wert darauf gelegt worden, daß die Kinder katholisch werden. Auch die Frau meines Bruders, die evangelisch war, ist katholisch getraut worden und hat sich verpflichtet, die Kinder katholisch erziehen zu lassen.'"[9]

An die Darlegung zur katholischen Tradition in der Familie Stauffenberg schließt der Protokollant Aussagen zur Konfession von drei anderen Vernommenen an, die durch Oberst Stauffenbergs Haltung und seine Erklärungen zu Geboten der Kirche sich als zur Mittat gewonnen erklärt hätten. In ihren Aussagen läßt sich etwas von der freilassenden Überzeugungskraft in den Worten Stauffenbergs erkennen, mit denen er junge Offiziere, Angehörige beider christlicher Bekenntnisse erreichen und sie aus seinem eigenen religiösen Ethos beim Finden *ihres* Entschlusses bestärken konnte.

Zur Religiösität des Obersten berichtet sein Bruder Alexander, man habe ihn einmal sagen hören: Ein Volk, das nicht beten kann, sei nicht wert zu leben.[10]

In den Vernehmungsberichten ist an keiner Stelle davon die Rede, das Handeln der Brüder Stauffenberg sei aus geheimer Zugehörigkeit zum „Georgekreis", was immer man darunter verstand, bestimmt gewesen. Berthold Stauffenberg wird von den ersten Verhören ab als der juristische Berater bei der Abfassung der Verordnungen und Befehle erkannt, die im Amt Olbricht aufgefunden worden sind.

*

Als Berthold Stauffenberg noch in der Prinz-Albrecht-Straße war, wurde sein Vetter, Oberstleutnant d.R. Caesar von Hofacker, gebracht. Er war mit ihm noch zuletzt vor zehn Tagen bei der Besprechung im Haus der Tristanstraße zusammen gewesen. An des Oberstleutnants Ungestüm und seine Forderung schnellsten Handelns erinnern die Sätze, die er bei seiner Rückfahrt nach Frankreich an seine Frau schrieb:

> „Heute wäre das ungenützte Verstreichenlassen auch nur weniger Stunden eine Sünde wider den Heiligen Geist und ein Verstoß nicht zuletzt gegen meine Pflichten als Mann einer deutschen Frau und Vater deutscher Kinder."[11]

In Paris stand er mit General Stülpnagel von da ab jede Stunde bereit, den bis ins Detail geplanten Alarm auszulösen. Als Stauffenbergs

Mühen am Abend des 20. Juli in Berlin gescheitert war, hat er mit Stülpnagel zusammen das Äußerste versucht, von Frankreich her noch zum Umsturz zu kommen. Sie vermochten nicht, den Höchstkommandierenden in Frankreich, Generalfeldmarschall von Kluge, zum erlösenden eigenen Schritt zu bewegen. Hofacker lehnte ein Untertauchen, das ihm von Freunden angeboten war, entschieden ab, ging zum Dienst, und wurde am 25. Juli verhaftet. Er nannte sich beim ersten Verhör den Alleinverantwortlichen für Paris, drückte sein Bedauern aus, daß nicht er an Stelle seines schwer kriegsverletzten Vetters Stauffenberg das Attentat habe übernehmen können. Auf den Einwand des Verhörenden, wie er das hätte tun können, er habe doch eine Frau und vier oder fünf Kinder, soll er ihm scharf erwidert haben: „Was schert mich Weib, was schert mich Kind, wenn es um Deutschland geht!“[12]

Caesar Hofacker, ältester Sohn des württembergischen Generals Eberhard von Hofacker, Nachkomme Gneisenaus wie seine Vettern Stauffenberg, zog als 18jähriger Abiturient unter den Ersten als Kriegsfreiwilliger in den Ersten Weltkrieg. Er kam erst 1920 zurück, nachdem er als Luftwaffen-Oberleutnant und Staffelkapitän auf dem Balkan in die Gefangenschaft der Alliierten gefallen war. Den Zweiten Weltkrieg begann er als Geschwaderchef im Feldzug gegen Polen. Bald kam er, der sich durch seine Berufsjahre in der Krefelder Seidenindustrie und in den Vereinigten Stahlwerken in Berlin einen Namen gemacht hatte, nach dem Frankreichfeldzug zum Aufbau der Wirtschaftsabteilung der Militärverwaltung nach Paris. Von dort wurde er als Stabsoffizier z.b.V. – die Gründe sind nicht erkennbar – in den persönlichen Stab des Generals von Stülpnagel geholt.

Durch Jahre folgte Hofacker dem innersten Bestreben, ja dem Traumbild, eine echte Aussöhnung zwischen Frankreich und Deutschland durch eine Begegnung auf dem Douaumont, dem Schicksalsberg des Ersten Weltkriegs, zustande zu bringen. Er sah in Hitlers Politik nach dem Sieg über Frankreich ein verhängnisvolles Versagen. Von einer Begegnung mit seinem Vetter Stauffenberg ist aus dieser Zeit nichts bekannt. Sie hätten sich in Übereinstimmung finden können, wie man aus dem Aufbegehren des Hauptmanns Stauffenberg in der Gesprächsrunde um Halder schließen kann.[13] Der Mitverschworene Eberhard Finckh hat im Verhör über ihn gesprochen: „Meines Erachtens besitzt er gleiches, das heißt Stauffenbergsches Blut.“[14]

Am schwersten trug der in Haft oft Gefolterte, von seiner Frau und den geliebten fünf Kindern nicht zu wissen. Er stand, wie ein Bericht sagt, ruhig und aufrecht vor dem Volksgerichtshof und rief souverän, als ihm bei seiner Schlußrede der Präsident ins Wort fallen will: „Sie schweigen jetzt, Herr Freisler! Heute geht es um meinen Kopf. In einem Jahr geht es um den Ihren!"[15] Der Wortlaut seiner Rede ist in keinen Gerichtsakten enthalten.

Man findet in dem Gedichtband „Denkmal" ein Gedicht, das Alexander Stauffenberg nach seiner Befreiung dem Gedächtnis seines Vetters Caesar Hofacker gewidmet hat. Das Gedicht spricht vom dunklen Los „der ganzen Sippe" und rühmt, wie es der aus seinen höchsten Hoffnungen Gestürzte vermocht hat, in den Qualen durch das Nein des Schicksals zu bestehen.

„...
Ausladende gebärde deutet: ‚...Denkt
Am Douaumont den bruderzwist versenkt
Ins totenland – versöhnt das süße Franken!

Die tausendjährig rostverschloßnen tore
Gesprengt – uralter hader sterbensmatt –
Einträchtig rauschend ob der gräberstatt
Des Reiches banner und die Trikolore!'

Umsonst dein sichtend ringen. Deinen leib
Ergreift der ganzen sippe dunkle schickung.
Des schergen frage schweigt in der verstrickung
Dein herrisch wort: ‚Was schert mich kind und weib!'

Umsonst! das schicksal treibt dem abgrund zu.
Und übrig bleibt nur: betend sich bescheiden
Wenn Gott so zuschlägt aufrecht zu erleiden
Den tod der qualen stark und stolz wie du."[16]

*

Am 10. August stand Berthold Stauffenberg zur Verhandlung vor dem Volksgerichtshof. Prozeßakten sind nicht erhalten. Über den Chefkriegshistoriker der Wehrmacht in Hitlers Hauptquartier, Generalmajor Scherff, der Zugang zu den Prozessen hatte, kam die Angabe, die kurze Aussage des Grafen Berthold Stauffenberg sei das klarste und wuchtigste Dokument gegen Hitler gewesen, das vielleicht jemals geschrieben und diesem vorgelegt worden sei.[17]

Noch am Tag seiner Verhandlung wurde der Marineoberstabsrichter zum Tod am Strang nach Plötzensee gebracht. Ein Marinekamerad von ihm, der als Mitwisser angeschuldigt im Gefängnis der Lehrterstraße einsaß, erfuhr vom Tod Stauffenbergs noch am gleichen Tag durch das Gespräch zweier SS-Posten vor seiner Zellentür, die sich über die Hinrichtung Stauffenbergs unterhielten und seine Standhaftigkeit rühmten.[18]

Nach zwei Jahren langten Briefzeilen des Grafen bei seinen Kindern an, die er an sie, eh er zum Tod geholt wurde, geschrieben hatte:

> „...Denkt immer in Stolz an Euren Vater, der das Beste für sein Land und Volk gewollt hat. Seid rein und stark, groß und wahr und seid immer dessen eingedenk, daß ihr adlig zu leben habt, in Treue zu Eurem angeborenen Sein. ...Wie sehne ich mich danach, Euch noch einmal zu sehen und Euch an mich zu drücken. Ich küsse Dich, meinen Alfred, und Dich, meine Elisabeth, innigst.
> Euer Vater."[19]

*

Am gleichen Tag mit Berthold Stauffenberg erlitt Fritz-Dietlof von der Schulenburg den Tod – Peter Yorck von Wartenburg war als der erste aus der Wannseerunde zwei Tage vorangegangen. Später zum Vorschein gekommene Bilder und Akten bezeugen, wie ungebrochen, stolz als Preuße und Empörer sein Schicksal empfangend, der Worte mächtig Schulenburg vor dem Gerichtshof stand. Als der Präsident ihn fragte, was er sich eigentlich gedacht habe bei seinem Verrat am „Führer", gab er die Worte zurück, die allein von der vorschauenden Sorge um Deutschland sprachen:

> „Warten Sie ein halbes Jahr, dann haben Sie genau die Lage, von der wir ausgegangen sind.
> Wir haben diese Tat auf uns genommen, um Deutschland vor einem namenlosen Elend zu bewahren."[20]

*

Der dem Attentat entgangene „Führer" der Deutschen folgte den Enthüllungen der Geheimpolizei, der es bis in letzte Verzweigungen der Offiziersverschwörung vorzudringen gelang, mit haßvollem Interesse und gab selbst zu den Verurteilten das Wort, sie sollten „hängen wie Schlachtvieh"[21]. Ein viel weiterer Kreis ziviler Verschwörerkräfte, als deren Motor der Leipziger Ex-Oberbürgermeister erkannt, am 19. Juli gegen Kopfgeld zur Verhaftung ausgeschrieben und nach Wochen seiner Flucht verhaftet worden war, wurde in die Verfolgung und kompromißlose Zerschlagung mit einbegriffen. Nach dem Krieg erst ließ sich aus gefundenen Akten erkennen, daß in den neun Endmonaten des Krieges, während die Fronten noch im Kampf standen, Tausende durch Urteile der Zivil- und Militärgerichte hingerichtet worden sind.

Der Beteiligung oder des Mitwissens allein an der Stauffenbergschen Verschwörung überführt, haben 170–200 Menschen durch den Scharfrichter den Tod gefunden. Nur einzelne Namen wurden damals der Öffentlichkeit bekannt. Die Presse erging sich in rasenden Schuldzuweisungen an das Offizierkorps, die Kirchen, vor allem auch an den Adel. Davon, was die „verruchten Verräter" bewogen haben konnte, ihr Leben zum Sturze Hitlers einzusetzen, vom Ausmaß der Leiden der von Kerkerhaft und Gang zum Tod Betroffenen, von Not und Bedrängnis ihrer Familien drang wenig oder nichts zu den Deutschen. Noch galt der Mehrzahl von ihnen der „Führer", der sich heroisch, so erschien es, mit dem Letzten, das aufzubieten war, gegen eine Kapitulation vor den hereindringenden Feinden wehrte, als Idol und Hochbild.

Hitler hat sich nach seiner Rede zum 20. Juli nur noch einmal (am 1. Januar 1945) an die Gesamtheit der Deutschen gewandt. Für viele von ihnen war er wie verschollen: Er lebe 30 Meter unter der Erde, konnte man im Volke hören. Durch die Propaganda in Presse und Rundfunk und durch den gesteigerten Terror von SS und Gestapo, die einen jeden, der Worte des Zweifels am „Endsieg" hören ließ, zum Verschwinden brachten, blieb Hitlers Nimbus fast bis zum Ende erhalten. Mit starrem Befehl herrschte er fort. Jede Stellung hatte die Truppe „bis zum letzten Mann" zu halten. Keine „Wunderwaffe" half, neu versprochene kamen nicht zum Zug. Ein letzter Offensiv-Aufschwung im Westen, in den Ardennen, brach nach kurzen Wochen zu Beginn des Jahres 1945 zusammen. Die Feinde rückten, von den Wehrmachtberichten kaum gemeldet, von Osten und Westen über die Grenzen. Ihre Luftflotten brachten den Terror maßloser Zerstörungen über Stadt und Land. Führerbefehle ergingen zuletzt an Divisionen, ja Armeen, die gar nicht mehr existierten. Mit erstaunlicher Härte dennoch kämpften Reste der deutschen Heere bis zum Erliegen.

Als die ersten Sowjet-Panzer vor der Reichskanzlei in Berlin erschienen, gab Hitler auf, tötete sich am 30. April und überließ Deutschland, das bis in diese letzte Stunde unter der SS strengem Halsgericht stand, den Feinden, die er selbst gerufen hatte, und dem Chaos eines jeder Lenkung und Voraussorge baren Zusammenbruchs.

EIN NACHWORT

Die Freunde, die Claus Stauffenberg zuletzt nicht mehr gesehen, ihn aber in all seiner Aktivität als Offizier vor Augen hatten, mußten von der Nachricht tiefstbetroffen sein, daß er erschossen worden sei. Fluchen indes mußten ihm die Deutschen, die in den Einbrüchen des Krieges ihre letzte Hoffnung auf Hitler setzten und die erschüttert den Namen eines ihnen bisher unbekannten Offiziers hörten, der den „Führer" zu morden versucht hatte. Fluchen mußten ihm auch Tausende, vielleicht Millionen von Soldaten, die durch Jahre, der Heimat fern, an den Fronten standen und, von täuschenden Nachrichten gelenkt, bis zuletzt bei schwindender Siegeszuversicht doch im Glauben, der „Führer" werde es noch schaffen, aushielten. Ihnen allen galt, was Hitler am Abend des 20. Juli, kurz nach Mitternacht, über den Rundfunk bis ins letzte Frontquartier vernehmbar über die Verschwörung gegen sein Leben verkündet hatte. Daraus war nicht zu erkennen, aus welchem wahren Wissen um die Fronten, aus welcher Verantwortung heraus der Oberst und seine Mitverschworenen gehandelt hatten. Am Ende des Krieges waren dann vom 20. Juli nur noch die Auslösung einer Sprengbombe neben Hitler und ein verunglückter Offiziersputsch im Gedächtnis, bei dem der Attentäter mit anderen umgekommen war.

Es hat Jahre gebraucht, bis sich in den geteilten Gebieten Deutschlands erste Berichte verbreiteten vom gescheiterten Offiziersaufstand des 20. Juli. Die hinterbliebenen Familien aber mußten sich lange noch in Unterkünften, die sie fanden, verborgen halten, Beschimpfungen und Bedrohungen durch andere Deutsche ausgesetzt.

Zu den Feiern des 10jährigen Gedenktages des Anschlags vom 20. Juli 1944 kam Theodor Heuss, der erste Präsident, mit Konrad Adenauer, dem ersten Kanzler der Bundesrepublik Deutschland, nach Berlin, und Heuss sprach vom Auditorium maximum der Freien Universität aus als „Bekenntnis und Dank" vom Vermächtnis der Männer des 20. Juli,

> „das durch das stolze Sterben dem Leben der Nation geschenkt wurde. Die Scham, in die Hitler uns Deutsche gezwungen hatte, wurde durch ihr Blut vom besudelten deutschen Namen weggewischt."

Der Präsident, dessen Rede die erste große Würdigung des 20. Juli auf öffentlicher Bühne der neuen Republik war, endete:

> „Das Vermächtnis ist noch in Wirksamkeit, die Verpflichtung noch nicht eingelöst."[1]

Der Anruf, sich der Verpflichtung durch das Vermächtnis der Toten des 20. Juli bewußt zu sein, klang aus dem Munde dieses Präsidenten überzeugend und erreichte viele. Aber bald war zu erkennen: Die deutsche Öffentlichkeit bewegte sich mit ihrem Denken und ihren Sorgen auf anderen Bahnen. Soviele Mahner im Sinne von Heuss folgten, soviel bewegend Neues die Zeitgeschichtsforschung zum Widerstand und zum 20. Juli erbrachte – die jüngere Generation gewann kein Verhältnis zu den Männern von damals, die sich zur Befreiung Deutschlands zusammenschlossen und dafür in den Tod gehen mußten.

Zur Wiedervereinigung Deutschlands und zum 50. Jahrestag des 20. Juli hat der Verfasser versucht, ein Bild des Lebens und der Persönlichkeit von Oberst Claus Graf Stauffenberg zu geben, um ihn vielleicht auch den Jüngeren mehr zur Gegenwart zu rufen.

Für das deutsche Volk und Vaterland einmal im Großen zu handeln ist Stauffenbergs Träumen und Sinnen von frühen Tagen an. Dienen, Vorangehen, nicht Vorherrschen und Vorrechte-genießen-wollen ist das Gebot, das er von seinen adligen Ahnen auf sich gerichtet weiß. Der 15jährige, der Baumeister zu werden wünscht, stellt sich vor, wie „jeder Bau gewissermaßen einen Tempel, der dem deutschen Volk und Vaterland gewidmet ist, darstellt".[2]

Der Dichter Stefan George, zu dem Jugend nach dem ersten Weltkrieg verehrend aufschaute, gewinnt ihn mit seiner Dichtung, mit den Bildern neuen Lebens und einer Zukunft, in der fern einmal ein anderes, „heldischeres" Deutschland heraufkommen könnte. George wird für ihn der Genius des Zeitalters, sein sokratischer Lehrer und Freund, der 55jährige dem 16jährigen. Durch ihn wird er in seiner tathaft-geistigen Begabung angenommen, in der es „keinen Abstand zwischen Denken und Tun, Empfinden und Handeln" gibt, die sich als eine *Vita Sibi Concors* (Seneca) mit sich im Einklang befindet.

In einem Brief an den Dichter spricht der 19jährige Stauffenberg davon, wie er den Sinn seines Lebens noch verhüllt empfindet und wartet, „bis eine stunde in der härte ihres schlages und in der größe ihrer erscheinung das zeichen" geben werden.[3] Diesem Warten, diesem Sichbedeckt-halten, Sich-bereit-halten für die große Aufgabe, die ihn fordern wird, begegnet man immer wieder im Lebensgang des Stauffenberg und man gewinnt den Eindruck, daß er wußte, er werde auf ein besonderes, vielleicht frühes Lebensende zugehen. Nina Gräfin Stauffenberg, die eh und je unverdächtig war überschwenglicher Worte, hat in späteren Jahren einmal einem sie um ihren Mann befragenden Historiker schlicht geantwortet: „So pathetisch es klingt, er ging bewußt den Weg eines Heldenlebens".[4] Ob er ahnen konnte, daß „die stunde in der härte ihres schlages" ihn so träfe, wie wir es vom Geschehen des 20. Juli wissen? Daß er diese „Stunde" als die ihn antreffende erkennt und sich ihr voll, wie sein Gewissen forderte, ergeben hat, gab ihm die Stärke, in der Schicksalstragik des Tages durchzuhalten.

Der „Eid", nach dem Stauffenberg in dieser letzten Zeit noch verlangte, macht deutlich, wie er über seinen möglichen Tod hinaus die im Geist mit ihm Geeinten zusammenzuhalten versuchen wollte.[5] Dies sein Testament zeigt, was er aus der Überlieferung der Zwanzigerjahre und aus dem Umgang mit George und seinem Umkreis aufgenommen, was ihn stets bei seiner Vorstellung vom „Reich" begleitet hat und wie er darauf seine Gedanken zum Erreichen einer neuen Ordnung „im Volk und Vaterland" gegründet hat. Er wählte nicht die Form politischer Sätze, sondern, wie es seiner zur Tat offenen Art entsprach, die Form von Schwurformeln der hinter ihren Führern zum Handeln Bereiten, die sich mit entschiedenen Worten zum Wollen einer neuen Ordnung bekennen. Der „Eid" ist gewiß, wie auch die Zufügungen von seiner Hand im einzig erhaltenen Exemplar erkennen lassen, unter Stauffenbergs bestimmender Einwirkung entstanden und von ihm gutgeheißen worden. Er gibt uns heute Unerfüllbares, doch an Grundfragen menschlicher Verantwortung Rührendes vor, wie wir es in den Lautlinger Gesprächen angedeutet fanden.[6] Es ist *derselbe* unabhängig aufs Reale gerichtete Oberst, der sich in diesen Tagen bewußt aussprach, wie *der,* der den Weg zur Mordtat auf sich nahm.

*

Wer einem Lebensbild von Claus Stauffenberg vom *dichterischen* Bereich her begegnen will, wird es mitfühlend gestaltet finden in seines Bruders Alexander von Stauffenberg Gedichtband „DENKMAL".[7] Er stellt in einem Gedicht „Vorabend" seine beiden Brüder Berthold und Claus am letzten ihrer Abende in der Tristanstraße im Gespräch vor. Wir folgen ihren Wechselreden, mit denen sie sich die Glücksfügungen ihres Lebens und die Verheißungen durch die Dichtung noch einmal nahrufen und ihr Einigsein dafür bezeugen, daß sie, die sich lieber als Wegbereiter einer geistigen Wende in der Welt betätigt hätten, bereit sind, wenn der Sinn es verlangt, in den „gespenstischen wirbel" der Gegenwart mit einzugreifen und selbst sich zum Dienst eines Mordes am Verderber des Volks zu erniedrigen. Marter und Tod stehen ihnen vielleicht bevor oder, wenn sie am Leben bleiben, ein Weg voll Schmerzen unter fremder Gewalt. Aber unversehrt im Inneren sehen sie das Ganze ihres Lebens als Erfüllung. Nach ihrem Zwiegespräch folgen, von ihnen in Responsion vorgetragen, die Stimmen derer, die sie in der Sommernacht bestärkend um sich fühlen, mit ihren Schwurworten bereit, einer unter ihnen neu erschauten Gemeinschaft der Deutschen zu dienen. Als sie enden, lautet Bertholds letztes Wort an Claus:

„Dein ist die Tat!".

Claus hört man im Gedicht die Worte sagen, die ihn zur Erscheinung bringen:

„Sich hier versagen wäre
Uns tiefste pein bis an des lebens ende"

und abschließend stolz:

„Wer wäre frei genug um für das ganze
Auf sich zu laden solche last als wir?"

❊

Claus Graf Stauffenberg hat nie vor dem Tag der Tat, soweit bekannt, das Wort „Heiliges Deutschland" gebraucht. Er fand es im Augenblick, ehe die Salve ihn traf, und er rief damit auf, was sein Leben erfüllt. Uns Späteren, die wir in einem ganz anderen Deutschland leben, in einer sich ins Große öffnenden und verlierenden Welt, deren fortreißende Entwicklungen wir kaum noch zu überschauen vermögen, kommt dies Wort aus des Stauffenbergs Mund vor wie aus einer vergangenen Sage. Um sich seinem Sinn zu nähern, bleibt kein anderer Weg, als Stauffenberg unter den Bedingungen seiner Zeit, die er bei seinem Handeln vorfand, aufzusuchen, vor allem aber, sich zur Begegnung mit seiner außerordentlichen Persönlichkeit bereit und offen zu halten.

ENDE

ZEITTAFEL ZUM LEBEN CLAUS GRAF STAUFFENBERGS

15. März 1905	Die Zwillinge Berthold und Alexander Stauffenberg geboren.
15. Nov. 1907	Die Zwillinge Claus Philipp und Konrad Maria Stauffenberg geboren. Konrad Maria starb am 16. 11. 1907.
Herbst 1916	Eintritt in das Eberhard-Ludwigs-Gymnasium in Stuttgart.
5. März 1926	Reifeprüfung.
1. April 1926	Eintritt ins 17. (bayrische) Reiterregiment in Bamberg
1927/1928	Kavallerieschule Dresden.
1. Aug. 1928	Fähnrich.
1928/1929	Kavallerieschule Hannover.
1929	Offiziersprüfung als Jahrgangsbester der Kavallerie. Rückkehr zum Reiterregiment 17, Bamberg (später: Kavallerie-Regiment 17).
1. 1. 1930	Leutnant mit Ehrensäbel.
Okt. 1930	Studie über Issos.
Nov. 1930– 1. Febr. 1931	Minenwerferlehrgang in Döberitz.
ab März 1931	Geschützzugführer beim K.R.17 in Bamberg.
1. Mai 1933	Oberleutnant.
26. Sept. 1933	Heirat mit Nina Freiin v. Lerchenfeld.
Sommer 1934	Abschiedsparade beim K.R.17, Bamberg.
1. 10. 1934–1936	Bereiteroffizier und später Adjutant an der Kav.-Schule Hannover, Besuch von Vorlesungen an der TH Hannover.
1935	Sieger seines Lehrganges in der obligatorischen Military.
Anfang Juli 1936	Militär-Dolmetscherprüfung in Englisch.
Juli 1936	Abschlußreise des Bereiterlehrganges an den Bodensee.
Aug. 1936	Erste Englandreise.
Sept. 1936	Zweite Englandreise.
6. Okt. 1936	Beginn des Studiums an der Kriegsakademie in Berlin.
1. Jan. 1937	Beförderung zum Rittmeister.
23. Jan. 1938	Abschlußreise des Kriegsakademielehrgangs in den Südwesten an den Rhein.

1. Aug. 1938	Kommandierung als Ib zur 1. Leichten Division in Wuppertal.
4. Okt. 1938	Die 1. Leichte Division überschreitet die deutsch-tschechische Grenze im Zuge der Besetzung des Sudetenlandes.
18. Okt. 1938	Rückkehr der Division nach Wuppertal.
Jan. 1939	Prof. Rudolf Fahrner hält Vortrag über Gneisenau vor Offizieren der Division in Wuppertal.
1. Sept. 1939	Beginn des Zweiten Weltkrieges. Erste Teile der Division überschreiten die Grenze nach Polen.
16. Okt. 1939	Rückkehr der Division nach Wuppertal.
18. Okt. 1939	Die 1. Leichte Division wird zur 6. Panzerdivision umgegliedert.
Jan. 1940	Ernennung zum Hauptmann i.G.
10. Mai 1940	Mit der 6. Pz.Div. zum Angriff gegen Frankreich.
26. Mai 1940	Versetzung in den Generalstab des Heeres.
April 1941	Major i.G.
23. Juni 1941	Umzug des Hauptquartiers des Generalstabs des Heeres in die Nähe von Angerburg/Ostpr. („Mauerwald").
Juli–Okt. 1942	Im Hauptquartier des Generalstabes bei Winniza/Ukraine.
1. Jan. 1943	Beförderung zum Oberstleutnant i.G.
26. Jan. 1943	Besuch bei Feldmarschall v. Manstein, Oberbefehlsh. Heeresgr. Süd.
Bis Ende Jan. 1943	Im OKH („Mauerwald").
3. Febr. 1943	Ende der Kampfhandlungen um Stalingrad bekanntgegeben. Cl. St. erfährt in Berlin, daß er als Ia der 10. Panzerdivision nach Tunis versetzt wird.
12. Febr. 1943	Ankunft beim Pz.Armee-Oberkommando in Tunis.
14. Febr. 1943	Ankunft im Gefechtsstd. 10. Pz.Div.
7. April 1943	Cl. St. wird schwer verwundet.
21. April 1943	Aufnahme im Res.Laz. München 1.
Mitte Mai 1943	Brief an General Olbricht.
5. Juli–10. Aug. 1943	Genesungsurlaub in Lautlingen.
9. Aug. 1943	Zur Behandlung in München.
10. Aug. 1943	Besuch in Berlin. Rückkehr nach Lautlingen.

2.–9. Sept. 1943	Mit Bruder Berthold und Rudolf Fahrner in Lautlingen.
9. Sept. 1943	Erneute Vorstellung bei Chirurgen im Res.Laz. München. Aufforderung durch Gen. Olbricht, nach Berlin zurückzukommen.
14. Sept. 1943	Cl. St. meldet sich aus Berlin bei Rudolf Fahrner.
15. Sept. 1943	Zum Chef des Stabes im Allgem. Heeresamt, Gen. Olbricht, ernannt.
Sept. 1943	Zusammenkünfte mit Henning v. Tresckow.
1. Okt. 1943	Dienstantritt im Allgem. Heeresamt.
24. Okt. 1943	Treffen mit Rudolf Fahrner in Berlin, Tristanstraße.
Ende Nov. 1943	Hptm. Axel v. d. Bussche bei Cl. St. in Düppel bei Berlin, Attentatspläne.
29. Jan. 1944	Ltn. Ewald v. Kleist kommt durch Vermittlung v. d. Schulenburgs zu Cl. St.
11. März 1944	Attentatsversuch durch Rittm. Eberh. v. Breitenbuch auf dem Obersalzberg gescheitert.
1./2. April 1944	Mit Werner v. Haeften auf Gut Hardenberg bei Küstrin.
9./10. Apr. 1944	Mit Schulenburg und Klausing auf Gut Trebbow (Mecklenburg).
1. Juni 1944	Leutnant Alexander St. kommt zum LXVIII. Armeekorps nach Athen.
7. Juni 1944	Cl. St. erstmals zu einer Besprechung bei Hitler (auf dem „Berghof" bei Berchtesgaden).
17. Juni 1944	Oberst i.G. Mertz v. Quirnheim Chef des Stabes bei Gen. Olbricht.
	Cl. St. wird Chef des Stabes bei Generaloberst Fromm, Chef H. Rüst. und Befehlshaber des Ersatzheeres.
30. Juni–4. Juli 1944	Rudolf Fahrner zu Besuch in der Tristanstraße.
1. Juli 1944	Beförderung zum Oberst i.G.
5. Juli 1944	Cl. St. erfährt von der Verhaftung Lebers.
6. Juli 1944	Auf dem „Berghof" bei Hitler zur Besprechung, Vortrag über „WALKÜRE"-Plan.
7. Juli 1944	Uniform-Vorführung vor Hitler in Schloß Kleßheim bei Salzburg unter Leitung von Gen.Major Stieff.
8./9. Juli 1944	Mit Schulenburg und den Leutnanten von Kleist, von Hammerstein und von Oppen auf Gut Altfriedland (Mecklenburg).

11. Juli 1944	Lagebesprechung bei Hitler auf dem „Berghof".
14. Juli 1944	Rückverlegung des Führerhauptquartiers vom Obersalzberg in die „Wolfsschanze" bei Rastenburg/Ostpr.
15. Juli 1944	Cl. St. erstmals in der „Wolfsschanze". Mertz v. Quirnheim ordnet Marschbereitschaft für Truppenschulen um Berlin an („WALKÜRE").
16. Juli 1944	Zur Berichterstattung bei Gen.Oberst Beck.
16. Juli 1944 abends	Versammlung der Mitverschworenen (Berthold Graf St., Hansen, Hofacker, Mertz v. Quirnheim, Schwerin, Trott zu Solz) bei Cl. St. in der Tristanstraße.
18. Juli 1944	Cl. St.: *„Der Rubikon ist überschritten."*
19. Juli 1944	Berthold bei Cl. St. in der Tristanstraße.

20. Juli 1944

zwischen 7 u. 8 Uhr	Abflug vom Flugplatz Rangsdorf bei Berlin mit v. Haeften und Stieff.
10.15 Uhr	Ankunft Flugplatz Rastenburg, Fahrt zur „Wolfsschanze".
12.30 Uhr	Beginn der „Morgenlage".
zwischen 12.40 u. 12.50 Uhr	Detonation der Bombe in Hitlers Lagebaracke.
13.15 Uhr	Abflug mit v. Haeften von Rastenburg.
gegen 15.45 Uhr	Landung in Berlin.
gegen 16.30 Uhr	Ankunft in der Bendlerstraße.
um Mitternacht	Standrechtliche Erschießung im Hof des Bendler-Blocks: Oberst i.G. Claus Schenk Graf v. Stauffenberg Oberltn. d.R. Werner v. Haeften Oberst i.G. Albrecht Ritter Mertz v. Quirnheim General d. Inf. Friedrich Olbricht

ANMERKUNGEN

I Herkunft und Jugendalter

1 Theodor Pfizer: „Die Brüder Stauffenberg“, in: Erich Boehringer/Wilhelm Hoffmann (Hrsg.): Robert Boehringer. Eine Freundesgabe, Tübingen 1957, S. 491.

2 Theodor Pfizer: Im Schatten der Zeit 1904–1948, Stuttgart 1979, S. 57.

3 Rainer Maria Rilke: Briefe aus den Jahren 1914–1921, Leipzig 1938, S. 230.

4 Pfizer: Schatten der Zeit, S. 50.

5 Karl Schefold: Erinnerung an Alexander Schenk Graf von Stauffenberg. Unveröffentlichtes Typoskript (1968), S. 3. Original im Besitz des Verfassers.

6 Eberhard Zeller: Geist der Freiheit. Der Zwanzigste Juli, 5., nochmals durchgesehene Aufl., München 1965, S. 518, Anm. 2b. Fortan zit. als: Zeller.

7 Pfizer: Schatten der Zeit, S. 54.

8 Michael Stettler (Hrsg.): Erinnerung an Frank. Ein Lebenszeugnis, Düsseldorf 1968, S. 30.

9 Ebd., S. 98.

10 Schefold: Erinnerung an Alexander, S. 4.

11 Pfizer: Schatten der Zeit, S. 70.

12 Stettler: Erinnerung an Frank, S. 98.

13 Ebd.

14 Ebd., S. 87.

15 Peter Hoffmann: „Claus Graf Stauffenberg und Stefan George: Der Weg zur Tat“, in: Jahrbuch der Deutschen Schillergesellschaft 12, 1968, S. 535.

16 Ebd., S. 523.

17 Alexander Schenk Graf von Stauffenberg: Gedenkrede auf Stefan George am 4. 12. 1958 in Berlin. Masch.schriftl. Durchschlag im Besitz des Verfassers.

18 Stefan George am 29. 9. 1920, zit. nach Edgar Salin: Um Stefan George. Erinnerung und Zeugnis, München ^{2}1954, S. 271.

19 Pfizer: Schatten der Zeit, S. 60.

20 Ludwig Thormaehlen: Erinnerungen an Stefan George, Hamburg 1962, S. 225.

21 Ebd., S. 221.

22 Ebd., S. 220f.

23 Kurt Hildebrandt: Erinnerungen an Stefan George und seinen Kreis, Bonn 1965, S. 64; Boehringer/Hoffmann: Robert Boehringer, S. 13.

24 Hans Brasch: Bewahrte Heimat, Düsseldorf 1970, S. 38.

25 Einleitungen und Merksprüche der Blätter für die Kunst. Stefan George Stiftung, Düsseldorf/München 1964, S. 57.

26 Stefan George: Drei Gesänge, Berlin 1922.

27 Hildebrandt: Erinnerungen, S. 182.

28 Mündliche Mitteilung von Kurt Hildebrand an den Verfasser.

[29] Thormaehlen: Erinnerungen, S. 264.

[30] Stefan George: Der Siebente Ring. Zit. nach: Gesamtausgabe, Bd. VI/VII, Berlin 1931, S. 22.

[31] Vgl. Kurt Finker: Stauffenberg und der 20. Juli 1944, 4., überarb. Aufl., Köln 1977, S. 416, Anm. 47. Fortan zit. als: Finker.

[32] Nina Schenk Gräfin von Stauffenberg, mündliche Mitteilung, zit. nach Christian Müller: Oberst i.G. Stauffenberg. Eine Biographie, Düsseldorf 1970, S. 64. Fortan zit. als: Müller.

[33] Stefan George Archiv, Stuttgart. Fortan zit. als: StGA.

II 1926–1936: Der „Umbruch" – Aufstieg zum Rittmeister

[1] Nina Schenk Gräfin von Stauffenberg, Nachlaß Claus Schenk Graf von Stauffenberg. Bemerkenswert ist, wie der 15jährige seinen Wunsch, Baumeister zu werden, in einem Schulaufsatz begründet: Er stellt sich vor, wie „jeder Bau gewissermaßen einen Tempel, der dem deutschen Volk und Vaterland geweiht ist, darstellt":
Den Aufsatz zur Frage „Was willst du werden?" am 24. Januar 1923 beginnt der Schüler Claus Stauffenberg mit dem Satz: „Für alle, die das Vaterland und das neue Reich erkannt haben, gibt es nur den Einen hohen Beruf, den uns die grossen Griechen und Römer durch die Tat vorgelebt haben, und den uns die Ritter in höchster Form dargetan haben: Des Vaterlandes und des Kampfes fürs Vaterland würdig zu werden und dann sich dem erhabenen Kampf für das Volk zu opfern; ein wirklichkeits- und kampfbewusstes Leben führen." Er, der Baumeister werden will, schildert im Einzelnen, was für ihn „die Freude am Bauen, am Stein auf Stein setzen" ausmacht. Er will seine „eigenen Gedanken in den Bau legen, aber ganz untergeordnet unter das Erlebnis vom Deutschtum, von der Kultur im allgemeinen, so dass jeder Bau gewissermaßen einen Tempel, der dem deutschen Volk und Vaterland geweiht ist, darstellt . . ."

[2] Zit. nach Joachim Kramarz: Claus Graf Stauffenberg (15. November 1907–20. Juli 1944). Das Leben eines Offiziers, Frankfurt/M. 1965, S. 33. Fortan zit. als: Kramarz. Stauffenbergs Überzeugung war, seinem Großvater folgend, daß ein Führender nicht „klein denken" und „karg fühlen" dürfe. Mitteilung Nina Gräfin Stauffenbergs bei Finker, S. 32.

[3] StGA.

[4] Max Kommerell: Briefe und Aufzeichnungen 1919–1944, Olten/Freiburg i. Br. 1967, S. 177.

[5] Kramarz, S. 37.

[6] Zit. nach Müller, S. 78, 519.

[7] Ebd., S. 78, nach Unterlagen aus dem Besitz von Nina Gräfin Stauffenberg.

[8] So Bernd von Pezold, sein damaliger Regimentskamerad, bei: Kramarz, S. 36f.

[9] Generalleutnant Heinz Greiner, zit. nach: ebd., S. 40.

[10] Reichsgesetzblatt 1919, S. 1419.

[11] Kramarz, S. 40f.

[12] So Nina Gräfin Stauffenberg, zit. nach: Müller, S. 89.

[13] Ebd., S. 83.

[14] Helmuth Stieff am 7. 10. 1930 an seine Frau, zit. nach Thilo Vogelsang: Reichswehr, Staat und NSDAP. Beiträge zur deutschen Geschichte 1930–1932, Stuttgart 1962, S. 419. Stieff wurde später als prominentes Mitglied des Widerstandes gegen Hitler hingerichtet (8. 8. 1944).

[15] StGA.

[16] Nina Gräfin Stauffenberg, zit. nach: Müller, S. 101.

[17] Ebd., S. 99.

[18] Kramarz, S. 42. Bezug genommen ist auf (General der Infanterie) Hermann Foertsch: Schuld und Verhängnis, Stuttgart 1951.

[19] Müller, S. 106.

[20] Ebd., S. 521.

[21] StGA.

[22] Kramarz, S. 46.

[23] Vgl. dazu auch Wolfgang Venohr: Stauffenberg: Symbol der deutschen Einheit. Eine politische Biographie, Frankfurt/M.–Berlin 1986, S. 60; Peter Hoffmann: Claus Schenk Graf von Stauffenberg und seine Brüder, Stuttgart 1992, S. 97.

[24] Franz K. von Stockert: „George und sein Kreis. Wirkungsgeschichte vor und nach dem 30. Januar 1933“, in: Literatur und Germanistik nach der „Machtübernahme“. Colloquium an der Universität Bonn, 27./28. 1. 1983, hrsg. von Beda Allemann, Bonn 1983, S. 69.

[25] Textentwurf der Beurteilung durch Rittmeister Walzer bei Kramarz, S. 38.

[26] Bernd von Pezold, zit. nach: Ebd.

[27] Ebd., S. 48.

[28] Stettler: Erinnerung an Frank, S. 38.

[29] Nina Gräfin Stauffenberg, mündliche Mitteilung an den Verfasser.

[30] Peter Hoffmann: Claus Schenk Graf von Stauffenberg und seine Brüder, Stuttgart 1992, S. 132. Fortan zit. als: Hoffmann, Stauffenberg.

[31] Oberst i.G. Peter Sauerbruch, Überlebender der Verschwörung, in mündlicher Mitteilung an den Verfasser.

[32] Zit. nach: Kramarz, S. 49.

[33] Der spätere Oberst i.G. Wilhelm Bürklin, zit. nach: Kramarz, S. 37.

[34] Bernd von Pezold, zit. nach: Ebd.

[35] Müller, S. 117, 137, 523.

[36] Nina Gräfin Stauffenberg, mündliche Mitteilung; vgl. Hoffmann, Stauffenberg, S. 136.

[37] Zit. nach: Wolfgang Venohr: Stauffenberg: Symbol der deutschen Einheit. Eine politische Biographie, Frankfurt/M.–Berlin 1986, S. 87. Fortan zit. als: Venohr.

38 Zit. nach: Max Domarus: Hitler. Reden und Proklamationen 1932–1945. Kommentiert von einem deutschen Zeitgenossen, Wiesbaden 1973 (Neudruck), S. 667. Fortan zit. als: Domarus.

39 Zit. nach: Kramarz, S. 46.

III 1936–1938: Auf der Kriegsakademie

1 Kramarz, S. 119.

2 Zit. nach: Venohr, S. 94.

3 Zit. nach: Kramarz, S. 224.

4 Müller, S. 140.

5 Zit. nach: Kramarz, S. 53.

6 Claus Graf Stauffenberg an Frank Mehnert, StGA.

7 Zeller, S. 228. Persönliche Mitteilung Köstrings an den Verfasser.

8 Hermann Teske: Die silbernen Spiegel. Generalstabsdienst unter der Lupe, Heidelberg 1952, S. 41.

9 Zit. nach: Venohr, S. 91.

10 Zit. nach: Kramarz, S. 55.

11 Zit. nach: Ebd., S. 54.

12 Kramarz, S. 70; Müller, S. 143, 528.

13 Zeller, S. 227; Müller, S. 128; Kramarz, S. 57; Teske, Spiegel, S. 41.

14 Teske, Spiegel, S. 41.

15 StGA.

16 Ebd.

17 Dietz von Thüngen, Major d.R.: Unveröffentlichte Niederschrift, Sammlung Zeller (Institut für Zeitgeschichte [IfZ], München); Zeller, S. 228, 518.

IV Begegnungen im Achilleion – Gneisenau

1 Kramarz, S. 138.

2 Nina Gräfin Stauffenberg, brieflicher Bericht an den Verfasser.

3 Thormaehlen: Erinnerungen, S. 218.

4 Stefan George: Das Neue Reich. Gesamtausgabe, Bd. IX, Berlin 1928, S. 108.

5 Fregattenkapitän Werner Traber, zit. nach: Walter Baum: „Marine, Nationalsozialismus und Widerstand“, in: Vierteljahrshefte für Zeitgeschichte 11, 1963.

6 Müller, S. 570, nach Eugen Gerstenmaier.

7 Zeller, S. 252.

8 Thormaehlen: Erinnerungen, S. 218.

9 Prof. Dr. Kurt Bauch, ehemaliger Mitarbeiter Berthold Stauffenbergs. Unveröffentlichte Niederschrift, im Besitz des Verfassers.

10 So geschah es auch, wenn Claus Stauffenberg bei seiner zeitweise sehr regen Mitarbeit an „delfinischen“ Werken Bedenken und Änderungen vortrug.

[11] Friedrich Wolters in seiner Rheinrede vom 15. 3. 1923. In: ders., Vier Reden über das Vaterland, Breslau 1927, S. 99.

[12] Im Archiv des Verfassers.

[13] Durchschlag des Briefes im Archiv Rudolf Fahrners. Die Gedanken zur Person Hitlers, die während der Kriegsschuljahre Claus Stauffenberg, Fahrner und Frank Mehnert verbanden, faßt Fahrner in seinem späteren Lebensbericht so zusammen: Man sei wie alle wachen Deutschen unablässig dem wachsenden Dunkel und der drohenden Entfaltung der Gewaltherrschaft gegenübergestanden, die sich „aus einer noch mit ‚Idealen' auftretenden und wirkenden Bewegung in ein raffiniertes System der Entmenschlichung verwandelte ... Von den Regierenden der übrigen europäischen Völker, deren einige ihn (Hitler) sichtlich um seine Methoden und Erfolge beneideten, wurde ihm dabei überwiegend Vorschub, ja Beihilfe geleistet, wo nicht einfach Schwäche und Verblendung ihr Handeln und Nichthandeln bestimmten. Zu dem Grauen, das dieses System in allen Anders-gearteten erweckte, gesellte sich bei vielen ein Zug von Hoffnungslosigkeit."
Und Fahrner fährt in seinem Lebensbericht fort: „Frank und ich und einige der Nächsten hatten den Vorteil, einen Menschen, eine Gestalt, eine Begabung zu kennen, von der man nicht nur Befreiung, sondern auch die Gestaltung eines befreiten Deutschland erwarten konnte: Claus Stauffenberg." (R. Fahrner, Lebenserinnerungen, unveröffentlichtes Typoskript im Archiv Rudolf Fahrners).

[14] Niederschrift im Archiv Rudolf Fahrners. Vgl. Zeller, S. 246.

[15] Aus einer Niederschrift Rudolf Fahrners über seine Erinnerungen an den Zwanzigsten Juli, auf Bitten des Verfassers niedergeschrieben 1962/63 (unveröffentlicht im Archiv Rudolf Fahrners), s. Zeller, S. 242.

[16] Rudolf Fahrner: Lebenserinnerungen (unveröffentlichtes Typoskript im Archiv Rudolf Fahrners). Fahrner berichtet in diesem Zusammenhang ein weiteres: In den dem 9. November folgenden Verhaftungsaktionen war auch ein älterer Freund Georges, Ernst Gundolf, nachts aus seiner Wohnung in Darmstadt geholt und in ein „Lager" verschleppt worden. Er war nach viel dort Erlebtem durch eine Lungenentzündung freigekommen und wieder nach Hause zurückgekehrt. Frank Mehnert und Rudolf Fahrner erhielten von Robert Boehringer, dem Erbeverwalter Georges, aus Genf den Auftrag, Gundolf aufzusuchen und ihm das Angebot Boehringers zu überbringen, ihm zur Emigration nach England zu verhelfen. Die Versuche der beiden schlugen fehl. Fahrner schreibt dazu: „Ernst Gundolf wollte damals Deutschland nicht verlassen trotz allem, was er selbst erfahren hatte und trotz allem, das wir ihm als künftig bevorstehend vor Augen stellten. Aber damals erfuhren wir zum erstenmal von diesem trockenen und untertreibenden Berichterstatter genaue Einzelheiten über die in solchen Lagern inzwischen ausgebildeten und angewendeten Methoden, deren Wirklichkeiten die schaurigen schon umgehenden Gerüchte noch übertrafen."

[17] Ebd.

[18] Zeller, S. 240.

[19] Lebenserinnerungen, a.a.O.

[20] Zit. nach: Stettler: Erinnerungen an Frank, S. 114.
[21] Ebd., S. 54. Vgl. unten, S. 159.
[22] Ebd., S. 55.

V 1938–1940: Erfahrungen als Quartiermeister im Frieden und im Krieg

[1] Müller, S. 127.
[2] StGA.
[3] Oberleutnant Werner Reerink, zit. nach: Kramarz, S. 71.
[4] Ebd., S. 58, 62.
[5] Ebd., S. 67.
[6] Ebd., S. 64.
[7] Zit. nach: Dorothee von Meding: Mit dem Mut des Herzens, Berlin 1992, S. 290.
[8] Bericht Fahrners vom Januar 1988 an den Verfasser; vgl. Zeller, S. 233.
[9] Zeller, S. 242; Kramarz, S. 72.
[10] Sodenstern: „Vom Wesen des Soldatentums", in: Militärwissenschaftliche Rundschau, Januar 1939. Zitierte Stauffenberg-Briefstellen: Bundesarchiv – Militärarchiv Freiburg, N 594. Vgl. zum Briefwechsel Hoffmann: Stauffenberg, S. 177–180, 457–460 (dort Text der Briefe Stauffenbergs vom 6. 2. und 13. 3. 1939).
[11] Reerink bei Kramarz, S. 72.
[12] Zeller, S. 232; Elisabeth Wagner (Hrsg.): Der Generalquartiermeister. Briefe und Tagebuchaufzeichnungen des Generalquartiermeisters des Heeres, General der Artillerie Eduard Wagner, München 1963, S. 87; Müller, S. 131.
[13] Zeller, S. 242f.
[14] Domarus, S. 1197.
[15] Zit. nach: Klaus Hildebrand: Das Dritte Reich, München 1979, S. 43.
[16] Domarus, s. 1197.
[17] Müller, S. 163, 530.
[18] So Peter Hoffmann: Widerstand, Staatsstreich, Attentat. Der Kampf der Opposition gegen Hitler, München 1969, S. 375 (fortan zit. als: Hoffmann, Widerstand). Der Zeugniswert der Aussagen Kurt Nettesheims, die in abweichenden Versionen vorliegen, ist nicht hoch zu veranschlagen.
[19] Reerink bei Kramarz, S. 68.
[20] Zit. nach: Müller, S. 165ff.
[21] Venohr, S. 116.
[22] Zit. nach: Kramarz, S. 65.
[23] Reerink bei Kramarz, S. 67.
[24] Ebd., S. 65.
[25] Zit. nach: Kramarz, S. 66. Helmut Staedtke, Hauptmann i.G., war zuvor I b wie Stauffenberg (4. Pz. Div.). Später, 1944, war er Chef des Generalstabs der 9. Armee an der Ostfront (H.Gr.Mitte).

[26] Mündliche Mitteilung von Rudolf Fahrner, Zeller, S. 243. Bestätigt durch Mitteilung von Nina Gräfin Stauffenberg an den Verfasser.

[27] Albert Krebs: Fritz Dietlof Graf von der Schulenburg, Hamburg 1964, S. 191.

[28] Original im Besitz von Nina Gräfin Stauffenberg.

[29] Brief an Frank Mehnert vom 26. 12. 1939, im Archiv Rudolf Fahrners.

[30] Original bei Christian Farenholtz, Hamburg.

[31] StGA. Frank schickte an den Grafen Claus Druckproben der neuen Lettern aus Athen. Als er im Sommer 1940 von dort wieder zurück war, las er in einer Freundesrunde in Magdeburg aus der neuen Homer-Übertragung. Als dabei die Rede auf den „böhmischen Gefreiten" kam, rief er aus: „Ist denn noch keine Kugel gegossen?" (Stettler, Erinnerung, S. 38).

[32] Erwin Topf, dem Verfasser zugesandtes Typoskript, in: Sammlung Zeller, Institut für Zeitgeschichte, München.

[33] Ebd.; vgl. Zeller, S. 233.

[34] Zit. nach Müller, S. 179, 533.

[35] Ebd.

[36] Im Besitz von Nina Gräfin Stauffenberg.

[37] Erwin Topf (wie Anm. 32), s. Zeller, S. 233f.

[38] Erwin Colsman, mündliche Mitteilung und Briefe vom 11. 2./26. 4. 1952 an den Verfasser (in dessen Besitz); vgl. Zeller, S. 234, 520, Anm. 29.

[39] Zit. nach: Kramarz, S. 88; Müller, S. 190.

[40] So Halder am 20. 9. 1948 vor der Spruchkammer in München; der Verfasser war bei der Verhandlung zugegen. S. auch Zeller, S. 243f., S. 519, Anm. 21.

VI 1940–1942: Im Generalstab des Heeres

[1] Brief im Besitz von Nina Gräfin Stauffenberg.

[2] Kramarz, S. 79.

[3] Ebd., S. 76.

[4] Nina Gräfin Stauffenberg bei Kramarz, S. 23.

[5] Müller, S. 109.

[6] Zit. nach Hildebrand, Drittes Reich, S. 66.

[7] Zeller, S. 265; Hans-Adolf Jacobsen (Hrsg.): „Spiegelbild einer Verschwörung": Die Opposition gegen Hitler und der Staatsstreich vom 20. Juli 1944 in der SD-Berichterstattung. Geheime Dokumente aus dem ehemaligen Reichssicherheitshauptamt, 2 Bde., Stuttgart 1984, (Bd. 1), S. 34. Fortan zitiert als : Spiegelbild (ohne Bandzählung, da Ausgabe fortlaufend paginiert). Die in der Literatur bis heute häufig als „Kaltenbrunner-Berichte" zitierten Dokumente verdanken ihren Namen dem Chef des ermittelnden Reichssicherheitshauptamtes, Ernst Kaltenbrunner. Die erste, mit ernsten Mängeln behaftete Ausgabe der Berichte durch Karl-Heinrich Peter erschien 1961 in Stuttgart unter dem Titel: Spiegelbild einer Verschwörung. Die Kaltenbrunner-Berichte an Bormann und Hitler über das Attentat vom 20. Juli 1944. Geheime Dokumente aus dem ehemaligen Reichssicherheitshauptamt.

[8] Ingeborg Fleischhauer: Der deutsche Widerstand gegen den Rußlandfeldzug. Vortrag am 20. 7. 1987 in Berlin, S. 8.

[9] Hans von Herwarth: „Dem Andenken des Generals der Kavallerie Ernst Köstring", in: Zeitschrift für Geopolitik 25, 1954, S. 767.

[10] Brief Rudolf Fahrners aus dem Juni 1941 an Frau Gemma Wolters-Thiersch, in deren Besitz.

[11] Mündliche Mitteilung Fahrners an den Verfasser, s. Zeller, S. 235.

[12] Reerink bei Kramarz, S. 91.

[13] Ders. ebd., S. 95.

[14] Major i.G. Heinz-Danko Herre, zit. nach: Müller, S. 236.

[15] Ebd., S. 221.

[16] Dietz von Thüngen, Niederschrift vom 25. 1. 1946, in: Sammlung Zeller (Institut für Zeitgeschichte, München).

[17] Generaloberst Halder: Kriegstagebuch, Bd. III. Der Rußlandfeldzug bis zum Marsch auf Stalingrad (22. 6. 1941–24. 9. 1942), bearb. von Hans-Adolf Jacobsen, Stuttgart 1964, S. 38.

[18] Ebd., S. 88.

[19] Zit. nach: Kramarz, S. 80.

[20] Ebd., S. 84.

[21] Ebd., S. 88.

[22] Ebd., S. 84.

[23] Ebd., S. 82.

[24] Major Heinz Hoppe bei Müller, S. 539.

[25] Halder: Kriegstagebuch III, passim.

[26] Dietz von Thüngen, Niederschrift vom 25. 1. 1946, in: Sammlung Zeller (Institut für Zeitgeschichte, München).

[27] Müller, S. 208. Der Zeitpunkt war Anfang November 1941.

[28] Briefabschrift im Archiv von Nina Gräfin Stauffenberg.

[29] Kramarz, S. 97. Am 28. September 1941 hatte Helmuth James Graf von Moltke an seine Frau geschrieben, daß jeder Tag, der vergehe, ohne daß diesem Elend und Morden Einhalt geboten werde, einem verpaßten Jahr gleichkomme. „Außerdem kostet jeder Tag 6000 Deutsche und 15 000 Russen, Tote und Verwundete. Jede Stunde kostet 250 Deutsche und 625 Russen". (H. J. von Moltke: Briefe an Freya 1939–1945. Hrsg. von Beate Ruhm von Oppen, München 1988, S. 294).

[30] Kramarz, S. 97.

[31] Ebd., S. 98, Müller, S. 219.

[32] Kramarz, S. 94; Müller, S. 215. War es eine Ahnung davon, die Jodl später bewog zu sagen, daß der Krieg mit dem ersten Rußlandwinter schon verloren war? Vgl. unten S. 104f.

[33] Kramarz, S. 92.

[34] Hans von Herwarth: Zwischen Hitler und Stalin. Erlebte Zeitgeschichte 1931–1945, Frankfurt/M.–Berlin 1982, S. 287.

[35] Zit. nach: Venohr, S. 148.

[36] Oberleutnant d.R. Speer, Bericht vom 18. 10. 1945, in: Sammlung Zeller (Institut für Zeitgeschichte, München); Zeller, S. 244.

[37] Dietz von Thüngen, a.a.O.
[38] Zit. nach: Müller, S. 215.
[39] Helmuth James von Moltke: Briefe an Freya, hrsg. von Beate Ruhm von Oppen, München 1988, S. 340.
[40] Müller, S. 193.
[41] Joachim Schultz-Naumann: Die letzten dreißig Tage, München 1980 (Neuauflage), S. 122.
[42] Kriegstagebuch OKH/Org.Abt. vom 21. 12. 1941; s. Kramarz, S. 96.
[43] 25. 10. 1941; s. Kramarz, S. 97.
[44] Kriegstagebuch OKH/Org.Abt. vom 26. 5.–31. 5. 1942; s. Kramarz, S. 100.
[45] Zit. nach: Kramarz, S. 226.
[46] Brief an Berthold, StGA.

VII Die Ostfreiwilligen

[1] Zeller, S. 246.
[2] Kramarz, S. 111.
[3] Dr. Hans-Heinrich Herwarth von Bittenfeld, Rittmeister d.R., bei Kramarz, S. 111.
[4] Müller, S. 223.
[5] Kriegstagebuch v. 6. 2.–10. 2. 1942; s. Kramarz, S. 104.
[6] Gespräch des Verfassers mit General Köstring, 2. 8. 1949; s. Zeller, S. 236.
[7] Aus einem Brief von Gerhard von Mende, zit. nach: Kramarz, S. 105.
[8] Kramarz, ebd.; Bräutigam schrieb später in seinen Erinnerungen: „Bei ihm [Stauffenberg] fand ich für alle politischen Fragen des Ostens stets das größte Verständnis“ (Bräutigam: So hat es sich zugetragen . . . Ein Leben als Soldat und Diplomat, Würzburg 1968, S. 437).
[9] Kramarz, S. 106.
[10] Hans von Herwarth: „Dem Andenken des Generals der Kavallerie Ernst Köstring“, in: Zeitschrift für Geopolitik 25, 1954, S. 767.
[11] Ebd.
[12] Zit. nach: Alexander Dallin: Deutsche Herrschaft in Rußland 1941–1945, Düsseldorf 1958, S. 251f.
[13] Herwarth, a.a.O. (wie Anm. 10).
[14] Zit. nach: Venohr, S. 157.
[15] Otto Schiller, persönlicher Bericht an den Verfasser, s. Zeller, S. 246f.
[16] Dallin: Herrschaft in Rußland, S. 163f., 371, 560f. Stauffenberg enthielt sich des Wortes, während Schenkendorff, Bfh. Rückw. Heeresgebiet Mitte, und Roques, Bfh. Rückw. Heeresgebiet Nord, wie andere Teilnehmer deutliche Sprache über die Fehler der Besatzungspolitik führten. Vgl. auch Hoffmann, Stauffenberg, S. 255–258.
[17] Dallin: Herrschaft in Rußland, S. 575.
[18] Müller, S. 272.

19 Kriegstagebuch des Oberkommandos der Wehrmacht (Wehrmachtführungsstab), hrgs. von Percy Ernst Schramm, Bd. II (1. 1.–31. 12. 1942), Neudruck Herrsching 1982, S. 1163 (19. 12. 1942).

VIII 1942: Jahr der Wende

1 Müller, S. 238.

2 Franz Halder: Hitler als Feldherr, München 1949, S. 52f.

3 Generalmajor Burkhart Mueller-Hillebrand, damals Oberstleutnant i.G., zit. nach: Kramarz, S. 113.

4 Zeller, S. 520, Anm. 29.

5 Müller, S. 244.

6 Zeller, S. 246; Müller, S. 245, 255.

7 So Venohr, S. 161.

8 Müller, S. 253.

9 Erwin Colsman, persönlicher Bericht an den Verfasser, 1949; s. Zeller, S. 247. Das folgende George-Zitat: Das Neue Reich, Berlin 1928, S. 114 (Stefan George, Gesamtausgabe, Bd. IX).

10 Walter Bußmann: Betrachtungen zum militärischen Widerstand, Bonn 1964, S. 29.

11 Nach Müller, S. 261.

12 Ebd., S. 262.

13 Heeresadjutant bei Hitler 1938–1943. Aufzeichnungen des Majors [Gerhard] Engel, hrgs. von Hildegard von Kotze, Stuttgart 1974, S. 130 (Aufzeichnungen vom 3. und 10. 10. 1942).

14 Domarus, S. 1937f.

15 Kriegstagebuch OKW/Wehrmachtführungsstab vom 18. 11. 1942, in: KTB OKW/WFSt., Bd. II, S. 986 (s. Kap. VII, Anm. 19).

16 Nina Gräfin Stauffenberg bei Müller, S. 265.

17 Kramarz, S. 120; Müller, S. 265.

18 Zit. nach: Kramarz, S. 119.

19 Wagner: Der Generalquartiermeister, S. 271.

20 Niederschrift über Claus von Stauffenberg, in: Sammlung Zeller (IfZ).

21 Ebd.

22 Venohr, S. 202. Zu Tresckow s. Spiegelbild, S. 349.

23 Kramarz, S. 119.

24 Original des Briefes bei Nina Gräfin Stauffenberg; abgedruckt bei Müller, S. 257.

25 Fabian von Schlabrendorff bei Müller, S. 277.

26 Kramarz, S. 117.

27 Ebd., S. 116.

28 Fabian von Schlabrendorff bei Müller, S. 277.

29 So die Schilderung Alexander Stahlbergs bei Venohr, S. 173f. Vgl. dazu den *ausführlichen* Bericht in den Erinnerungen Stahlbergs: Die verdammte Pflicht. Erinnerungen 1932 bis 1945, Berlin–Frankfurt/M. 1987, S. 262–270.

[30] Kramarz, S. 116.

[31] Zeller, S. 516, Anm. 29, nach Felix Gilbert: Hitler Directs His War, New York/Oxford 1950, S. 17ff. Vgl. die Wiedergabe in: Lagebesprechungen im Führerhauptquartier. Protokollfragmente aus Hitlers militärischen Konferenzen 1942–1945, hrsg. von Helmut Heiber, München 1963, S. 79.

[32] Die Wehrmachtberichte 1939–1945, Bd. 2, München 1985, S. 435 (Wehrmachtbericht vom 3. 2. 1943).

[33] Dietz von Thüngen: Niederschrift über Claus von Stauffenberg, in: Sammlung Zeller (IfZ).

[34] Ebd.

[35] Zeller, S. 248.

IX 1943: Erster Generalstabsoffizier in Afrika

[1] Spiegelbild, S. 395; Kramarz, S. 90.

[2] Spiegelbild, S. 373.

[3] Kramarz, S. 121.

[4] Ebd.

[5] Müller, S. 285.

[6] Ebd., S. 295.

[7] Oberst Heinz Schmid, Kdr. Pz.Art.Rgt. 90/10. Pz.Div., bei Kramarz, S. 123, über die Mareth-Schlacht.

[8] Müller, S. 286, 555 mit mehrfachen Zeugnissen und der Aussage von Nina Gräfin Stauffenberg, ihr Mann habe auf Rommel immer skeptisch reagiert. Er habe in dem „schneidigen Truppenführer" kein Idol sehen können und habe sich in seinem nüchternen Urteil von den Legenden um Rommel nicht beeindrucken lassen.

[9] Kramarz, S. 124.

[10] Ebd., S. 122.

[11] Schmid, ebd.

[12] Ebd., S. 123.

[13] Oberst Heinz Reimann, als Hauptmann Kampfgruppenführer in der 10. Pz.Div., bei Kramarz, S. 124.

[14] Ders. ebd., S. 122.

[15] Mündliche Mitteilung von Nina Gräfin Stauffenberg, bei Müller, S. 285.

[16] Kramarz, S. 127.

[17] Spiegelbild, S. 294.

[18] Ebd.

[19] Kramarz, S. 126.

[20] Dr. Friedrich Zipfel, zit. nach: Kramarz, S. 124/126.

[21] Kramarz, S. 127f.; Hoffmann, Stauffenberg, S. 294–296. Es gab die Nachricht, man habe Stauffenberg noch im Kübelwagen stehend seine Befehle geben sehen.

X Im Lazarett – Erster Besuch in Berlin

1 Nina Gräfin Stauffenberg mündlich zum Verfasser, 1949.
2 Dito.
3 Zit. nach: Kramarz, S. 128f. Daß sich in der Kniegelenkswunde Wundstarrkrampfbazillen gefunden hatten, verschweigt Stauffenberg.
4 Müller, S. 289.
5 Spiegelbild, S. 305.
6 Kramarz, S. 131.
7 Müller, S. 289.
8 Archiv Fahrner, StGA.
9 Spiegelbild, S. 33, 87, 91.

XI Genesungszeit in Lautlingen

1 Archiv Fahrner, StGA (Durchschlag des Originals).
2 Ebd.
3 Dietz von Thüngen, Niederschrift über Claus von Stauffenberg, in: Sammlung Zeller (IfZ).
4 Zit. nach: Venohr, S. 197.
5 Zeller, S. 240.
6 Niederschrift Fahrner 1962, in: Archiv Fahrner, StGA. „Gneisenau"-Zitat: Rudolf Fahrner: Gneisenau, München 1942, S. 76.
7 Niederschrift Fahrners über seine Erinnerungen an den 20. Juli, in: Archiv Fahrner, StGA. Auszüge in: Zeller, S. 254f.
8 Ebd.; Zeller, S. 255.
9 Stettler, Erinnerungen an Frank, S. 54. Vgl. oben, S. 58.

XII Stauffenberg und Tresckow

1 Zeller, S. 255; Nina Gräfin Stauffenberg in: Meding, Mut des Herzens, S. 275.
2 Domarus, S. 2039.
3 Brief Claus Stauffenberg vom 14.9.1943, StGA.
4 Brief Berthold Stauffenberg vom 20.9.1943, ebd.
5 Persönlicher Bericht Margarete von Ovens an den Verfasser; Kramarz, S. 148; Müller, S. 319.
6 Spiegelbild, S. 368.
7 Kramarz, S. 25.
8 Spiegelbild, S. 24f.
9 Ebd., S. 25f.
10 Ebd., S. 26.
11 Ebd., S. 41.

12 Brief Fahrner an Kramarz, Sammlung Zeller (IfZ).
13 Spiegelbild, S. 24f.
14 Ebd., S. 98.
15 Müller, S. 333.
16 Spiegelbild, S. 411.
17 Müller, S. 333.

XIII 1943/44: Stabschef im Allgemeinen Heeresamt

1 Hildebrand, Drittes Reich, S. 92.
2 Spiegelbild, S. 403f.
3 Ebd., S. 395, 402ff., 404.
4 General der Panzertruppe Hermann Balck bei Venohr, S. 312. Balck, der 1944/45 als hochdekorierter Armee- und Heeresgruppenoberbefehlshaber seine Soldaten bis zur letzten Stunde noch für Hitler in die Schlacht warf, blieb auch nach 1945 stets strikter Gegner der Verschwörer. Interessant dennoch – oder deswegen –, was er aus Kenntnis des Offiziers Stauffenberg über dessen Person geschrieben hat: „Ich habe mich oft und gerne mit diesem klugen und namentlich historisch hochgebildeten Mann unterhalten . . . Stauffenberg war kein Mann der second hand. Er war eine Persönlichkeit zum Höchsten bestimmt . . . Die von Clausewitz geforderte ‚Harmonie der Kräfte' besaß er in vollem Maße . . . Einem Manne wie Stauffenberg billige ich den Entschluß zu seiner Tat zu. Bildung, Persönlichkeit, Überblick und Verantwortungsgefühl gaben ihm das Recht, so zu handeln . . . Wenn überhaupt einer Hitler stürzen konnte, dann war er es . . . Über einige andere lautet mein Urteil nicht so günstig. Stauffenberg selbst werde ich immer in ehrendem Andenken behalten." (Balck: Ordnung im Chaos. Erinnerungen 1893–1948, Osnabrück 1981, S. 320). Balck fügt hinzu: „Ohne Stauffenberg, das steht für mich fest, hätte nie etwas gegen Hitler stattgefunden."
5 Hauptmann Cords an den Verfasser, in: Sammlung Zeller (IfZ); Zeller, S. 285.
6 Spiegelbild, S. 340.
7 Kramarz, S. 184. Die Preisgabe seines Zeugen wurde Kramarz von diesem nicht erlaubt.
8 Hoffmann, Widerstand, S. 446.
9 „SS-Bericht über den 20 Juli: Aus den Papieren des SS-Obersturmbannführers Dr. Georg Kiesel", in: Nordwestdeutsche Hefte 2, 1947 (H. 1/2).
10 Prozeßbericht Dr. Hopf an Bormann, 10. März 1945, Spiegelbild, S. 757; vgl. Hoffmann, Widerstand, S. 446.
11 Hans-Bernd Gisevius: Bis zum bitteren Ende, Zürich (1948), S. 582.
12 Hoffmann, Widerstand, S. 797, Anm. 284.
13 Spiegelbild, S. 297.
14 Peter Sauerbruch bei Kramarz, S. 169.
15 Zeller, S. 181, 486. Das folgende George-Gedicht: Stefan George, Gesamtausgabe, Bd. VI/VII, Berlin 1931, S. 56.
16 Spiegelbild, S. 521.

[17] Olbrichts Sekretärin Delia Ziegler, Zeugenbericht, IfZ.
[18] Kramarz, S. 151; Müller, S. 347.
[19] Kramarz, S. 151.
[20] Georg Holmstein: 20. Juli 1944 –Personen und Aktionen. Vortrag in der Gedenk- und Bildungsstätte Stauffenberg-Straße, Berlin, Januar 1975.
[21] Müller, S. 340. Jessen, Feindlage-Bearbeiter in der Nachrichtenabteilung der Seekriegsleitung, wurde gewonnen, mit seiner Hilfe auch – nach einigem Zögern – der ihm vertraute Kupfer, Chef der Abteilung Nachrichtenübermittlungsdienst, dessen Funktion seine Dienste wichtig machte. Ein weiteres Vordringen in der Marine war nicht möglich.
[22] Spiegelbild, S. 115.
[23] Ebd., S. 31f.
[24] Müller, S. 341f.
[25] Ebd., S. 341.
[26] Zit. nach: Kramarz, S. 139.
[27] Ebd.
[28] Rudolf Fahrner, Niederschrift in amerikanischer Kriegsgefangenschaft, Mai 1945, StGA.
[29] Ebd.
[30] Meding, Mut des Herzens, S. 274.

XIV Verlorene Zeit – Verlorenes Planen

[1] Müller, S. 359.
[2] Spiegelbild, S. 318f.
[3] Axel von dem Bussche: „Eid und Schuld“, in: Göttinger Universitätszeitung 2, 1947, Nr. 7, vom 7.3.1947. Vgl. Zeller, S. 334. Vgl. Annedore Leber/Freya Gräfin von Moltke: Für und Wider. Entscheidungen in Deutschland 1918–1945, Berlin-Frankfurt/M. 1952, S. 110.
[4] Domarus, S. 2060–62.
[5] Müller, S. 364, 574f.
[6] Ewald Heinrich von Kleist, Niederschrift vom 14.2.1946, in: Sammlung Zeller (IfZ).
[7] Ebd.
[8] Hoffmann, Widerstand, S. 387.
[9] Kleist, a.a.O. (Anm. 6); vgl. Zeller, S. 336f., Müller, S. 382f.; Hoffmann, Stauffenberg, S. 378f.
[10] Hoffmann, Widerstand, S. 387f.
[11] Müller, S. 384; Hoffmann, Widerstand, S. 388.
[12] Kramarz, S. 163. Kramarz fügt dem Bericht an: „Hätte Meichßner die Aktion in ‚Wolfsschanze‘ auf sich genommen, sodaß Stauffenberg in Berlin hätte führen können, wäre vermutlich der Ablauf anders geworden.“
[13] Spiegelbild, S. 89, 178.
[14] Eberhard von Breitenbuch, persönlicher Bericht an den Verfasser; Zeller, S. 337f.; ausführlich Hoffmann, Widerstand, S. 389–392.

15 Hoffmann, Widerstand, S. 392.
16 Spiegelbild, S. 521.

XV Die Frage der politischen Gestaltung

1 Müller, S. 351.
2 Ebd., S. 352.
3 Spiegelbild, S. 57, 145.
4 Müller, S. 352.
5 Zeller, S. 189.
6 Ebd., S. 117.
7 Ein Mann geht seinen Weg. Schriften, Reden und Briefe von Julius Leber, Berlin-Schöneberg/Frankfurt a. M. 1952, S. 255; Zeller, S. 122.
8 Julius Leber: Zur Klärung des Wehrproblems, in: Ein Mann, S. 128.
9 Nach einer Äußerung Rudolf Fahrners im Gespräch.
10 Müller, S. 371.
11 Zeller, S. 121.
12 Leber, Ein Mann, S. 258; Zeller, S. 121.
13 Leber, a.a.O., S. 185f.; Zeller, S. 123f.
14 Müller, S. 374.
15 Spiegelbild, S. 373f.
16 Clarita von Trott zu Solz, persönlicher Bericht an den Verfasser; Zeller, S. 151.
17 Müller, S. 392.
18 Spiegelbild, S. 507.
19 Ebd., S. 211f.
20 Ebd., S. 179.
21 Ebd., S. 126; Müller, S. 393.
22 Müller, S. 396.
23 Spiegelbild, S. 34; Kramarz, S. 181.
24 Nach der unveröffentlichten Niederschrift des Adjutanten von Fromm, Rittmeister Heinz-Ludwig Bartram, bei Müller, S. 396, 583.
25 Lutz Graf Schwerin von Krosigk: Es geschah in Deutschland. Menschenbilder unseres Jahrhunderts, Tübingen 1952, S. 346; Kramarz, S. 183.
26 Zeller, S. 451; Müller, S. 589.
27 Zeller, S. 451f. (Mündliche Mitteilung Rudolf Fahrners an den Verfasser).

XVI Juni 1944: Die Invasion

1 Müller, S. 397f.
2 Prof. Dr. Georg Smolka und Nina Gräfin Stauffenberg bei Kramarz, S. 182; Spiegelbild, S. 390.
3 Spiegelbild, S. 331, 390.
4 Nina Gräfin Stauffenberg bei Hoffmann, Widerstand, S. 450.

[5] Zeller, S. 350.
[6] Spiegelbild, S. 91.
[7] Zeller, S. 506; Müller, S. 382.
[8] Fabian von Schlabrendorff: Offiziere gegen Hitler. Nach einem Erlebnisbericht F. von Schlabrendorffs bearb. und hrsg. von Gero von Schulze-Gaevernitz, Zürich 1947, S. 129; in der 2. Auflage 1950 geringfügige Abweichungen.
[9] Müller, S. 405.
[10] Ebd., S. 405f.
[11] Ebd., S. 409.
[12] Spiegelbild, S. 175.
[13] Ebd., S. 111, 175.
[14] Ebd., S. 507.
[15] Müller, S. 412.
[16] Spiegelbild, S. 313.
[17] Hauptmann d.R. Hermann Kaiser, Kriegstagebuchführer im Stab des Befehlshabers des Ersatzheeres, persönliches Tagebuch, Bundesarchiv Koblenz, EAP 105/30.
[18] Müller, S. 423.
[19] Spiegelbild, S. 297.
[20] Ebd., S. 127.
[21] Ebd., S. 248.
[22] Zit. nach: Venohr, S. 347, der sich auf Gisevius stützt.
[23] Zit. nach: Kurt Finker: Stauffenberg und der 20. Juli 1944, Köln 1977 (Nachdruck der 4., überarb. Aufl., Berlin [Ost] 1973), S. 253.
[24] Ebd., S. 254f.
[25] Spiegelbild, S. 174, 507.
[26] Ingeborg Fleischhauer, Widerstand, S. 14 (Typoskript). S. Kap. VI, Anm. 8.
[27] Zit. nach: Finker, S. 230. Nina Gräfin Stauffenberg schrieb dazu an Finker: „Was Sie von Major Meinicke-Kleint schreiben, kann ich nur unterschreiben. Er gibt glänzend die Gedankengänge meines Mannes wieder." Ebd., S. 433, Anm. 115.
[28] Spiegelbild, S. 90.
[29] Entsprechende Äußerungen sind mehrfach bekannt. Siehe auch oben S. 149.
[30] Müller, S. 429; Hoffmann, Widerstand, S. 396, 781 (zur Sprengstofffrage). Stauffenberg war vermutlich zum Zeitpunkt der Übergabe des über von Oertzen-von Hagen-Stieff-Klamroth an ihn gelangten heeresüblichen Sprengstoffs schon im Besitz eines besseren Spezialsprengstoffs, den er dann am 20. Juli verwendete. Im Lauf des Nachmittags habe er, wie sein Bruder Berthold im Verhör angab, zu ihm geäußert: „Das einzige, was die Engländer geliefert hätten, habe nicht funktioniert [ein Wort unleserlich] getaugt." (Spiegelbild, S. 55).
[31] Schlabrendorff, Offiziere gegen Hitler, S. 129 (1. Aufl.), S. 175 (2. Aufl.).
[32] Rudolf Fahrner, Niederschrift seiner Erinnerungen an den 20. Juli, 1962/63, Archiv Fahrner, StGA.
[33] Ebd.; s. auch Zeller, S. 362f.
[34] Spiegelbild, S. 19.

XVII Juli 1944: Chef des Stabes beim Chef der Heeresrüstung und Befehlshaber des Ersatzheeres

1 Bericht Urban Thiersch, in: Sammlung Zeller (IfZ); s. auch Zeller, S. 359–362.
2 Ebd.
3 Ebd.
4 Müller, S. 428.
5 Archiv Fahrner, StGA.
6 Zeller, S. 523, Anm. 31.
7 Spiegelbild, S. 327.
8 Der hier wiedergegebene Wortlaut integriert Stauffenbergs Änderungen an zwei Stellen: In Absatz 4 hieß es statt „beugen uns . . ." zunächst in Maschinenschrift: „. . . fordern die Anerkennung der naturgegebenen Ränge". In der Gelöbnisformel am Ende hat Stauffenberg „gewissenhaft zu dienen" in „im Gehorsam zu dienen" geändert.
9 Rudolf Fahrner, Erinnerungen an den 20. Juli, Archiv Fahrner, StGA; s. auch Zeller, S. 363f.
10 Fahrner, Erinnerungen, a.a.O.
11 Persönliche Mitteilung Rudolf Fahrners an den Verfasser, s. auch Zeller, S. 364.
12 Bericht Urban Thiersch, in: Sammlung Zeller (IfZ); s. auch Zeller, S. 520, Anm. 33.
13 Zit. nach: Annedore Leber: Das Gewissen steht auf. 64 Lebensbilder aus dem deutschen Widerstand 1933–1945, Berlin-Frankfurt/M. [4]1960, S. 126.
14 Rudolf Fahrner, Erinnerungen, a.a.O.; s. auch Zeller, S. 364f.
15 Zeller, S. 365f.

XVIII „Der Rubikon ist überschritten"

1 Zeller, S. 374.
2 Spiegelbild, S. 130, s. auch S. 90.
3 Sebastian Haffner in: Neue Auslese, 2. Jahrg., Heft 8.
4 Spiegelbild, S. 376f.
5 Albert Krebs: Fritz-Dietlof Graf von der Schulenburg. Zwischen Staatsräson und Hochverrat, Hamburg 1964, S. 233.
6 Ebd.
7 Bericht Urban Thiersch, in: Sammlung Zeller (IfZ); s. auch Zeller, S. 368.
8 Müller, S. 431.
9 Spiegelbild, S. 130.
10 Ebd., S. 99.
11 Alexander Stahlberg in einem Film des Fernsehens der DDR zum 20. Juli, 20.7.1990.
12 Müller, S. 433.

[13] Ebd.

[14] Hans Speidel: Invasion. Ein Beitrag zu Rommels und des Reiches Schicksal, Tübingen 1949, S. 133f.

[15] Spiegelbild, S. 136.

[16] Müller, S. 434.

[17] Ebd.

[18] Spiegelbild, S. 112.

[19] Ebd.

[20] Nach Venohr, S. 346.

[21] Müller, S. 438.

[22] Ebd., S. 439.

[23] Ebd., S. 441.

[24] Zit. nach: Venohr, S. 354.

[25] Ebd.

[26] Wilhelm von Schramm: Aufstand der Generale. Der 20. Juli in Paris, neu bearb. und erg. Ausgabe, München 1964, S. 38f.; s. auch Zeller, S. 528. Sollte der Feldmarschall dies so je gesagt oder gemeint haben: Am 5. September bereits ließ Rundstedt sich von „den Idioten" zurückrufen und ein zweites Mal zum Oberbefehlshaber West ernennen, als Nachfolger Kluges (ein erstes Mal war er im März 1942 Oberbefehlshaber im Westen geworden, als Nachfolger Witzlebens, nachdem er im Dezember zuvor schon einmal von Hitler entlassen worden war, als Oberbefehlshaber der H.Gr. Süd während der beginnenden Winterkatastrophe des Ostheeres 1941/42.) Die Ardennen-Offensive im Dezember 1944, der letzte große Gegenangriff der deutschen Armeen im Westen, heißt bei den anglo-amerikanischen Gegnern bis heute „Rundstedt-Offensive". Sie scheiterte – und Rundstedt wurde ein letztes, ein drittes Mal entlassen, im März 1945, nachdem US-Truppen ihren Übergang über die Rheinbrücke von Remagen erzwungen hatten. Ein Vergleich von hohen und höchsten Befehlshabern wie Rundstedt (oder Manstein) mit Obersten wie Stauffenberg und Quirnheim soll hier nicht angestellt werden. Er könnte aber, unternähme ihn ein Kundiger, über die Kenntnis von Vergangenem hinaus den Heutigen und Künftigen mehr als nur Weniges über das nie aufhörende und in allen Lagen neu geforderte Wagnis zu eigener Verantwortung gegenüber dem Ganzen kenntlich machen.

[27] Zeller, S. 370.

[28] Speidel, Invasion, S. 137; Müller, S. 422.

[29] Oberstleutnant i.G. Elmar Warning, Ia der 17. Luftwaffenfelddivision, in: David Irving: Selected Documents on the Life and Campaigns of Field-Marshal Erwin Rommel (Sammlung Irving, IfZ).

[30] Spiegelbild, S. 769.

[31] Ebd., S. 49.

[32] Hoffmann, Widerstand, S. 454; Müller, S. 447.

[32a] Am 11. Juli hatte Stauffenberg von Beck, wie angenommen wird, die Zustimmung erhalten, auch ohne die Gegenwart Himmlers zu handeln. Gegen die Warnung Wagners, des Ranghöchsten im Generalstab nach der Krankmeldung Zeitzlers, erhob Stauffenberg am 15. Juli von der „Wolfsschanze"

aus, als ihm das Nicht-Erscheinen Himmlers klar war, vergebens Einspruch. Mertz von Quirnheim muß es gewesen sein, den er in einem kurzen Sondergespräch um seine Entscheidung bat und der ihm zurief, zu handeln („Tu's!"). Bei seiner Rückkehr fand Stauffenberg die Besprechung beendet, eine andere mit Fromm, bei der er selbst vorzutragen hatte, anberaumt.

33 Spiegelbild, S. 21.

34 Hoffmann, Widerstand, S. 457.

35 Ewald Heinrich von Kleist in einem Film des Fernsehens der DDR zum 20. Juli, 20.7.1990.

36 Delia Ziegler: Bericht über den 20. Juli 1944 (IfZ).

37 Kramarz, S. 201.

38 Zeller, S. 544, Anm. 15; Alexander Schenk Graf von Stauffenberg: Gedenkrede auf Stefan George am 4.12.1958 in Berlin. Masch.schriftl. Durchschlag im Besitz des Verfassers.

39 Fleischhauer, Widerstand, S. 15.

40 Müller, S. 454.

41 Spiegelbild, S. 117.

42 Annedore Leber und Ursula von Kardorff: „Der 20. Juli in Berlin", in: Stuttgarter Rundschau, Juli 1948.

43 Spiegelbild, S. 21, 110; Müller, S. 455.

44 Ebd., S. 112, 146; ebd., S. 456.

45 G.A.: „Letzte Begegnung mit Graf Stauffenberg", in: Stuttgarter Zeitung vom 20. Juli 1950.

46 Zeller, S. 377.

47 Stefan George: Gesamtausgabe, Bd. V, Berlin 1932, S. 49.

XIX Der Zwanzigste Juli

1 Zum Ganzen vor allem: Reichssicherheitshauptamt – IV – Sonderkommission 20.7.1944: Bericht zum Attentat auf den Führer am 20. Juli 1944, vom 26.7.1944, in: Spiegelbild, S. 83–86; Hoffmann, Widerstand, S. 466–473; ders., Stauffenberg, S. 422–426.
In den Plastiksprengstoff der verwendeten Bombe, die ohne Umhüllung, also ohne Splitterwirkung war, waren, um erhöhter Erfolgssicherheit willen, statt einer zwei englische Übertragungsladungen und zwei Zeitzünder eingesetzt, deren jeden Stauffenberg mit der Zange zu betätigen hatte. Vgl. Hoffmann, Widerstand, S. 781, Anm. 88.

2 Walter Warlimont: Im Hauptquartier der deutschen Wehrmacht 1939–1945. Grundlagen, Formen, Gestalten, Frankfurt/M.-Bonn 1964, S. 472.

3 Prof. Dr. med. Hans-Karl von Hasselbach bei Hoffmann, Widerstand, S. 476.

4 Kramarz, S. 207; vgl. Hoffmann, Widerstand, S. 824, Anm. 93.

5 Müller, S. 489.

6 Ebd.

7 Ebd., S. 490.

[8] Spiegelbild, S. 97.
[9] Müller, S. 490.
[10] Zeller, S. 384; Müller, S. 490.
[11] Müller, S. 491.
[12] Kramarz, S. 209; Müller, S. 492.
[13] Zit. nach: Müller, S. 492f.
[14] Müller, S. 493.
[15] So Hoepner im Verhör, zit. nach: ebd.
[16] Zit. nach: Kramarz, S. 211.
[17] Aussage Hoepners im Verhör: Spiegelbild, S. 191; s. auch Kramarz, S. 211.
[18] Müller, S. 495.
[19] Zit. nach: Kramarz, S. 211. Kramarz stützt sich auf Gisevius, den einzig überlebenden Zeugen.
[20] Zeller, S. 388.
[21] Müller, S. 496f.
[22] Ebd., S. 498.
[23] Domarus, S. 2127.
[24] Zeller, S. 443f.; Kramarz, S. 215.
[25] Spiegelbild, S. 70.
[26] Zit. nach: Müller, S. 500.
[27] Ebd.
[28] Kriegstagebuch H.Gr. Nord vom 20.7.1944, Ferngespräch um 19.30 Uhr, zit. nach: Müller, S. 504.
[29] Adolf Heusinger: Befehl im Widerstreit, Tübingen 1950, S. 354f.
[30] Zeller, S. 407.
[31] Müller, S. 502.
[32] Spiegelbild, S. 46.
[33] Ebd., S. 75.
[34] Oberleutnant Helmut Cords, persönlicher Bericht an den Verfasser, s. Zeller, S. 395.
[35] Oberstleutnant i.G. Bernardis, Zeller, S. 395.
[36] Adolf Bernt: „Der 20. Juli in der Bendlerstraße", in: Die Gegenwart 11, 1956, S. 597–601.
[37] Ebd.
[38] Ebd.
[39] Ebd.
[40] Ebd.
[41] Ebd. Im Gehen soll Stauffenberg zu Alix von Winterfeldt, der Sekretärin von Fromm, gesagt haben: „Sie haben mich ja alle im Stich gelassen". Müller, S. 508; Hoffmann, Widerstand, S. 601.
[42] Karl Schweizer, der Fahrer Stauffenbergs, der mit seinem Fahrzeug Licht zu geben hatte, hat die Erschießung aus etwa 20 Meter Entfernung mitansehen müssen. Dieser Worte erinnerte er sich im Gespräch mit dem Verfasser: Zeller, S. 399. Auch andere Zeugen erinnerten sich an einen Ausruf solcher Art; vgl. Hoffmann, Widerstand, S. 603, 861, Anm. 12.
[43] Domarus, S. 2128.

[44] Schwerin sagte zu Gerstenmaier, an den gefesselt er ging: „Man kann schließlich nicht mehr tun, als dafür sterben". Nach: Annedore Leber, Das Gewissen steht auf, S. 132.

[45] Fabian von Schlabrendorff: Offiziere gegen Hitler, zit. nach der neuen Ausgabe von Walter Bußmann, Berlin 1984, S. 129.

XX „Zu grund mit dem rest der empörer!"

[1] Bernt, a.a.O.; Zitate aus: „Die Rede Himmlers vor den Gauleitern am 3. August 1944", in: Vierteljahrshefte für Zeitgeschichte 1, 1953, S. 357–394.

[2] Himmler, a.a.O.

[3] Das geschah nach einem Vortrag, den Alexander Graf Stauffenberg, als Professor für Alte Geschichte der Universität Straßburg angehörig, von seiner Artillerie-Ersatz-Abteilung durch Einschaltung des Auswärtigen Amtes für einen Aufenthalt in Athen beurlaubt, dort am 26. April 1944 über das Thema „Tragödie und Staat im werdenden Athen" gehalten und mit dem er den General sehr beeindruckt hatte. Die begeisternde Schilderung, die der Vortragende davon gab, wie Geist und Tat in den Zeiten des Peisistratos das neue Athen werden ließen, verbarg nicht sein tiefes Betroffensein vom Schicksal der um ihn gegenwärtigen Welt. Er durfte nicht ausdrücken, mit wie großer Hoffnung er auf seinen Bruder Claus schaute, der sich vor ihm mit seinem Planen verschlossen hielt, von dem er aber als einzigem in der Einung von Geist und Tat noch einen Eingriff ins verfallne Los Deutschlands erwarten zu können glaubte. Die Eingangsworte seines Vortrags lauten:

> „Wenn den Geist in den undeutbaren Schrecken einer Gegenwart das Schaudern ankommt vor dem lichtlosen Dunkel, in das die Zukunft gehüllt ist, dann fühlt er sich bewogen, zurückblätternd in dem Buch der Geschichte nach einem festen Punkt zu suchen, um den er sich bewegen könne. Denn er will sich aufrichten an einem grossen Geschehen, in dem sich Sinn erfüllt hat und wo ihm ein Standort angewiesen war, der ihm von Ursprungs und Rechts wegen zukommt in einer Welt der Geschichte, in der die feste Rangordnung der Dinge noch nicht in Auflösung war."

Der Vortrag ist enthalten im Band: Alexander Graf Schenk von Stauffenberg, Dichtung und Staat in der antiken Welt, München 1948.

[4] Zit. nach: Gerhard Bracke, Melitta Gräfin Stauffenberg. Das Leben einer Fliegerin, München 1990, S. 189.

[5] Melitta Gräfin Stauffenberg hat das Kriegsende und die Befreiung ihres Mannes nicht mehr erlebt. In angestrengtester Tätigkeit bis zuletzt hat sie, ihre besonderen Möglichkeiten nutzend, auf eigenen Flügen Aufenthalte und Verschleppungswege der Sippenhäftlinge erkundet, Nachrichten unter ihnen vermittelt, für Lebensmittel gesorgt, den Stauffenberg-Kindern in Bad Sachsa ein schönes Weihnachten gemacht. Bei ihrem letzten bodennahen Flug mit einem Fieseler Storch, der sie zu einem Zwischenaufenthalt ihres Mannes im Bayrischen Wald führen, ja vielleicht seine rettende Entführung versuchen

lassen sollte, – es war im April 1945 –, ist sie von einem der zahlreich übers Land streichenden amerikanischen Jagdflugzeuge abgeschossen worden. Sie starb auf dem Wege ins Krankenhaus Straubing.
Zum Tod der Gräfin schrieb der erwähnte Oberregierungsrat, SS-Sturmbannführer Paul Opitz, am 25.1.1946 aus Hamburg an Alexander Graf Stauffenberg: „Wie sehr mich . . . Ihre Mitteilung über den Tod Ihrer, wie Sie schreiben, einmalig wunderbaren Frau getroffen hat, vermag ich nicht zu sagen. Ich wollte es gut machen, indem ich mich für sie verbürgte und ihre Freilassung durchsetzte. Hätte ich es nicht getan, so wäre sie wohl sicher am Leben geblieben wie Sie selbst und hoffentlich die anderen Sippenhäftlinge mit Ihnen. Dieser Gedanke bedrückt mich sehr."
Über Professor Fahrner schreibt er: „Er war kurz vor dem 20. aus Griechenland gekommen und hatte mit Ihren Brüdern über alles diskutiert und auch draußen im OKM gewohnt. Dass ich dies nicht aufgriff usw., obwohl ich mehrere Male energisch dazu aufgefordert wurde, wissen Sie. Es gehört hierher zu sagen, dass ich nicht der Partei angehörte und mich in innerer Opposition befand. Nach dem 20. habe ich daher geholfen, wo ich nur konnte, und bin schließlich als selbst verdächtig flüchtig geworden". (Briefabschrift im Besitz des Verfassers.)

6 Spiegelbild, S. 19.

7 Dieses und die voraufgehenden Zitate ebd., S. 326 (Verrat am „Rassegedanken": S. 450). Vgl. ebd., S. 447f., 453.

8 Ebd., S. 167. Kaiser: Hauptmann d.R. Hermann Kaiser, Kriegstagebuchführer beim Befehlshaber des Ersatzheeres.

9 Ebd., S. 435.

10 Alexander Graf Stauffenberg: Gedenkrede auf Stefan George, 1958, S. 14. Ihr Mann habe ihr aufgetragen zu sorgen, daß er auf jeden Fall die Sterbesakramente empfange, schrieb Nina Gräfin Stauffenberg unterm 22.4.1964 an Kramarz (Kramarz, S. 24).

11 Karl Dietrich Bracher: Das Gewissen steht auf, Mainz 1984, S. 410.

12 Zeller, S. 296.

13 Siehe oben, S. 83.

14 Spiegelbild, S. 368.

15 Bracher, Gewissen, S. 413.

16 Alexander Schenk Graf von Stauffenberg: Denkmal, hrsg. von Rudolf Fahrner, Düsseldorf/München 1964, S. 15.

17 W. Scheidt: „Gespräche mit Hitler", in: Echo der Woche, München, Oktober 1949. Scheidt war 1944/45 Mitarbeiter von Scherff.

18 Brief von Fregattenkapitän Sydney Jessen an den Verfasser, 21.5.1954.

19 Zeller, S. 539, Anm. 10a.

20 Bracher, Gewissen, S. 188. Schulenburg eigen sind die Worte, die man in der Bendlerstraße von ihm hörte, als das Scheitern erkennbar wurde: „Offenbar muß das deutsche Volk diesen Kelch bis zur Neige leeren. Wir müssen uns opfern, später wird man uns verstehen" (ebd.).

21 Dieter Ehlers: Technik und Moral einer Verschwörung, Frankfurt/M.-Bonn 1964, S. 113. Zu Hitlers weiteren Reaktionen auf das Attentat vgl. Joachim C. Fest: Hitler. Eine Biographie, Frankfurt/M.-Berlin 1973, S. 970–973.

[1] Theodor Heuss: „Zur 10. Wiederkehr des 20. Juli 1944", gedruckt in: ders., Bekenntnis und Verpflichtung, Stuttgart 1955.
[2] Siehe oben S. 19 und Anm. 1, S. 304.
[3] StGA.
[4] Nina Gräfin Stauffenberg am 3.1.1966, zit. nach: Hoffmann, Stauffenberg, S. 12.
[5] Siehe oben, S. 237f.
[6] Siehe oben, S. 157ff.
[7] Alexander Schenk Graf von Stauffenberg: Denkmal, hrsg. von Rudolf Fahrner, Düsseldorf/München 1964.

PERSONENREGISTER

(Auf die Aufnahme der Namen Claus Stauffenberg und Adolf Hitler wurde verzichtet. Die römischen Ziffern beziehen sich auf die Einführung.)